铁路科技图书出版基金资助出版

高速铁路路基
连续与智能压实控制技术

The Technology for Continuous and Intelligent Compaction
Control of High-speed Railway Subgrade

徐光辉　著

中国铁道出版社

2019年·北京

内 容 简 介

本书主要阐述了高速铁路路基连续与智能压实控制技术近年来的最新研究成果，以理论论述为主，兼顾工程应用。首先分析了高速铁路对路基结构的基本要求以及路基结构性能特点，剖析了路基压实质量的传统控制方法和现代控制方法的各自特点；其次重点论述了压路机与路基填筑体相互作用的各种力学模型与求解方法，建立了振动压路机不同碾压状态下的压实控制指标新体系以及反馈控制准则。通过工程实例，阐述了连续与智能压实技术的应用问题，并对应用中的各种典型问题进行了讨论；最后对智能压实与人工智能的进一步结合进行了阐述，展望了智能建设发展方向。

本书可作为高等院校道路与铁道工程专业、工程机械专业高年级学生学习用书，也可作为从事相关专业工作的技术人员参考用书。

图书在版编目(CIP)数据

高速铁路路基连续与智能压实控制技术/徐光辉著．—北京：中国铁道出版社，2019.1

ISBN 978-7-113-24408-8

Ⅰ.①高… Ⅱ.①徐… Ⅲ.①智能技术-应用-高速铁路-铁路路基-压实-研究 Ⅳ.①U213.1-39

中国版本图书馆 CIP 数据核字(2018)第 073396 号

书　　名：高速铁路路基连续与智能压实控制技术
作　　者：徐光辉　著

策　　划：时　博
责任编辑：时　博　赵雅敏　　**编辑部电话：**(021) 51873141　　**电子信箱：**crph@163.com
封面设计：郑春鹏
责任校对：焦桂荣
责任印制：高春晓

出版发行：中国铁道出版社（100054，北京市西城区右安门西街 8 号）
网　　址：http://www.tdpress.com
印　　刷：北京建宏印刷有限公司
版　　次：2019 年 1 月第 1 版　2019 年 1 月第 1 次印刷
开　　本：787 mm×1 092 mm　1/16　印张：16　字数：358 千
书　　号：ISBN 978-7-113-24408-8
定　　价：120.00 元

前言

当前，我国高速铁路建设正在蓬勃发展，其工程质量决定着后期的安全运营状况。高速铁路主要由“路、桥、隧”组成，由于其自身的特性，路基已成为当前高速铁路建设中最薄弱的环节。从某种意义上讲，高速铁路的成功与否取决于路基的工程质量。路基结构必须具有足够的抵抗变形能力和均匀性，才能为高速行驶的列车提供安全、舒适和平稳的运行环境。决定路基结构性能的关键要素是选择优良的填料和充分合理的压实。目前问题的焦点主要集中在施工阶段的压实质量控制上。

路基填筑质量控制的传统方法是“事后抽样检验”，但存在诸多弊端，很难控制路基的整体质量，特别是均匀性。一类利用振动压路机碾压过程中的振动信号进行连续控制的技术已成为现代方法的代表，被欧美誉为“筑路技术的第三次革命”。目前这项技术在欧洲被称作连续压实控制(CCC)，美国称作智能压实(IC)，中国则采纳了这两种称谓。

这类技术的核心之一就是控制指标问题。早期技术以振动压路机响应信号中不同谐波的比值作为控制指标，俗称“谐波比”或压实计方法，但与传统检测结果(如K_{30}、E_{v2}等)的一致性很差，严重影响了普及推广。德国在21世纪初期提出了利用振动压路机动态响应获取填筑体振动模量的新方法，在一定程度上使大家重新认识了这项技术，但德国技术与特定型号的压路机捆绑在一起，并且技术保密、价格昂贵，限制了普及应用。本书作者从1993年开始研究这项技术，采用动力学方法对振动压路机与填筑体相互作用问题进行了长期研究，于1998年提出采用路基结构抗力作为压实控制指标的动力学方法，并进行了大量的实践验证工作，这部分成果主要收录在《路基连续压实控制动力学原理与工程应用》(科学出版社，2016)一书中。2008年，在原铁道部主管领导的大力支持下，作者承担了铁道部重点科研项目《高速铁路路基连续压实检验控制技术与装备研究》，2011年主持编写了我国首部连续压实控制技术方面的行业标准《铁路路基填筑工程连续压实控制技术规程》(TB 10108—2011)，2015年主持编写了中国铁路总公司企业标准《铁路路基填筑工程连续压实控制技术规程》(Q/CR 9210—2015)，这两部标准为在高速铁路建设中应用这项技术提供了依据和技术保障。目前这项技术已经在铁路建设中开始普及应用，对提高高速铁路路基压实质量起到了促进作用。此外，由作者主持编写的我国首部连续压实控制系统方面的行业标准《公路路基填筑工程连续压实控制系统技术条件》(JT/T 1127—2017)于2017年由交通运输部批准颁布实施。

随着工程应用的增多,采用抗力指标虽然可以满足压实质量控制的需求,但过度依赖压路机振动性能的稳定性,导致在一些振动性能稳定性较差的压路机上的应用效果欠佳。另外,抗力指标是一个过渡性的主观指标,不是路基结构的物性参数,以此来深入分析路基结构性能尚存在一些问题,也很难为轮轨动力学分析提供基础参数。因此,需要研究能够表征路基结构性能的参数作为新的客观性控制指标,以便深化和完善这项技术。经过几年的艰辛研究,已在理论上取得了突破性进展,并在实践中得到了验证。本书就是近几年最新研究成果的集中展现,以理论研究为主,兼顾工程应用。

这项技术在理论上是"一个刚性圆柱体在弹塑性体上振动和移动状态下的动力学控制问题",目前尚无理想的解析解答。针对这一问题,本书以压路机钢轮与路基相互作用为出发点,结合工程应用经验,本着删繁就简、抓住主要矛盾、满足工程精度的原则,提出了钢轮与路基相互作用的连续体模型、离散体模型、碰撞模型和钢轮动力学模型以及相应的求解方法;经过参数识别,可以得到路基结构的模量、抗力和刚度系数等压实质量控制指标;提出了针对振动压路机与碾压面接触状态下无法正确识别路基压实质量这一国外还未解决的问题,同时也为高级智能压实设备的研发奠定了基础。

本书共分6章。第1、2章分析了高速铁路对路基结构的基本要求以及路基结构性能特点,传统压实控制方法和现代压实控制方法的主要类型及特点;第3、4章论述了碾压过程的各种动力学建模技术与求解方法及适用条件,提出了新的控制指标体系及测试方法,建立了碾压过程反馈控制准则;第5章论述了这项技术如何在工程实践中进行应用的问题,并对应用中遇到的主要问题进行讨论;第6章论述了智能压实技术与人工智能进一步结合的问题,展望了智能建设的发展。

当前,连续与智能压实控制技术正在各国兴起,开始在公路、铁路、机场、市政、水坝等诸多填筑工程中进行应用,但理论研究相对滞后。2016年中美两国牵头成立了国际智能建设技术组织(IICTG),将引导这项技术的走向。

作者在研究过程中先后得到了中国铁路总公司和西南交通大学等单位的众多领导、老师、朋友和同学的大力支持,在此一并致以衷心的感谢!感谢我的家人的支持和陪伴,成绩的背后也有她们付出的汗水。本书研究项目也得到国家自然科学基金(编号:51178405)的资助。

限于作者水平,此书虽经反复修改,但不妥之处仍在所难免,恳请读者批评指正,反馈意见请发至 Highx@163.com。

作　者

2018年12月

目　　录

1 高速铁路路基结构特征

路基是高速铁路的重要组成部分，其根本任务是为高速行驶的列车提供稳定而安全的运行环境。作为一种带状土工结构物，路基的位置位于线路的地基之上，由岩土材料构成，其性能主要取决于填料的性质和压实的好坏。与有砟轨道结构相比，高速铁路无砟轨道对路基结构的性能要求更高。如何使路基结构达到应有的性能，是铁路工程领域面临的一个重要任务。加强路基填筑碾压过程中的质量控制无疑对提高和保证路基结构性能具有实际工程意义。

本书主要研究高速铁路路基（填方路基）的现代压实质量控制技术——连续与智能压实控制，其实质就是控制散粒状填筑体在一定外力作用下如何形成一个满足一定要求的结构体问题。本章将给出高速铁路路基应具有的技术特性和性能即结构特征，进而进入如何控制路基填筑体达到这些要求的技术领域——碾压与控制。

1.1 高速铁路对路基结构的基本要求

从“列车—轨道—路基”大系统的角度看，高速铁路除了在列车行驶速度方面与普速铁路不同之外，在线路结构形式方面也不相同，由此对路基结构提出了许多不同的要求，以满足高速行驶列车的运行需求。

1.1.1 铁路线路结构形式

铁路线路结构由上部的轨道结构和下部的路基结构组成。普速铁路一般采用有砟轨道结构形式，而高速铁路多采用无砟轨道结构形式，二者的差异如图 1-1 所示。其中除了上部结构不同之外，下部的路基基床部分也不完全相同。

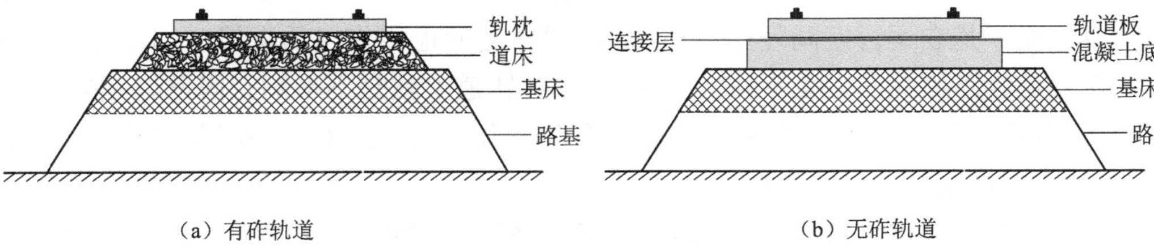

图 1-1 铁路线路结构

高速铁路无砟轨道结构形式主要是针对有砟轨道结构的一些不足而提出的。普速铁路的线路结构由“轨道—轨枕—道床—路基”组成，其轨下基础为道床（这里的道床主要是指碎石道床，是一种散体结构）和路基，这是线路结构中最薄弱和最不稳定的环节，也是轨道变形、特别是不均匀变形的主要来源。随着列车速度的提高，对轨道平顺度的要求也在提高，而普速铁路控制路基结构局部永久变形(沉降)的难度较大，致使保持轨道的稳定和平顺也很困难，这就限制了列车行驶速度的提高(当然通过频繁维修也可能提速)，可见普速铁路的轨道不平顺程度很难满足高速铁路的行车需求。

如果将散体的碎石道床改为混凝土整体道床，轨枕改为轨道板，则就变成了无砟轨道。这是目前世界高速铁路普遍采用的结构形式。与有砟轨道相比，无砟轨道的整体结构形式有利于为轨道提供更平顺的环境，这也与其受力形式的变化是分不开的，如图 1-2 所示。

(a) 有砟轨道　　　　(b) 无砟轨道

图 1-2　铁路轨道结构

需要指出的是，由于路基结构的复杂性，即便是无砟轨道，其变形控制也相对较难，这也导致了在各国的高速铁路中，路基所占线路长度的比例都在减少，采取了“以桥代路”的方式。但是近年来，以德国为首的欧洲各国依然不懈地致力于研发路基上无砟轨道的新结构，值得关注。

虽然在高速铁路中路基所占的比例在减少，但这部分路基结构仍然是高速铁路的最薄弱环节。因此，对高速铁路路基结构仍然要给予足够的重视，以防由于这些少量路基出现质量问题而影响整条线路的运营安全。

1.1.2　路基结构变形控制

高速铁路对路基结构的一个基本要求就是要提供一个稳定而平顺的运行环境。对于填方路基结构，是由岩土材料经填筑和碾压而形成的。在理想状态下，施工期结束后所形成的路基结构应该处于弹性状态，没有塑性变形问题。但是，由于岩土材料本身原因(具有空隙)，线路运营期间，在高速列车动荷载重复作用下，路基结构还会出现损伤(含疲劳损伤)，局部发生一定塑性变形的积累，也称作永久变形，工程上习惯将这部分塑性变形称之为沉降。由于是在运营期间发生的，这部分塑性变形也称作工后沉降。路基结构这种局部变形会使线路沿纵向发生不均匀沉降，反映到轨道上就是不平顺。因此，控制路基结构的变形，特别是不均匀变形是我们关心的重点。为了研究如何控制路基结构的变形问题，首先需要了解路基结构的变形特性。

路基结构是由岩土材料构成的，这就决定了路基结构的变形特征。其变形主要包括了塑性变形 u^p 和弹性变形 u^e 两部分，即 $u = u^p + u^e$。二者所占的比例在路基结构的不同阶段(建造期和运营期)是不相同的，其中塑性变形是我们关注的重点。

路基结构的塑性变形主要发生在两个阶段，如图 1-3 所示。第一阶段是在建造期(成型期即施工期)，主要由施工机械的压实作用产生的塑性变形积累(永久变形)，这是我们希望发生的变形；第二阶段是在运营期，当路基施工完成，碾压达到规定要求后，路基结构应该处于弹性阶段，没有塑性变形，即进入了运营期。因此，在运营初期，理想状态下路基结构的变形特征为 $u^p=0$，$u^e=C$（一个定值）。路基结构的这种状态也是我们所希望的。但是，实际情况却是塑性变形 $u^p\neq 0$，其主要原因就是在列车重复荷载作用下路基结构还会反生一定量的塑性变形，其大小将影响到轨道平顺与否以及行车的舒适性与安全性，这是我们不希望发生的变形，必须控制在容许范围内。

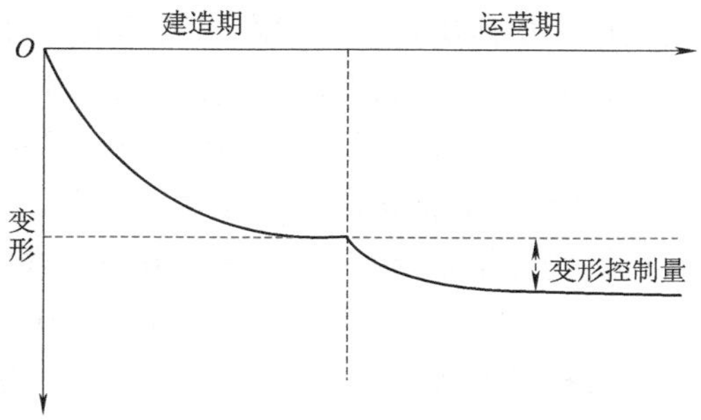

图 1-3　路基结构不同阶段塑性变形

在路基结构成型期，其弹性变形还是存在的。这是因为在路基填筑体碾压过程中，其外力作用主要来自压实机具（压路机），从松散体到弹性体的变化过程正是碾压过程即压密过程，所发生的是塑性大变形，但同时也伴随着弹性变形的发生，如果无弹性变形，则塑性变形会一直发生下去，填筑体会被无限压塑下去，实际上是不可能的。建造期对路基填筑体压实质量标准要求的越高、控制的越好，在运营期所产生的塑性变形也就会越小。

1. 永久变形（沉降）控制标准

在运营期，路基结构的塑性变形即工后沉降实际上包含了两部分——在路基填筑体及上部结构和行车荷载反复综合作用下地基再压密变形和路基填筑体的再压密变形。由于线路上部结构为混凝土材料和钢材，所以一般是不会发生塑性变形的，因此，轨道面上局部所发生的塑性变形也就是不平顺，实际上是工后沉降所导致的，只不过最后都反映在轨道面上，如图 1-4 所示。当永久变形达到一定程度后就有可能造成轨道的不平顺，影响行车安全和舒适度。因此，必须对路基结构进行变形控制。路基结构变形的大小由轨道结构的技术要求所决定。

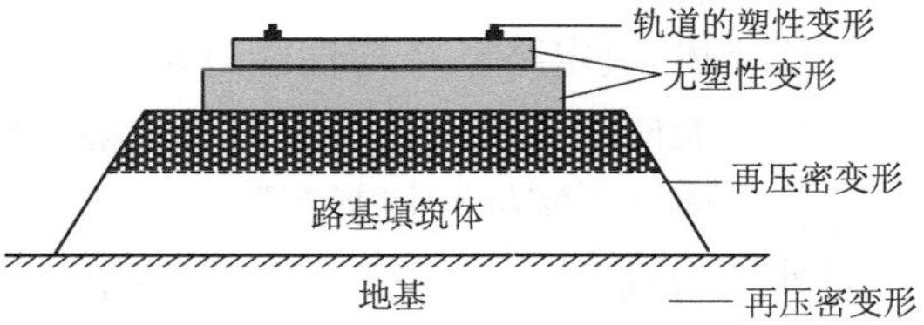

图 1-4　引起轨道不平顺的原因

由图 1-4 可知，如果路基结构沿线路纵向发生的局部塑性变形即工后沉降过大，就会引起轨道的不平顺。“短波不平顺”会影响到旅客乘坐的舒适度，而“长波不平顺”则会造成列车出轨等重大安全事故。那么控制路基结构的工后沉降量，则需要从“列车—轨道—路基”大系统的角度进行系统分析。通过大量的研究，对于无砟轨道而言，路基结构工后沉降的容许值〔u^p〕$=15$ mm。这是因为无砟轨道受板式结构的限制，变形只能通过扣件进行调整，但调整幅度是有限的；对于有砟轨道，由于可以通过起道调整进行恢复，并且调整幅度也可以较大，因此工后沉降的容许值为〔u^p〕$=50\sim100$ mm，要求不是很严格。

永久变形即沉降如果过大，就会对上部结构失去支承作用，在行车荷载重复作用下上部结构就会开裂。

2. 弹性变形控制标准

运营期路基结构的变形除了塑性变形需要控制外，弹性变形部分也需要控制，过大的弹性变形是不容许的。对于路基结构弹性变形的控制，也是由轨道弹性变形所决定的。

轨道面的弹性变形实际就是在列车动荷载作用下钢轨的挠度，它包含了钢轨以下全部结构（轨道板、连接层、混凝土底座和路基结构等）的弹性变形。路基结构弹性变形的大小主要由基床表层所决定。一般在决定其大小时，需要满足以下三个方面的需求。

（1）要满足高速行车的舒适性和安全性需求；

（2）要满足基床表层不发生结构破坏需求；

（3）要满足养护维修模式和费用需求。

根据研究结果，综合以上三个方面要求，我国高速铁路路基弹性变形的控制值〔u^e〕＝3.5 mm，见表 1-1。这个要求在设计工作中无需专门进行计算，主要依靠建造期对于填筑体的压实标准和控制予以实现和保证，这就需要提高压实质量控制的技术要求，可见压实的重要性。

表 1-1　无砟轨道路基结构不同阶段的变形特征

阶　段	塑性变形	弹性变形
成型期	占比例大，由大到小	占比例小，由大到小
运营期	≤〔u^p〕＝15 mm	≤〔u^e〕＝3.5 mm

由散体材料填筑而成的路基结构是整个线路结构中最薄弱、最不稳定的环节，是轨道变形的主要来源，它在多次重复荷载作用下所产生的累积永久变形即沉降会造成轨道的不平顺，同时其刚度对轨道面的弹性变形也起着关键性的作用，对列车的高速运行产生重要影响。控制路基结构的变形已经成为高速铁路的重中之重。

如前所述，决定路基结构性能好坏的根本在于选择优良的填料和充分合理的压实。只有这样才能使路基结构达到应用的性能，从而保证高速铁路对路基结构变形控制的需求。这就是通过压实标准控制变形。

另外，从路基结构性能的角度看，控制变形量最终要体现在如何控制其性能指标上，通过控制路基结构的性能指标及其大小来实现对变形量的控制。因此有必要对路基结构的特征有一个全面的了解。

1.2　路基结构特征

控制路基结构变形是高速铁路的关键技术之一，也是一个难题。采用各种不同路基结构形式的主要目的都是为了给高速铁路提供一个高平顺、均匀和稳定的轨下基础，使高速列车平稳而安全地运行。无论采取什么形式的路基结构，其性能都必须满足一定要求，这样才能保证变形控制的需求。这些都是通过压实质量控制来实现的。

由于路基结构性能在很大程度上取决于其结构特征，因此有必要了解路基结构的一些技术特征，这些特征主要包括路基填筑体受到的外部作用特征、表征路基结构的指标特征以及性能分布的均匀性特征等。

1.2.1　路基外部作用特征

路基结构在施工成型期与运营期的外部作用是不完全相同的。在施工期，主要作用就是施工机械和自然因素(水),其主体就是压路机,它是路基结构的能量输入来源,是形成结构体的动力。因此施工期的主要问题就是压实问题。而在运营期,其作用为列车荷载和自然因素(水和温度),是路基结构损坏的动力。可见路基结构在不同时期,其外部作用有不同的表现,如图 1-5 所示。在施工期要尽量发生塑形变形,这样才能压实充分,而在运营期则要求不发生过大塑性变形才能保证结构优良和安全运营。

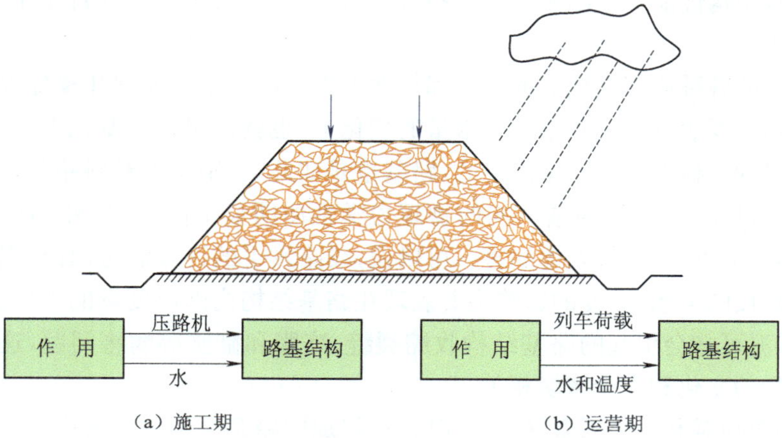

图 1-5 路基结构系统与相应环境的关系

有关路基结构施工期外部作用即压路机,这里重点介绍运营期情况。对于已经成型的路基结构,在运营期所受到的外部作用主要来自两方面:其一是行车荷载传递下来的动荷载作用;其二是自然环境的周期性和随机性作用,主要以水和温度为主。

1. 列车荷载特征及引起的主要问题

行车动荷载是高速铁路受到的主要外荷载。这是一种典型的移动荷载,这类移动荷载的主要特征体现在"动"上,不但荷载的作用点随时间而变化(移动),其大小也随时间而变化(变动),即位置和大小都是动态变化的,如图 1-6 所示。这类荷载的另一个主要特点就是长期的重复作用,涉及疲劳问题。

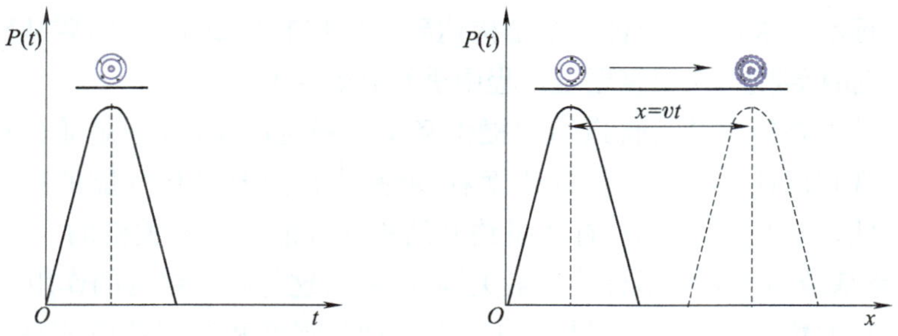

图 1-6 列车荷载特征

由于路基结构具有一定的空隙,在外荷载反复作用下就会出现进一步的压缩变形(也可以看作原结构的疲劳损伤)。因此对于路基结构来讲,重复荷载作用下的主要问题是塑性变形的累积问题,或是永久变形问题(即沉降问题的一部分),这类问题的实质是一种疲劳破坏问题。如果路基结构沿线路纵向发生过大的不均匀沉降变形,就可能会引起上部结构的开裂，影响行车安全。

2. 自然环境特征及引起的主要问题

由岩土填料构成的路基结构长期处于自然环境之中，不可避免地会受到自然环境的影响。如地理条件——地形地貌；地质条件——岩土种类、风化及裂隙程度、滑坡及泥石流；水文条件——地表水、地下水；气候条件——温度变化、降水，此外还有地震等因素，这些都会对路基结构性能产生影响。在这些影响因素中，比较典型的有温度和水，特别是二者的耦合作用。

路基结构的各种病害或变形的产生都与地表水和地下水的冲刷和浸湿等破坏作用有关。水的作用主要表现在路基结构含水量的变化上，也就是湿度的变化上。一般来讲，由岩土填料构成的结构对水是非常敏感的，路基也是如此，特别是细粒料路基。如果路基结构内部含水量过大，就会使路基结构的物理力学性质明显下降，抵抗外部作用的能力下降，当超过容许范围后，就会发生病害。可以说，线路发生的许多病害，有相当一部分都与水有直接或间接的关系；温度的影响主要表现在路基结构内部温度场的变化上，特别是细粒料路基，低温可能会引起的路基结构收缩裂缝、冻胀和翻浆等病害问题，这又与路基结构内部含水量的变化和多少密切相关。

此外，列车荷载和自然因素的联合作用，更将加剧路基结构性能的劣化乃至破坏。因此，为了保证路基结构具有一定的抵御能力，在路基结构的施工期即压实阶段就必须采取有力措施，增加这种抵御能力。而加强路基结构在成型过程中的质量控制是其最重要的手段之一。

1.2.2 路基结构性能指标

从线路结构的角度看，目前高速铁路已突破了传统的轨道—道砟—路基这种结构，即有传统的有砟轨道，也有新的无砟轨道。对于高速铁路而言，路基是影响列车高速、安全以及舒适性的关键要素，与普速铁路路基相比，在基床结构、填料要求等方面要求更高，作为轨道结构的基础是不允许有任何病害发生的。国外的实践证明：高速铁路安全而平稳运行的关键之一是路基结构性能良好，所谓成也路基、败也路基。上一节已经提出了路基结构变形控制标准要求，那么保证路基结构达到变形控制的要求，就需要从路基结构性能入手，按照性能指标要求，在填筑碾压过程中进行有效控制。

路基结构的主要作用是为轨道结构提供坚实而稳定的基础，这是通过对路基填筑体的碾压予以实现和保证的。从定量的角度看，就是表征路基结构性能的指标必须达到规定的要求。因此，采用什么样的指标衡量路基结构的性能是非常关键的。一般来讲，除了物理指标外，路基结构的力学指标才是最关键的要素，这与路基结构的作用密不可分。

从结构工程的角度看，同一般结构物一样，强度、刚度和稳定性应该是表征路基结构性能的主要力学指标。当然还有一些表征物理性质的指标，如密度、空隙度等，这些指标也是为了保证其力学性能及稳定性而提出来的。这里主要阐述强度、刚度和稳定性这三个指标的含义，这是始终贯穿在整个碾压过程控制中的三个最重要的概念。

1. 强度

路基结构强度是指路基结构抵抗外荷载作用，防止产生破坏（破裂或过大塑性变形）

的能力。这是一个衡量路基结构发生破坏时的指标,其实质就是路基结构抵御外部破坏作用的抵抗能力。

强度实际上是路基结构发生破坏时才予以考虑的指标。路基结构的破坏往往表现在发生了过大的变形,如工后沉降的实质就是强度问题,也是疲劳损伤问题。一般而言,当路基结构的应变级别达到 10^{-4} 以上时应归结为大变形问题,这时考虑的主要问题应该就是强度问题。由于路基填筑碾压过程是大塑性变形过程,是强度的形成过程,因此这是一个结构强度不断变化的过程——强度从小到大变化,属于结构强度构成问题。

岩土材料的强度一般由两部分构成。其一是通过颗粒间的嵌挤、咬合和摩擦作用而产生,一般由内摩擦角的大小来表征;其二是通过颗粒间的黏聚力而产生。其定量表示就是所谓的库仑定律,即

$$\tau = c + \sigma\tan\varphi \tag{1-1}$$

式中 τ——土的抗剪强度;

σ——剪切面的法向压应力;

c——组成路基填料的黏聚力,取决于细粒之间的黏性;

φ——填料的内摩擦角,取决于粗粒之间的相互作用。

对于细粒料而言,其抗剪强度主要受黏聚力的影响,因此 $c \neq 0$;而对于粗粒料,则取决于颗粒间的内摩擦角,而黏聚力一般都非常小,可以认为 $c = 0$。

在路基结构中,一般认为发生的破坏为剪切破坏,沉降实际上就是路基结构局部发生剪切破坏的一种宏观表现,其发生的原因除了与其强度不足有关之外,还与疲劳问题有关(小于强度时的一种破坏)。因此路基结构强度一般是抗剪强度(也可以定义成克服路基结构抵抗力所需的剪应力),其指标以黏聚力和内摩擦角的组合来表征,这就是式(1-1)的库仑定律,也称作库仑强度理论,如图 1-7 所示。库仑定律把路基结构分为非破坏区和破坏区两部分,只要 (σ_i, τ_i) 位于强度线之上,其结构就会发生破坏。

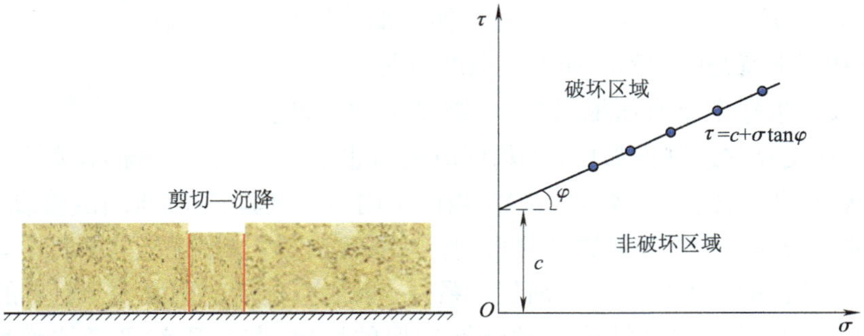

图 1-7 路基结构剪切破坏与抗剪强度构成图示

路基结构强度在现场并不容易得到,都是通过室内试验获取的,采用直接剪切试验或三轴剪切试验的方式进行。将多次试验中得到的正应力和剪应力进行相应组合,取得不同的 (σ_i, τ_i),便可得到如图 1-7 所示强度线,确定出黏聚力和内摩擦角。

若路基结构体内的某一点的剪应力大于其抗剪强度值,则该点便发生破坏,否则是安全的。对于已经碾压成型的路基结构,则要求路基结构体内的剪应力应小于其抗剪强度;而对于正在碾压的路基填筑体而言,则要求压路机的压实力大于其抗剪强度,这样才能破

坏掉低应力水平的路基结构，产生一个适应高应力水平的路基新结构，具有更高的强度，使其更稳定。

一般而言，填料颗粒本身强度应大于结构强度，否则在压实过程中容易将填料颗粒压碎。例如现在流行的大吨位压路机(20 t以上)，就非常容易将填料颗粒本身压碎，导致填料级配本身发生变异，严重影响到所形成结构的性能，需要引起注意。

此外，对于已经成型的路基结构，它的强度是其本身固有的特性，并不随着外部作用的变化而改变，强度特征只有在结构发生变化时才表现出来。因为正常工作状态时，外部作用要小于强度要求。但在碾压过程中，正是破坏旧结构、产生新结构的过程，故强度是在不断变化的。另外，所谓过大的塑性变形，指的是超过容许值的永久变形，这也是路基结构发生破坏的一种主要表现形式。前面给出的路基结构塑性变形控制标准(沉降控制标准)实际上就是一种强度控制标准。

上述对路基结构强度的定义是基于静力学角度进行的。由于路基结构受到交通荷载的作用，这是一种动荷载，并且具有长期重复作用的特点，因此本质上这是一个动力学问题，并且是一个疲劳问题，涉及动应力的大小(疲劳强度)和作用次数(疲劳寿命)，情况将更为复杂，可能还需要引入动强度的概念，但目前大部分成果还局限在试验室和书本上，其工程应用有待进一步的深入研究。

2. 刚度

路基结构的刚度是指路基结构抵抗外荷载产生的弹性变形的能力。这是一个衡量路基结构产生弹性变形大小的指标。在同样荷载作用下，刚度大的路基结构发生的弹性变形较小，如图1-8所示。

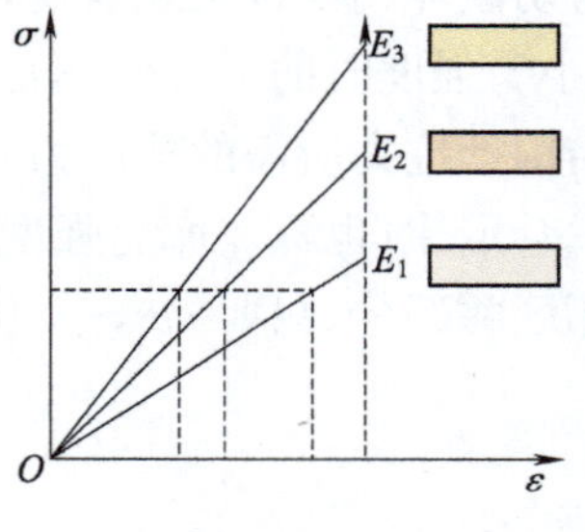

图1-8 刚度与变形关系示意

在铁路工程中，当考察列车—轨道—路基的动力学问题时，刚度通常指路基面处的弹性变形，这与定义梁的刚度时指跨中处的挠度相仿。高速铁路路基表面在列车动荷载作用下的应变级一般为$10^{-4}\sim10^{-3}$，基本上处于弹性变形阶段，所以正常运营状态下就是刚度问题而不是强度问题。

刚度的表征指标主要有压缩系数、压缩模量、变形模量、弹性模量等，在文克尔地基模型中，地基反应模量也是表征刚度的指标，实际上就是地基系数K_{30}。刚度的获取手段主要有试验室内的单向压缩试验、三轴压缩试验或现场平板载荷试验等，通过力与变形的关系式计算得到。与强度一样，这里也应注意区分填料本身的刚度和所构成结构的刚度之间的区别与联系，一般而言，前者的刚度大于后者的刚度。

刚度的大小反映了路基结构一种弹性变形的性质，其实质就是抵抗弹性变形的抗力的大小，通过应力—应变关系来体现出来。一般都用弹性模量来表征单位面积上抵抗弹性变形的力，其值越大，则在相同应力作用下产生的弹性变形就越小如图1-8所示。刚度是路基结构的一个重要力学参数，由填料颗粒之间的联结方式的所决定。当颗粒之间的联结得到加强时，路基结构抵抗变形的能力也随之增强，刚度也就越大，反之亦然。刚度是衡量路基结构变形大小的一个尺度，控制好刚度，在一定程度上也就控制住了弹性变形。目前在路基填筑碾压过程中采用K_{30}或E_{v2}控制压实质量，就是刚度控制的一种体现。

3. 稳定性

路基结构的稳定性一般指路基结构在外力和自然因素(水和温度)作用下能够保持原有平衡状态的能力，即路基结构抵抗偏离平衡状态的能力。按照控制理论的观点，路基结构之所以具有稳定性，是由于其结构内部具有负反馈机制所造成的。稳定性是一个与时间有关的概念，评定其效果的时间单位应该是“年”，如图 1-9 所示。当一个路基填筑体的一些物理力学参量如密度、强度和刚度等在若干年内不发生较大变化时，我们认为其结构是稳定的。

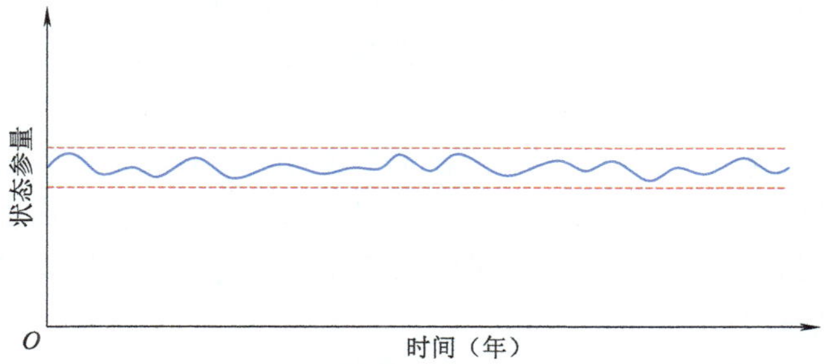

图 1-9　路基结构稳定性与时间关系示意

理论上讲，对路基结构稳定性的评定需要一个长期监测过程，并非短期所能解决的。当然，加速加载试验是一种快速评定方法，但与真正的状态还是有差别的，起码自然环境要素就不好模拟。另外，这种试验比较费时费力，其试验设备也非常昂贵，一般多用于科研，在施工过程中普及应用难度太大。因此，在路基结构的形成阶段——填筑碾压阶段就应该控制好压实质量，这样就间接地控制了稳定性。采用变形模量控制路基压实质量时，对一次变形模量 E_{v1} 与二次变形模量 E_{v2} 比值进行控制。从这个意义上讲，在路基压实质量控制时，变形模量比地基系数指标更好，其不足之处主要是试验时间较长。

稳定的路基结构是高速铁路的技术需求，稳定的路基结构应该具有在外部作用下保持其性能不变的能力。在路基结构成型期，其稳定性可以根据振动压路机的碾压特征，采用一组状态变量如强度、刚度、干密度等随碾压遍数的变化来表征，也可以用路基结构抵抗力变化的大小来表征。但这是一种短时的快速手段，也是对路基结构稳定性间接的评定和控制。

高速铁路路基受到的荷载主要为上部结构传递下来的行车荷载，不但是动荷载，而且还是一种典型的长期重复作用。因此对于路基结构而言，可能最重要的是疲劳破坏问题，而不是一次荷载作用下的破坏问题。路基结构在重复荷载作用下的稳定性问题尤为重要，检测这种稳定性最好是采用动力学方法，以便与交通荷载的特征相一致。

以上对路基结构的三大力学指标进行了阐述。路基结构具有足够的强度、刚度和稳定性是上部结构对其的基本要求。在铁路工程中，无论是重载，还是高速，都把控制路基的变形问题看作是路基工程最主要的任务之一。此外，对于高速铁路路基结构而言，除了上述三大指标外，还有一个重要指标——均匀性。

特别值得注意的是，尽管上述几个性能指标能够将路基结构的性状表达清楚，但是在实际中，这几个指标的获取并非易事，一般在现场是很难直接获取的。因而人们开始研究这几个指标的替代方案，于是便引出了实际工作中用以表达路基结构性状的多个指标，有的是从物理性质方面，如压实度、孔隙率；有的是从力学性质方面，如回弹模量、变形模量、地基反力系数、弯沉（竖向位移）等。尽管指标诸多，但都毫无例外地来试图表征路基结构的刚度、强度和稳定性这三大性质。把握好这三大指标是根本任务，压实质量控制是其主要技术手段之一。

1.2.3 性能指标的复杂性

路基结构是有岩土材料经碾压而成的，由岩土材料的特性引出一个重要问题，即岩土材料物理力学性质的复杂性导致路基结构的性能指标也是复杂的。这也许就是很多理论并不能真正解决岩土问题的根本原因之一。

由于岩土材料自身的特点，表征路基结构性状的这些力学指标都是相对于某一状态而提出的。这些指标会随外部作用（如荷载、温度和湿度等）的变化而发生较为复杂的变化，并非是常量。因此这些指标的提出都具有条件性，在应用，特别是在压实质量评定与控制时应该引起足够的重视。

对于岩土介质力学性质的复杂性，已有多个学科进行过很多研究，但大都以室内试验研究为主，与真正的现场状态并不完全一致，很多研究成果是无法直接应用到实际工程中的，现阶段也只能是根据现场实际情况灵活把握了。根据路基工程特点，其性能指标的复杂性可以从以下几方面来理解。

1. 非线性

路基结构性能的复杂性首先表现在本构关系（应力—应变关系）的非线性方面。线性与非线性之间具有本质的差异，线性关系只有一种，即直线关系，而非线性却有无数种。当今科学技术的水平基本上还处于在线性范畴内思考和处理问题，但世界本质上却是非线性的。对于路基结构，现在的设计和计算都是按照线弹性问题来考虑的，轮轨动力学理论也是把路基结构看成是线性的，并且是假设为更简单的文克尔地基模型即弹簧模型。

如果路基结构按线性问题考虑，实际上就是按照线弹性力学理论去处理问题，著名的弹性半空间理论就是如此。但是实际上路基结构很少有完全符合线弹性理论的，即使是弹性，也有可能是非线性的。典型的例子就是变形模量和回弹模量这两个指标。二者都是采用平板载荷试验取得的，但是从试验过程和数据处理方式便可看出，路基结构实际上是非线性，从中还可以看到塑性变形的存在（非弹性也是非线性的一种），情况是比较复杂的，如图 1-10 所示。

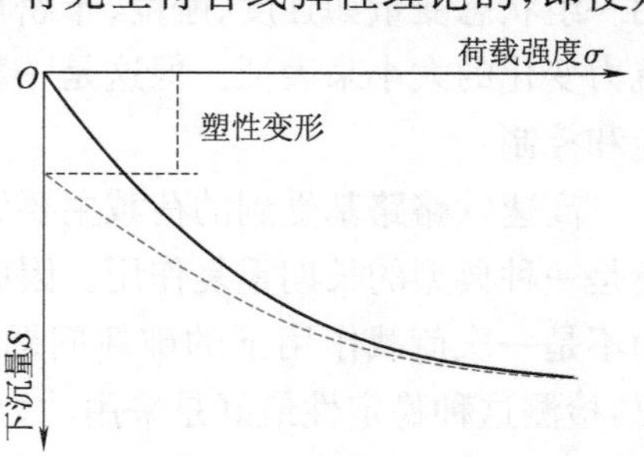

图 1-10 平板载荷试验曲线

如果路基结构是理想的线弹性体，那么根据弹性半空间理论，其弹性模量是一个定值，并不随外部变化而变化。但是大量试验数据表明，不同的试验方法和同种试验的不同加载方式所得到的指标都是不相同的。例如，同样采用平板载荷试验方式，由于加载要求不同，就会得到不同的模量值（回弹模量、一次变形模量、二次变形模量等），可见是复杂和非线性的。此外，如果是弹性体，在进行平板载荷试验时就不会出现塑性变形问题，而塑性变形就是典型的非线性。大量的试验证明：路基结构的本构关系，具有非线性和非弹性的特征，如图 1-11 所示。

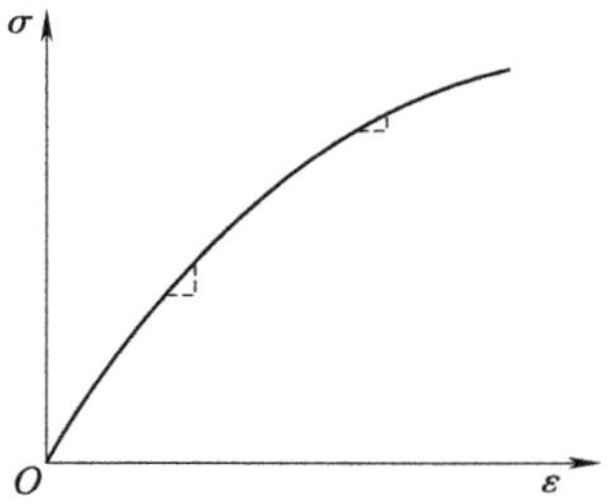

图 1-11 路基结构非线性本构关系

路基结构的非线性对其性能指标的影响很大，使一些指标都变得具有了条件性，会随着试验方式和加载方式的变化而变化，可见路基结构性能是复杂的，给压实质量控制带来了一些不确定因素。例如，路基碾压完成后，采用不同加载级别进行平板载荷试验，其结果是不一样的。而采用不同试验方法，其结果更是差异很大，有时候可能还是矛盾法，典型的例子就是 E_{vd} 与 E_{v2} 和 K_{30}，尽管都能得到模量，但其模量值都是不同的。

路基结构的非线性实质就是岩土结构问题的非线性。对于填方路基，其非线性程度与压实质量密切相关，一般而言，结构越密实，其线性程度也就越好一些，当然也并非绝对的，这正是复杂性的表现。

2. 时效性

路基结构性能的复杂性还表现在性能参数随时间而发生变化，这就是性能的时效性。路基结构性能会随着时间的变化而发生变化，典型的例子就是路基模量、含水量等参数会随季节的变化而变化。此外，在路基碾压后，马上进行平板载荷试验得到的结果与相隔几个小时或者更长时间得到的结果往往不一样，这也是时效性的一种表现，如图 1-12 所示。

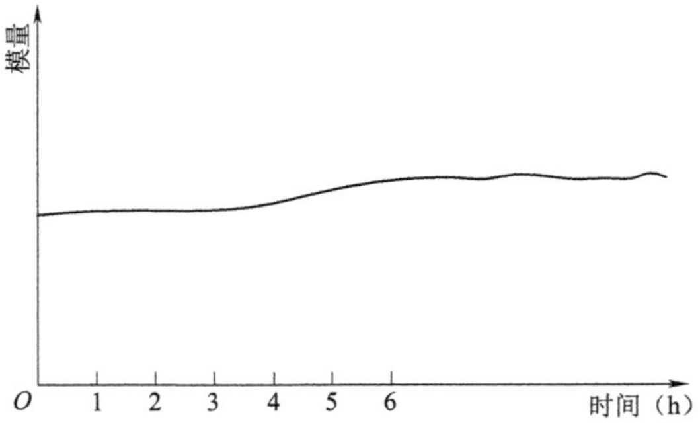

图 1-12 路基结构模量随时间发生变化示意

采用振动压路机进行连续测试也存在同样的问题。碾压完成后放置几个小时后再进行测试，其结果是会发生变化的，说明其压实状态发生了变化，也就是其物理力学性能发生了变化，这是岩土类材料所特有的一种现象，无法避免。

3. 变异性

路基结构性能的变异性也是其复杂性的一种表现。所谓变异性是指路基结构性能在纵向分布上的差异，也就是不均匀性。熟悉现场的人都清楚这一点，即使几十米的路基，在碾压面上各点测得的物理力学指标一般都是不相同的。当这种差异性变得十分显著时就会给行车带来重大安全隐患，必须进行控制。

路基结构性能参数具有非线性、时效性以及变异性，源于填料本身的复杂性（内因）和外部作用的多变性（外因），给质量控制增加了难度。完全避免是不能的，如何控制、如何适应是一个值得研究的问题，也许需要发展新的结构形式才能更好地适应路基结构性能的复杂性。

1.2.4 性能指标的均匀性

上文已经提及路基结构的变异性，这里再进行一些深入的讨论。中国高速铁路轨道结构形式是一种“板式”结构,如图 1-13 所示。这种结构与公路中的混凝土路面(俗称白色路面)结构很相像,其损坏的主要形式就是板的断裂问题,进而带来轨道变形,产生不平顺。而这种现象往往发生在局部,可以称之为不均匀变形破坏,会危及行车安全。

图 1-13　高速铁路无砟轨道的板式结构

分析高速铁路无砟轨道局部产生的不平顺,可以沿着轨道→轨道板→混凝土底座→路基这样的线索进行。这种现象的直接原因是轨道板局部过大变形造成的轨道变形,但是轨道板是不会被压缩的,只能断裂。因此,这里可能有两种原因,其一是轨道板由于自身强度问题被压碎,其二是由于下部结构下沉造成。但以目前的技术水平看,轨道板本身破碎的概率是很小的,最大的原因可能来自下面结构的损坏,即混凝土底座产生的问题(注意:轨道板与混凝土底座之间的连接层也可能破坏而造成轨道板的损坏,但是变形是有限的),同轨道板一样,混凝土底座的损坏最大的原因可能是路基沉降。因此,轨道产生不均匀变形(不平顺)的主要原因就是路基结构局部产生了塑性变形即沉降,反映到顶面就变成了轨道不平顺。

目前在轮轨动力学计算和分析时都是将路基结构简化为文克尔地基模型,用弹簧来模拟支承,并且这种支承是均匀分布的,这样上部结构就均匀地坐落在均匀的弹簧上面。如果局部弹簧发生损坏,失去对上部结构的支承作用,那么该处就会处于悬空状态,如图 1-14 所示。此时板的局部就有可能变成简支梁问题,在上部行车荷载反复作用下,就会发生疲劳开裂,最终使轨道变形。

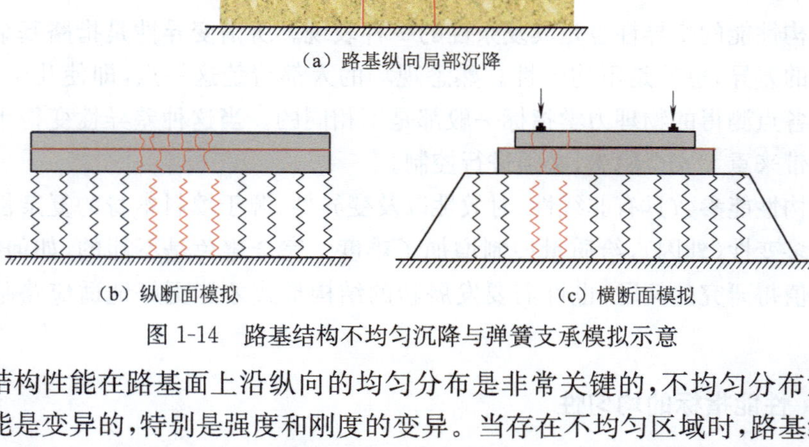

(a) 路基纵向局部沉降

(b) 纵断面模拟　(c) 横断面模拟

图 1-14　路基结构不均匀沉降与弹簧支承模拟示意

路基结构性能在路基面上沿纵向的均匀分布是非常关键的,不均匀分布意味着其物理力学性能是变异的,特别是强度和刚度的变异。当存在不均匀区域时,路基结构在行车荷载反复作用下,由于薄弱区域的刚度和强度相对较小,在同样荷载作用下就会产生较大的变形，如图 1-15 所示，该处就可能会发生剪切破坏，即沉降，进而引起上述现象的发生。

上述分析表明，对于无砟轨道结构来讲，路基结构性能的均匀性显得特别重要，一旦发生破坏，其养护维修工作的难度和费用远大于有砟轨道的，必须引起足够的重视，特别在路基结构的成型阶段即填筑碾压阶段，力求做好每一碾压层的压实均匀性控制。

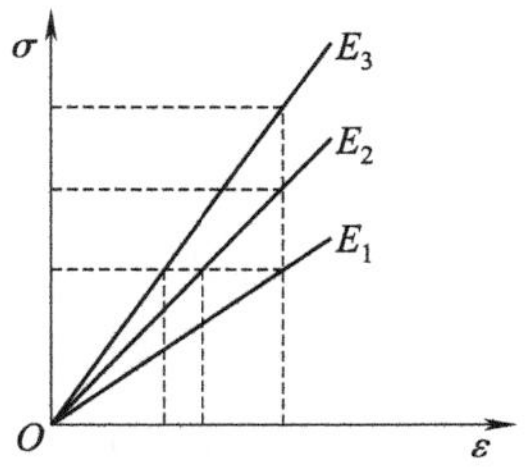

图 1-15　路基结构不同刚度示意

另外，将路基结构简化为文克尔地基的弹簧模型，对于上部结构分析和车辆动力学计算是可行的，但是对于分析路基结构则是不行的，会失去很多反映路基结构性能的有用信息。因此，研究对象不同，所建立的分析模型也会不同，关键是能否满足需要。随着研究对象侧重点不同，所采用的模型也会有很大差异，并没有绝对的好坏之分，一切都要以满足工程精度为简化依据，本书后面采用的振动压路机测试模型也是如此。

1.3　路基结构成型

前面对路基结构的技术特征进行了阐述，有两点是非常关键的，那就是变形控制与均匀性控制。实现这两点都必须在路基结构的成型阶段进行，其中变形控制是通过在填筑碾压过程中控制其强度、刚度和稳定性等指标来实现的，而均匀性控制则要靠对碾压面的全面控制才有可能实现。因此，熟悉路基结构如何成型是很有必要的，也为压实质量控制做一个铺垫。

实际上，路基结构成型过程就是施工过程，主要就是填筑碾压过程，也就是“产品”的生产过程，包含了选择“原材料”——填料、“加工”——碾压、“质检”——碾压过程控制与质量验收等环节。其中，碾压过程控制就是本书的核心内容。

1.3.1　系统观点下的路基结构

从系统科学的角度看，路基结构是一个系统，并且是一个复杂系统。从系统科学的角度看待路基问题，则另有一番景象，可以引导我们从大系统的整体观角度研究路基填筑体的碾压问题。

1. 路基结构系统的基本特征

按照系统科学的观点，路基是一个结构系统，并且是一个与外部环境进行能量交换的开放系统。当路基结构作为一个系统来考虑时，它也具备一般系统所具有的一些特征和属性。熟悉和掌握这些特征，对于分析路基结构系统的形成是十分必要的，在某种程度上也就抓住了关键点。

(1)路基结构系统的构成

一般将不再细分的组成成分称为系统的要素或元素。路基是由各种填料组成的，显然路基系统的元素就是各种尺寸规格的散体颗粒以及水分。这些元素以特有的方式相互联系在一起，构成路基结构系统。因此，按照系统一般的表达方法，路基结构系统可以表示成如下形式：

$$S = \langle A, R \rangle \tag{1-2}$$

式中　A——表示组成路基结构系统元素的集合，$A = \{$各种尺寸规格颗粒$\} \cup \{$水分$\}$；

R——表示各元素之间相互联系（关联）方式的集合，$R = \{$咬合$\} \cup \{$嵌锁$\} \cup \{$摩擦$\} \cup \{$黏结$\}$。

式(1-2)是用集合论形式表达的，具有一定的代数结构。它清楚地表明，路基结构系统是由组成元素（填料）集合和元素间的关联方式集合共同决定的，如图 1-16 所示，系统元素及其之间的相互结合方式决定了路基结构系统的基本特征。用工程语言来描述，就是填料和碾压决定了路基结构的基本性质。

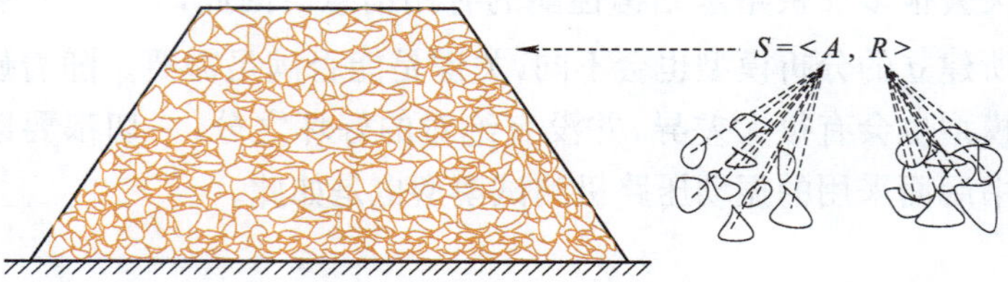

图 1-16　路基结构系统构成

在路基结构成型过程中，元素（填料颗粒）间的关联方式是在外部环境（压路机）作用下来完成的，这也说明填料和碾压是决定其质量的两大关键因素。实际上，填料与碾压同等重要，很多情况下填料性质甚至更重要。所谓“巧妇难为无米之炊”，如果没有优良的填料，那么无论如何碾压都不会获得好的压实效果的，后面还要对这个问题进行深入讨论。

(2)路基结构系统的结构

路基结构系统的结构是指其内部各要素相互联系、相互作用方式或秩序的总和。也就是各要素之间的具体联系和作用的形式（关联方式）。在其组成成分性质不变的情况，一般将其关联方式称作结构，式(1-2)中的 R 实际上就是结构的数学表达。结构的好坏是通过其性能指标来反映和评定的。

一般来讲，颗粒填料之间的关联方式总体来讲有四种形式，即咬合、嵌锁、摩擦和黏结。颗粒靠这些连接方式有机地组合在一起，形成一个整体的路基结构。然而，组成路基结构系统的颗粒元素不会自发地关联在一起形成稳定的结构，必须靠系统的环境作用给予足够的能量才能有机地结合在一起，这就是压实问题。路基结构的形成是通过碾压来实现的。

(3)路基结构系统的环境

路基结构系统以外的一切与之相关联的事物构成的集合，称作路基系统的环境。环境对其系统的作用称作系统的输入，系统对环境的作用称作系统的输出。这里所说的环境并非指自然环境。所谓相互关联是指系统与环境之间发生的物质和能量交换。

一般来讲，任何一个系统都是在一定的环境中产生出来的，又在一定的环境中运行、延续和演化的。系统的特性依赖于环境。同样的要素在不同的环境中按不同方式整合，可以形成不同的结构，其性质也会随着环境的变化而变化。

路基结构的成型是在施工期完成的，这个阶段的环境就是施工机械和自然因素（水），其环境的主体就是压路机，它就是路基系统的输入，是形成路基结构体的动力。因此施工期的环境问题主要就是压实问题。

(4)路基结构系统的行为

路基结构系统相对于它的环境(施工期的压路机)所表现出来的任何变化,称之为系统的行为。它是属于路基系统自身的变化,是路基自身特性的表现,但又与环境有关,反映了外部对路基的作用信息。在路基结构系统的形成(压实)过程中,不同类型的压路机所表现出来的行为也是不同的,如何评定这种行为的变化,正是我们需要解决的问题。

(5)路基结构系统的功能与性能

路基结构系统所能发挥的作用或效能称作系统的功能。它是由系统行为所引起的,有利于环境存续和发展的作用。而性能则是指路基结构系统内部要素相互关联中所表现出来的特性和能力,是系统本身固有的,性能的外化就是功能。

为上部结构以及安全行车提供足够的稳定而均匀的承载能力是路基结构系统的基本功能,而路基结构的物理力学性质则是它的性能,如强度、刚度、稳定性等。优良的性能是发挥应有功能的前提。功能是路基结构系统的一种整体特性,只要将元素整合为系统,就具有了元素所没有的功能。功能只能在行为过程中表现出来,在路基结构系统作用于功能对象(压路机、交通荷载)的过程中进行观测和评定,如图 1-17 所示。

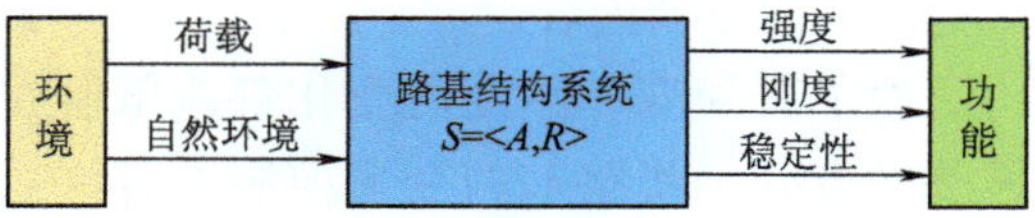

图 1-17 路基结构系统的环境与功能

路基结构系统内部元素关系的表现形式是多种多样的,也就是填料颗粒之间的组合方式和应力关系是多种多样的。但是对于压实而言,最终都体现在路基结构系统把接受的环境作用(压路机的输入)转换为路基对压路机的输出作用。填料与压路机之间的相互作用就是一种输入与输出关系。路基结构的物理力学性能最终体现在路基结构系统的功能上。利用这种关系,就可应用系统识别原理来识别路基结构系统的性能了。

(6)路基结构系统的整体性

路基结构系统的整体性是指组成系统的内部元素(填料)之间相互联系、相互制约,共同构成的一个有机体。整体性强调的是整体效应,在分析路基结构系统压实机理时也应该从整体上把握。整体性可以表达为"整体不等于部分之和",即

$$W \neq \sum P_i \tag{1-3}$$

式中 W——系统整体;

P_i——系统的第 i 部分,且 $i \geqslant 2$。

整体性是系统思想最核心的观点,是指系统要素具有的集合特性和构成一个有机整体的性质。同样的要素,一旦构成系统,就具有了该要素没有的整体性质,并且整体往往大于部分之和("1+1>2"原理)。认识路基结构系统的整体性应该从以下几个方面来考虑。

①路基结构系统中每一个元素(每一种填料颗粒)都担负着特有的作用,都是路基结构中不可缺少的作用。比如在路基的压实过程中,细料过少,就有可能压不实,影响其整

体性，这就是要求填料级配优良的原因所在。

②路基结构系统中各种粒径填料之间的相互联系是整体性形成的唯一原因。一堆散料摊铺开，自然形成不了一个整体性的路基结构，必须吸收一定方式的能量，颗粒之间发生相互作用和联系，才能形成整体性。各元素的性质、各元素的含量和系统的结构共同决定了系统的整体性和功能。

③路基结构系统的性质、功能和运动规律不同于其组成颗粒的性质、功能和运动规律。同时，作为系统整体中的要素具有颗粒自身所没有的整体性，与它们各自独立存在时有质的区别。

同时散体填料形成整体路基结构后，并不一定意味着整体性能就一定好，这就有一个路基结构系统的稳定性问题。

(7)路基结构系统的稳定性

系统的稳定性是指系统在一定的内外干扰下保持其原来结构恒定性、有序性的能力。对于路基结构系统而言，其稳定性应该是最重要的问题了。路基系统的稳定性主要是指在长期行车荷载及自然因素作用下，路基结构的物理、力学性质不随时间而显著改变的能力，如水稳定性、强度稳定性、刚度稳定性等。因此，路基结构系统的稳定性包括了物理性质的稳定性和力学性质的稳定性两方面内容。

一个稳定的路基结构隐含了其强度和刚度的变化都应限制在容许的范围内，这样路基系统的性能才不会有显著的变化。将路基的变形控制在容许范围内，实际上就是要保持路基系统的稳定性。一个系统的稳定性不仅与其组成、结构和功能有关，而且还与内外干扰的强度有关。

按照控制理论观点，路基结构系统之所以具有稳定性，是由于路基结构内部存在着一系列负反馈机制或自我调节机制的原因。反馈是指系统的输出反过来能够控制系统输入的现象或过程。具体可分为负反馈和正反馈两种方式。所谓负反馈是指反馈的信息与输入的信息方向相反，抑制系统按原来方向发展的趋势；正反馈是指反馈的信息与输入的信息方向相同，系统向原来的发展方向进一步发展。由此可见，负反馈抑制系统偏离原来的状态，保持系统的稳定性；正反馈则使系统更加偏离原来的状态，出现不稳定性。对于路基系统而言，在压实成型阶段希望是正反馈，要不断偏离原来的状态，向更稳定的状态发展；而在运营期则希望是负反馈，要保持原来的稳定状态，使之消除或减缓路基病害的发生。

路基结构系统的反馈机制是由路基系统内部产生的附加应力场造成的，其实质还是由填料颗粒之间的关联方式所决定，它是使路基系统具有反馈机制的根本原因。在微观层次上是颗粒间的定向排列、相互嵌挤咬合，产生了足够的咬合、嵌挤和摩擦力造成的；在宏观层次上则表现在路基系统的抵抗力上，实际上也就是足够的强度和刚度为路基系统提供了反馈机制，来维持路基系统的稳定性。

路基结构系统的自我调节能力(反馈作用)是有一定的限度的。如果路基受到的外部作用(输入)超过系统的自我调节能力，也就是超过结构刚度和强度的一定阈值时，其原来的稳定性就会遭到破坏，系统的整体功能将发生重大的变化，变化会使路基系统向两个方向变化(演化)，即进化和退化。进化将使路基机构系统向更高级的方向演化，其结构和功能得到进一步的加强，如施工期有效的压实作用；退化将使路基的结构性能降低，功能下降，如运营期的路基损坏。

如果系统不能适应新的环境，则系统将向退化的方向演化，直至系统被破坏。具体对压实而言，填料颗粒间的关联方式与其外部环境——压路机必须相适应。如果用轻型压路机碾压或者碾压的遍数较少，则被压填料吸收的能量就较少，形成不了稳定的路基结构；若用大吨位的重型压路机或碾压遍数过多，则其吸收的能量过大，超过了路基系统本身的自我调节能力，其稳定性就遭到破坏，而整体性就会发生重大变化，引起系统性能退化。因此，在选择压路机和碾压遍数时，一定要与路基系统的自我调节能力（主要是填料性质）相适应，这也是指导压实工艺的原则。

路基结构系统状态与其稳定性之间的关系如图 1-18 所示。施工期路基的稳定性较低，路基系统的状态处于初期，压实的目的就是要提高其稳定性；施工完毕到达运营期后，其稳定性和状态都到达最佳；随着路基结构系统状态的变化，其稳定性逐渐下降，进入养护维修期，使其稳定性恢复到一定程度。

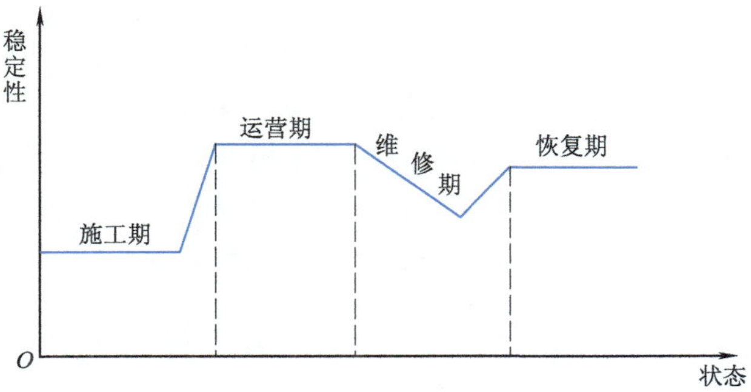

图 1-18　路基结构系统稳定性变化

(8)路基结构系统的均匀性

路基结构系统的均匀性是指其物理力学性质在路基面上分布的一致性，是相对于不均匀性而提出的。对于无砟轨道来讲，这是一个非常重要的问题。这里从系统的角度稍加分析。

由于各种原因，在路基施工现场，填料在摊铺过程中可能存在不均匀分布问题（其原因既有填料本身的变异性，也有摊铺过程中人为操作造成的），在碾压环节可能存在不均匀压实问题。这些问题综合起来，在路基碾压面上就形成了物理力学性质（也可称作压实状态）的不均匀分布，如图 1-19 所示。

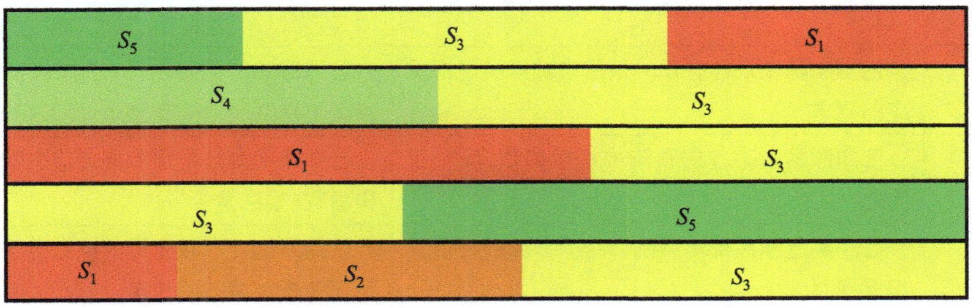

图 1-19　路基碾压面上压实状态不均匀性分布

从系统角度分析，该路基结构系统可以分为多个并列的分系统，每个分系统的性质都是均匀的，即 $S=S_1+S_2+S_3+S_4+S_5$。通用的表示如下：

$$S=\bigcup S_i$$
$$S_i=<A_i,R_i> \tag{1-4}$$

式中 S_i——表示第 i 个分系统，$\bigcup$ 为并集；

A_i——表示第 i 个分系统的元素集合；

R_i——表示第 i 个分系统的结构集合。

可以看出，每个分系统在结构、性能、功能上都各不相同。控制均匀性，就是要控制各分系统的性质相差不能太大，总体上要趋于一致为好。另外，上述表示方法对于划分碾压面的压实状态是非常有好处的，详见后面的叙述。

以上介绍了路基结构系统的一些基本概念（有关详细论述参见文献[1]）。可以看出，如果用系统科学方法描述路基结构问题，似乎更系统、更条理化。下面再尝试用这种方法考察路基工程领域几个主要问题。

2. 系统观点下的路基工程

路基工程是铁路工程的有机组成部分，由于其具有一定隐蔽性和复杂性，研究起来比可以直接采用公式定量研究的其他部分更困难一些。在系统观点下，路基工程从建设到运营的全过程中，共有四类主要问题需要解决，这是根据系统科学归纳出来的。

下面采用对比方法，由一般系统问题引出路基工程问题。根据系统科学理论，系统、激励、响应三者之间的关系（图 1-20），可以得到系统的所有问题。

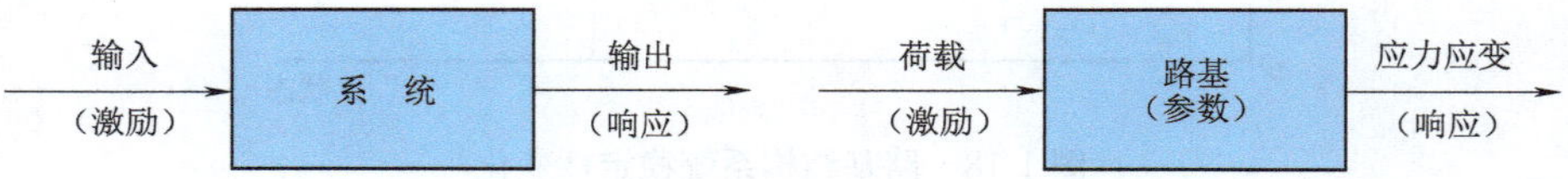

图 1-20　路基与系统

由图 1-20 知，若已知系统、激励、响应三者之中的任意二者，则可以按照一定的理论求取另一者。因此，总体来讲，对于任意一个系统，共有四大类问题需要解决，对应地，路基工程也有四个主要问题，见表 1-2。

表 1-2　路基工程与系统问题对应表

系统问题	内容描述	
	一般系统	路基工程
系统分析	已知激励和系统特性求响应，属于正问题	已知路基的参数和荷载作用，求路基结构的应力、应变以及位移
系统设计	已知激励来设计合理的系统参数以满足对响应的要求	已知路基的荷载作用，求如何设计路基结构，以满足路基应力应变要求，满足荷载作用的要求
系统识别	已知激励和响应求系统的特性参数，属于反问题	已知路基荷载作用和应力应变响应，求路基结构参数（如模量等）
系统控制	已知响应和系统求激励，以判别环境特性，属于反问题	已知路基特性和允许的应力应变，求如何控制外部荷载对路基的作用

由表 1-2 可知，把路基作为一个系统来考虑时，同一般系统一样，也同样有四类主要问题，这四类问题及其组合基本上就构成了路基工程的全部。

对于路基分析问题。如果已知路基系统的参数（模量、密度、泊松比等）和车辆荷载的作用，那么根据有关力学理论可以求解路基结构的应力、应变以及位移等，可以了解路基工作时的性状。这种分析工作一般在路基成型以后进行。

对于路基设计问题。就是在已知荷载作用情况下，通过对路基结构参数的合理选择，以达到满足上部结构和荷载的要求，这项工作是规划设计阶段的主要任务。此外，所谓系统优化也包含在这里面，也就是用优化设计来使系统达到最优状态。

对于路基参数识别问题。在已知荷载输入和响应输出的条件下，如何求取路基结构的参数（如模量、密度等），这项工作属于系统识别或参数识别范畴，难度很大。路基填筑碾压质量控制就属于这类问题。在运营阶段对路基结构的无损检测也属于这一范畴。

对于控制问题。实质是根据已知的路基特性和允许的输出，反过来控制它的输入类型和大小。铁路上由于车辆荷载相对固定，问题并不突出，但在公路运输中却问题严重，控制超载就属于这类问题。

采用系统理论可以对所涉及的研究对象属于哪类问题有一个清晰的了解。如路基工程，一般都是已知路基的激励（车辆荷载）和路基的应力应变（响应）要求来设计路基结构，这就是典型的系统设计问题，可以采用系统设计方法进行。当问题变为在修筑过程中采取何种手段来达到路基设计要求时，则研究对象实际上发生了一些变化，需要重新定位。因实际问题是错综复杂的，可能同时包含识别、分析和控制等问题。路基填筑体碾压过程中的压实控制问题就属于综合性问题，即路基与压路机两个系统各自特性及相互作用问题。

3.“路基—压路机”系统问题

在路基填筑碾压过程中，如果将路基和压路机作为一个综合系统考虑，那么路基和压路机就是两个子系统，它们之间也存在着相互作用，如图 1-21 所示。

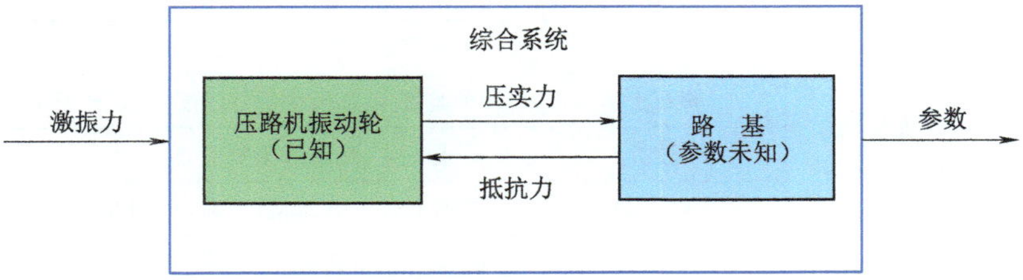

图 1-21 压路机与路基综合系统

压路机与路基的相互作用，实际是振动轮与路基的相互作用。在这个综合系统中，输入就是压路机的激振力，这是一个已知的参量，而输出则应该为路基填筑体的属性参数如模量、密度等，可见这是一个系统参数识别问题。当然也可以认为是一个优化问题，即压路机能充分发挥出其性能，使路基填筑体达到最佳的压实状态，但前提是要清楚碾压过程中路基填筑体质量参数是如何变化的。

对于压路机,也包含一般系统所涉及的四类问题。目前对压路机进行研究的多为压路机厂商,主要目的是为了设计更合理的压路机以满足工程需求,以便提高压实效果。因此,压路机厂商关心的主要问题属于系统设计问题,但这并不是我们要研究的主要内容。我们关心的是压路机在碾压过程中的动态响应问题,因为这种响应包含了来自被压填料的相关信息,在此基础上可以识别路基填筑体的质量参数。当然更高级的是所谓"智能压路机"问题,显然属于系统控制类问题。对于压路机而言,可以借鉴工程机械的研究方法,利用振动理论对压路机进行建立模型和求解工作,并可以利用数值仿真技术进行动态仿真分析,探求压路机与被压填料相互作用时各种响应的规律性。但是,真正的试验还是要在现场进行,各种数值分析很难解决根本问题。

1.3.2　路基结构成型关键要素

路基结构成型过程就是路基这种"产品"的生产过程,是在施工期发生的。填料经过摊铺碾压,达到规定的要求便形成路基结构。如前所述,决定路基结构性能的关键要素就是选择优良填料和合适的碾压,这是两大决定性因素,从系统科学角度看也是如此。当然,同一般工业生产一样,在路基结构成型过程中还要进行严格的质量监控。

1. 填料

填料是路基这种产品的原材料,是路基系统的组成要素,它的好坏直接影响到路基质量的好坏。如果填料不合格,后面的所有努力都是无用的。质量控制也是建立在填料合格的基础上,否则也是无从谈起。

目前多个行业对岩土材料进行了分类,名目繁杂,对于普通技术人员难以识别和掌握。如果从工程可用的角度来看,可能不需要那么复杂的分类,只需简单按照工程应用原则大致分开即可。例如,可按照表 1-3 粗略进行分类。

表 1-3　可用路基填料的简单分类

序号	粗分	细分	技术特征
1	细粒料	黏性土	需要控制好最优含水量,否则难于压实
		砂性土	需要控制好含水量,否则难于压实
2	粗粒料	碎石类	需要控制好级配(如级配碎石),否则难于压实
		碎石土类	种类繁多,需要控制好级配,否则难于压实
		砂类	不易压实,加水静压效果好
		砂土类	需要控制好含水量,否则难于压实
3	巨粒料	石块类	需要控制好级配,否则难于压实和控制
		石块土类	需要控制好级配,否则难于压实和控制
4	改良料	改良土	一般掺入石灰等,容易压实
5	杂填料	杂填土	难于压实,需要改造
6	特殊料	特殊土	黄土、盐渍土和膨胀土,需要特殊处理

需要说明的是,上述分类以及技术特征只是概括性的,许多细节需要现场具体分析处理,不可盲目乱套。实际上,对于高速铁路来讲,大致分为细料和粗料两大类。其中细料

又可以按照是否对含水量敏感进行细化;而粗料则可以按照含石量的多少再细分若干种。但是不管怎么分类,在工程上可以按照压实性好坏分别对待。当然,不同填料所形成结构的性能(强度与刚度)是不同的,需要根据设计要求分别对待。

总之,对于路基填料,应该严格按照现行规范要求进行选择,该处理的必须处理,这是形成路基结构体的第一道关口,必须把握好,否则后面的工作也就意义不大了。

2. 碾压

选择好“原材料”后就要进行生产,对于路基这种产品而言就是碾压,这是形成路基结构的技术手段,也是生产过程。所谓碾压,就是通过某种外力作用,使填料颗粒强制紧密靠拢、形成密实而稳定结构的过程。与碾压概念密切相关的另一个概念就是压实,所谓压实,就是填料碾压的结果。碾压强调的是过程,压实更注重结果,在很多情况并不严格区别这两个概念。

随着外力作用方式的不同,所形成的结构体的性质也是有差异的。一般来讲,目前主要有静力压实(也称作滚压)和动力压实两类。其中静力压实以静力压路机为主,如光轮压路机和胶轮压路机都是靠其自重压实的,这也是称作静力压实的原因。动力压实又可分为振动压实和冲击压实(俗称夯实)两种,分别对应着振动压路机和夯实机具(如冲击式压路机、自由落锤式夯实机、振动冲击夯等)。有关这部分内容,在下一章有较为详细的论述。

3. 控制

对于“生产”路基结构这种产品,有了“原材料”即填料,就要进行“生产活动”即碾压。在这一过程中,质量控制是必不可少的重要环节。加强路基填筑过程中的压实质量控制是提高其工程质量的主要途径。压实质量控制的好坏在一定程度上决定了路基结构成型后性能的好坏。可以说,没有对碾压过程中压实质量的有效控制,就不会得到一个高质量的路基结构体。

作为各行各业普遍采用的方法,质量控制可以从不同角度进行分类,大致有以分为下几类:过程控制与结果控制,实时控制与事后控制,静态控制与动态控制,离散控制与连续控制,抽样控制与全面控制。从目前质量控制趋势来看,各行各业都在加强生产过程中的控制,将问题消灭在产品的生产(形成)阶段,那种只注重最后结果的控制,往往是事倍功半的。过程控制已成为质量控制领域中非常重要的环节,会起到事半功倍的效果。

在铁路工程领域,对于路基填筑质量控制,目前普遍采用传统方法——抽样检验进行压实质量检验和控制。一般都是在碾压完成的路基段上,每百米抽取几个试验点进行压实效果检验,以此来判定该段路基的压实质量情况,并采取一票否决制,只要有一点不合格,就认为该段路基的压实质量不合格。这是一种典型的事后点式控制方式,属于结果控制,其弊端已经越来越明显。

表1-4列出了一些压实质量控制方法。可见以评定指标为控制量的点式抽样控制方法占据了主导地位,它们都属于结果控制。其中又可分为物理指标控制(压实度或压实系数)和力学指标控制两种。目前铁路路基的压实质量以力学指标控制为主。

表 1-4　压实质量控制方法

方　式	试验方法	控制量	特　点	附注
点式控制	压实度法	干密度	指标为比值 K，费时费力，粒径有要求	传统方法
	弯沉法	竖向位移	指标为 L，测试速度稍快，费时费力	
	平板载荷法	模量	指标为 E 和 E_{v2}，比较费时费力，有时效性	
		反力系数	指标为 K_{30}，比较费时费力，有时效性	
		动反力系数	指标为 E_{vd}，测试速度快，有时效性	
	核子密度法	干密度	指标为比值 K，方便省时，有放射性	
	应力波法	波速/模量	指标为 v 和 E_d，方便省时，有离散性	
	高程测量法	表面沉降	指标为 h，人工量测，精度较差	
工艺控制	遍数控制法	碾压遍数	指标为 n，依试验路段和经验而定	
	轮迹控制法	碾压痕迹	无指标，无法定量，依经验观察而定	
面式控制	连续压实与智能压实控制法	力学量和经验值	指标为力学量和经验值等，碾压过程中连续测试，方便省时，存在适用性，属于过程控制	现代方法

此外，表 1-4 中的工艺控制法主要是针对粗颗粒填料不能进行常规试验而提出的，是一类不得已而为之的经验方法。尽管是经验法，但也隐含了力学意义在内，其实质是对压实稳定性的判定。而面式控制是针对点式控制而提出的一类现代控制方法，属于过程控制，按照控制指标不同可以分为几种具体方法，有的方法有很大的局限性，趋于淘汰，后面将有详细的论述。

2　碾压与控制方法

上一章对高速铁路路基的基本特征进行了论述。在选定填料的情况下，使填筑体成为路基结构体的主要手段就是碾压，而如何确定碾压达到了规定要求，则需要通过一定技术手段予以判定，这就是压实质量控制。本章将对碾压与控制进行概括性阐述。

2.1　碾压方式

松散的填料经过摊铺后，形成了路基填筑层的初始状态，若想得到密实结构，必须依靠外力作用才行。最初人类通过人工夯实的方式进行压实，其效率和效果可想而知。随着工业革命的发展，机械压实诞生，开始了筑路技术的革命，一直持续到今天。下面分别进行介绍。

2.1.1　静力碾压

静力碾压也叫滚压或者静压，就是采用具有一定重量的滚轮慢速滚过碾压层，以静力作用来压密填筑体，这是筑路技术的“第一次革命”。目前主要有光轮压路机和轮胎压路机两种(还有一种羊足压路机，但目前以振动式为主)，如图 2-1 所示。前者可用于碾压黏性土和砂类土等，后者多用于碾压沥青混合料。静力压路机主要特点如下。

（a）光轮压路机

（b）轮胎压路机

图 2-1　静力式压路机

1. 一定质量的静力压路机只能产生一定的压实效果

对于静力碾压，当压路机质量一定时，其压实效果也是一定的，如果想增大压实程度，必须采用更重的压路机才能实现，如图 2-2 所示。

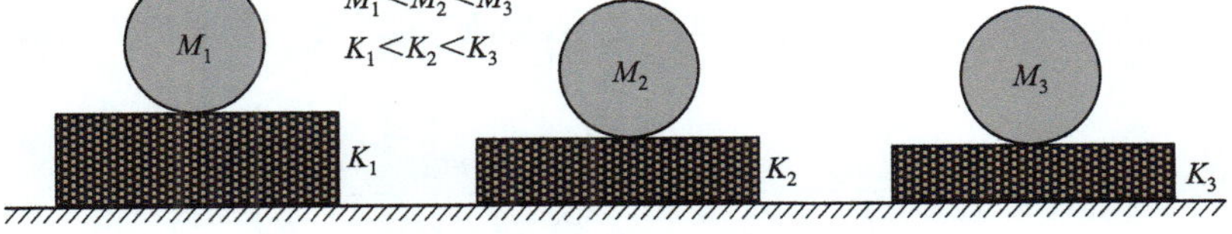

图 2-2　不同质量的静力压路机产生不同的压实效果

图 2-2 的含义就是，对于某一填筑层来讲，质量 M_1 的压路机只能将其碾压成压实度为 K_1 的效果，如果想得到更大的压实度 K_3，只能采用更大吨位 M_3 的压路机才能做到。但

是，对于确定的填筑层，静力碾压有一个极限压实程度，并不能无限地增大压实度，否则只会过压，将形成的结构再次压松，特别是表层。这实际是一个疲劳现象，可以用疲劳理论来解释。

2. 滚动阻力系数可以作为判定压实质量的客观指标

对于静力碾压，可以用压实度、模量等指标来控制其压实质量，除此之外，还可利用静压路机本身的特性来判定和控制压实效果，即前面提到的"一定质量的静力压路机只能产生一定的压实效果"这个现象。沿着这个思路发展下去，就形成了利用静力压路机进行跟踪检测的基本原理，也可以理解为是一种连续压实控制方法。

经过研究和实践，发现采用滚动阻力系数这个指标可控制压实质量。每种确定的填筑材料都具有确定的滚动阻力系数，这是一个可以作为评定压实效果的客观指标，如图 2-3 所示。

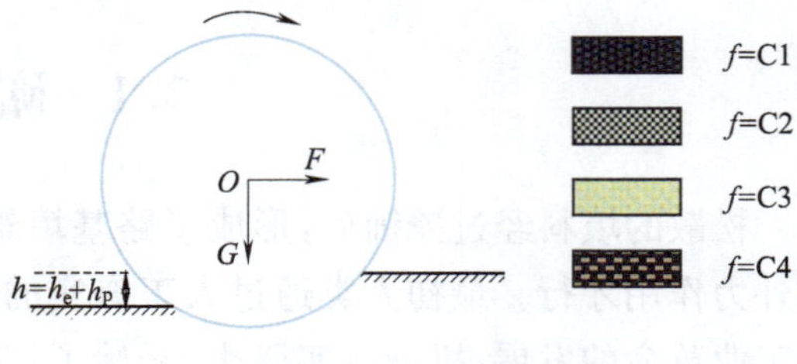

图 2-3　滚轮的滚动碾压

根据图 2-3，在碾压过程中，滚轮碾压填筑体所产生的压陷深度（变形）h 可以分为两部分，即弹性变形 h_e 和塑性变形 h_p。经过推导，可以得到在开始碾压时（只考虑塑性变形）的滚动阻力系数 f 表达式如下：

$$f=\frac{F}{G}=\frac{1}{(1+\mu)(1-\mu/3)}\sqrt{\frac{h}{D}} \tag{2-1}$$

式中　F——压路机牵引力；

G——压路机重量；

D——滚轮直径；

h——滚轮的压陷深度，这里 $h=h_e+h_p=h_p$，即开始碾压时不考虑弹性变形；

μ——材料状况系数，对于塑性黏性土和干燥砂土，$\mu=0.5$，对于坚硬黏性土或已被压实的填筑体，$\mu=1$。

由式(2-1)可知，f 与被压材料状况系数 μ、滚轮直径 D 和压陷深度 h 有关，对于采用确定的压路机来碾压确定的材料，μ 和 D 都是固定的，变化的只有变形 h，即 $f\propto\sqrt{h}$，而一定吨位的压路机使填筑体产生的变形也是一定的，不会无限的变形下去，因此 f 最终的变化也应该是一个定值。

在碾压几遍后，可以考虑滚压时的弹性变形，即 $h=h_e+h_p$，此时的滚动阻力系数表达式如下：

$$f=\frac{F}{G}=\frac{h^{\mu+1}-{h_e}^{\mu+1}}{(\mu+1)(1-\mu/3)\sqrt{D}(h^{\mu+0.5}+{h_e}^{\mu+0.5})} \tag{2-2}$$

可以看出，f 仍然只与被压材料状况系数 μ、滚轮直径 D 和压陷深度 h 有关，其最终变化也是一个定值。

如果压路机在同一轮迹上多次滚压，其塑性变形会随着滚压遍数的增加而逐渐变小，

最终 $h_p=0$，即没有塑性变形了（没有塑性变形也意味着密度不再变化），而只存在一定量的弹性变形，这就意味着滚动阻力系数不再变化，趋于一个常量，此时碾压应该结束，再压也不会有效果了，这就是滚动阻力系数作为评定压实效果的客观指标的原因所在。大量实践已经证明，已经被压实的填筑体都具有确定的滚动阻力系数。

需要注意的是，如果采用吨位较小的压路机滚压，有可能得到的 f 小于给定的〔f〕，那么就应该更换更重的压路机再次进行碾压。

根据上述原理，国外工程机械厂商近年来派生出一个新的评定指标机械驱动功率 MDP(Machine Drive Power)。MDP 采用滚动阻力和压陷变形的概念来确定为了克服滚动阻力而需要的能量，其表达式如下：

$$\mathrm{MDP}=P_g-Wv\left(\sin\theta+\frac{a}{g}\right)-(mv+b) \tag{2-3}$$

式中 P_g——需要驱动机器运动的总功率；

W——压路机重量；

a——机器的加速度；

g——机器的重力加速度；

θ——压路机前进的坡角；

v——压路机速度；

m,b——特定机器的内部损失系数。

使用前必须对 θ、m 和 b 进行校准。

使用 MDP 需要安装多个传感器，并且一些参数需要校准，需要压路机厂商的协助。尽管看起来比较复杂，但是其原理仍然是滚轮对填筑体的压陷与滚动阻力之间的对应关系，似乎并没有本质的区别。

与振动压路机相比，光轮压路机的压实功能具有一定的局限性，压实厚度也受到一定限制，一般不超过 200～250 mm，而且光轮压路机在压实过程中容易产生“虚”压实现象。但是，由于这种压路机结构简单，使用和维修方便，而且国产的系列化程度高，可供选择的机型较多，能适应某些特定条件的压实工作，因而国内在机械化施工程度不高的施工条件下仍普遍使用。静力压实除了碾压一些细粒土（如黏性土）外，主要还是用于填筑初期的稳压以及碾压末期的整平。

2.1.2 冲击碾压

静力碾压只能将填筑体碾压到一定程度，如果想继续提高压实效果，则必须改变碾压方式。静力碾压对应的就是动力碾压，又分为冲击碾压和振动碾压两种。下面首先介绍冲击碾压，这是最早的动力碾压方式。

冲击碾压也称作夯实。原来是一种利用大块物体从某一高度自由下落时所产生的冲击力来将填料压实的方法，现在覆盖范围较宽，包括了冲击式压路机等在内的各种机械式的冲击碾压机具（机械），如图 2-4 所示。

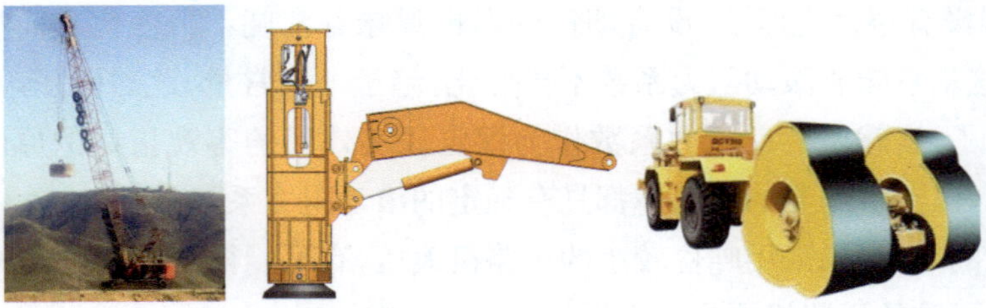

（a）夯实机　　（b）冲击式压路机

图 2-4　冲击压实机械

由力学理论可知，一般冲击力所产生的压力波传入被压填料之中后，其影响程度要比静压力产生的影响大的多，并且可以使填料颗粒产生运动，加速其重新排列，故它的压实效果要比静力的要好。但现场操作较困难，大面积推广使用还有一定困难。而近年来发展起来的冲击式压路机是一种较好的机械，特别是对于黏性土和失陷性黄土，压实效果很好。

1. 静止式冲击

静止式冲击也就是夯实，是利用一个大块物体从一定高度自由落到被压填筑体表面，使其产生很大的应力，达到压密填筑体的目的。这种夯实的理论基础并不复杂，主要利用理论力学原理建立，其中冲击效率是大家比较关心的问题。

如图 2-5 所示，当一个物体（一般为圆形夯体）从一定高度 H 自由落到厚度为 h 的填筑体上时，首先需要确定在填筑体表面产生的最大应力。其计算模式是假设“夯体—土体”的总动能全部转化为形变势能，根据能量守恒原理得到作用在填筑体表面的最大应力；然后根据动量定律计算得到夯体冲击时间；再确定单位冲量；最后按照非弹性冲击模式，得到冲击效率。夯实的理论相对简单，有兴趣的读者可参考相关书籍。

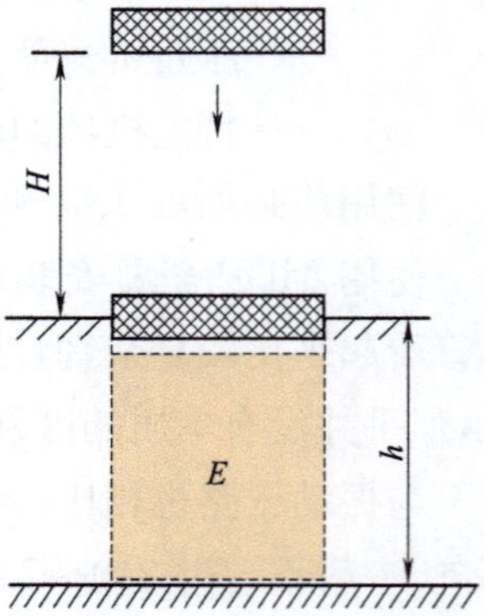

图 2-5　静止式冲击计算模型

2. 移动式冲击

移动式冲击就是冲击压路机，这是冲击碾压的最新发展。冲击压路机由牵引车带动非圆形冲击轮滚动，多边形滚轮产生位能落差与行驶的动能相结合沿填筑体表面对岩土材料进行静压、搓揉、冲击的连续冲击碾压作业，形成高振幅、低频率的冲击压实。下面以三边形冲击轮为例说明其计算原理，如图 2-6 所示。

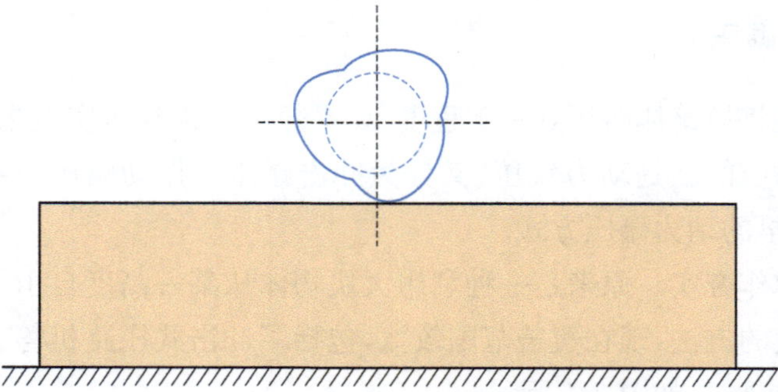

图 2-6　移动式冲击计算模型

在图 2-6 中，冲击轮由三瓣相同形状凸起组成。冲击轮旋转一周完成三个冲击循环过程，有三次的冲击作用。根据理论力学，由于存在偏心矩，按照旋转理论可以计算冲量，继而得到冲击力，如果可以得到冲击作用时间，便可以得到具体冲击力的大小，进一步可以求得冲击能量。此外，由上述模型，还可以根据冲击轮尺寸和前进速度等得到冲击频率等参数。

这种高能量冲击力周期性连续冲击填筑体表面，会产生强烈的冲击波，产生的冲击能量达到超重型振动压路机的功效，可使深层的密实度不断累积增加，比现有振动压实机械有更好的压实功效，使被冲压的填料更接近于弹性状态，显示出克服路基隐患的技术优势。从目前应用情况看，主要还是用于补强。此外，由于冲击，会使填筑体表面产生凹凸不平的现象，应做后期表面整平处理。

2.1.3 振动碾压

振动碾压是另外一种动力碾压方式，也是目前应用最广的碾压方式，始于 20 世纪 30 年代，这是筑路技术的“第二次革命”。振动碾压是在填筑体的表面施以一个周期性的振动荷载，在被压填料内部产生一个快速的、连续的应力波，填料颗粒由静止状态进入到反复运动状态，颗粒发生受迫振动。由于结构的松散性，其抵抗变形的抗力较低，在外部作用下，颗粒将发生位移，最终达到一个稳定位置，使填料颗粒之间相互嵌挤，达到比较密实稳定的状态，颗粒之间关联作用得到加强。振动压实由于压实效率高、使用范围广而得到广泛应用，是目前路基填筑碾压的主要方式。

按照钢轮特征，目前振动压路机主要分为单钢轮振动压路机、双钢轮振动压路机和羊足振动压路机三种，如图 2-7 所示。其中双钢轮主要用于碾压沥青混合料，其余两种多用于碾压岩土填料。

(a) 单钢轮振动压路机　(b) 双钢轮振动压路机　(c) 羊足振动压路机

图 2-7 振动压路机种类

按照振动特征，振动压路机又可以分为定向振动压路机、摆振式（振荡式）振动压路机、外振式振动压路机和内振式振动压路机。其中定向振动压路机具有在垂直平面上布置的对称振动器，能够消除水平分力而只有垂直分力，其结构复杂，目前在工程中应用的不多。摆振式振动压路机的前后轮的振动器具有 180°相位差，总能保持一个振动轮与填筑体表面接触。外振式振动压路机有两层机架，振动器安装在下架机上。内振式振动压路机的振动器安装在振动轴上，是目前的主要结构形式。

关于振动压实的机理，目前主要有几种理论学说。共振学说主要从共振的角度去说明压实的过程，当激励频率与被压填料的固有频率一致时，振动压实是最为有效的；内部摩擦减小学说主要从被压填料内部摩擦变化的角度去说明压实的过程，当填料受到动荷载作用时，将破坏填料原有的内摩擦，使其剪切强度降低，导致抗压阻力变小，因而在重力的作用下易于压实;反复荷载学说则主要强调了周期性压缩运动的作用,认为随着运动时间的推移,被压填料逐渐达到了密实状态。

经过实际测试与理论研究,发现可以将压实机具与被压填料看成是一个整体,采用系统科学的思想进行分析,归纳如下。

(1)振动压实对填料的压实作用体现在被压填料上的作用荷载上。作用力并不是单一频率成分的,而是具有几个频谱成分的荷载,因此它是一种荷载谱。不同频率成分荷载的组合是压实效果好的主要原因,即多频作用力的压实效果更好。

(2)填料颗粒在荷载谱作用下,发生了受迫振动,由于颗粒的大小和形状以及所处的位置及边界条件各不相同,所以每个颗粒的受力状态是不尽相同的,并且每个颗粒的固有频率也并不是都相同的。因此说,每个颗粒的运动也不尽相同的,多频作用正好与之对应,并且颗粒具有反复运动性,这是与静压和冲击碾压的不同之处。

(3)由于荷载谱的作用,使颗粒之间的静摩擦力减小,颗粒运动起来并试图找到各自的最佳位置,并且由于各自的固有频率不同,有的颗粒将产生近似的共振现象,加剧了它的位移。这也说明了不同的填料应该选择不同压实频率的道理。

这里需要说明的是,静力、冲击和振动三种碾压方式对于粒料而言,有着不同的压实效果。如图 2-8 所示,同样是一个颗粒(表面附近),静力碾压只能使其下沉到一定位置,冲击碾压则会使颗粒下沉到更深的位置上,而振动碾压不但会使颗粒下沉,还有可能使其在水平方向上移位,处于一个更佳位置上。

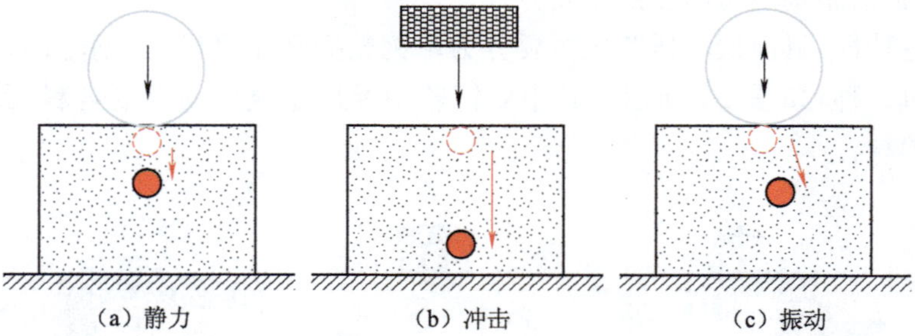

图 2-8 三种碾压方式使颗粒处于不同位置

此外,还有一些小型振动压实设备,适用于狭窄地段的碾压作业,如图 2-9 所示。但目前小型压实设备还不尽人意,压实效果不理想。

图 2-9 小型振动压实机械

振动压路机是利用其自身的重力和振动来压实各种建筑和筑路材料。在公路与铁路建设中,振动压路机最适宜压实各种非黏性土壤、碎石、碎石混合料以及各种沥青混凝土,因而被广泛应用。但是，由于振动压路机的振动作用，给周围环境及人体带来了一定公害，限制了振动压路机的使用范围。在人口密集地区、危房区、靠近装有精密仪器的建筑物，以及公路桥梁的桥面等都不宜使用振动压路机进行压实作业。另外，由于振动对人体健康的影响，减振效果不好的振动压路机是不受欢迎的。除此之外，目前还有一种振荡式压路机，具有揉搓作用，可以使压实更均匀。

每一种结构、每一种填料，其强度都有一个极限值，过大的外作用只能破坏已经形成的结构，或者破坏填料本身，这早已在工程实践中得到验证。因此，压路机吨位应与被压填料粒径以及填厚匹配，并不是吨位越大碾压的就一定越好。

由于本书涉及的压实机具主要为振动压路机，有关振动压实的详细论述请见后面相关章节，这里不再赘述。

2.2 传统控制方法

上面阐述了如何使填筑体成为高铁路基的碾压工具压路机。有了碾压工具是不够的，在生产（碾压）过程中还需要质量控制，否则也是难于形成一个优良的路基结构体。

众所周知，受各种条件限制，传统的压实质量控制不可能对碾压面每一点都进行检验。因此，传统的压实质量控制方法主要是以点式抽样方式进行控制，如压实度检验、模量检验等，是一种随机抽样控制。如果填料颗粒粒径很大时，就很难再进行各种抽样检验了，只能采用更为经验的方式进行控制，即碾压遍数控制，是一种施工工艺控制。

2.2.1 点式抽样控制

点式抽样检验控制由于其检验数量少、试验操作相对简单而成为传统压实质量控制的主流，也是人们最熟悉的方法。这类方法对应着的试验主要分为密度试验和各种模量试验，分别得到物理指标和力学指标，如图 2-10 所示。

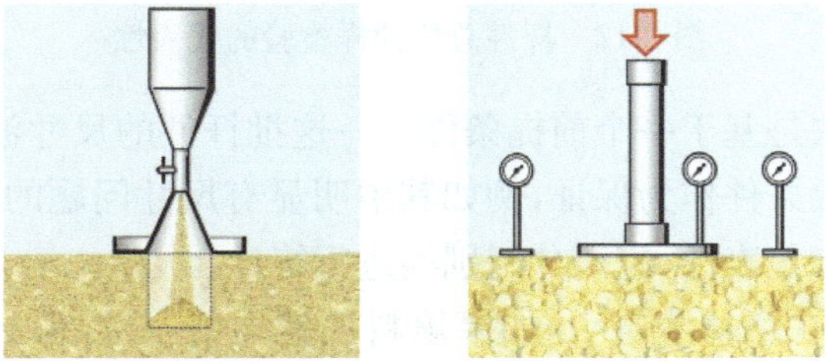

（a）灌砂法试验　　（b）平板载荷试验

图 2-10　点式密度试验与力学试验

密度试验和模量试验方法是大家比较熟悉的，有关具体试验操作请参阅相关书籍。下面主要论述点式抽样检验控制的几个特征。

1. 控制结果的代表性

点式抽样检验控制是一类基于统计学原理的方法。一般是以填筑体的一定长度或者一定面积为单位进行的，如 4 点/100 m，6 点/5 000 m^2。这类方法采取一票否决制进行控制，只要这几个检验点的质量合格，就表示该段填筑体是合格的；反之，只要其中一个点不合格，就代表该段填筑体不合格，如图 2-11 所示。

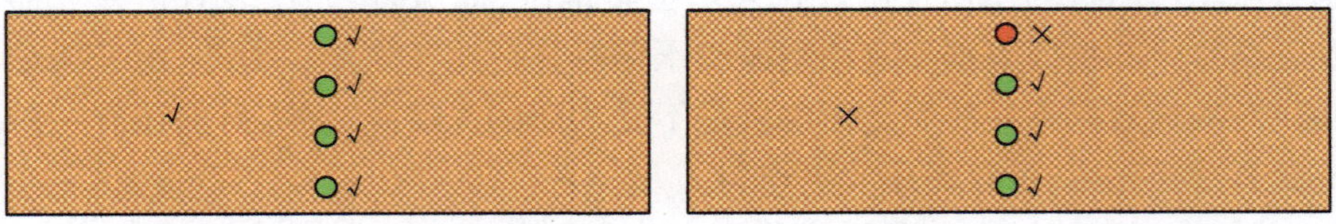

图 2-11　抽样检验控制特点

长期以来，各种填筑工程的压实质量都是按照这种思想进行控制的，一直占据着统治地位。但是，其存在的弊端也是人们一直讨论的焦点。这类方法基于一个前提条件，即被抽检总体应该服从正态分布，否则其检验结果不具有代表性。

抽样方法源于一般工业生产领域的质量控制。例如：生产一批直径 100 cm、长度 20 cm 的杆件。判定这批杆件是否符合要求，最好的办法当然是对每一个杆件都进行量测，但这样做比较费时费力。经过统计分析，人们找到了一种简单的方法——抽样检验。只需按照要求抽取一定数量的杆件进行测量，便可以得到这批杆件的合格率，以此进行控制，如图 2-12 所示。

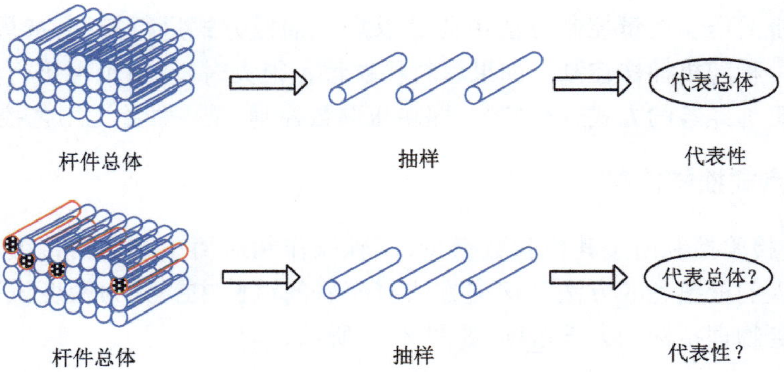

图 2-12　杆件总体抽样检验的代表性

上述抽样检验方法是基于一个前提条件——这批杆件的尺寸波动或误差符合正态分布。如果没有这个前提条件作为保证，例如其中明显有尺寸问题的杆件存在，那么进行的抽验检验就不一定具有代表性，应该分门别类进行统计。

与上述例子类似，在路基填筑中，如果填料比较均匀一致，那么其物理力学性质一般是符合正态分布的，此时按照规定进行抽样检验，其结果具有一定的代表性。反之，如果填料存在较大的不均匀性（变异性），其抽样结果就不一定具有代表性，如图 2-13 所示。

上述现象可以从填料总体分布特性方面来理解。当填料不均匀时，总体并不服从正态分布，但是可以把不均匀填料分解为多个不同参数的“小总体”（与信号处理理论中将复杂信号分解为多个正弦信号类似），而每个小总体都分别符合相应的正态分布，如图 2-13 所示。问题是随机抽样不一定恰好抽到每个小总体上（无法确定这些小总体在碾压面上的位置），因此抽样就不一定能够全面反映这种填料的性能，造成失控。

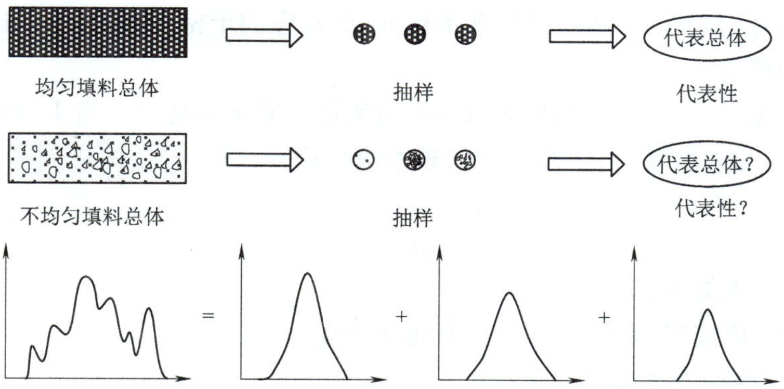

图 2-13 路基填筑体总体抽样的代表性与总体分布分解示意

如果能够对碾压面上每一点都进行检验，无疑对控制质量是最好的，发现问题也能有针对性地进行处理。最好的办法是实现连续的检测，获取碾压面上每个点的压实质量信息。“面式控制”就是这样一种思路，与“点式控制”相比，不但全面而且检测速度也快，详见后面的有关阐述。

上面对点式抽样控制结果的代表性问题进行了讨论，分析了当填料存在变异性时，抽样检验结果并不一定具有代表性的原因。除了抽样的代表性问题之外，控制指标本身也存在较多值得讨论的地方，特别是压实度问题。

2. 控制指标之一——物理指标之密度

无论是哪种质量控制，其控制指标都是非常关键的。常用的点式抽样控制的指标就是压实度(实质是干密度)，这是一个物理指标。采用这个指标是缘于密度试验相对力学试验要简单的思想，还缘于填筑体越密实，其抵抗变形能力也就越好的思想。这种思想对于黏性土(黏性细粒料)是正确的，但是对于粗颗粒填料却不一定是正确的，这已被大量实践所证实。

(1)黏性土

黏性土对含水量非常敏感，含水量的变化直接影响到它的物理力学性能。经过大量试验研究，发现有一个最优含水量的问题(通过击实试验)，处于最优含水量下的黏性土的干密度最大，力学性能也最稳定，如图 2-14 所示。这也是采用干密度作为压实控制指标的直接原因。

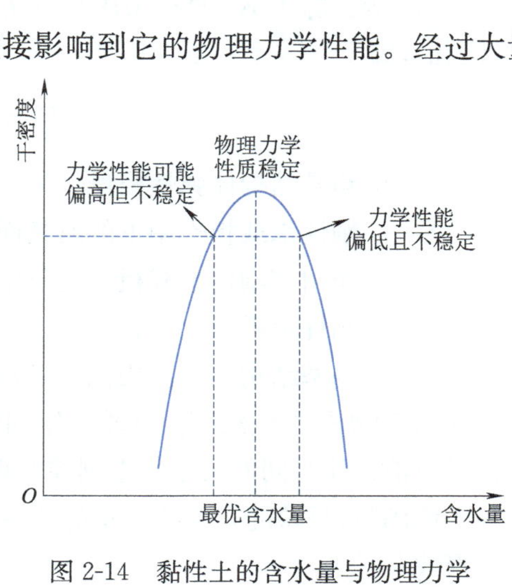

图 2-14 黏性土的含水量与物理力学性质关系示意

在图 2-14 中，当含水量小于最优含水量时(在最优含水量左侧)，土体具有凝聚结构特征，强度较高，较脆硬，不易压密，浸水时其性能不稳定，容易产生附加沉降；当含水量大于最优含水量时(在最优含水量右侧)，土体具有分散结构特征，强度较低，可塑性较大，容易形成“橡皮土”。因此，对于黏性土，若想得到好的压实效果，必须将土体的含水量控制在最优含水量处，而对应的干密度称之为标准干密度，由此引出压实度的概念。

所谓压实度，就是将填土先在室内采用击实试验确定最优含水量下的最大干密度作为标准干密度，与现场碾压实际得到的干密度进行比较，即

$$K=\frac{\rho_d}{\rho_0}\times 100\% \tag{2-4}$$

式中 K——所求的压实度；

ρ_0——室内按照标准方法确定的标准干密度；

ρ_d——现场实际测得的干密度。

对于黏性土填料，压实质量控制采用压实度指标。压实质量控制存在的问题主要是填筑体含水量控制难度较大，当含水量分布不均匀时会带来压实度的不均匀分布，还有就是数据造假问题时有发生。

(2)非黏性土

除了黏性土之外的岩土材料都可以称作非黏性土。对于非黏性土，其密实度指标并不是压实度，而是另有所指。非黏性土的密实度通常是指单位体积中固体颗粒的含量。表征非黏性土密实度的指标主要有：孔隙比、相对密度和标准贯入值等，它们都是表达非黏性土密实状态的指标，可见与压实度的概念是不相同的。

3. 控制指标之二——力学指标之模量

填筑体的压实质量除了采用物理指标密度之外，还需要力学参量作为控制指标。因为无论如何，路基结构体的主要任务是承担上部结构以及行车荷载的综合作用，其抗变形能力是最主要的，所有控制指标都必须为这个目的服务。

对于力学控制指标，基本是以各种模量为主的，各类平板载荷试验(也称作承载板试验)是其主要获取手段。这些模量包括：变形模量 E_{v2}、回弹模量 E、动态模量 E_{vd}、地基反应模量 K_{30} 等。除了 K_{30} 直接采用力与变形的比值外，其他几个指标都是由弹性半空间公式得到的，即

$$E=\frac{(1-\mu^2)}{2a}\frac{P}{S} \tag{2-5}$$

式中 E——路基结构体弹性模量；

S——刚性承载板作用下的路基面的竖向弹性位移，在弹性力学中常以 w 表示；

P——作用在刚性承载板上的集中力；

a——刚性承载板半径；

μ——路基结构体的泊松比，一般取 0.21～0.35。

式(2-5)就是平板载荷类试验所用到的主要公式，反映了荷载类型与弹性变形以及弹性模量及泊松比之间的关系。根据控制理论，对于任意一个系统，其输入与输出的比值为一种系统函数，反映的是系统本身的特性。为此，将式(2-5)变成输入(力)与输出(变形)之比的形式。

$$\frac{P}{S}=\frac{2a}{(1-\mu^2)}\cdot E \tag{2-6}$$

力与变形之比实际上表示了路基结构单位变形下的抵抗力。由式(2-6)可知，抵抗力主要取决于土体的泊松比和弹性模量(还有承载板尺寸的影响)，而这两个参数正是反映土体属性的特征参数(也称作物性参数)。不同的压实状态，在微观上对应了填料颗粒之间不同的相互作用，而在宏观上则对应着不同的特征参数，微观与宏观是统一的，只是表现形式不同而已。

模量作为评定路基压实质量的控制指标是很好的，最大的问题就是试验时间较长以及点式抽检问题，不适用于碾压过程控制。

此外，也应该看到，对于弹性半空间体，真正的模量只有一个即弹性模量。但在实际中，对于同一填筑体，随着平板载荷试验加载方式的不同而出现了多种模量，这也说明了岩土结构体的复杂性。即使是弹性体，也要理解为不同参数的弹性体，即同一填筑体，在不同状态下对应着不同参数的弹性体。

4. 压实度与模量之间的关系

对于路基填筑体，压实度是一个比值，其实质是干密度问题，而模量是单位面积上的抵抗变形能力(抗力)，二者存在某种联系，下面进行一些简单的分析。

根据文献[1]，填筑体在承载板压力 P 作用下，由高度 h_0 压缩到高度 h 的土体，下沉量(塑性变形)为 $S=h_0-h$，质量为 M，面积为 A，如图 2-15 所示。

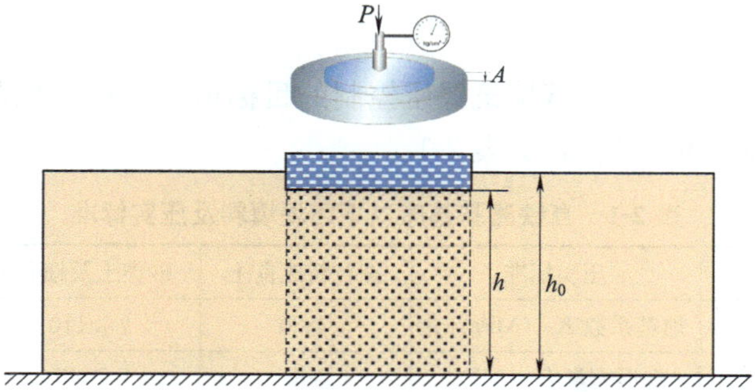

图 2-15 承载板下沉量与压实度关系示意

令 $\varepsilon=S/h_0$ 表示塑性变形率，经过推导，可以得到密度 ρ 与塑性变形率 ε 以及初始密度 ρ_0 之间的对应关系。

$$\rho=\frac{M}{V}=\frac{M}{A(h_0-S)}\approx\rho_0(1+\varepsilon) \tag{2-7}$$

对于质量一定的填筑体而言，体积越小其密度也就越大。由图 2-15 可知，下沉量 S 的大小决定了该压缩土体密度的大小。根据式(2-7)，塑性变形量或者塑形变形率越大，其密度也就越大，而塑性变形与其受力大小是密切相关的。

填筑体受力与其变形的关系是一个复杂问题。如果填筑体为理想弹性半空间体，那么力与弹性变形之间的关系是清楚的，见式(2-5)。但是，如果填筑体是弹塑性体，特别是塑性变形较大时(如碾压初期)，二者的关系是很复杂的，目前尚无理想解答，存在多种半经验公式，如描述垂直荷载与下沉量关系的 Bekker 模型

$$\frac{\sigma}{S^n}=E_s\Rightarrow\sigma=E_sS^n \tag{2-8}$$

式中 E_s——土体形变模量；

n——土体变形指数，土体和荷载类型有关；

σ——压板下垂直平均单位压力；

S——压板下沉量(塑性变形与弹性变形)，与后面第 3 章给出的公式具有一致性。

实际应用时可以根据测得的压力和变形来确定 n。试验数据表明，n 几乎不随含水量变化，而 E_s 随含水量的增大而减小。

式(2-7)和式(2-8)把模量与压实度(密度)联系起来了，但并没有考虑填料的微观结构问题，只是根据数学方法进行的推导得出的结论。对于岩土填料而言，除了宏观上的变形之外，填料颗粒之间的相互作用也是必须考虑的。

对于黏性细粒料，在含水量处于最优含水量状态下，压实度可以正确反映填筑体的力学性能，密度越大，其模量也越大。因此，对于黏性细粒料，在控制好最优含水量的情况下，采用压实度指标来控制填筑碾压质量，反映模量信息是可行的。如果不是处于最优含水量下，未必有上述结论，情况比较复杂。

对于粗粒料，情况更是复杂。压实度并不能完全反映填筑体的力学性能。对于同一种填料，填筑体结构密度最大时的力学性能未必最好，这已被实践所证实。因为根据式(1-1)，对于粗粒料，决定其强度的参数主要是颗粒间的内摩擦角而非黏聚力，还有所形成结构的稳定程度。

5. 压实标准

所谓压实标准，实质就是路基填筑碾压控制的目标值。在相关规范中，每种控制指标都有与其填料类型对应的控制值，见表 2-1。

表 2-1 高铁路基基床以下路堤填料及压实标准

填　料	压实标准	细粒料改良土	砂类土及细砾土	碎石类及粗砾土
A、B、C 组(不含细粒料、粉砂及易风化软质岩块石土)填料及改良土	地基系数 K_{30}(MPa/m)	≥90	≥110	≥130
	变形模量 E_{v2}(MPa)	≥45	≥45	≥45
	E_{v2}/E_{v1}	≤3	≤3	≤3
	压实系数 K	≥0.92	—	—

有关压实标准的制定是一项很复杂、很繁重的工作。目前表 2-1 所制定的压实标准还是显得有些“粗”，主要问题是给出的填料的种类较少，不能覆盖住全部填料类型。

需要注意的是，不同填料的压实标准所采用的指标并不完全相同。表 2-1 就说明了这一点，可以看出除了细粒料有压实度(压实系数)的要求外，粗粒料对压实度(物理指标)并没有要求，只是对其力学指标提出了控制值的要求。

如果对粗粒料也提出采用物理指标进行压实控制，那么压实度并不是一个好指标，相对密度这个指标可能会更好一些，这是需要引起注意的地方。此外，对于砂类，也应该采用相对密度来评定密实程度。实际上，压实度(干密度)作为控制压实质量的指标使用，其范围是有限的，主要是对黏性细粒料比较合适。对于其他填料，特别是粗粒料，存在很多问题，如受颗粒粒径限制，室内标准击实试验如何做，含水量是否受影响等系列问题。

6. 弄虚作假现象

(1)填料问题

在实际施工过程中，路基填料的选择是一个非常重要的问题，这是能否形成优良路基结构体的第一个关键环节。如果填料不好，那么无论如何碾压和控制，都是很难取得好的效果的，只能在检验数据上做文章了。

大量实践证明，如果是填料出现问题，一般表现在可压实性的难易程度方面。对于黏性细粒料，含水量分布不合理会引起难于压实的后果，含水量过小会造成压不实，含水量过大会造成“弹簧土”现象；对于粗粒料，其一是颗粒级配不好造成难于压实成性能优良的结构体，其二是颗粒比较圆滑(如砾石)形成不了稳定结构。

填料是否符合设计文件要求，是路基施工首先面对的问题。从调查结果看，基本上附近有什么料就用什么料，随机性很大。另外，对于粗粒料，规范中要求级配良好，但是一直没有定量指标，让现场无法控制。

(2)偷工减料

偷工减料实际是两个概念。“偷工”是指减少施工工时，通常表现为碾压遍数不足；“减料”一是指在填料上做文章，以次充好，二是指超厚度填筑。这些是部分施工方特别是分包方经常采用的“技术”，属于管理控制问题。

由于存在上述问题，在压实质量验收检验时不合格是必然的。为了合格，只能在验收检验试验过程中弄虚作假了。如在检验压实度时，经常在灌砂法测试体积时加入少量粗颗粒，在平板载荷试验时在场地或者承载板下面做一些手脚等，可谓五花八门。防止这类问题的发生，除了加强管理，还需要在技术手段上做文章，这也是研究现代控制方法的一个缘由。

2.2.2 碾压工艺控制

如果填料颗粒的粒径超过一定程度(例如超过承载板直径的 1/4 即 7.5 cm)，那么常规力学指标检验一般就很难实施了，压实度检验也会增加很多工作量，并且精度会下降很多。当颗粒粒径进一步增大后，所有常规检验手段都将无法使用。针对粗颗粒填料压实质量难于控制的特点，目前大都采用了一类经验控制方法即碾压遍数控制或碾压轮迹控制，它们都属于经验性的碾压工艺控制法，是宏观控制，谈不上什么控制精度，是没有办法的办法。

1. 碾压遍数控制

碾压遍数控制法属于纯粹的经验方法，其要求的条件是相当苛刻的。一般要求碾压段的填筑厚度、填料情况(均匀)、下卧层情况、地基状况(如果在影响范围内)、压路机参数与试验段的必须完全相同，如图 2-16 所示，否则这种方法就会失去意义。但是，遗憾的是，目前很多情况下应用者并没有严格遵守这些限制条件，而是随意使用，不但没有控制好压实质量，反而造成出现更多的问题，如出现的“欠压”或“过压”现象。

由于岩土填料的复杂性和压路机性能的多样性，上述这些条件只有在理想状态下才可实现，实际上是很难做到的。也正因为如此，到目前为止，无论哪个国家，还很少见到将这种遍数控制法纳入到规范中，仅是施工单位进行自我控制的一种手段而已。

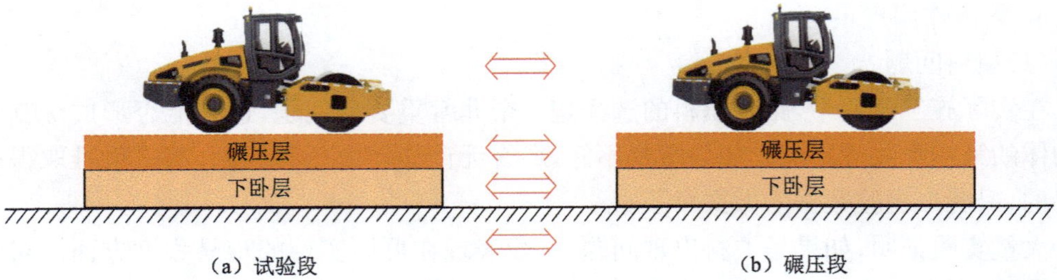

图 2-16 碾压遍数控制法应用条件

一般来讲，碾压遍数不是一个定数，是需要优化的，否则也就不会有现代智能压实反馈控制概念的出现了。需要注意的是，随着现代测试技术的发展，一种记录碾压遍数的电子量测装置又在兴起，并且配备了卫星定位系统，这实际只是碾压工艺控制法的翻版而已，现代称作数字化施工，但很难采用这类方法控制碾压质量本身参数，不要被假象所迷惑，只不过是传统经验控制法的电子化而已。

2. 碾压轮迹控制与高程控制

碾压轮迹控制与碾压遍数控制相比，尽管也属于经验法，但比控制碾压遍数要科学一些，其实质是控制塑性变形的变化情况。如我国公路路基规范中规定了对于大颗粒填料的碾压质量以“18 t 振动压路机碾压无轮迹”作为压实结束的标志，其含义就是填筑体不再发生塑性变形，实质是压实度不再发生变化，见式(2-7)。

碾压轮迹控制存在两个问题。其一，何时达到“无碾压轮迹”只能依靠驾驶员的经验而定，无法客观、定量地进行判定。其二，对于粗粒料，塑性变形不发生变化(压实度不发生变化)时，所形成结构的力学性能可能还会变化，这主要取决于颗粒之间的相互作用程度而非完全依赖压实度。

另外，还有一种控制填筑体标高变化的方法即高程控制法，一般控制塑形变化率达到一定精度要求即可，如图 2-17 所示。这种控制通常采用水准仪测量进行，也属于点式控制的一种。

图 2-17 高程控制法

无论是碾压遍数控制还是碾压轮迹或者高程控制，除了上述缺点外，更为致命的弱点是不能对整个碾压面进行全面的实时定量控制，更谈不上控制碾压的均匀性了，而这是高速铁路路基必须要控制的。当然，在没有其他控制方法的情况下，施工单位可以采用这类方法进行自行控制，但不能作为最后验收检验控制的依据。

2.3 现代控制方法

由于传统控制方法的诸多问题，寻找填筑体压实质量快速检测与控制方法的努力一直在继续。其中，利用压路机在碾压过程中的某些响应来识别填筑体性能参数的一类方法脱颖而出——连续与智能压实控制，已经成为现代压实质量控制方法的代表，引领着筑路技术的发展。振动压路机与连续压实控制技术的结合，在一定程度上实现了压路机的自动压实作业，被欧美称作筑路技术的“第三次革命”。

2.3.1 历史回顾

如前所述，填筑体形成结构体的过程主要就是填料的碾压过程。如何在碾压过程中控制填筑体的压实质量一直是筑路技术关心的重点。由于碾压过程是由压路机完成的，所以人们自然把目光聚焦到是否能够利用压路机的碾压过程进行质量控制上来。

现代压实控制方法是由振动压实兴起的，这是由于振动压路机普遍使用的结果。首先我们从力学的角度先看一下这个问题的实质，然后再来回顾这项技术是如何兴起的，对于科研与创新也许会有一些启迪作用。

振动压路机碾压填筑体的过程是一个典型塑性大应变过程。如果用力学语言描述，可以归结为“一个刚性圆柱体在振动和滚动状态下与弹塑性体相互作用的动力学控制问题”，如图 2-18 所示。其中涉及动力学求解（正问题）与参数识别（反问题）。这是一个非常复杂的动力学问题，目前这个问题的解析解还没有找到，其反演参数（填筑体模量和密度等）更是困难重重。

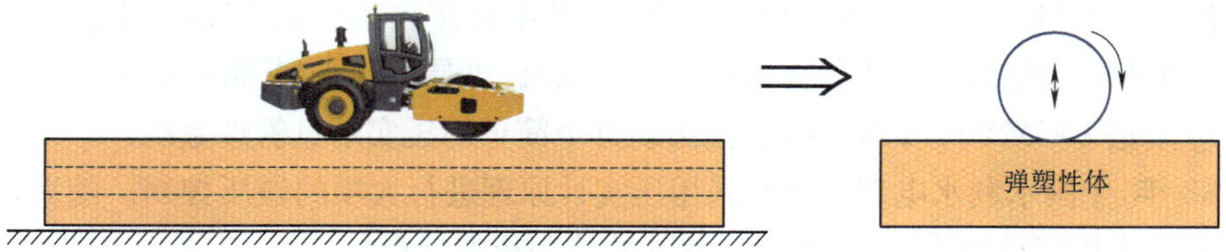

图 2-18 碾压过程的动力学问题

1. 20 世纪 70 年代

最初，人们并不是从力学角度看待振动碾压过程的，而是根据常识性的表象观察进行研究的。经过观察发现，振动压路机在不同硬度的地面上行驶时的振动反应不同，地面越硬，驾驶室内的振动反应也就越强烈。由此联想到能否利用压路机振动反应的来评定压实质量。其中，如何表征碾压过程中压路机振动响应的变化是关键技术之一。

20 世纪 60 年代，美国有人想利用压路机振动反应来控制压实质量，但是由于电子量测技术限制而没能实现，也可能是没有找到如何表达压路机振动反应强弱的指标，总之没有实现利用压路机进行压实控制的想法。

1974 年，瑞典高速公路局的土木工程师 Heinz Thurner（奥地利人）利用 Dynapac 的

5 t牵引式振动机具进行了压实试验。这次测试表明，振动轮响应的一次谐波的振幅和激振频率的幅度比例可以相关，与压实效果有关联，而压实效果和土壤的刚度可由平板载荷试验测定。在1975年，Heinz Thurner和他伙伴Åke Sandström建立了GEODYNAMIK公司，继续进行振动轮压实测量的研究。后来GEODYNAMIK公司为压路机厂商DYNAPAC公司研制了一种仪表(1976年)，可以装配在振动压路机上，其表针可以指示碾压所达到的程度。他们把这仪表称之为“压实计”(Compactometer)，表征压实程度的指标称作CMV(Compaction Meter Value)，为一个无量纲的比值。CMV是压路机振动轮振动响应信号的基频与一次谐波幅值之比。他们认为CMV与常规检验指标如模量、压实度等具有相关性。至于为什么采用这个比值，并没有过多的理论依据，应该是根据试验观察得出的结果。

压实计法的出现开拓了人们的视野，使人们意识到，利用振动压路机还可以进行压实质量控制。尽管后来实践证明这种方法不具有普遍应用价值，也不适合发展智能压路机，但在当时情况下无疑是先进的，具有一定的创造性，其技术思想值得肯定。压实计问世之后，在DYNAPAC压路机上进行了装配，在一些工程中开始了一些应用。图2-19为早期的压实计产品，已经由原来的表针式改为数码管显示。

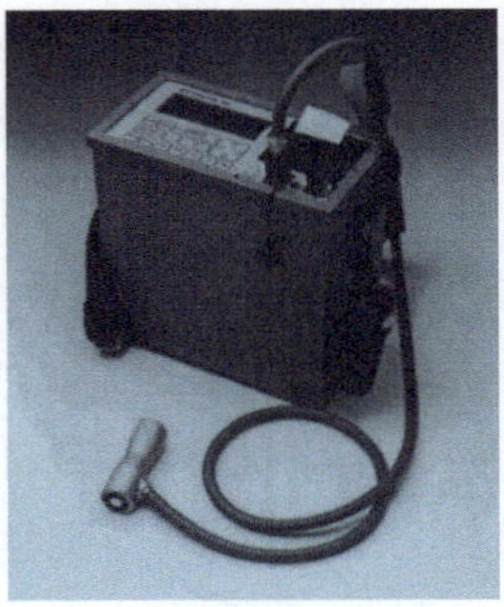
图2-19　早期的压实计产品

2. 20世纪80年代

由于压实计原理简单，硬件上也容易实现和制造，因此，利用振动压路机进行压实质量控制的思想一经出现，在欧洲一些国家就得到了重视，特别是北欧一些国家的压路机厂商，开始仿照压实计原理进行研究和应用。

德国是追踪这项技术比较早的国家之一，其中以压路机厂商BOMAG公司为代表。1982年，BOMAG首次将压实计技术引入到压路机，也是仿制，但其指标有所改变(早期资料显示应该是10CMV)。1989年，德国出现首个简单的压实信息管理系统。

1988年，中国水利水电部门开始采用压实计原理进行大坝的碾压控制。随后，公路部门也有人引入压实计技术，一些电子厂商开始仿制压实计产品。

3. 20世纪90年代

如果说80年代是以仿制经验法的压实计为主，那么90年代一些国家则开始了自主创新。这是因为在应用压实计进行压实质量控制过程中出现了很多问题。其中最大的问题就是压实计检测结果CMV与常规检测结果如模量、压实度等没有较好的一致性，导致人们开始怀疑这种技术是否真的有效，使从事这类技术的人意识到如果再沿着压实计原理走下去，将会出现更多的问题，需要另辟蹊径深入研究。因此，一些国家开始调整思路，从更加理论的角度进行研究，并在国际上系统地提出了“连续压实控制”的概念，即CCC(Continuous Compaction Control)技术。

在德国，BOMAG公司开始尝试采用新指标来评定压实质量，如一种基于能量观点的所谓“OMEGA”值，突破了压实计的机理。1992年，在BAUMA会议上BOMAG公司展出了所谓“智能压实机(ICM)”的首个原型；1993年，德国公路部门首次推荐了SCCC(岩土填料的连续压实控制)技术;1994 年,德国制定了 SCCC 标准;1996 年,具有自动调幅的压路机被首次用于沥青路面的压实试验中;1998 年,出现了具有自动调幅功能的压路机。

在中国,水利和公路一些部门继续采用压实计技术尝试在工程中应用。与此同时,一些科研院所也开始了自创创新的历程。1993 年,黑龙江省交通厅哈绥公路指挥部与原哈尔滨建筑大学(后与哈尔滨工业大学合并)立项研究《碎石土路基施工压实标准》。这是国内首个研究这类技术的科研项目(作者参加并从此开始这项技术的研究)。1998 年,提出了基于路基结构抵抗变形能力为控制指标的动力学方法;1999 年,研制完成了第一代压实过程监控系统(CPMS)。

此外,欧洲一些国家开始制定连续压实控制技术的相关标准,为推广这类技术注入了动力。量测设备也由单一的硬件变为以单片机为主,具有控制软件和管理软件的控制系统,图 2-20 为一些国家的连续压实控制系统(硬件与软件)。

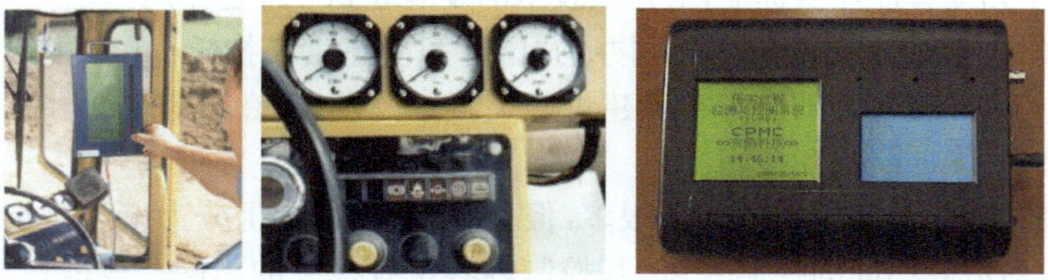

(a) 瑞典的压实计　　(b) 德国的OMEGA表　　(c) 中国的CPMS

图 2-20　20 世纪 90 年代的连续压实控制系统

4. 2000 年至 2009 年

进入 21 世纪以来,除了瑞典继续坚持使用压实计原理的技术外,德国和中国又进一步发展了这类技术。在理论体系、测试技术和技术标准等方面又有了新的进展,控制系统的软硬件更加融为一体,全面提升了这类控制系统。

德国——除了继续更新相关的连续压实控制技术标准外,BOMAG 公司开始采用力学方法研究连续压实控制技术,提出连续压实控制新指标——振动模量,完善了“智能压路机”的概念,研制了相应的压路机——宝马智多星(单钢轮)。2001 年,BOMAG 公司推出了沥青压实专家系统(Asphalt Manager),将连续压实控制技术应用到沥青路面的碾压控制中。

瑞士——压路机厂商 Ammann 公司基于振动力学原理,提出了刚度系数指标,并将成果应用在自己的振动压路机上。

中国——本研究团队在哈尔滨工业大学继续完善动力学方法。在东北三省交通部门的支持下,从室内模拟试验到高速公路的路基与基层试验,进一步验证了理论结果的正确性。2004 年,承担了交通部沥青路面压实质量控制方面的课题,将动力学方法应用在沥青混合料的连续压实控制上。2008 年,在原铁道部支持下,承担了原铁道部重点科研项目《高速铁路路基连续压实检验控制技术与装备研究》等多个研究课题,研发和发展了高速铁路路基连续压实控制成套技术(理论方法、测试技术、工程应用、技术标准)。2009 年,在西南交通大学继续研究动力学方法,并在高速铁路路基填筑碾压控制中应用。

美国——2001 年 Ammann 公司将第一台带有 ACE 系统的 AV 95 串联式振动沥青压

路机引入美国。2004 年,美国联邦公路局(FHWA)公布了一个“智能压实战略计划”,拓展了原来智能压路机的概念。2007 年,开始大力推广智能压实技术,主要应用在沥青路面的碾压控制中,以控制碾压遍数和温度为主。

5. 2010 年至今

2010 年以后,连续压实控制(或者智能压实,目前二者并无太大区别,称谓不同而已)技术进入快速发展期,这类技术主要在中国和美国得到了发展和应用。

2011 年,中国颁布首部连续压实控制国家行业标准,开始在高速铁路建设中进行普及应用。2015 年,中国铁路总公司颁布新的连续压实控制标准,进一步完善了这项技术的一些细节。2017 年,交通运输部颁布公路路基连续压实控制系统技术标准。

2012 年,美国联邦公路(FHWA)局颁布岩土填料及沥青混合料智能压实标准。2014 年,美国(AASHTO)颁布国家智能压实标准。据统计,到 2018 年,美国已有近 30 个州的交通局颁布了州立智能压实标准,对这项技术的发展起到了推进作用。

此外,2016 年,由中美两国主导创办的“国际智能建设科技学会(IICTG)”组织成立,将会有组织地引导交通基础设施智能建设相关技术的发展,在全球倡导和推进交通基础设施智能建设技术的研究和应用。

关于控制系统,目前出现的产品很多,但种类不多,基本上分为谐波比类的经验指标和力学指标,对应着不同的控制系统,其控制内容也有很大的不同。根据现场调查,目前经验指标类控制系统已经趋于以控制碾压遍数为主了,同时辅以高精度定位装置,已经离控制填筑体本身参数的方向越来越远了,变成数字化施工的一个施工记录器了。国际上比较流行的控制系统如图 2-21 所示。

图 2-21 连续与智能压实控制系统

需要指出的是,目前对连续压实控制和智能压实这两个概念并没有严格区分,在欧洲仍被称作连续压实控制(CCC),美国称作智能压实(IC),中国则包容了这两种说法,本书也不严格区分。从现代科技发展的角度看,也许称作智能压实更符合潮流一些,但是要发展真正意义上的智能压实内涵,而绝非是概念上的升级,需要与人工智能的进一步融合,压实机械应该具有自我再学习的能力。

2.3.2 技术分级

连续与智能压实控制技术是从初级的经验控制指标到高级的力学控制指标的演变,也是人们对这项技术不断加深理解和研究历程的变化过程,其实质就是技术原理的演变。下面按照由初级到高级的顺序，根据所采用的控制指标不同，逐一简要阐述各自的技术原理。

1. 技术原理之一

(1)谐波比 1——CMV

谐波比类指标是对振动压路机振动轮响应信号的波形变化的某种度量，都可归结为瑞典的压实计原理。其基本原理主要是基于以下观测到的事实：振动压路机作用在比较松软的填筑体上或者悬空状态，振动轮的振动波形为正弦曲线(或余弦曲线)；当振动压路机作用在比较密实的填筑体上(松软体被压密)，振动轮的振动波形发生畸变，不再是正弦曲线；如果振动压路机作用在更密实的填筑体上，那么振动轮的振动波形发生更严重的畸变，波形越来越复杂。

振动压路机振动波形随填筑体硬度不同而发生变化是客观事实，并且这种现象可以通过试验得到验证。上述过程可以用图 2-22 予以说明，其中横轴为时间(s)，纵轴为振幅(mm)。

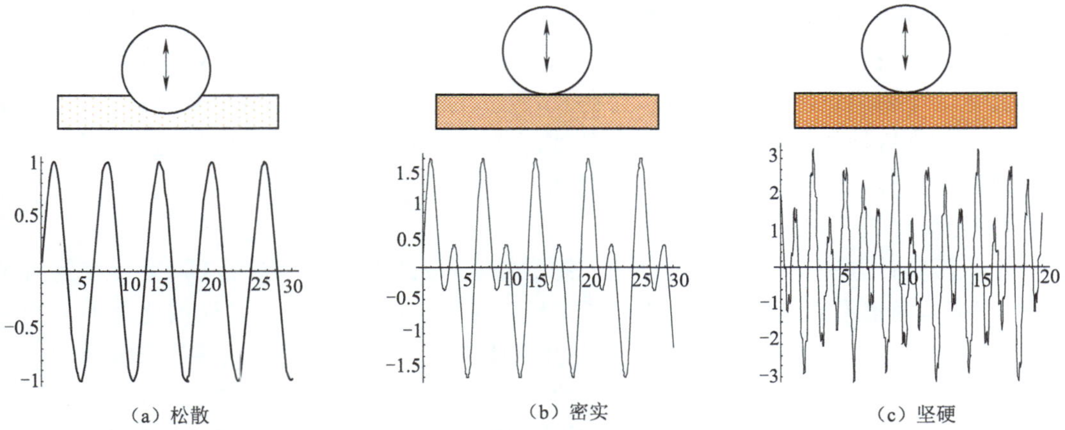

图 2-22 不同压实状态时振动轮响应信号波形变化示意

在时域内，只能看到如图 2-22 那种形式的波形变化，但是很难定量表示。实际上，表征正弦曲线发生变化的方法还是很多的。压实计方法的想法是将振动轮响应信号进行频谱分析，看看频率结构发生了什么变化，然后再想如何表示这种变化。

根据信号分析理论，对振动轮响应信号应用快速傅立叶(FFT)分析技术进行频谱分析，就可以得到信号的频谱图，从中可以看出频率成分的变化，比波形时域更明显一些，如图 2-23 所示，其中横轴为频率(f)，纵轴为振幅(A)。可见频率中除了基频信号 $A(f_0)$ 外，还出现了其他频率成分的信号，其中一次谐波成份 $A(f_1)$ (也有将 $A(f_0)$ 称作一次谐波，$A(f_1)$ 称作二次谐波的)是主要影响因素，其他成分不予考虑。下面试着用基频和一次谐波来表征波形的畸变程度。

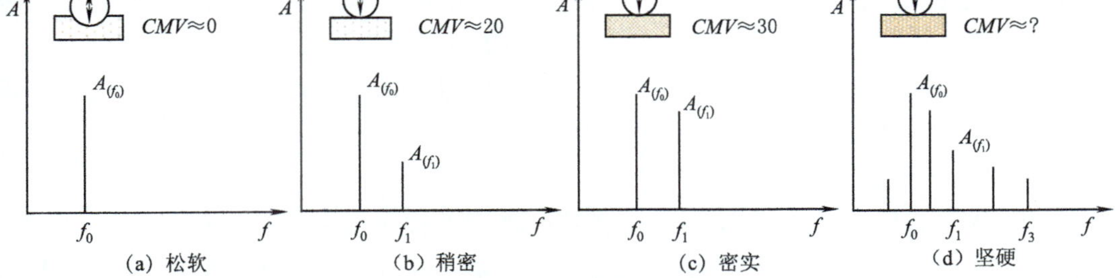

图 2-23 不同压实状态时振动轮响应信号频谱特征

通过频谱分析，压实计方法认为波形畸变是由于出现一次谐波分量所致(实践证明，这种理解是片面的、局限性的，没有普遍意义)。因此，为了定量分析压路机动态信号的这种畸变程度，他们定义了一个评定振动轮动态信号波形畸变程度的指标——CMV 即压实计值。

$$\mathrm{CMV}=C\frac{A(f_1)}{A(f_0)} \tag{2-9}$$

由图 2-23 可以看出，填筑体在一定硬度范围内，随着碾压遍数的增加，被压填料的状态由松散向密实过渡，同时 CMV 也随之增大，反映了密实程度的变化情况；但是，当填筑体很坚硬时，压路机振动轮响应信号的频率成分还是很丰富的，很多频率是不能忽略的，此时 CMV 不能正确反应压实质量信息。当填筑体很软时，此时 CMV 很小，也不能正确反应压实质量信息。

上面是根据振动轮动态信息的频谱特征对 CMV 的适用性进行的分析。实际上，最好的判定就是试验对比，国内外多年的大量实践证明了上述结论的正确性。压实计方法自出现后，其评定指标 CMV 就一直存在争议。国内外的工程实践表明：CMV 在很多情况下并不能正确反映填筑体的压实质量，存在 CMV 大的区域的压实质量未必就好的现象(反之亦然)，与常规检测结果不符，给现场的实际控制带来诸多不便，也容易造成误判，这也是许多国家放弃 CMV 这个指标的主要原因。

(2)谐波比 2——CCV

由于压实计方法具有连续的、面的控制的特点，围绕着其控制指标 CMV 存在的诸多问题，许多国家都沿着这种测试思想做了大量的研究工作，尝试了各种谐波比值的表达方法。如日本建设省土木研究所在 20 世纪 80 年代至 90 年代曾采用考虑多次谐波成分的方法加以改进，试图来表征振动轮响应信号的畸变程度。这些改进的谐波比表达式，无非都是在比值的分母和分子中增加一些谐波成分，以改善使用效果，都是经验性的做法而已。如目前有一种对谐波比改进后的指标，称作 CCV(Compaction Control Value)，有两种表达方式，见式(2-10)，其中，f_0为振动轮的基频。

$$\mathrm{CCV}=\frac{A(0.5f_0)+A(1.5f_0)+A(2f_0)+A(2.5f_0)+A(3f_0)}{A(0.5f_0)+A(f_0)}\times 100$$

$$\mathrm{CCV}=\frac{A(0.5f_0)+A(1.5f_0)+A(2.5f_0)+A(3f_0)}{A(2.5f_0)+A(3f_0)}\times 100 \tag{2-10}$$

谐波比类指标都局限在信号形态处理这方面，只对采用某些振动压路机碾压某类填料时有一定效果，不具有普遍应用价值。此外，至今还没有从理论上证明为什么可以采用谐波比来反映信号形态变化。因此，这类方法应该归属于经验方法。

需要注意的是，尽管各国实践都证明谐波比类指标不具有普遍应用价值，局限性较大，经常与传统控制结果不一致。但是，目前仍然有大量仿制产品(压实计＋高精度卫星定位)，主要用来控制压路机碾压遍数(包括测量沥青路面碾压温度)等，由于无法正确识别碾压质量参数如模量、压实度等，因此被划入数字化施工范畴。

2. 技术原理之二

由于 CMV 指标问题较多，需要研究新的技术原理与控制指标表达方式。很多种人都曾想过利用压路机碾压填筑体时的能量变化来评定压实质量。这种思路应该比谐波比那种做法更科学一些，因为振动压路机在碾压过程中，与填筑体相互作用的能量是变化的，碾压结束时的能量变化应该是一定的。在 20 世纪 90 年代曾出现过能量的表达——OMEGA 值。

$$\text{OMEGA}=\oint_{2T}(-M\ddot{\vec{u}}+\vec{F}_0+\vec{F})\,\dot{\vec{u}}\mathrm{d}t \tag{2-11}$$

式中 M——振动轮质量；

$\vec{F}_0$——压路机振动轮分配重力；

$\vec{F}$——激振力；

$\vec{u}$——振动轮位移；

T——振动周期。

式(2-11)目前已经很少使用了，其原因主要还是这个能量指标(力学指标)并没有与填筑体质量参数直接有关联，不是直接反映其碾压质量的参数。因此，尽管表达式看起来好像很科学，但仍然是以经验性为主。广义地讲，前面提到的滚动阻力系数 f 和机械驱动功率 MDP 也可以划入这个范围。

3. 技术原理之三

利用振动压路机的碾压过程进行压实质量动态控制，理想做法当然是直接控制填筑体的质量参数最好，但难度较大。上面介绍的两种方法的控制指标都没有涉及压实质量参数本身，而是经验指标。虽然不完美，但毕竟开了好头，激励着研究者继续探索。

碾压过程是振动压路机与填筑体之间相互作用过程，无论如何都是一个力学问题。因此，直接控制填筑体质量参数应该是可行的。沿着连续控制的思想，不同国家都进行了深入研究。模量、刚度系数和抗力三个指标基本是在同一时期，由不同国家各自独立提出的，其基本原理相似，但不完全相同。

模量指标——将填筑体看作弹性半空间体(连续体)，利用圆柱体与弹性体相互作用的静力学解答，加上其他一些附属条件以及测试技巧等，得到了一个反映填筑体质量的参数——模量。由于是根据振动压路机测试结果得到的，所以德国将其称作振动模量 E_{vib}。但是这个模量并非完全按照动力学模型得到的。因此，这是一个准动态模量。

刚度系数指标——将填筑体看作是由弹簧和阻尼组成的离散体，与振动轮耦合在一起组成双自由度振动系统，再进行必要的假设，利用振动理论求出弹簧的刚度系数，称作 K_{b}。严格地讲，弹簧系数即刚度系数是一个假设性指标，并不是填筑体中真的存在弹簧，只是为了计算方便而进行的假设，并且计算时还需考虑部分填筑体参振质量。

抗力指标(抗力系数)——将填筑体对振动轮的作用以抵抗力表示，建立振动轮的动力学模型，经过系统识别得到系统抗力 F_{r}，不管填筑体是弹性还是塑性，其模型都是有效的。

上述三个指标都是对填筑体抵抗变形能力某种度量的质量或性能参数，这个不但可以从量纲上得到证实，也在实践中得到了验证。应该说，填筑体质量或性能参数的采用，标志着这项技术一个重要的革新，使我们可以更多地了解填筑体本身的特征。

需要指出的是，在这个三个指标中，刚度系数和抗力指标都是依赖于振动压路机参数的(加载性质)，不同压路机的测试结果一般都不相同。理论上讲，模量指标是一个不依赖于振动压路机参数的独立指标即客观性指标，是填筑体结构的物性参数，这个可以从弹性理论中得到解释。但是，从实际测试结果看，对于同一填筑体，不同压路机得到的模量依然是不完全相同的，也许这正是填料复杂性的表现。

4. 技术原理之四

模量与刚度系数都是依赖于振动轮与填筑体耦合模型得到的，这就意味着压路机不能弹跳离开碾压面，因为离耦之后模型便不再存在，谈不上求取参数了(更深层次的解释请见后面章节)。但是，在实际碾压过程中，压路机与填筑体之间毕竟不是捆绑在一起的，压路机发生弹跳(离耦)会经常出现，只是程度不同而已。当压路机弹跳过大时，就不会得到正确的模量和刚度系数。

由于抗力指标是根据振动轮动力学模型得到的，与其是否弹跳关系不大，因此，可以将抗力与模量这两个指标联合使用。当压路机发生弹跳时，其抗力指标可以正确反映出这种现象(抗力变大，发生冲击脉冲)，通过一定技巧可以对模量进行估算。这样，两个指标可以相互验证，综合判定压实效果，提高了压实质量控制效率。采用这两个指标，其背后包含了两个模型的利用(接触力学模型与碰撞模型)，抗力不但适用于弹塑性状态，还适用于压路机弹跳时的状态，模量则适用于压路机与路基填筑体紧密接触时的状态，可能对碾压终了时的弹性状态更有效，后面将有详细的论述。

5. 技术原理之五

如果把压路机碾压问题完全看作是一个动力学问题，按照弹性连续体建模，那么其方程中将含有模量和密度两个参数，而这两个指标正是压实质量控制中的力学指标和物理指标，能够同时得到这两个参数，将是非常完美的。

那么如何根据实测的压路机振动轮响应信息来获取这两个参数呢？理论上可以通过参数识别技术得到这两个参数。可以按照如下步骤进行。

(1)振动轮动态响应求解(正问题)

为了识别填筑体的密度与模量，首先需要对振动轮作用下的填筑体的动态响应进行求解，这就是所谓的正问题(表 1-2)。目前尚没有解决这个问题的解析解答，只能采用数值技术进行求解。

(2)填筑体参数识别(反问题)

参数识别在数学上属于反问题。事先需要构建一组初始参数输入到动力学模型中求解，然后将计算值与实测值进行比较，如果二者差值很大，则需要按照一定要求重新输入模量和密度参数，这样经过多次计算，当计算值与实测值的差值小于规定值后便结束计算，由此得到模量和密度这两个参数。

上述过程是比较理想的情况，看似简单，然而实际操作起来难度颇大，绝非易事，需要解决好以下问题。

计算速度。由于目前对这类动力学问题没有找到解析解，只能采用数字计算方法求解，那么就涉及一个计算速度问题。因为这是一个现场实时检测与控制问题，在碾压过程中需要实时显示识别出的模量和密度值，所以计算速度快是基本要求，否则就失去了碾压过程控制的目的了。

解的不适定性。振动轮作用下的填筑体看成是弹性半空间体，建立的动力学方程是一组偏微分方程。如果求其中的参数，需要进行反算(称作参数识别或估计)，那么就存在一个解的不确定性问题，即解答不是唯一的，存在多解问题。这个问题需要得到解决，否则反算得到的参数可能与实际情况不符。如何解决这个参数不唯一问题，目前还是一个难题，可能需要结合现场实际情况进行校正，逐步探索其内在的规律性。

另外需要指出的是，采用这种技术原理来反算模量和密度，是利用弹性动力学理论建立的模型进行的，假设填筑体是线弹性、小变形状态，因此理论上只适用于碾压终了或填筑体处于弹性状态时的情况。如何建立弹塑性动力学模型，完全适应碾压全过程（由塑性到弹性的变化过程），仍然是一个具有挑战的课题。

6. 技术原理之六

上述这些原理还存在一个问题，那就是这些控制指标与传统控制指标并不是一回事，尽管有些很接近。如果能够从压路机量测结果中得到传统指标如压实度、模量等，那将是十分完美的。

目前的做法是将连续指标与传统指标进行对比试验，建立二者的相关关系，这样便可以由连续测试结果得到传统控制结果，但可靠性不是特别高，具有一定离散性，特别是在传统控制值附近还存在临界点效应问题。如果能根据压路机响应得到准确的传统控制结果，将是非常有用的。但是如何实现这一点呢，尚需科学技术的进步。

我们知道，在压路机上测得的各种响应，无论如何都不是填筑体结构本身的参数，更不是传统指标压实度和模量。因此，依据压路机响应得到压实度和模量等参数，一定是预测的。若想提高预测精度，可行的方法是增大样本量（数据库），完善边界条件，以便包含各种状况。也许把这种原理的方法称作“高级经验法”更合适。蓬勃发展的人工智能（AI）技术或许能给这个愿望带来了一丝曙光，我们可以将其称作“未来智能控制指标”。

表 2-2 是对目前已有的一些方法的一个初步分级，是以控制指标为依据进行的。其中有些控制指标以及所对应的控制方法已经被实践所淘汰或者趋于淘汰，正走向以力学理论为基础的道路上。但国内外仿制者仍大量存在，这样长期下去，不但阻碍这项技术的发展，有可能还会对填筑质量控制起到负面作用。因为按照这类指标控制的结果与常规控制结果会不一致，造成控制与管理上的混乱。

表 2-2 连续压实控制/智能压实方法

级别	控制指标	指标含义	相关性	适应性
1	CMV	谐波比 1	弱或无	对某些填料有效，压路机弹跳时失效
	CCV	谐波比 2	弱或无	对某些填料有效，压路机弹跳时失效
2	OMEGA	能量	不明确	适应填料不清楚，压路机弹跳时失效
	f	滚动阻力系数	不明确	适用于静力压路机
	MDP	机械驱动功率	不明确	适用于静力压路机
3	E_{vib}	振动模量	强	填料适应性好，压路机弹跳时失效
	K_b	刚度系数	强	填料适应性好，压路机弹跳时失效
	F_r	抵抗力	强	填料适应性好，压路机弹跳时有效
4	F_r/E_{est}	抗力/估算模量	强	填料适应性好，压路机弹跳时有效
5	ρ/E	密度/模量	强	适应性更好，研究中

注：①表 2-2 中的相关性是指连续控制指标与传统控制指标之间的一致性，通过对比试验的方式予以确定。一般以相关系数 r 的大小表示其相关性的好坏，$r=0.70$ 是强相关与弱相关的分界；

②前两级的方法很难实现智能压路机的功能；

③基于人工智能的方法与指标尚需研究，暂不参与分级。

2.3.3 各国标准

20 世纪 90 年代，作为一种填筑体施工质量过程控制的辅助技术手段，得到了相关部门的广泛重视，尽管系统技术并不是很完美，但还是制定了相关技术标准，其目的是鼓励和要求工程界采用这类技术。

1. 欧洲各国

1990 年，奥地利率先制定了连续压实控制方面的相关技术标准 RVS 8S. 02. 6，并在 1993 年和 1999 年进行了修订。随后其他国家也制定了相关标准，如芬兰的 Tielaitos91；瑞典的 BYA92 和 ATB Väg 2004；德国的 ZTVE-StB-94(2007、2009)和 TP BF-StB E2 94 等；据悉，正在欧盟建立的统一 CCC 技术标准，目前已接近完成。

在这些标准中，基本上都是以碾压岩土填筑体为对象的，不包含沥青路面部分，并且其主要内容也基本相同，只是差别在一些技术细节的规定上，如相关系数大小、试验校验段的长短等等。下面结合各国标准制定情况，综合给出连续压实控制技术标准的主要内容。一般来讲，这类标准都包含以下三部分内容。

(1)校准(标定)试验

校准也称作标定，就是通常所说的对比试验过程。其目的是为了校核连续压实控制指标与传统点式控制指标的控制结果(密度或变形模量)是否具有一致性，并确定出连续压实控制的目标值(控制值)。

首先，需要选择一段具有代表性的路段作为试验段，其长度从 20 m 至 100 m 不等(各国规定不同)。将试验段碾压成不同压实状态的区域，分别进行连续压实检测和点式检测，取得对比试验数据，数量不应小于 9 组。

其次，采用最小二乘法进行统计回归，根据计算得到的相关系数判定这项技术是否可用。当相关系数不小于规定值时便可以应用。除了瑞典规定相关系数不小于 0.60 外，其余国家都规定相关系数不能小于 0.70。

最后，如果相关性成立，那么便可以建立回归方程，根据传统控制指标的控制值得到连续压实控制的目标值，以便在碾压过程中使用。

(2)碾压过程中的连续控制

在连续控制指标与传统控制指标之间具有强相关性后，便可以采用校准试验确定的目标值，在碾压过程中进行连续压实控制了。

装配在振动压路机上的测量装置是控制压实作业过程的一个辅助手段，因为这种方法已经整合为压实作业的一部分了，可以用于所有的土方填料。当压路机开始出现弹跳后，会导致压路机测量值下降或者与先前的数值无法比较。

这种方法能够作为自检手段来控制碾压作业过程。通过采集的信息，在把压路机测量值与压实度或者变形模量校准后，就可以减少某个品质控制对象在工程验收时被拒收的风险。除此之外，压路机的驾驶员还可以获得以下有关信息：压实作业何时已经确信达到了所有要求，或者进一步的碾压何时不再改善压实效果。

(3)验收检验

当碾压结束后，可以根据连续压实控制结果，在碾压面上确定出两处压实薄弱区域单元，在这两个单元上，使用传统的点式检验方法来做验收检验。

作为验收检验时，压实作业前的校验并不是必要的过程。压路机所载测量设备在验收检验中只是用来指出两处最弱的区域。这些区域应该具有一定的面积（如 10 m^2）。所谓最弱区域是指压路机测量值最小的那两个地方。在这两个区域，将实施传统的逐点检测方法来做验收检验。在区域的中心将取一个检测点来评定这个区域。两个测控点上的平均值将与所要求的下限值做比较。

以上就是欧洲关于连续压实控制技术标准的主要内容，尽管很多标准都进行了修订，但基本内容并没有太大的变化。

另外需要指出的是，目前德国在此领域发展的比较完善，制定的相关技术标准也较多，归纳如下。

①在《道路建设岩土技术试验规程》(TP BF-StB E2 部分，1994 年版）中规定了连续压实控制技术方法（德国也称作表面动态压实控制方法 FDVK），对这项技术的使用进行详细规定，与瑞典的规定相似，但是相关系数却规定为不小于 0.70。

不要小看相关系数由 0.60 提高到 0.70 的 0.10 差异。$r=0.70$（即 $r^2=0.50$）是强相关和弱相关的分界点。如同压实系数由 0.80 提高到 0.90 一样，尽管相差 0.10，但其内在的含义差异是很大的。

②在公路规范《道路建设土方工程的附加合同技术条件和指南》(ZTVE-ST（1994 年版）中的 14.1 检测——土壤压实试验方法中规定了三种压实检测控制方法。其中 M1 法为传统的点式抽样控制法；M2 法为连续压实控制法；M3 法为薄弱点控制法。如果采用 M2 法，通常可以减少常规检测数量。

③在《交通区域土方工程补充合同技术条款和规范》第 14 部分检测中也对 M2 法进行规定。

此外，德国在铁路规范 Ril 836 中要求尽可能优先采用连续压实控制技术来控制路基压实的均匀性。同时，在相关校验符合要求的情况下（即满足相关性要求）的前提下，可以采用这项技术控制路基的填筑质量。因此，正是有了这些规定，使连续压实控制技术在德国高速铁路无砟轨道路基填筑碾压质量控制和验收中得到了广泛的应用。德国铁路路基在采用连续压实控制技术之后，同时进行了少量的点式检验，其数量是 M3 法常规检测数量的 20%左右。

2. 美国

目前连续压实控制在美国被称作智能压实(IC)。2007 年，明尼苏达州曾经制定过高标准的技术标准，但最终没有被采纳。现在的标准主要以控制碾压遍数和温度（沥青路面）为主，以后将逐步转向控制填筑体性能参数的方向上来。

3. 国际土力学与岩土工程学会(ISSGE)

“国际土力学与岩土工程学会”制定了连续压实控制方面的推荐标准(ISSGE 2005)，大部分是基于奥地利标准编写的。标准中规定了两种方法，其一是基于事先校准的控制方法，与欧洲其他国家的相同；其二是基于压路机测量值变化的百分比进行的控制方法，主要是对狭小地段不能进行校准试验而提出的，当达到压路机测量值的变化不大于 5%时便结束压实，在其中的压实薄弱区进行传统方法的检验。实际上就是中国标准中的压实稳定性控制。

4. 中国

中国对连续压实控制技术的研究尽管不落后国外，但是其标准制定的时间却远远落后国外。2011 年，原铁道部颁布了中国首部连续压实控制技术的国家行业标准《铁路路基填筑工程连续压实控制技术规程》（TB 10108—2011）；2015 年，中国铁路总公司颁布了企业标准《铁路路基填筑工程连续压实控制技术规程》（Q/CR 9210—2015）；2017 年，交通运输部颁布国家交通行业标准《公路路基填筑工程连续压实控制系统技术条件》（JT/T 1127—2017）。上述各标准均由作者所在的研发团队编写，其中前两部为建设标准，后一部为产品标准。

在建设标准中，主要有四项核心内容，即设备检查，规定了对振动压路机和量测设备如何进行检查；相关校验，规定了如何进行对比试验，如何根据相关系数大小确定连续压实控制系统的可用性，如何确定连续压实控制的目标值等；过程控制，规定了如何在碾压过程中对压实程度、压实稳定性和压实均匀性进行全过程控制；质量检测，规定了如何利用压实薄弱区进行传统方法的验收检验。此外，对压实质量报告以及信息化传输等也进行了规定。

在产品标准中，规定了路基连续压实控制系统的系统组成与功能、技术要求、试验方法和试验报告等。主要适用于路基填筑过程的连续控制和连续压实控制系统的生产、检验和使用等，以便使控制系统生产商和使用者知道如何制造、鉴别和应用。

2.3.4 存在问题

连续压实控制/智能压实作为施工碾压过程控制的新技术，正在全球兴起。但是，任何一种技术都不是万能的，都会存在各种各样的问题，下面仅举几个常见到的主要问题进行说明。

（1）如何选择控制系统

在应用上首先遇到的问题可能就是如何选择一个合适的控制系统。由于存在多种技术原理的控制系统，面对功能各异的不同类型的控制系统，如何选择是摆在使用者面前的一个难点，特别是初次接触这项技术的人。根据以往的经验，目前可以采取“查原理、看指标、勤校验、重实践”这几个步骤进行筛选。

理想做法应该是采用标准加载设备进行标准校验，如同检验普通振动仪器那样。当然，达到这个目的仍然需要进行深入研究，并非是一件简单的事。可能需要研制特殊的标准压路机，将各种控制系统安装在上面进行各种测试，同时填筑体也会有特殊要求，这样才有可能比较不同控制系统性能的优劣。

（2）如何适应振动性能不稳定的压路机

这项技术还受振动压路机性能的制约（见第 5 章），有些振动性能不稳定的压路机并不适合装配控制系统。因此，能否研制一种控制系统，使之能够适应这种振动性能不是很稳定的压路机，是摆在研究者面前的一个难题。采用模量指标的方法为此带来了一些希望。

（3）如何解决连续测试与点式测试在测试范围内的不一致

采用压路机作为测试工具进行测试，其测试范围（垂直和水平方向）与平板载荷即承载板的测试范围明显不同，如图 2-24 所示。

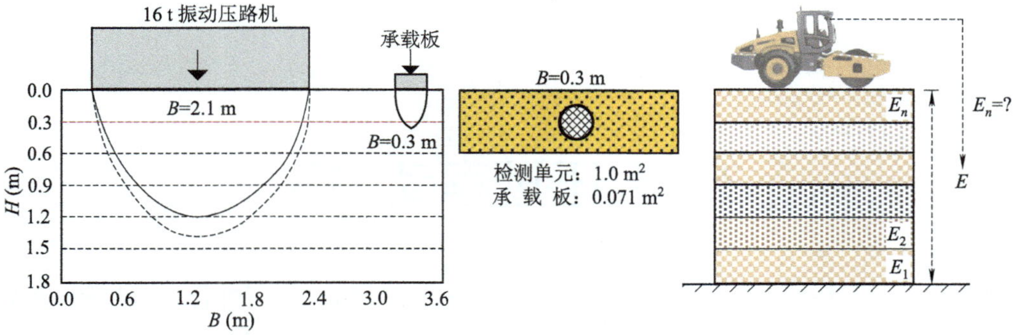

图 2-24 压路机与承载板试验影响范围的差异

首先，在垂直方向上，16 t 压路机测深一般在 1.2～1.4 m 之间，而承载板试验的测深在 0.3～0.4 m 之间。如果影响范围内的填料存在明显的不均匀，尽管二者都能正确反映各自量测范围内的路基结构性状，但两种试验结果之间的对应关系就会变的很弱。

其次，在水平方向上，连续压实检测的每一个数据都代表一个检测单元内压实状态的平均值。一般一个检测单元为 1.0 m^2，而平板载荷试验的量测面积只有 0.071 m^2，仅占前者的 7.1%。如果填料存在明显的不均匀，那么在一个检测单元的不同点进行平板载荷试验，其结果也是不相同的。此时不同点的常规检测结果与同一个振动压实值数据对比，必然会存在较大的差异。

在上述问题中，对于水平方向上的不均匀，可以采取在一个检测单元内多做几个常规检测，然后取平均值的方法来消除影响。但是在垂直方向上是则不行，需要另外寻找方法。如果连续控制指标是模量，那么有可能采用多层弹性理论进行求解，识别出每个碾压层的模量，这样就可以消除影响了。但基于钢轮作用下的弹性体如何分层还是一个技术难点，需要深入研究。

3　碾压过程动力学

前面阐述了高速铁路路基结构在形成过程(碾压过程)中如何进行质量控制,介绍了传统方法和现代方法中的经验类方法。从本章开始将系统阐述现代方法——连续压实控制与智能压实中的力学方法。这种控制方法是对填筑体碾压过程实施的全面控制,压路机与路基填筑体之间的相互作用是一种典型的非线性动力学行为,是塑性大变形→塑性小变形→弹性变形的演变过程。从目前科技发展水平看,完全真实地模拟这一变化过程还很困难,现代力学理论还不足以完全满足这种建模需求,并且过于复杂的模型也不一定有效解决实际问题,停留在试验室阶段的居多。因此,如何简化模型,既能抓住重点,又能解决实际问题,还要满足工程精度需要,是摆在我们面前的主要问题。

3.1　碾压问题描述

在路基结构形成过程中,路基填筑体由塑形大变形到弹性小变形的演化过程,与其工后沉降的弹性小变形到塑形大变形(沉降)的变化过程正好相反,其中是否存在某种对偶关系还是一个未知问题,是一个复杂力学问题。如何描述和监控路基填筑体这一碾压过程,即需要对各种力学理论有一个正确的把握,更需要熟悉工程领域的相关要求。

各种类型的压路机(静力、冲击、振动)碾压填筑体的过程,是填筑体结构状态的变化过程。从宏观上看,是填筑体表面标高(高程)的不断变化过程(塑性变形的变化过程);从微观上看,是填料颗粒之间关联关系的变化过程,即颗粒之间由弱作用到强作用的过程(由松散到密实),如图 3-1 所示。

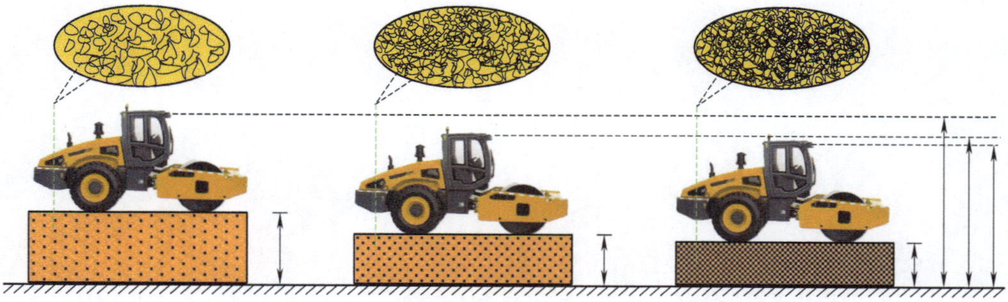

图 3-1　填筑体碾压过程的宏观与微观的变化过程

图 3-1 只是从表面上给出了压路机碾压填筑体的过程,为了深入研究碾压过程的质量监控问题,有必要对碾压过程的一些技术特征进行详细了解,以便为相关模型的建立奠定基础。这些特征包括压路机对填筑体作用力(压实力)、填筑体性质和变形以及相关参数指标等。

3.1.1 压实力特征

碾压过程是压路机(这里主要指振动压路机)对填筑体的压实作用过程,用力学语言来描述就是一个刚性圆柱体(钢轮)对弹塑性体的作用问题。如果从力学试验的角度看,如同掌握平板载荷试验的荷载特征一样,也需要了解钢轮作用在填筑体上具有哪些特征,需要怎样简化,这样才能更好地建立分析模型。

这里需要指出的是,将压路机钢轮简化为刚体,完全是相对于填筑体而言的,因为二者的刚度相差很大,这样简化是合理的,这也就意味着钢轮的模量相对于填筑体而言是无限大的($E\to\infty$)。如果换成其他对象,如轮轨接触问题,钢轮就是弹性体。可见研究对象不同,即使同一物体,考虑的重点也不相同。因此,深入把握研究对象的本质以及所处的环境,是建立模型的必要条件。一般来讲,振动压路机施加给路基填筑体的荷载即压实力具有如下几个特点。

1. 振动性

振动压路机能够产生振动,是由于钢轮内有偏心质量块旋转而产生离心力的缘故,也是称作振动轮的原因。一般振动轮的振动机构由激振器、振动轴承和振动室组成。激振器产生周期性的激振力,作用在钢轮上从而带动钢轮产生持续的压实力。

压实力是由激振力作用在钢轮上引起的,且激振力主要是由振动轮中的激振器产生的。目前普通振动压路机大都采用单轴旋转惯性激振器,其构造简单,可分为单幅激振器、双幅激振器和多幅激振器等,其特点是单向旋转,产生垂直激振力的同时也产生水平激振力(俗称圆周运动)。另外一种为定向振动压路机,其特点是不同转子同时反向旋转,可消除水平力的影响,而只保留竖向分力,尽管技术原理简单,但实现起来相对比较复杂。上述特点如图 3-2 所示。

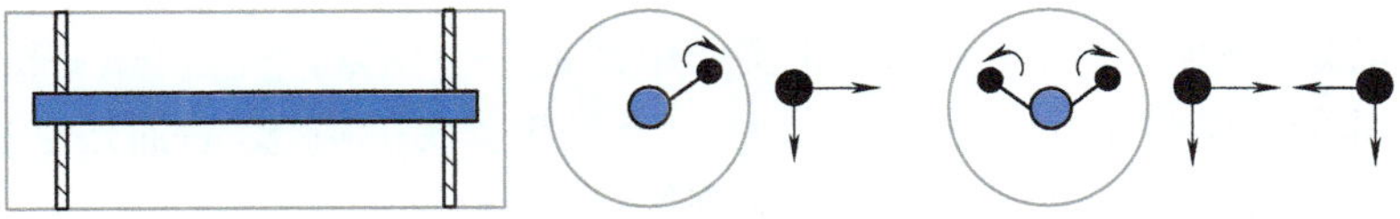

(a) 振动轮　　(b) 普通激振　　(c) 定向激振

图 3-2 振动轮内部偏心块旋转产生激振力

需要注意的是,普通振动压路机在碾压作业时,一般都采用前进和倒退两种方式行驶,但这两种方式的压实作用力并不是完全相同的,主要就是水平力的影响(对某些料存在揉搓作用,是有用的)。定向振动压路机则没有上述现象。

2. 滚动性

振动压路机在碾压时不但是振动的,还是滚动的。滚动是所有压路机行驶的特点,这里存在一个在建模时是否考虑摩擦力的问题。在静力压路机中是考虑滚动阻力的,详见 2.1.1 节的论述。目前,在振动压路机与填筑体相互作用的模型中都是没有考虑滚动性的影响的,否则问题将更复杂。

3. 波动性

压路机的激振力是由偏心块旋转产生的,是一种正弦荷载,可以表示为 $P\sin\omega t$,一般

取 $P=me\omega^2$，其中，m 和 e 分别为偏心块质量和偏心距，ω 为振动圆频率，$\omega=2\pi f$。受机械制造技术影响，目前很多振动压路机的振动性能并不是非常稳定，主要表现在振动频率上，经常出现波动现象，导致激振力也出现波动，如图 3-3 所示。如果频率波动性比较大，那么就会对激振力造成更大的波动，也必然引起压实力的较大波动，人为造成压实的不均匀，同时也对振动轮响应产生很大影响。因此，必须将振动压路机的振动性能控制在规定的波动范围之内，详见后面的相关论述。

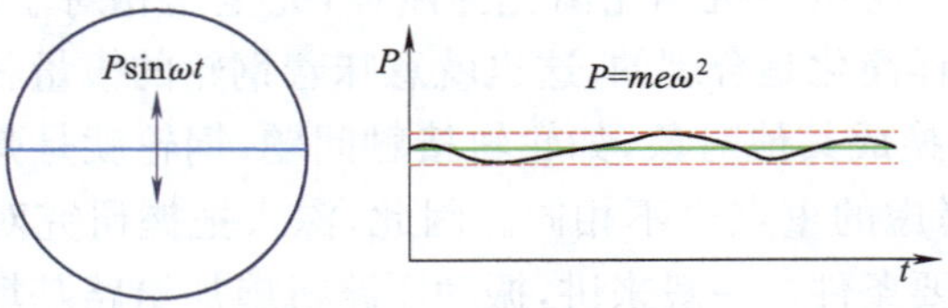

图 3-3　激振力的随机波动

4. 压实力不等于激振力

在静力压实时，压路机重力就是压实力。但是，在振动压实时，压实力既不是压路机重力，也不是激振力，更不是二者之和，而是与填筑体结构的抵抗力是一对作用力与反作用力的关系，如图 3-4 所示。

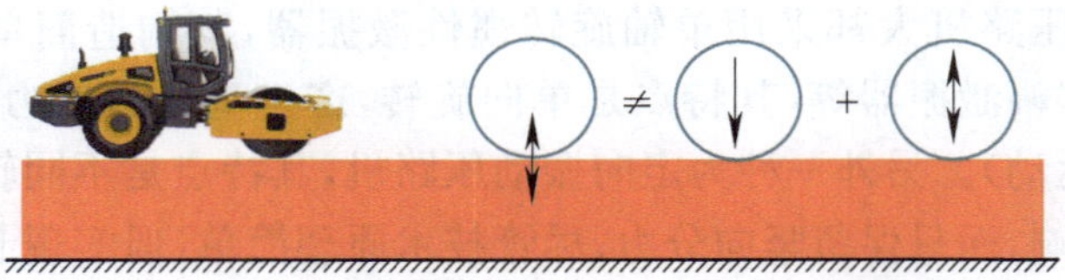

图 3-4　压路机压实力不等于压路机重力与激振力之和

理论和实践都表明，振动压路机的压实作用力是一个变量，不但与压路机相关参数有关，还与填筑体的力学性能密切相关。这是一个非常重要的概念，后面还会提及。此外，还涉及压实作用力的分布问题，钢轮作用印迹等。

5. 振动压实工艺参数

压实力是压路机振动压实工艺的综合表现，下面按照压路机相关规定，给出振动压实工艺参数的表达式。如果 $P=me\omega^2$ 为激振力幅值，M 为振动质量，则有关参数按照以下方式定义。

(1)名义加速度：$a= me\omega^2/M=P/M$；

(2)名义速度：$v=me\omega/M=P/(M\omega)=P/(2M\pi f)$；

(3)名义振幅：$x= me/M= P/(M\omega^2)=P/(4M\pi^2 f^2)$。

上述定义的参数是根据振动轮的动力学方程，令系统抗力为 0 时得到的，相当于把压路机用支撑物架起来，振动轮悬空时测定的(3.4.2 节)，是一种理想状态，因此都是“名义”上的。这些参数主要在设计压路机时使用。在压路机工作时，上述各参数分别称作工作振幅、工作速度和加速度，需要实测才能得到。

由于各指标的表达最后都只与 P、f、M 三个参数有关，其他参数的定义最后也都可用这三个参数的某种组合表示出来。因此将这三个参数的组合称为振动压实工艺，可以表达成如下形式：

$$U=U(P,f,M)=U(m,e,f,M)$$

在上述振动压实工艺的表示中，激振力实际上是受偏心质量 m、偏心距 e 和激振频率 f 制约的。因此，对振动压实工艺比较完善的表述应为 $U=U(m,e,f,M)$，这几个参数才是各自独立的。但由于 $U=U(P,f,M)$ 非常适合工程上使用，因此后面还是采用这种描述方式。当然，实际的工艺还应包括碾压速度在内，即 $U=U(P,f,M,v)$。

可以看出，上述各个工艺参数之间是相互关联的。如固定偏心质量和偏心距时，通过改变整个参振质量可以调整加速度、速度和振幅的大小；而改变偏心质量和偏心距可以调整激振力。只有这些参数之间达到最佳匹配关系、整体最优时，整个激振系统的性能才能发挥出来。寻找参数之间的匹配关系是一项非常复杂的工作，只能通过理论分析与实际测试相结合的方式进行，最终形成针对各种压实材料的最佳压实工艺方案。这也是真正的智能压实以及智能压实设备所需要的，目前还很初级，仍然需要进行深入的研究。智能压实设备的核心部件之一就是振动轮，涉及控制方式等问题，后面还会对振动轮（钢轮）的技术特征进行专门论述。

3.1.2　填筑体特征

对于填筑体而言，其构成是岩土材料，这就决定了它的复杂性、变异性、非线性等。土力学中对此有详细的论述，但很多也都是初级成果，距离真正的应用还很遥远。下面主要阐述与建模相关的一些特征。

1. 变形特征

岩土材料经过一定筛选，成为合格的填料之后便进行摊铺，形成了初始状态，在压路机作用下，经过塑性变形阶段，最终填筑体形成了符合要求的弹性结构体。对于振动碾压来讲，在宏观上我们可以采用量测装置把这一过程完整地记录下来，最方便的做法就是记录填筑体表面（边界）位移的变化。图 3-5 中的左图就是实测的振动碾压过程中位移的变化曲线（室内模拟振动压实试验结果）。

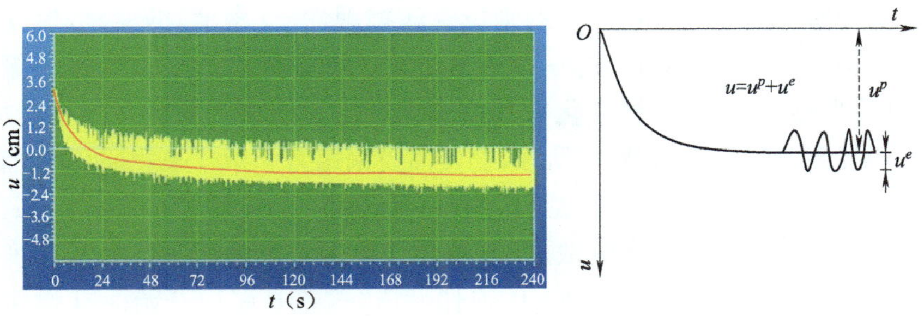

图 3-5　振动压路机碾压过程的变形特征

在压路机振动荷载作用下，路基填筑体碾压过程中的位移包括塑形位移 u^p 和弹性位移 u^e 两部分，即 $u=u^p+u^e$。在碾压过程中，二者所占的比例是不断变化的。碾压开始时，塑形变形 u^p 所占比例较大，弹性变形 u^e 所占比例很小却存在（这一点很关键，是弹性模型可以使用的依据）；碾压结束时，塑形变形 $u^p=0$，弹性变形一定即 $u^e=C$，如图 3-5

所示。

上述过程是在压路机压实力一定情况下产生一定变形时所发生的现象。如果碾压结束时的压实状态仍然不满规定要求，那么需要进一步碾压，要增大压实力（或者改换压路机或者改变压实工艺参数）继续碾压至符合规定要求，并且其弹性变形大小需符合高速铁路对路基弹性变形控制值的要求（1.1.2 节）。一个完整的碾压全过程的变形特征如图 3-6 所示，其中 F_1、F_2、F_3代表了不同的压实力或压实工艺。

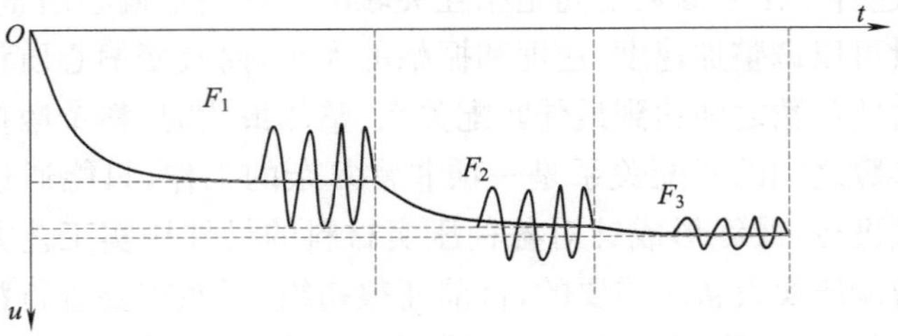

图 3-6　不同压实力对应不同的变形特征

上述现象与平板载荷试验时分级加载所对应的变形特征类似。填筑体在每一级荷载作用下的变形都会有一个稳定值，也对应着一个稳定的压实状态，这是典型的力与变形关系的体现，但是否满足规定要求则是另外一回事。这也是根据填筑体塑性变形的变化特征来判定压实状态的依据所在，但不是最好的方法，特别是对粗粒料。寻找与填筑体结构本身相关的性能参数才是更好的选择。

另外需要注意的是，在整个碾压过程中，尽管压路机的压实工艺参数没有变化，但压实力却是不断变化的，一般都是由小到大地变化。这是因为填筑体抵抗变形的能力在不断增强，压实机具与填筑体之间的相互作用也在增强，导致填筑体的抵抗力变大，压实力也随之增大，力与变形之比（刚度的计算因子）也在增大。理解这一点，对具体测试工作有帮助。

2. 填筑体结构性能参数

碾压过程中塑性变形的变化能够刻画填筑体物理性质（密度）的变化，但并不能完全刻画填筑体结构力学性能的变化，这一点从图 3-6 中可以看出。例如，在某一级荷载作用下，即使塑性变形停止（密度不再变化），其内部颗粒之间的相互关联可能还会加强，力学性能会进一步提高，特别是粗粒料。所以，仍然需要采用力学指标来表征其性能的变化。

从宏观上看，填筑体的变形特征是很清晰和明确的。对应填筑体结构内部，就是其物理力学性能在发生变化。根据实测数据，填筑体结构的性能参数如模量和密度等都是由小到大地变化着的，其中模量表征填筑体弹性性质（这正是碾压开始时有弹性变形的缘故），密度表征其物理性质（与塑性变形直接关联，见 2.2.1 节）。因此，填筑体结构的模量和密度作为压实质量控制指标是可行的，如何通过压路机响应来获取这些指标是技术难点。

另外，作为主要边界条件，钢轮与填筑体接触面之间的相互作用力，即压路机压实力与填筑体抵抗力（抗力）也是可以评定压实状态变化的，这已被实践所证实。根据理论分析和实践，贯穿整个碾压过程的指标可能就是填筑体抵抗力的变化。抵抗力可以分为塑性变形抵抗力和弹性变形抵抗力，前者实际就是强度的概念，后者就是刚度的概念，只不过表达方式不同而已。抵抗力即能表征塑性变形的变化，也能表征弹性变形的相对大小。因此，抵抗力是可以作为压实质量控制指标使用的，文献[1]进行了相关讨论，此处不再赘述。需要注意的是，抗力指标是一个相对指标，与振动压路机振动参数等有关。

3. 均质性特征

岩土材料具有非均质性是其特点。对于路基填筑体或者填筑层来讲，无论是在水平方向还是垂直方向，填料性质基本都是不均匀分布的(图 2-24)。

目前比较成熟的做法是将填筑体看作是弹性半空间体，这样就可以按照相应的理论进行分析了。这样做的原因有两个，其一，在利用弹性力学处理路基问题时，都是将其视作弹性半空间体的，这样能使一些问题得以简化，也能满足工程需求；其二，压路机对路基填筑体的影响深度较平板载荷试验的影响深度要大许多，都在 1～2 m，其测试结果也是这个范围内的综合反应，与一定性能参数的弹性半空间体应该是等价的。

如果将填筑体考虑的再复杂一些，可以把每一填筑层看成是均质体，不同层之间可以有差异，这样就变成了层状体，可以按照层状弹性理论进行分析，但计算要复杂一些，不一定完全适合于现场的实时质量监控。

图 3-7 是填筑体简化为两种模型的示意图。所谓弹性半空间，是指包括填筑体和地基在内的，压路机压实力影响范围内的半空间体。由于压路机的响应是其应力影响范围内的综合反映，所以等价为半空间体是可行的。由于路基是分层填筑的，每一层的物理力学性质都是假设为均质的，将其细分为若干层也是合理的。但需要注意的是，对于同一填筑体而言，简化为半空间体和层状体，两者在性能上必须等价，特别是力学性能方面。具体表现就是在同一压实力作用下，两种模型在边界(填筑体表面)处得到的应力和位移等必须相等。

图 3-7 填筑体可以简化为弹性半空间体或层状弹性体

4. 压路机作用下的双指标控制

在清楚了填筑体在压路机作用下的碾压过程变形特征以及相关参数变化特征后，填筑体结构的密度、模量和抗力等都是可以作为控制指标的。如果通过压路机响应来获取填筑体的模量和密度，那么压路机与填筑体之间必须耦合在一起。但是实际压路机碾压时，并不能保证压路机不脱离碾压面，随着填筑体刚度的增大，压路机发生弹跳是必然的，此时是不能根据压路机响应得到模量等参数的，但仍然可以获取抗力信息，只是很大而已。因此，如果采用模量和抗力两个控制指标进行压实质量控制，二者互为补充，则会得到更好的控制结果。对应的，所建立的模型也应该是多模型的混合，详见后面的论述。

3.1.3 几种模型

上面给出了填筑体碾压过程中的变形特征和控制指标等。为了对碾压过程进行连续的实时监控，必须能够连续实时地获取与填筑质量相关的参数信息。但是，根据压路机实时量测到的并不是这些参数，而是压路机的动态响应信息。根据压路机动态响应求取填筑体参数是一个难点，需要通过模型将它们联系起来，然后再利用参数识别技术得到相关参数。因此，首先面临的问题就是如何建立模型。

采用何种模型来模拟压路机碾压填筑体的全过程，目前还很棘手，大部分研究局限在实验室内，很难解决实际问题。振动压路机碾压填筑体，在理论上是“刚性圆柱体在振动状态下与弹塑性体滚动接触的动力学控制问题”。由于目前力学界还没有彻底解决这个问题，更谈不上识别其中的参数了。因此，许多研究者放弃了理论探索，改为以早期压实计原理的经验法为主了，这也是压实控制的经验法比较流行的原因之一。但是，这个问题尽管复杂，也不是一点办法没有，需要研究者在仔细分析技术特征的基础上大胆简化，突出主要问题。简化原则就是实用，达到实时监控，满足工程精度要求即可，不必过多追求理论和模型上的完美。

当然，这里没有任何否定理论研究的意思。理论研究非常重要，仍然需要研究更完美的模型。若能彻底解决这个问题，可能会带动许多问题的解决，如在建模方面涉及的塑性大变形，在求解时遇到的特殊函数变换问题等等。压路机与填筑体相互作用的各种模型，如图 3-8 所示。

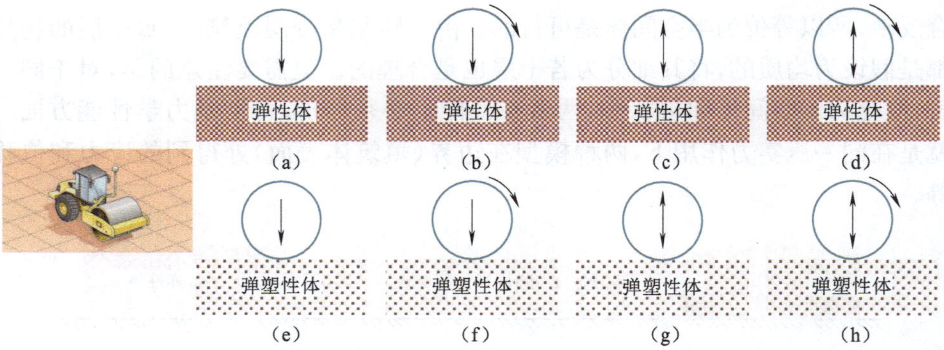

图 3-8　压路机与填筑体相互作用的各种模型

图 3-8 给出了这个问题所涉及的各种模型，其中有些模型如何具体表达和求解都有待深入研究。这里只是将填筑体看成是弹性均质体，按照半空间体考虑的，尚不包括非均质体，否则需要按照层状体问题考虑，求解将更加复杂和繁琐。下面讨论几种目前可用的模型，都是图 3-8 中模型的某些简化。

1. 填筑体为连续体——钢轮—连续体耦合模型

将填筑体看作是连续体符合客观事实，无须多论。问题是对这个连续体如何描述，是大变形还是小变形问题，是塑性体还是弹性体或弹塑性复合体问题，其背后的数学模型都不完全相同。如果是大变形问题，那么就不能按照线性问题建模，因为应力应变在展开成泰勒级数时需要保留多次项，从而导致非线性关系，详见文献[1]的论述；如果考虑塑性小变形问题，那么其本构关系可能需要考虑增量形式，若考虑动力效果，情况将更加复杂。目前上述这些理论还没有达到真正的实用阶段，仍须继续研究。只有弹性小变形理论比较成熟，可以在实际工作中得到应用，如平板载荷试验涉及的公式都是基于这个理论得到的。

另外，对于压路机而言，振动轮的作用方式也是非常关键的因素，涉及具体求解时的难易程度(如各种数学变换)。目前只找到了钢轮(有限长圆柱体)作用在弹性体上某一点的静力学解答，即图 3-8(a)的情况，而振动状态下的解析解还没有找到，只能采取数值解答或近似解答。

综上所述，目前比较可行的方案是将填筑体视作弹性半空间体，不管这个多层的填筑体是由几种填料混合的，都等价为一个弹性半空间体。考虑钢轮的振动特性，采用动力学方法建模，压实力可以简化为狭窄的条状荷载，宽度为钢轮与填筑体的应力接触宽度，长度为轮宽，如图 3-9 所示。这样做的好处是模型具有通用性，当振动轮的加速度为 0 时就蜕化为静力学问题。

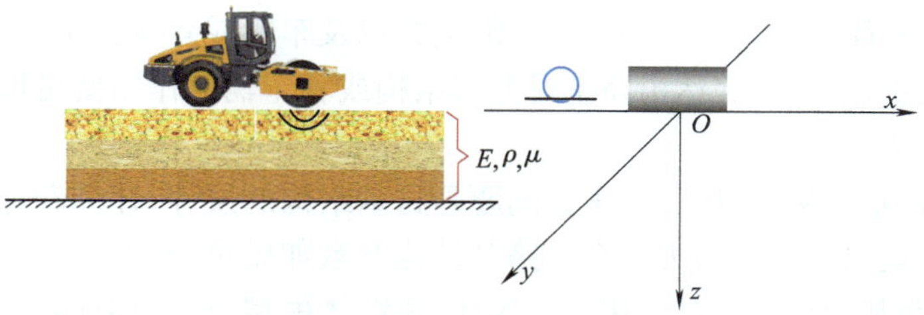

图 3-9 弹性半空间体的动力学模型

由图 3-9 可知，当考虑动力学模型后，填筑体的模量和密度等参数都将在模型中体现出来(泊松比相对变化不大，可假设为定值)，通过参数识别技术可以将它们识别出来。需要注意的是，这里的模量和密度均是填筑体(弹性半空间体)综合模量和密度，并非当前碾压层的参数，这是由于压路机影响深度大的缘故。多层的填筑体已经被看作是等效的均质体了。

2. 填筑体为离散体——质量块—弹簧—阻尼模型

如果将填筑体简化为离散弹性模型，一般都是采用弹簧和阻尼器组合进行模拟，但需要符合等价原则——不同模型上施加同样的激励将产生相同的响应。对于振动压路机来讲，作用采用“质量—弹簧—阻尼”模型是符合实际情况的，即将振动轮作为下车、机架作为上车，中间以弹簧和阻尼连接。图 3-10 揭示了这一简化过程。

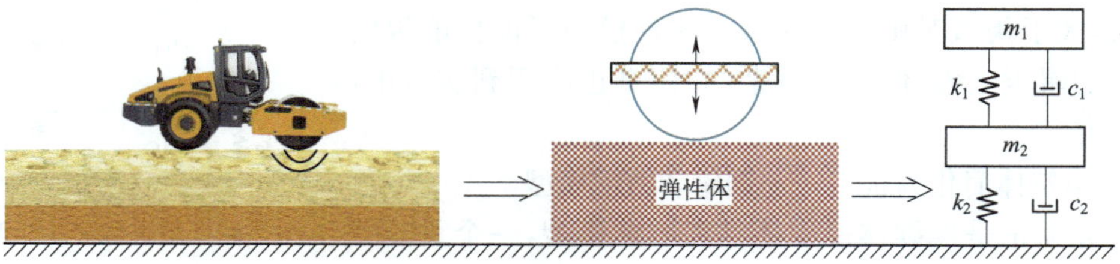

图 3-10 “压路机—填筑体”耦合离散模型

图 3-11 是另外一种简化形式，将填筑体简化成质量块，采用弹簧、阻尼与地基连接，压路机简化模型不变。假设振动轮与填筑体质量块之间是紧密接触的，二者之间的相互作

用力就是填筑体的抵抗力。从道理上讲，这个模型是优于图 3-10 模型的，还可以考虑压路机弹跳问题，关键是如何确定填筑体质量块的质量。

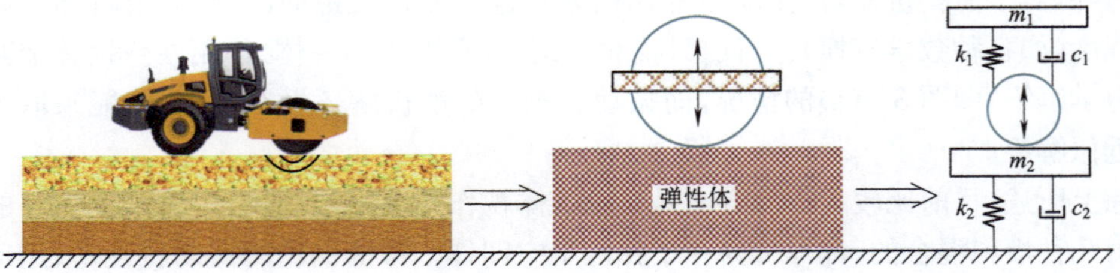

图 3-11　压路机与填筑体相互作用离散模型

采用上述简化方式，实际上这是为了研究上部结构以及车辆动力学对下部结构路基做的一种简单假设。包括振动压路机设计时进行的动力分析，也都是将被碾压体简化为离散模型的。这种简化对于分析和计算上部结构以及车辆或者压路机等都是可行的。因为路基结构不是重点，只要表达出路基对上部结构或者车辆的作用便可以了，对于上部结构和车辆已经够用。

但是，对于路基结构本身而言，主要问题是路基结构的设计、计算和分析，这种离散模型的缺陷性便显现出来了。因为没有了路基结构参数如模量、密度、泊松比、应力、应变等的概念，所有的路基理论都很难适用了。因此，离散体模型对于研究路基结构而言不是一个好模型，还是要回归到连续体模型上来。

对于压实质量控制来讲，只要其指标能够正确反映压实质量，还是可以使用的。根据模型特点，可以提炼弹簧系数(刚度系数)k_2作为控制指标。另外，对于刚度系数，目前存在多种表达方式和算法。

在对图 3-10 的离散模型进行分析计算时，有一部分填筑体是参与振动的，即下车质量中包含了参振土体质量部分。如何确定参振土体的质量是一个麻烦问题，并且从碾压开始至结束，随着填筑体密实程度的增加，参振土体质量是变化的。这是一个不确定影响因素。图 3-11 的模型存在同样问题。

另外，在碾压过程中，离散体的刚度系数 k_2是变化着的，这就意味着模型中的刚度系数是一个变量(阻尼系数也是如此)，如何求解变参数(时变参数)的振动方程也是件困难的事情。如果考虑塑性因素，还需增加塑性模型。图 3-12 给出了两种离散弹塑性模型，其中塑性模型由两个摩擦片组成，表示摩擦接触，小于阈值时无变形，大于阈值时则发生屈服。这种模型可能更能说明填筑体的碾压过程，但也更复杂，如何真正应用到实践中，尚需研究。

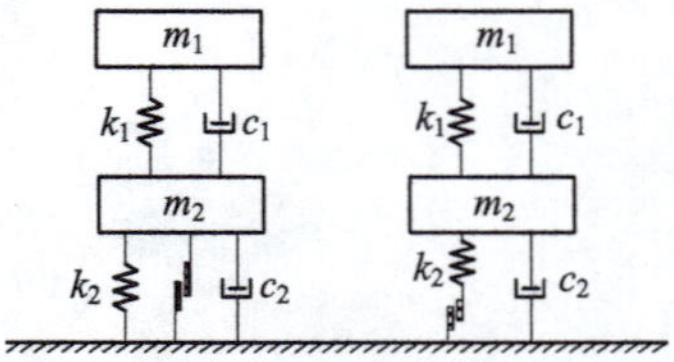

图 3-12　填筑体简化为两种离散弹塑性模型

3. 填筑体简化为抗力——钢轮动力学模型

上述无论是连续体模型还是离散体模型，一个重要特点就是钢轮与填筑体之间必须紧密接触，耦合在一起。它们之间不能离耦，否则得不到正确的压实质量控制参数。一种解释是二者一旦分离，其模型不复存在了，也就谈不上求取参数了；另外一种解释就是二者变形不协调导致求解参数不正确。当压路机发生弹跳时就出现离耦现象，此时根据压路机响应无法得到正确的模量、刚度系数等，也包括前面提到的谐波比类的经验指标。

那么当压路机发生弹跳时就没有指标可以正确反映这一现象了。分析弹跳的原因，主要是填筑体太硬引起的，也就是其抵抗力过大造成的。因此，采用填筑体结构抵抗力作为控制指标便能正确反映压路机弹跳现象。

为了得到填筑体的抗力，可以以振动轮为对象，主要研究这个钢轮的振动情况，填筑体对钢轮的作用以系统抗力表示，如图 3-13 所示，这样便可以建立钢轮的振动方程了，也称作运动方程，其中系统抗力一直是变化着的，正好反映填筑体压实状态的变化情况。当压路机弹跳时，只不过是系统抗力变大的表现而已。文献[1]中对采用填筑体结构抗力进行压实质量控制进行了较为系统的论述。

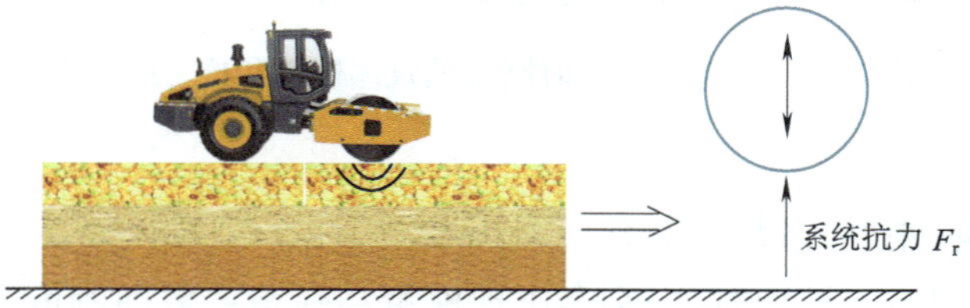

图 3-13 碾压过程中的钢轮运动模型

4. 混合模型

无可否认，模量是一个非常好的力学指标，但是利用压路机获取还是比较“粗糙”的，没有平板载荷试验那样“精确”，不但加载不精确，其计算模型也是近似的。因此，这是一个估计模量，但用于质量监控还是可行的。关键问题是当压路机发生弹跳时，压路机与填筑体离耦，无法得到正确的模量，这是采用连续体模型的弊端。而钢轮动力学模型则不论其是否弹跳，都能正确反映系统抗力的变化。

除了钢轮动力学模型外，将钢轮碾压填筑体问题看成是一个碰撞冲击问题，也是一条很好的研究思路。从碰撞动力学的角度建立模型，加上现代测试技术，也可以得到路基填筑体的性能参数。因此，有必要将多个模型混合起来综合使用，如图 3-14 所示。

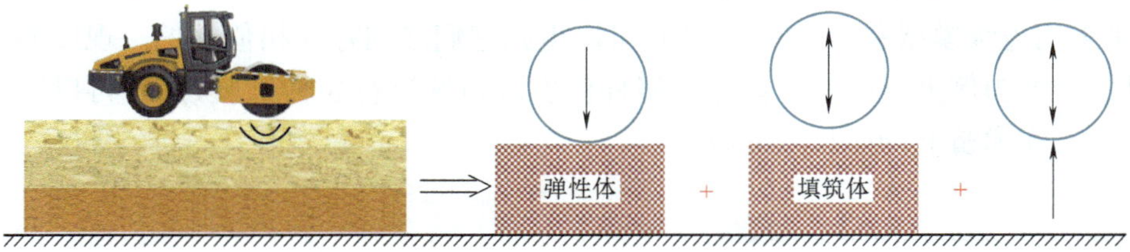

图 3-14 碾压过程中的混合模型

当压路机与路基填筑体紧密接触碾压时，无论是模量还是抗力，都能正确反映压路机影响范围内填筑体的压实状态。但是当压路机遇到比较硬的地方而发生弹跳时，依据压路机响应得到的模量值可能会很低，这是模型失效造成的结果，而非填筑体力学性能真的变差了。但是，依据钢轮动力学模型得到的路基结构抗力，在这种情况下依然会表现出很大的值，与压路机是否弹跳关系不大，如图 3-15 所示。这就是采用混合模型的好处。

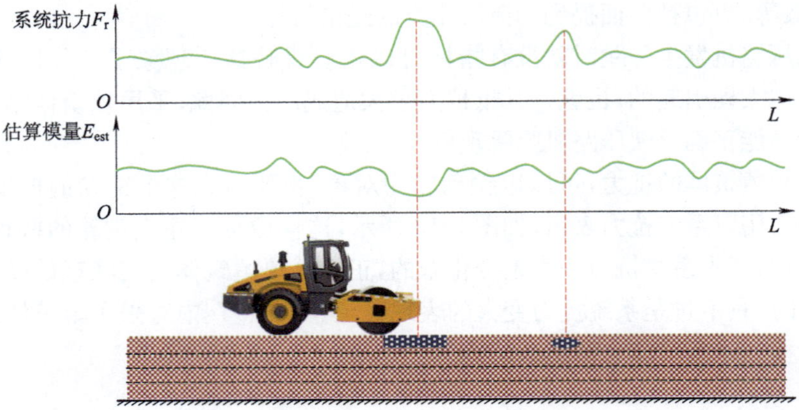

图 3-15 压路机弹跳时路基填筑体模量和抗力的反应

5. 问题探讨

(1)模量与弹簧(刚度)系数的关系

在对填筑体采用不同模型时,分别会出现模量和弹簧系数即刚度系数的概念,并且都可以反映压实质量信息。那么这两个参数之间是否有关联呢,下面进行分析。

模量这个参数是在连续体模型中出现的,反映的是物体(填筑体)的刚度,是一个物性参数。决定模量大小的是物体本身的属性,如材质等,并不随外力作用的改变而改变,但可以通过应力与应变的比值反映出来(也是测量方法)。弹簧系数是在离散模型中出现的,也反映了刚度的概念,但并不是说在填筑体中真的有弹簧存在,是假想的、模拟的,只是用来模拟填筑的弹性性质而已。

需要注意的是,真实的弹簧却是存在的。弹簧本身的刚度与材料性质 G、弹簧的直径 d、弹簧的线径 D,弹簧的圈数 n 都有关的,图 3-16 中显示的就是真实弹簧和弹簧刚度的定义式。一般只要弹簧的材料和尺寸不发生改变,弹簧的刚度是不会发生改变的,但弹簧刚度(系数)可以通过对其受力与变形的量测得到。

尽管这两个参数来自不同的模型,但是对于同一物体来讲,按照力与变形等效的原则,分别采用连续模型和离散模型,还是可以得到它们之间存在相似性的。现以简单的弹性杆件的拉伸为例进行说明。首先按照杆件实际情况进行拉伸试验,然后再以同样的外力作用在真实弹簧上,见图 3-16(a)。

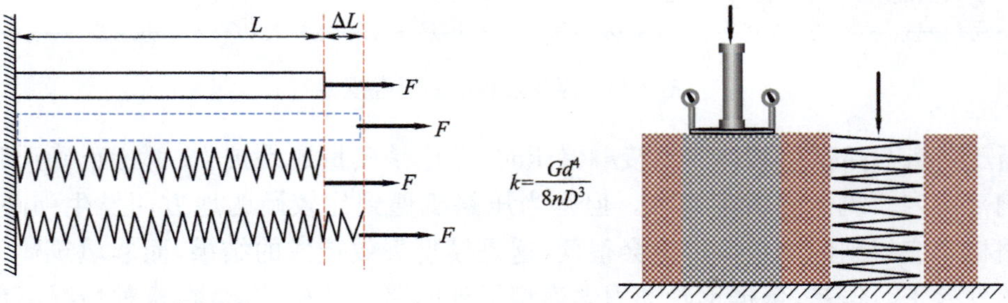

(a) 杆件与弹簧 (b) 路基与弹簧

图 3-16 不同介质的对应关系

设弹性杆件长度为 L，横截面积为 A，在力 F 作用下被拉伸了 ΔL，这里忽略了横截面积的变化，否则将按照三维问题考虑。应力和应变的表达式如下：

$$\sigma = \frac{F}{A}, \qquad \varepsilon = \frac{\Delta L}{L}$$

根据胡克定律，弹性模量可以表示为应力与应变之比，即

$$E = \frac{\sigma}{\varepsilon}$$

将杆件用弹簧来表示。对于弹簧，令原始长度也为 L（也可以不考虑长度），在力 F 作用下也被拉伸了 ΔL，则弹簧系数可以表示为（力与变形之比），即

$$k = \frac{F}{\Delta L}$$

如果杆件和弹簧是等价的，那么 E 和 k 都是表示其刚度的参数，根据上述表达式可以得到二者关系如下：

$$E = \frac{L}{A}k$$

观察上式，发现模量与弹簧系数之间差了一个几何尺寸系数，只要物体的几何尺寸一定，二者关系也就一定了。也就是说，如果单纯从受力和变形角度看，采用弹簧来模拟连续体是可行的，这就是在分析上部结构和车辆时，普遍将路基结构简化为弹簧组合模型的原因所在。另外，如果是黏性土，还应加上阻尼模块为好。

为了清楚模量与弹簧系数之间的差别，再仔细考察模量和弹簧系数的表达式。模量表达式是应力与应变之比，弹簧系数表达式是力与变形之比，这两者是有很大差异的。应力是力与物体接触面积之比，考虑了几何形状。同一个力，作用在不同形状物体上，其应力是不一样的，应变也是如此。而弹簧系数就不一样了，只是考虑了总的受力和对应的变形，并没有考虑物体形状因素，导致它不是一个客观量而是一个主观量。当然，对于同一物体受力来讲，其模量与弹簧系数之间存在一个固定的对应关系，但不同形状物体之间的弹簧系数并不完全具备可比性。

在文克尔地基模型中，就是将路基理解成由弹簧组成的，其地基反应模量就是力与变形的比值，与弹簧系数定义是一致的，如图 3-16(b)所示。目前使用的地基系数 K_{30} 就是地基反应模量 K_s，也就是离散体中弹簧系数的概念。文献[1]中给出了连续体中 K_S 与 E 之间的关系，即

$$K_s = \frac{2}{\pi a(1-\mu^2)} \cdot E$$

其中，a 为刚性承载板的半径。可见在同一连续体中，二者的关系也是固定的。另外，如果令 $E \to \infty$，则有 $\varepsilon \to 0$。由此可知，所谓刚体，就是刚度无限大的物体，与弹性体不同的是，刚体受力后本身不变形，只传递力，后面涉及的压路机钢轮就是如此。

(2)弹性模型在碾压过程中的应用

目前所有在应用的模型，都是弹性模型，不管是连续的还是离散的。但是在路基填筑体碾压过程中，明显是塑性大变形为主。因此，弹性模型，塑性模型或者弹塑性模型哪一个是最适合用来评定压实状态，需要进一步研究。

如果是从纯学术的角度研究填筑体的碾压问题，则需要比较复杂的模型，考虑的影响

因素要多一些为好。如果是为工程建设服务，则模型越简单越好。在所有模型中，弹性模型应该说是最成熟、最简单的了。至于弹性指标可以用于评定压实状态，是由于在整个碾压过程中，弹性参数(模量与刚度系数)是由小到大变化的，如图 3-17 所示，并且在压路机上测得的响应实际上是弹性部分为主，塑性部分并没有直接体现出来，而是以其他形式表现的。

$F_1 < F_2 < F_3 < \cdots < F_n$

$E_1 < E_2 < E_3 < \cdots < E_n$

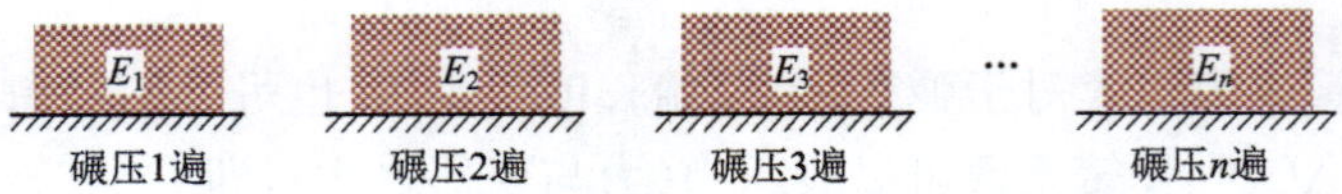

图 3-17　弹性模量随碾压遍数的变化

图 3-17 中的填筑体，在不同碾压遍数下具有不同的弹性模量，不管是否是完全弹性体。这是从弹塑性体中分离出来的弹性部分，对应着不同的压实状态，也可以理解为具有不同物性参数的不同弹性体，这正是弹性模型被使用的原因所在。

3.1.4　参数识别

上面讨论了描述压路机碾压过程的各种模型以及控制指标的特点。为了在碾压过程中进行压实质量监控，如何得到能够正确反映填筑体结构性能的参数是首先要解决的核心内容之一。如果模型中的参数经过推导可以直接表示出来，且能通过直接试验能够得到，那么求取参数就简单多了。如若不能用表达式明确表示出来，或者能表示出来，但存在多个未知量，或者无法通过直接试验得到，那么就需要系统识别中的参数估计技术了。

系统识别是一门通过系统试验，建立系统数学模型的技术科学。其大致思路是根据实际系统的输入输出数据，按照一定准则利用这些试验数据建立反映系统本质属性的数学模型，并确定模型中的未知参数。具体就是将对实际系统的输入施加到表征系统的数学模型中，计算得到的响应和实测响应进行比较，如果二者误差小于规定的精度，那么就可以认为数学模型和其中参数是正确的，否则重新修改模型和参数，重复上述步骤，直至计算输出与实测输入一致，此时的模量和密度就是正确的参数，其程序框图如图 3-18 所示。

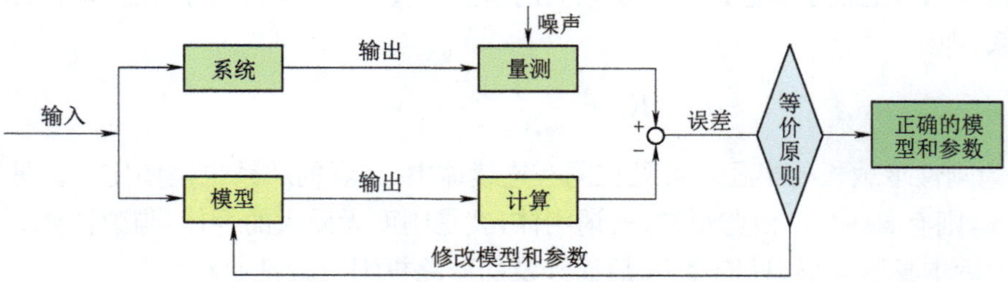

图 3-18　系统识别基本程序

对于路基填筑体，如果其动力学模型可以认为是已知的，那么便是一个“灰箱”问题，关键是其参数(模量和密度)的确定。按照图 3-18 可以得到如图 3-19 所示的识别步骤，具体如下。

(1)模型输入

路基填筑体在振动压路机作用下产生路基填筑体的输入——压实作用力 F(注意不是压路机激振力 P)。将 F 输入到表征“路基—压路机”系统的动力学模型中,同时确定一组初始模量和密度参数,然后进行相应计算,得到模型的输出响应。

(2)迭代运算

将模型输出响应与实测得到的响应进行比较。如果二者相差很大,说明参数不正确,需要改变参数重新输入,进行迭代运算,直到二者误差小于规定的精度要求,从而得到正确的模量和密度。

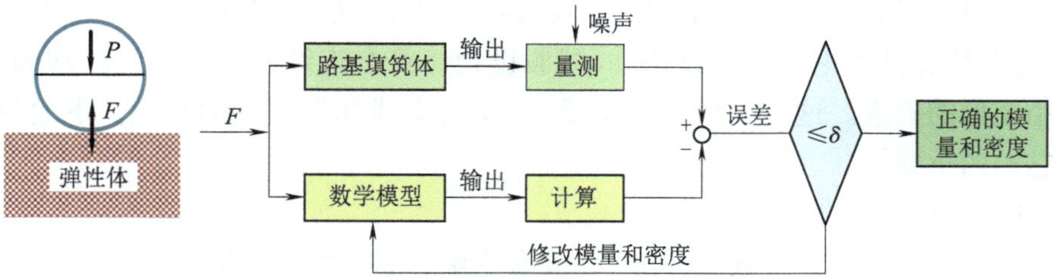

图 3-19　路基结构模量与密度的识别程序

按照上述方法,原则上是可以进行模量和密度的识别或者估计的。但还有许多技术问题并没有得到很好地解决。首先,路基结构体是分层填筑的,每一层的性质可能相同,也可能不相同。因此,存在两种识别模式问题,如图 3-20 所示。如果按照实际情况,就应该按照层状体系建模,但求解麻烦,只能进行数值解答,其计算速度是否可以满足现场实时监控的需求尚需检验,并且还存在多个模量问题。因此,目前按照弹性半空间体来考虑,可能比较实际一些。其次,参数识别属于反问题,具有解的不适定性特征,可能存在多组解,如何根据实际情况来确定符合要求的参数是需要仔细斟酌的。

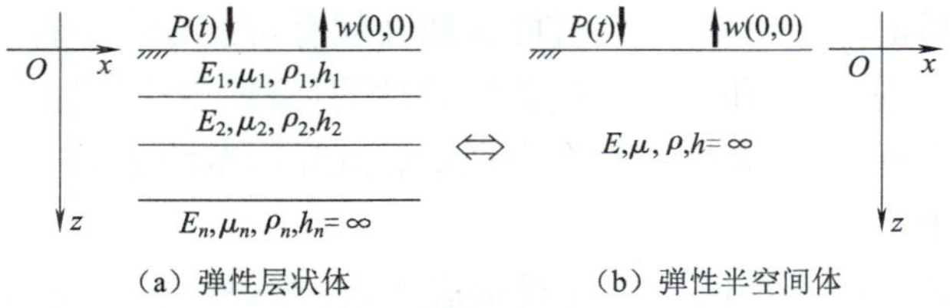

图 3-20　路基填筑体参数识别的两种模式

需要说明的是,在振动压路机上测得的响应是一个影响深度范围的综合值,无论是按照层状体还是半空间体考虑,二者应该是等效的。如前所述,等效原则就是在同样振动压路机作用下,测得的响应必须相同。即层状体和半空间体在相同的压实力作用下,至少二者表面的竖向位移要相同,如图 3-20 所示。此外,如果模型是静力的,密度参数将不会出现,参见后面的连续体模型。

对于一个实际存在的具体系统,只要我们对其进行输入激励,一定会有输出响应,它们都是可以实测得到的,即使是“黑箱”系统也是如此。如果建立的模型(包括数学模型和物理模型等)系统与这个实际系统等价,那么就可以认为模型系统代表了实际系统。其等价原则就是将同样的输入作用到模型系统中,模型系统的输出是否与实际系统的输出一样(也是系统仿真技术的体现)。需要注意的是,同样的输入,不同的模型系统(结构和参数)可能得到与实际系统一致的输出,这也就意味着构建的模型系统可能具有不唯一性。因此,在实际工作中,应根据所要解决的主要矛盾来处理模型系统的构建问题,不必面面俱到,只要这个模型能够解决拟定的主要问题就是好模型。

3.2 连续体模型

填筑体在客观上就是一种连续体,按照连续体建立模型符合实际情况。但连续体模型比较复杂,目前只有线弹性模型相对比较成熟。因此,这里所指的连续体模型是线弹性模型,须符合线弹性理论中的假设条件,即假设物体符合连续性、完全弹性、均匀性、各向同性和小变形的要求。这五个假设非常重要,是建立线弹性理论的基础。下面我们来剖析一下它们的重要性。

1. 物体是连续性的

这个假设意味着物体中被介质充满,没有空隙,这样物体受力后的应力、应变和位移等量就可以看成是连续分布的,表示成坐标的连续函数,即有 $\sigma(x,y,z)$ 、$\varepsilon(x,y,z)$ 、$u(x,y,z)$,从而为采用连续数学处理问题奠定了基础。

如果物体是非连续的,那么就不能用连续数学工具进行分析了,其理论也就变成了离散力学,主要分布在物理学中,如离散量子力学、微观力学等。实际的路基结构体中充满了孔隙,是非连续的,严格地讲,是不符合这个假设条件的。但是,无论是从宏观上还是实践上,采用连续性假设,还是基本可以满足工程精度要求的。

2. 物体是完全弹性的(线弹性假设)

这个假定意味着物体受力后的应力与应变之间的关系完全符合胡克定律,为线性关系,从而使物理方程成为线性的,便于求解。

如果物体受力后的变形不是完全弹性的,那么就有可能存在塑性变形了,处理这样的问题就需要塑性力学理论了,还有可能是非线弹性的,需要用非线性理论处理。实际的路基结构显然不是完全弹性的,否则就不会出现工后沉降即塑性变形的累计了。

3. 物体是均质体

这个假设意味着物体是由同一种材料构成的,各部分材料性质即物性参数相同。反映这些物理性质的物性参数如弹性模量 E 和泊松比 μ 等不随位置坐标而变化,是一个常数,这就给求解工作带来了便利。

如果物体是非均质体,那么物体内部各点的材料性质就会不一致,如复合材料,问题将变得非常复杂。实际的路基结构也不是均质的,至少是分层的,每一填筑层的性质可能都不相同。

4. 物体是各向同性的

这个假设意味着物体的弹性性质在各个方向上都是相同的,即物体的物性常数不随方向而变化。合并假设 3 和 4,就是物体是均质各向同性的。

5. 物体的小变形的

这个假设意味着物体受力后的变形远远小于物体原来的尺寸,即 $\varepsilon(x,y,z) \ll 1$ 。这样，在建立方程时，即可以略去高阶量(按照级数展开时用到)，还可以用变形前的尺寸代替变形后的尺寸。可以按照线性问题考虑，使得弹性力学的微分方程都简化为线性微分方程，方便了求解工作。

如果物体变形是大变形，则无论是弹性大变形还是塑性大变形，都将用大变形力学理论进行处理和分析，但并不是很成熟。

如果在上述这些假设条件都成立，那么物体的弹性问题就变成了线性问题，不但处理起来相对简单(其实也不简单)，还为采用叠加原理处理问题奠定了基础。

需要注意的是，路基填筑体即使碾压完全合格，也并不会完全满足上述几个条件。因此，采用既有的力学理论并不能得到十分满意的结果，只能说在没出现更好的理论之前，只要得到的结果能够满足工程精度要求便可以了。另外，采用现有理论对工程问题进行定性分析还是可以的，不必过分追求计算结果的准确程度。很多岩土问题并不是依靠计算就能解决的，这一点很重要，很多研究者陷入提高计算精度上去了，而忽略了更本质的东西。

3.2.1 基本方程

弹性力学是从弹性半空间理论开始的，它是弹性理论的基础，许多复杂问题都是以此为基本解答的。同样地，我们也从基本解入手来研究碾压问题。为此将路基填筑体连同地基在内，简化为弹性半空间体，并将坐标系位于填筑体表面，研究其中一点 M 的力学特征，如图 3-21 所示。

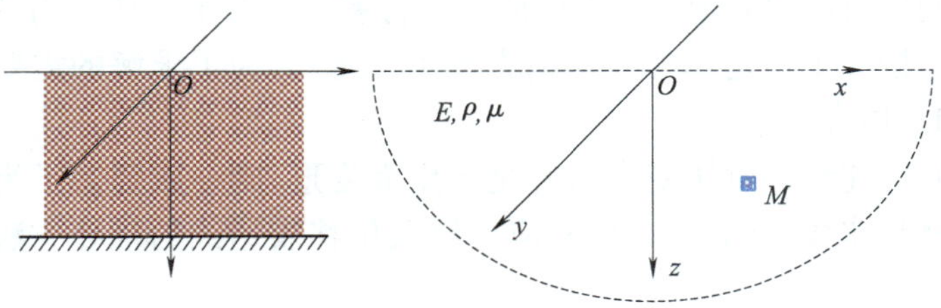

图 3-21 路基填筑体简化为物性参数等价的弹性半空间体

如前所述，填筑体在压路机作用下，其影响深度大都在 1～2 m，根据压路机测得的参数都是其影响范围内的综合反应。因此，图 3-21 中给出的模量 E、密度 ρ 和泊松比 μ 代表了该填筑体物性参数的平均值(或者综合值)，弹性半空间体的物性参数与填筑体的物性参数是等价的。

当弹性半空间体受到外力的作用后，其内部便产生了附加应力，从而导致变形的发生。不管外力的性质如何(动力、静力)，其内部各点的基本方程都是相同的，主要差异体现在边界条件上。下面我们建立弹性半空间体内部 M 点的力学分析模型。

首先需要将 M 点及其附近点 N 的应力应变用数学表达式表示出来。由于不知道具体表达式，需要借助数学工具进行处理。如果介质体是连续的，那么就可以用连续函数进行表达，即在小变形的情况下可以对其进行一阶近似表达，可以满足工程精度要求。

令 M 点的应力应变为 $\sigma(x,y,z)$，$\tau(x,y,z)$，$\varepsilon(x,y,z)$ 。围绕 M 点取一个微小正方体单元，可以将 M 点的应力状态按照坐标分解到微元体的六个面上，如图 3-22 左图所示。

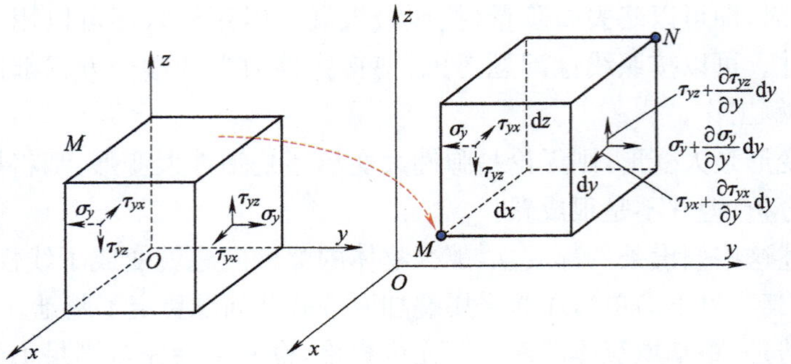

图 3-22　点 M 及其附近点 N 的应力状态表示

在 M 点附近另取一 N 点，也做一个微小长度的正方体微元体(注意与 M 点微元体的区别)。该微元体靠近坐标原点的三个面代表 M 点，而另外三个面代表该点的附近点 N，与 M 点相距 dx、dy、dz，如图 3-22 右图所示。

以沿 y 轴方向的应力情况为例进行展开。如前所述，由于连续，所以应力都是位置坐标的连续函数。当位置发生微小变化(即变化 dy)时，是可以满足泰勒公式要求的，参照多变量函数泰勒公式的一阶表达式(文献[1])，该点(M 点)附近点(N 点)的应力可以表示为如下形式：

$$\sigma_y+\frac{\partial \sigma_y}{\partial y}dy \quad \tau_{yx}+\frac{\partial \tau_{yx}}{\partial y}dy \quad \tau_{yz}+\frac{\partial \tau_{yz}}{\partial y}dy$$

可以看出，上式都由两项构成，其中第二项实际上就是应力沿 y 轴方向上的增量(变化率×长度)。同理可以对其他方向上的应力进行展开。有了上述应力的表达形式，便可以进行受力分析，按照牛顿定律建立平衡方程了。此外，为了求解的需要，还需建立微元体的几何方程和本构方程。

需要注意的是，连续介质体受力后若是产生大变形，则一般要表示为二阶近似，为非线性表达式，也就是非线性问题。另外，应变以及位移表达式的推导方法与应力的类似，此处不再赘述。

1. 空间问题

首先考虑一般的空间问题，然后再过渡到特殊问题，如平面(应变)问题、轴对称问题等。其基本方程包含了平衡微分方程、几何方程、物理方程、相容方程等。当然，在具体解答时还要包括边界条件。

(1)平衡方程(运动方程)

对于动力学问题，可以按照牛顿第二定律建立运动方程，这里不考虑体积力的影响。固体内部任意一点(微元体)的平衡需要满足 6 个力平衡方程。现以 y 轴方向为例，给出 y 轴方向的力平衡方程，其余可依此类推。

根据力学知识，在每一个面上都有 y 轴方向的力存在，其力的大小都是其应力与其面积的乘积，故有

$$\left(\sigma_y+\frac{\partial \sigma_y}{\partial y}dy\right)dxdz+\left(\tau_{xy}+\frac{\partial \tau_{xy}}{\partial x}dx\right)dydz+\left(\tau_{zy}+\frac{\partial \tau_{zy}}{\partial z}dz\right)dxdy-$$

$$\sigma_y dxdz-\tau_{xy}dydx-\tau_{zy}dxdy=\rho dxdydz\frac{\partial^2 v}{\partial t^2}$$

化简得

$$\frac{\partial \tau_{xy}}{\partial x}+\frac{\partial \sigma_y}{\partial y}+\frac{\partial \tau_{zy}}{\partial z}=\rho\frac{\partial^2 v}{\partial t^2}$$

根据上述做法，可以建立其他方向上的力平衡方程。此外，再考虑微元体的力矩平衡关系，可以得到力矩平衡方程，经化简可以得到剪应力互等定理。因此一点的 9 个应力分量，独立的只有 6 个。下面给出一点(微元体)应力分量所要满足的平衡方程。

$$\begin{cases}\dfrac{\partial \sigma_x}{\partial x}+\dfrac{\partial \tau_{yx}}{\partial y}+\dfrac{\partial \tau_{zx}}{\partial z}=\rho\dfrac{\partial^2 u}{\partial t^2}\\[2ex]\dfrac{\partial \tau_{xy}}{\partial x}+\dfrac{\partial \sigma_y}{\partial y}+\dfrac{\partial \tau_{zy}}{\partial z}=\rho\dfrac{\partial^2 v}{\partial t^2}\\[2ex]\dfrac{\partial \tau_{xz}}{\partial x}+\dfrac{\partial \tau_{yz}}{\partial y}+\dfrac{\partial \sigma_z}{\partial z}=\rho\dfrac{\partial^2 w}{\partial t^2}\end{cases}$$

式中 u、v、w 分别为 x、y、z 方向上的位移分量，ρ 为密度。上述偏微分方程只有 3 个，而变量却有 6 个，因此属于超静定问题。还要从其他方面寻找补充方程，一般是从几何和物性两个方面寻找关系方程。

(2)几何方程

几何方程主要是利用物体的位移和应变来描述其运动或变形。物体在外力作用下，内部各点会产生变位，即位置的改变，或者形状的改变。位置的改变就是位移，可以用 u、v、w 表示 x、y 和 z 方向的位移，它们都是坐标的函数。形状的改变可以用微元体棱边单位长度的伸缩和棱边间夹角的改变来表征，前者称为线应变(正应变)，用 ε 表示，后者称为剪应变(角应变)，用 γ 表示，它们也都是坐标的函数。由于有了前面的小变形假设，因此位移和应变都按照泰勒公式一阶近似(线性关系)予以考虑。经推导得到线应变和剪应变与位移的关系如下

$$\varepsilon_x=\frac{\partial u}{\partial x},\varepsilon_y=\frac{\partial v}{\partial y},\varepsilon_z=\frac{\partial w}{\partial z}$$

$$\gamma_{xy}=\frac{\partial v}{\partial x}+\frac{\partial u}{\partial y},\gamma_{yz}=\frac{\partial w}{\partial y}+\frac{\partial v}{\partial z},\gamma_{zx}=\frac{\partial u}{\partial z}+\frac{\partial w}{\partial x}$$

(3)应变协调方程(相容方程)

上述 6 个应变分量通过三个位移分量来表达，表明这 6 个应变分量之间一定存在内在联系，以保证物体的连续性。它们之间的这种关系称作应变协调方程。经过推导，可得如下关系式

$$\frac{\partial^2 \varepsilon_y}{\partial x^2}+\frac{\partial^2 \varepsilon_x}{\partial y^2}=\frac{\partial^2 \gamma_{xy}}{\partial x\,\partial y},\frac{\partial}{\partial x}\left(\frac{\partial \gamma_{zx}}{\partial y}+\frac{\partial \gamma_{xy}}{\partial z}-\frac{\partial \gamma_{yz}}{\partial x}\right)=2\frac{\partial^2 \varepsilon_x}{\partial y\,\partial z}$$

$$\frac{\partial^2 \varepsilon_z}{\partial y^2}+\frac{\partial^2 \varepsilon_y}{\partial z^2}=\frac{\partial^2 \gamma_{yz}}{\partial y\,\partial z},\frac{\partial}{\partial y}\left(\frac{\partial \gamma_{xy}}{\partial z}+\frac{\partial \gamma_{yz}}{\partial x}-\frac{\partial \gamma_{zx}}{\partial y}\right)=2\frac{\partial^2 \varepsilon_y}{\partial z\,\partial x}$$

$$\frac{\partial^2 \varepsilon_x}{\partial z^2}+\frac{\partial^2 \varepsilon_z}{\partial x^2}=\frac{\partial^2 \gamma_{zx}}{\partial z\,\partial x},\frac{\partial}{\partial z}\left(\frac{\partial \gamma_{yz}}{\partial x}+\frac{\partial \gamma_{zx}}{\partial y}-\frac{\partial \gamma_{xy}}{\partial z}\right)=2\frac{\partial^2 \varepsilon_z}{\partial x\,\partial y}$$

(4)本构方程(应力应变关系)

上述方程对于任何连续介质都是适用的，只有本构方程才考虑了介质本身的特性，表达了应力和应变之间的关系。不同介质的本构方程一般都是不同的(但平衡方程和几何

方程等都是相同的)，这也是区别不同介质的主要特征。对于各向同性的线弹性连续介质体(基本假设)，可以根据广义胡克定律得到其本构方程如下

$$\varepsilon_x=\frac{1}{E}[\sigma_x-\mu(\sigma_y+\sigma_z)]\ ,\ \gamma_{xy}=\frac{1}{G}\tau_{xy}$$

$$\varepsilon_y=\frac{1}{E}[\sigma_y-\mu(\sigma_z+\sigma_x)]\ ,\ \gamma_{yz}=\frac{1}{G}\tau_{yz}$$

$$\varepsilon_z=\frac{1}{E}[\sigma_z-\mu(\sigma_x+\sigma_y)]\ ,\ \gamma_{zx}=\frac{1}{G}\tau_{zx}$$

其中 E 为介质的弹性模量，μ 为介质的泊松比，G 为介质的剪切模量。这三者之间有如下关系存在，即

$$G=\frac{E}{2(1+\mu)}$$

可以看出，模量和泊松比反映了介质本身的特性，是特征参数，也是物性的反映，这是称作物性参数的原因。在建立了上述方程之后，便可以利用各种数学工具对其进行解答了。可以看出，除了对应力应变等利用泰勒公式进行表示外，其余的都是一般的力学平衡或几何关系等，建立起来并不十分困难。实践证明，弹性理论的难点不在于如何建立模型方程，而在于如何进行解答。另外，在有些情况下，采用柱坐标或极坐标表达式和求解更简单方便一些，如轴对称问题。

(5)边界条件

上述方程都是表达物体内部一点在受力后的特征。外力不是直接加载到物体内部的，一般都是加载在物体表面即边界上的，在物体靠近边界处的地方，其应力必须与外力相等，位移必须与给定位移(如果存在)相等，这就是边界条件。具体有应力边界条件、位移边界条件以及混合边界条件等，在进行解答时再进一步讨论。对于弹性问题来讲，不同问题主要都是由不同边界条件引起的，因为物体内部一点的各种方程都是一样的，唯独边界条件是不同的。这也是求解难易的主要标志，主要体现在数学上的处理方面。不同的边界条件，如图 3-23 所示。

2. 特殊问题

上述是一般空间问题。在有些情况下，可以根据实际情况，对所研究的问题进行简化，这样更容易求解。这类问题主要包括平面应力问题、平面应变问题、轴对称问题等，详情可参考弹性力学书籍。后面将结合碾压问题，对涉及的问题予以介绍。

3.2.2 基本解答

振动压路机对路基填筑体的碾压作用，可以看作是法向(垂向)的、狭窄宽度、钢轮宽度也可称作长度的条状荷载的作用，如图 3-23(c)所示。为了求解这样一类荷载作用问题，需要从基本解答入手，然后通过叠加方式逐步求解。这里我们主要关心的是表面垂向位移的解答。因为表面位移与压路机响应有直接关系，可以与模量和密度等参数挂钩。由于弹性理论最基本的解答就是法向集中荷载(静载)问题，因此，我们沿着集中荷载、线荷载、条状荷载，由静力到动力这条线索进行分析和求解。尽管有些解答目前还有困难，但起码给研究者指出了一条可能的探索路线。图 3-23 给出了这几种荷载作用的示意图，这些就是前面提及的边界条件。不同的边界条件，会带来不同的具体解答。

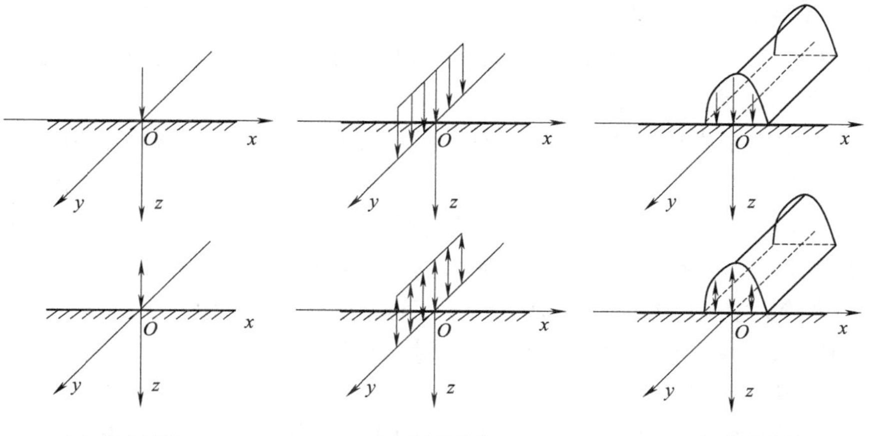

（a）集中荷载　（b）线状荷载　（c）条状荷载

图 3-23　弹性半空间受法向静、动荷载作用示意

1. 垂直集中静荷载下的位移解

弹性半空间体在垂直集中力 P 作用下的解答是基础解，而任意分布荷载导致的应力应变与变形都可以采用基础解的叠加方法求得(线弹性问题的缘故)。由于法向集中力是垂直作用在 z 轴原点的，因此关于 z 轴对称的，所以除了直角坐标系外，还可以采用柱坐标系。如图 3-24 所示，M 点既可以表示为 $M(x,y,z)$，也可以表示为 $M(r,\theta,z)$，便于在解答时使用。

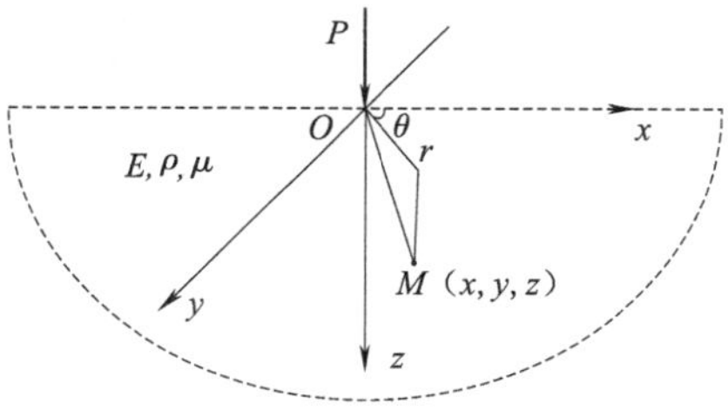

图 3-24　垂直集中荷载与两种坐标系

关于垂直集中力的解答已经非常成熟，就是通常所说的布辛尼斯克(Boussinesq)课题，是由布辛尼斯克在 1885 年首次提出的。其他荷载形式都可以在此基础上进行推导。这里只给出表面垂直位移解答。

$$w(r,0)=\frac{(1-\mu^2)P}{\pi rE}\qquad (z=0,\ r\neq 0)\tag{3-1a}$$

$$P=\frac{\pi r}{1-\mu^2}Ew(r,0)\qquad (z=0,\ r\neq 0)\tag{3-1b}$$

其中，$r=(x^2+y^2)^{1/2}$ 是表面点到原点的距离。上述解答非常有用，对于其他垂直荷载，不管其受力区域的形状如何，都可以利用上述结果，在加载区域内进行叠加(积分)予以解决。如果给定垂直作用在表平面上的分布荷载为 $p(x,y)$，作用区域为 S，则可以将 $p(x,y)$ 看成是集中力，对区域 S 积分便可以求取任意点的位移和应力等。但这个解答不完善，在原点处的位移将趋于无穷大，属于奇异点，而实际却是有限值。因此，该公式不适用于原点处的解答，需要另外想办法解决。

对于静力压路机作用而言，压实力就是其重力，目前都是把压实力用钢轮的线荷载表示，如图 3-23(b)所示的荷载形式。实际上，不管是静力压实还是振动压实，钢轮与碾压面之间的接触不是一条线，而是一个具有一定宽度的狭窄带状区域，但是这个宽度随碾压遍数而发生变化，不好确定，因此才采用线荷载这种替代方案。因此，对于静力压路机的线荷载问题，只要按照集中荷载的基本解答，沿荷载长度方向进行叠加，便可以得到解答。在弹性力学和土力学的书籍中都可以找到详细的推导和解答，此处不再展开叙述。

2. 垂直集中动荷载下的位移解

当法向集中力变成动力之后，其求解就变得很困难了。涉及各种特殊函数问题，寻找封闭解析解的任务还十分艰巨。H. Lame 在 1904 年得到了集中振动力作用在弹性半空间体表面的位移积分解，但没有得到一般的显式解答，需要数值积分，适合于研究等工作。

鉴于目前动力学解答还不足以令人满意，为了现场实时监控的需要，目前也只能将动力学问题转向准静力学问题处理，只要满足一定工程精度就行了。但寻求动力学解答仍然是非常必要的，因为动力学方程中含有物性参数模量和密度，正是质量控制所必需的参数。

3. 两种承载板下的位移解

承载板就是平板载荷试验中的圆形板，分为柔性和刚性两种。所谓柔性，就是刚度很小的承载板，相当于汽车轮胎作用下的荷载形式。而刚性板就是平板载荷试验使用的钢板。这两种板的主要差别在于与路基面接触时的压力分布不同，如图 3-25 所示，a 为圆板半径。下面给出两种承载板下的垂直位移解答，后面将会用到这些解答。

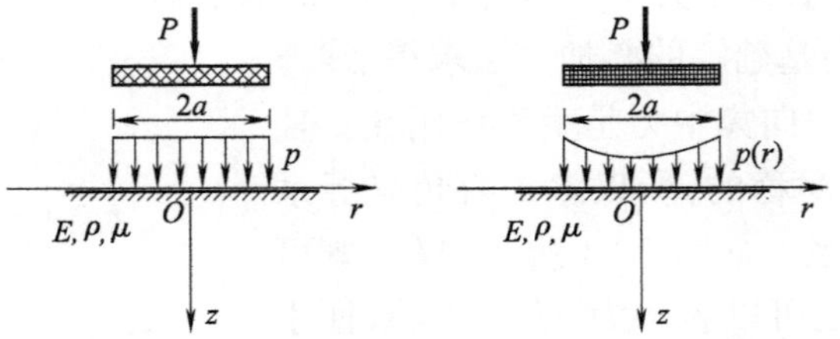

（a）柔性圆板下的压力分布　　（b）刚性圆板下的压力分布

图 3-25　两种承载板作用下的压力分布

对于柔性承载板，其板下压力分布是均布的，集度为 $p_0=P/(\pi a^2)$，但各点的位移却是不同的，其表面中心处的垂直位移解答如下：

$$w(0,0)=\frac{2ap_0(1-\mu^2)}{E} \tag{3-2a}$$

$$P=\frac{\pi a}{2(1-\mu^2)}Ew(0,0) \tag{3-2b}$$

在道路工程中，将上述位移称作“弯沉”，由 10 t 汽车(固定型号)测得。注意这种均布荷载是通过对一个弹性圆板施加集中荷载 P 实现的。比较不同的加载特征，对后面的研究会有启迪作用。

对于刚性承载板，其板下压力分布是非均布的，集度为 $p(r)=p_0(1-r^2/a^2)^{-1/2}$，但各点的位移是相同的。这实际上是一个接触问题，即弹性半空间体表面承受局部压入作用(见后面论述)。其解答需要用到特殊函数，如亨格尔积分变换等知识，好在已经有了成熟的解答，我们不必再重复求解了。其表面中心处的垂直位移为

$$w(0,0)=\frac{\pi ap_0(1-\mu^2)}{E} \tag{3-3a}$$

$$P=\frac{2a}{1-\mu^2}Ew(0,0) \tag{3-3b}$$

其中，$p_0=P/(\pi a^2)$ 称作平均集度，P 为施加在承载板上的集中力。这种分布荷载是通过对一个刚性圆板施加集中荷载 P 实现的，但分布并不是均匀的，因此有一个平均分布压力的概念出现。

比较式(3-1b)、式(3-2b)和式(3-3b)，发现力与变形之间的关系都可以采用如下方式表示：

$$P=\beta E w \tag{3-3c}$$

采用这种方式表示具有形式上的统一性，其中 β 可以理解为一个修正系数，与荷载分布特征有关，也可以理解为与承载板性质和尺寸有关。对于一特定的理想弹性体来讲，无论加载(输入)大小和方式怎么变化，其弹性模量都是不变的，是通过位移(输出)大小和修正系数进行调整的，这也是将模量称作物性参数的原因。确切地说，某一特定的弹性体，实际上是指这个弹性体的模量、密度和泊松比是一定的。

此外，还可以采用输出(位移)与输入(力)之比的形式表达，更能揭示弹性半空间体(系统)的特性。在控制理论中，将输出与输入之比称作系统函数，能够反映出系统本身的特性，也是一种很好的处理和思维方式。

3.2.3　钢轮作用下的解答

压路机的钢轮是一个有限长度的圆柱体，路基填筑体可以看作是一个半空间体，二者在形状上显然是不一样的，碾压问题可以称作非协调外形的固体接触问题，分为动力接触和静力接触两种，实际上就是动力边界和静力边界问题，如图 3-26 所示。为使问题简单一些，首先考虑静力学接触问题，滚动接触和动力接触将更为复杂。

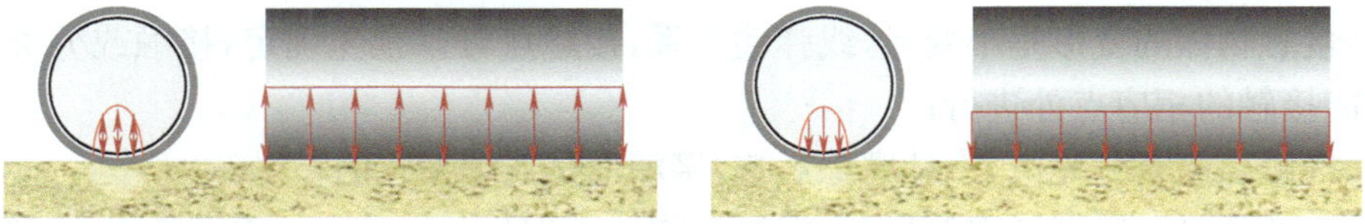

(a) 动力接触　　(b) 静力接触

图 3-26　钢轮与路基结构的接触

实际观察发现，压路机在碾压过程中，钢轮与碾压面之间的接触印迹是一个狭窄的条状区域，除了长度与压路机轮宽一致外，其他参量都是未知和变化的，并且整个接触印迹宽度还随碾压遍数(压实力)的不同而发生变化，与碾压面变形大小有直接关联，如图 3-27 所示。

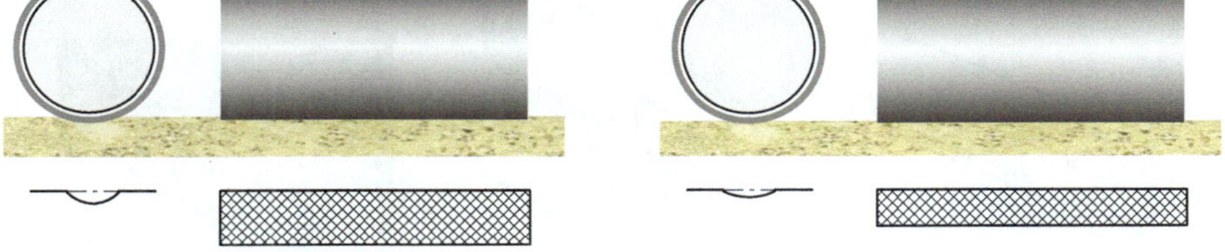

(a) 开始碾压　　(b) 碾压终结

图 3-27　钢轮作用在路基填筑体上的接触印迹宽度随碾压遍数的变化

需要注意的是，图 3-27 中给出的接触印迹包含了填筑体的塑性变形，由(a)到(b)，是填筑体刚度不断增大的过程，塑性部分减少、弹性部分增加。如果是纯弹性体，那么在一定荷载作用下的印迹是一定的。当增大荷载时，印迹也会随之增大，相当于图中由(b)到(a)的变化。

当路基碾压面的接触印迹和作用在上面的压力(可以称作接触力，也就是压实力)都是已知的时候，理论上根据上面给出的集中力解答，以此为基础就可以进行求解了。因此，重要工作就是如何确认接触印迹尺寸以及如何求解。

关于确定物体间的接触区域，包括形状以及尺寸如何随荷载的变化而变化的，在普通力学理论中涉及的不多。Hertz 在 1882 年发表的《论弹性固体的接触》论文对此进行了研究，但局限在无摩擦表面和理想弹性固体。在随后的 100 多年来，不少学者对接触问题进行了研究，但总体上进展缓慢，大多数问题还只能采取数值分析方法进行。如前所述，振动碾压问题可以归结为“刚性圆柱体在振动状态下与弹塑性体滚动接触的动力学控制问题”，目前能用于工程实践中的理论还不能完全考虑滚动和振动状态，研究工作仍任重而道远。

1. 接触问题的基本假设

在工程技术领域，物体之间的相互作用是最普遍的现象，如列车的轮轨作用、汽车的轮胎与路面作用等。所有机械类物体作用时发生接触是必然的现象，如图 3-28 所示。根据 Hertz 理论，两个非协调物体(指具有不相似外形的物体)接触时，开始是在一个点或者一条线上接触。在微小荷载作用下，物体开始在最初接触地方的附加发生变形，变成一个有限接触区域。随着荷载的增大，其接触面积或者尺寸也会随之增大。如果能够知道这个接触区域的信息以及上面作用的荷载，那么根据前面的弹性理论就可以对其进行解答，计算出接触区域附近的变形和应力分量了。对于接触问题，一般需要满足以下假设条件：

(1)接触系统由两个相互接触的物体组成，它们间不发生刚体运动；

(2)接触物体的变形是小变形，线弹性关系，接触点可以预先确定，接触或分离只在两物体可能接触的相应点处进行；

(3)接触表面充分光滑，不计摩擦影响，接触面是连续变化的；

(4)在计算接触区域局部变形时，将每个物体都看作是一个不同物性参数的弹性半空间体，荷载作用在平表面的一个很小的椭圆区域上(这个假设很重要，没有这个假设后面很多结论和公式就不成立了)。

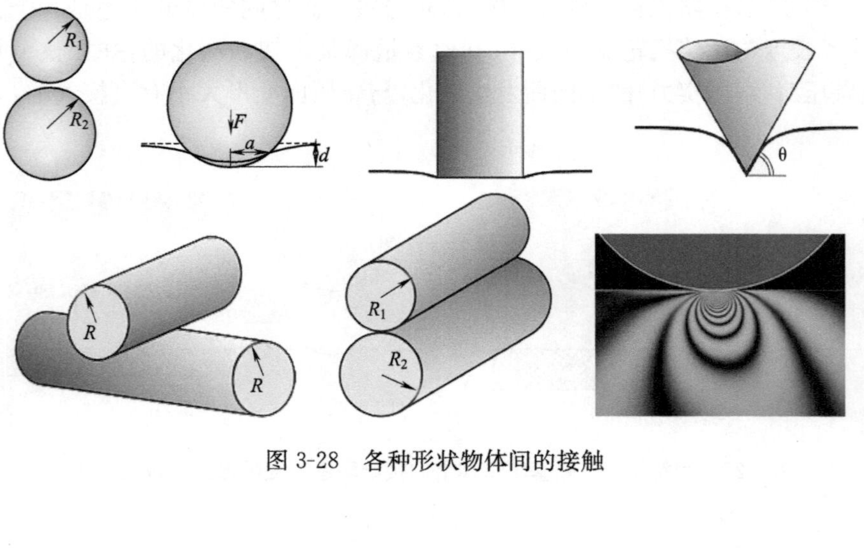

图 3-28 各种形状物体间的接触

为了研究压路机钢轮与路基填筑体的作用问题，需要首先了解一下任意两个物体接触时的一些特征，这样更方便过渡到弹性圆柱体的接触问题，最后引出钢轮与路基面的接触问题。

2. 物体接触时的几何特征

任意两个物体接触时，开始都是点接触，然后在荷载作用下扩展到面接触(一般是一个曲面)。取接触点为坐标原点，公法线为 z 轴，两表面的切平面为 x—y 面，建立直角坐标系，如图 3-29 所示。

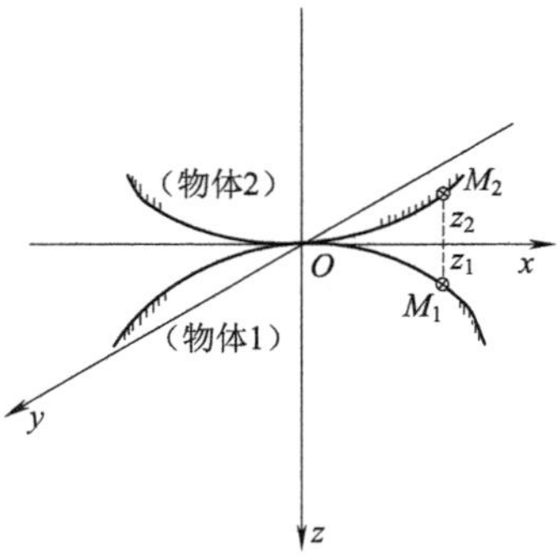

图 3-29　两个物体接触的几何描述

为方便计，与物体 1 有关的量的下标标记为“1”，与物体 2 有关的量的下标标记为“2”，如图 3-29 所示。在原点附近(注意是附近)，对于物体 1 的 M_1 点，物体 2 的 M_2 点，根据几何学原理，有如下关系式：

$$z_1 = \frac{1}{2R_1'}x_1^2 + \frac{1}{2R_1''}y_1^2 \qquad z_2 = -\frac{1}{2R_2'}x_2^2 + \frac{1}{2R_2''}y_2^2$$

式中 R_1'、R_1''为曲面 1 在原点处曲率半径的最大值和最小值，R_2'、R_2''为曲面 2 在原点处曲率半径的最大值和最小值。两个曲面之间的间隙 h 由下面的二次多项式给出：

$$h = z_1 - z_2 = Ax^2 + By^2 = \frac{1}{2R'}x^2 + \frac{1}{2R''}y^2 \tag{3-4}$$

式中 A、B 为正的常数，R'、R''为相对主曲率半径，存在下列关系式：

$$\frac{1}{R'} + \frac{1}{R''} = \frac{1}{R_1'} + \frac{1}{R_1''} + \frac{1}{R_2'} + \frac{1}{R_2''} \qquad A + B = \frac{1}{2}\left(\frac{1}{R'} + \frac{1}{R''}\right)$$

根据式(3-4)，加载前，任意两个物体未变形表面之间的间隙 h 为常数的等值线是一个椭圆，其长短轴之比为$(B/A)^{1/2}$。特别地，当两个物体都是旋转体(如两个球体)时，有下列关系存在：

$$R_1' = R_1'' = R_1,\ R_2' = R_2'' = R_2,\ A = B = \frac{1}{2}\left(\frac{1}{R_1} + \frac{1}{R_2}\right)$$

由此可知，加载前，两个旋转体未变形表面之间间隙 h 为常数的等值线是一个圆，其半径为$(h/A)^{1/2}$。

如果施加给相互接触的物体一个法向力 P，那么接触点就会扩展为一个区域。对于一般形状物体而言，由于间隙为常数的等值线在平面上是椭圆，可以证明，其加载后的接触区域也是一个椭圆。而对于旋转体，加载后的接触区域仍将是一个以原点为圆心的圆。

特殊地，对于圆柱体接触(图 3-28)，加载前，它们之间的接触为一直线（y 轴线）。加载后，有下列关系存在：

$$\begin{aligned} &R_1' = R_1, R_1'' = \infty,\ R_2' = R_2, R_2'' = \infty \\ &A = \frac{1}{2}\left(\frac{1}{R_1} + \frac{1}{R_2}\right), B = 0 \end{aligned} \tag{3-5}$$

可见对于圆柱体接触，加载后 $h = Ax^2$，当 h 为常数时，x 也为常数，即两个圆柱体的间隙为常数的等值线都是平行于 y 轴的直线，两个曲面将在平行于 y 轴的一个狭窄条上形成接触区域。压路机碾压问题与此相像，只不过是有限条长而已。

3. 法向力引起的变形特征

物体在点接触的情况下，如果对两个形状一样的物体施加法向力 P，则物体的接触区域将由一个点扩展为一个区域。下面分析其变形特征。

变形前，M_1 与 M_2 之间的间隙为 $h=Ax^2+By^2$，如图 3-30(a)所示。当施加荷载 P 后，两个物体内远处点各自向原点 O 移动的位移(相对压缩变形量)为 δ_1 和 δ_2，记 $\delta=\delta_1+\delta_2$。如果物体无变形(刚体)，则两个物体会发生重叠，M_1 与 M_2 点各自移动的位置如图 3-30(b)所示。

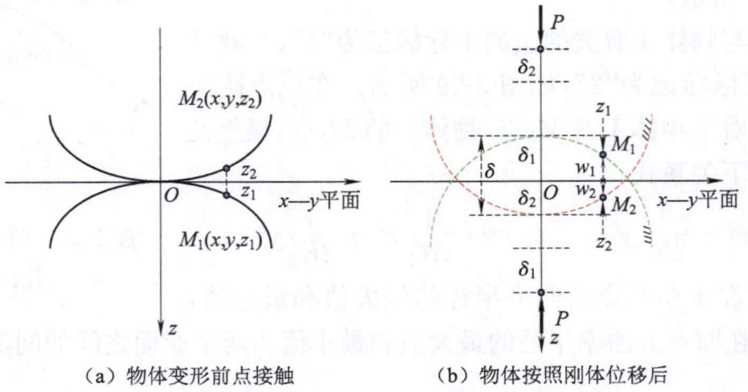

图 3-30　两物体接触及发生刚体位移

如果两个物体是弹性体，则物体受力后都会发生形变，变形后 M_1 与 M_2 在接触区域内将会重合在一起，如图 3-31 所示。

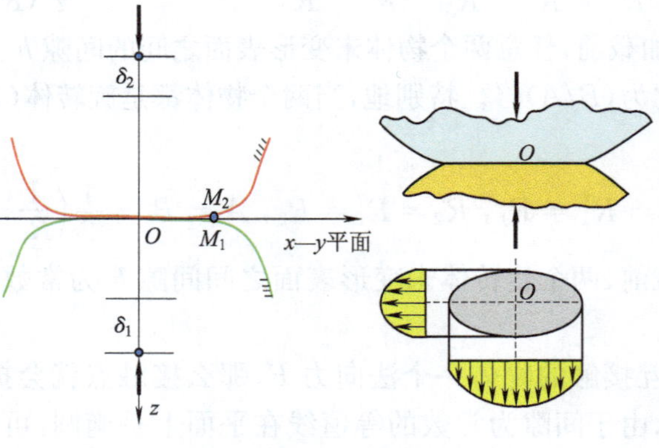

图 3-31　两物体发生弹性变形后的部分重合接触

如果变形后点 M_1 与 M_2 在接触区内，则它们会重合在一起，有如下关系式存在：

$$w_1+w_2=\delta-h=\delta-(Ax^2+By^2) \tag{3-6}$$

根据式(3-6)，在原点处有 $\delta=w_1+w_2$。如果变形后点 M_1 与 M_2 在接触区域外，则不会发生接触，应满足以下关系式：

$$w_1+w_2<\delta-(Ax^2+By^2) \tag{3-7}$$

式(3-6)和式(3-7)是两个物体发生接触时，其弹性位移应该满足的条件。也就是说，通过计算得到的法向弹性位移，在接触区域内需要满足式(3-6)，在接触区域外需满足式(3-7)，这两个式子是几何协调条件，也可以称作位移协调条件。

对于两个非协调物体的接触，接触区域是一个椭圆(图3-31)，令短轴为$2a$，长轴为$2b$。如果法向压力为P，则其压力分布称作Hertz分布，具有以下形式：

$$p(x,y)=p_0\left[1-\frac{x^2}{a^2}-\frac{y^2}{b^2}\right]^{1/2} \tag{3-8a}$$

其中

$$p_0=\frac{3P}{2\pi ab}\text{ 或 }P=\frac{2\pi abp_0}{3}$$

压力分布样式如图3-31所示。关于接触区域为椭圆的Hertz压力下的表面位移，其解析解含有函数，并非完全的显式，具体可参考文献[5]，这里仅给出基本形式，以便了解其解答的困难。

$$w(x,y,0)=\frac{1-\mu^2}{\pi E}(T-Mx^2-Ny^2)$$

式中

$$T=\frac{\pi abp_0}{2}\int_0^\infty\frac{\mathrm{d}w}{[(a^2+w)(b^2+w)w]^{1/2}}$$

$$M=\frac{\pi abp_0}{2}\int_0^\infty\frac{\mathrm{d}w}{[(a^2+w)^3(b^2+w)w]^{1/2}}$$

$$N=\frac{\pi abp_0}{2}\int_0^\infty\frac{\mathrm{d}w}{[(a^2+w)\ (b^2+w)^3w]^{1/2}}$$

对上式进行求解是很困难的，涉及椭圆积分等特殊函数问题，目前还没有找到解析解。感兴趣的读者可以试着求解。另外，上述位移在接触区内必须满足式(3-6)，在接触区外要满足式(3-7)。

对于两个协调物体的接触问题，接触区域是一个圆，令直径为$2a$，可以改用圆柱坐标表示。如果法向压力为P，则其Hertz压力分布为

$$p(r)=p_0\left[1-\frac{r^2}{a^2}\right]^{1/2} \tag{3-8b}$$

其中

$$p_0=\frac{3P}{2\pi a^2}\text{ 或 }P=\frac{2\pi a^2p_0}{3}$$

在圆形接触区内，两个接触物体中任一物体表面法向位移为

$$w(r,0)=\frac{(1-\mu^2)}{E}\frac{\pi p_0}{4a}(2a^2-r^2)\ ,\ (r\leqslant a) \tag{3-8c}$$

这样，两个接触物体表面法向位移之和为

$$w(r,0)=\left(\frac{1-\mu_1^2}{E_1}+\frac{1-\mu_2^2}{E_2}\right)\frac{\pi p_0}{4a}(2a^2-r^2),(r\leqslant a) \tag{3-8d}$$

对于圆形接触区问题，$A=B=(1/R_1+1/R_2)\ /2=1/(2R)$，一般把$R$称作接触面综合曲率，代入式(3-6)，可以得到接触面上的位移与压缩量之间的关系。

$$w_1 + w_2 = \delta - (Ax^2 + By^2) = \delta - \frac{1}{2R}r^2 \Rightarrow$$

$$\frac{\pi a p_0}{2}\left(\frac{1-\mu_1^2}{E_1} + \frac{1-\mu_2^2}{E_2}\right) = \delta - \frac{1}{2R}r^2$$

根据上式可知，在接触表面中心处($r=0$)位移叠加之和为压缩量，即

$$\delta(0,0) = \frac{\pi a p_0}{2}\left(\frac{1-\mu_1^2}{E_1} + \frac{1-\mu_2^2}{E_2}\right) \tag{3-8e}$$

与椭圆形接触区域不同的是，对于圆形接触区域，通过上式还可以得到总压力 P 与接触区域几何尺寸之间的关系。

$$P = \frac{4}{3}\left(\frac{1-\mu_1^2}{E_1} + \frac{1-\mu_2^2}{E_2}\right)^{-1} R^{-1} a^3$$

$$P = \frac{4}{3}\left(\frac{1-\mu_1^2}{E_1} + \frac{1-\mu_2^2}{E_2}\right)^{-1} R^{1/2} \delta^{3/2} \tag{3-8f}$$

4. 两个弹性圆柱体的平行接触

对于钢轮与路基填筑体的接触问题，可以先按照两个弹性圆柱体平行接触问题进行考虑，但需要满足其基本假设条件。如图 3-32 所示，将 x—y 平面为两个圆柱体的公切平面，z 轴沿着公法线向下。下面圆柱体为物体 1，其半径为 R_1，模量为 E_1；上面的为物体 2，其半径为 R_2，模量为 E_2。它们受单位法向力 P 的作用。注意，这里的圆柱体是无限长的。因此，可以判断这是一个二维问题。

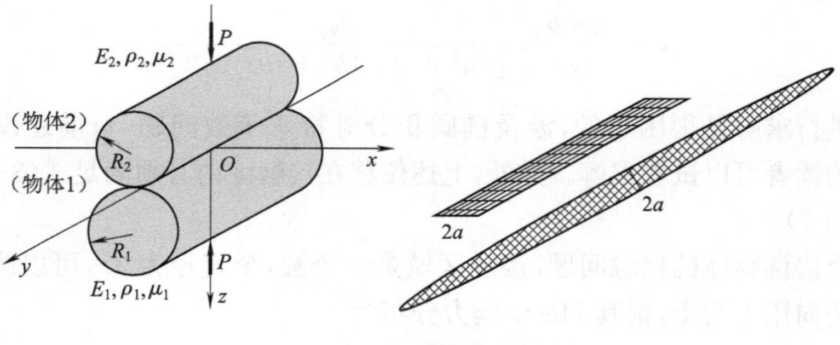

图 3-32 圆柱体接触印迹

由图 3-32 可知，两个圆柱体法轴线都平行与坐标系的 y 轴，如果在单位长度上的力 P 作用下发生接触，在平行 y 轴、宽度为 $2a$ 的狭窄长条上将构成接触。这个接触区域相当于椭圆接触的极限情况，即 $b \to \infty$。因此，我们可以尝试着采用 Hertz 理论来近似处理这个问题。

根据式(3-4)和式(3-5)，圆柱体在加载前两个表面对应点之间的间隙为

$$h = Ax^2 = \frac{1}{2}\left(\frac{1}{R_1} + \frac{1}{R_2}\right)x^2 = \frac{1}{2R}x^2$$

在接触区域内法向位移需要满足的条件为

$$w_1 + w_2 = \delta - \frac{1}{2R}x^2 \tag{3-9a}$$

注意式(3-9a)在原点处 $\delta = w_1 + w_2$。在接触区域外法向位移需要满足的条件为

$$w_1 + w_2 > \delta - \frac{1}{2R}x^2 \tag{3-9b}$$

为简便计，两弹性圆柱体接触区的综合模量 E^* 可以表示成如下形式：

$$\frac{1}{E^*} = \frac{1-\mu_1^2}{E_1} + \frac{1-\mu_2^2}{E_2} \Rightarrow E^* = \left(\frac{1-\mu_1^2}{E_1} + \frac{1-\mu_2^2}{E_2}\right)^{-1} \tag{3-10}$$

按照基本假设，可以将每一个弹性圆柱体都看成是弹性半空间体，由于是二维问题，可以按照弹性半空间线荷载求解。在前面讨论椭圆形接触时已经看到，求解表面位移是非常困难的，导致 $\delta = w_1 + w_2 - (2R)^{-1}x^2$ 也无法求解，得不到具体表达式。因此，狭窄条形接触问题是无法得到法向荷载 P 与接触区域几何尺寸——压缩变形量 δ 之间的具体表达式的，但可以得到与接触宽度 $2a$ 之间的关系。这个接触宽度也可以看成是一种“横向位移或形变”。

经过推导，单位长度上的接触力 P 与接触宽度 $2a$ 之间的关系如下：

$$\begin{aligned} P &= \frac{\pi}{4}E^* R^{-1} a^2 \\ &= \frac{\pi}{4}\left(\frac{1-\mu_1^2}{E_1} + \frac{1-\mu_2^2}{E_2}\right)^{-1}\left(\frac{1}{R_1} + \frac{1}{R_2}\right)a^2 \end{aligned} \tag{3-11a}$$

尽管得不到法向荷载 P 与压缩变形量 δ 之间的具体关系，但我们可以给出形式上的表达式。根据式(3-9a)可以得到 $a = \{2R[\delta - w(a)]\}^{1/2}$，代入式(3-11a)中，经过推导，有如下形式的表达式：

$$\begin{aligned} \delta(0) &= \frac{2P}{\pi E^*} + w(a) \\ &= \frac{2P}{\pi}\left(\frac{1-\mu_1^2}{E_1} + \frac{1-\mu_2^2}{E_2}\right) + w(a) \end{aligned} \tag{3-11b}$$

式(3-11b)表明，对于固定的接触物体而言(意味着接触区综合模量是固定的)，压力越大，其接触宽度也就越大，压缩变形也随之变大。上述结论与实际观察结果是吻合的，说明(3-11b)表达式在形式上是正确的。

单位长度上的接触压力 P 可以根据前面提及的椭圆形接触压力分布进行确定，相当于将长轴理解为无穷大，即 $b \to \infty$，其分布函数表达式如下：

$$p(x) = \frac{2P}{\pi a}\left(1 - \frac{x^2}{a^2}\right)^{1/2} = p_0\left(1 - \frac{x^2}{a^2}\right)^{1/2} \tag{3-12}$$

综合以上，对于接触区域为无限长狭窄条状问题，根据 Hertz 压力分布求解其表面位移是很困难的，涉及许多特殊函数的变换问题，目前还未得到解析解答，这与接触区域为圆形和椭圆形能够进行位移求解是不同的。寻求这个问题的解答仍将是一个研究方向，特别是考虑动力学影响时。

5. 钢轮与路基接触时的解答

现在利用上述结果来解答有限长刚性圆柱体(钢轮)和弹性半空间体(路基填筑体)的接触问题。上面的解答解决了无限长圆柱体接触宽度问题，但没有得到表面法向弹性位移解，不能仅由上述理论给出的接触应力计算出来，还必须考虑物体几何形状和尺寸以及支承方式等，需要满足一些边界条件。鉴于此，目前对这个问题大都采用了近似公式进行处理。

如果采用前面的结论来处理钢轮碾压问题，那么首先要将弹性圆柱体平行接触问题转化为刚性圆柱体与弹性半空间体的接触问题，如图 3-33 所示。这种转换其实很简单，只要把圆柱体 2 看作是刚体，圆柱体 1 看作是弹性半空间体，相应参数做出调整就可以了。这样，碾压问题就归于为了刚性圆柱体与弹性半空间体（假设路基碾压合格，处于弹性状态）的接触，其参数如图 3-34 和图 3-35 所示。其中长度就是钢轮的宽度 L（也称作轮宽或长度），接触压力宽度为 $2a$（注意不是钢轮接触宽度），弹性变形为 δ，位于钢轮轴向中线下，它们之间需要符合前面提到的几何约束条件式(3-9)。

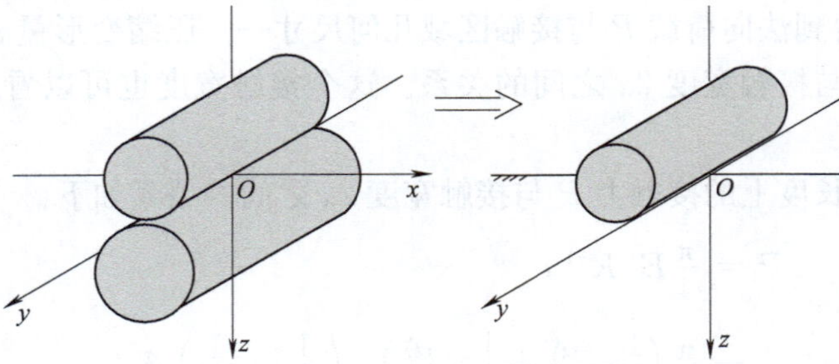

（a）两个弹性圆柱体接触　　（b）刚性圆柱与弹性半空间体接触

图 3-33　弹性圆柱体接触问题转化为刚性圆柱体与弹性半空间体接触问题

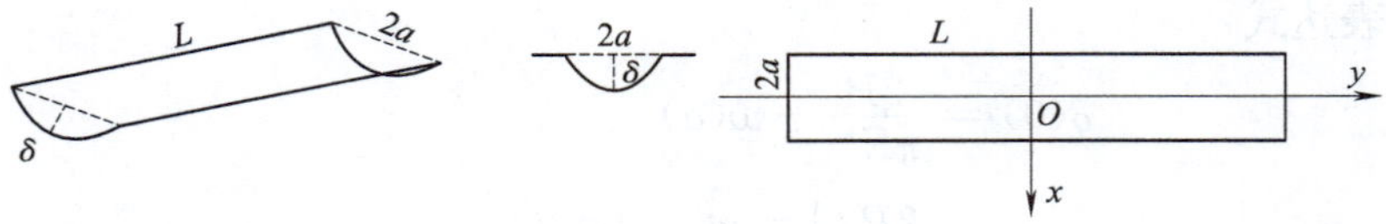

图 3-34　钢轮与填筑体接触印迹的相关参量

对于有限长度圆柱体与弹性半空间体的接触问题，很多人对此进行过研究。这个问题实质就是长度为 L 的圆柱体与另一个表面的接触问题，如图 3-35 所示。

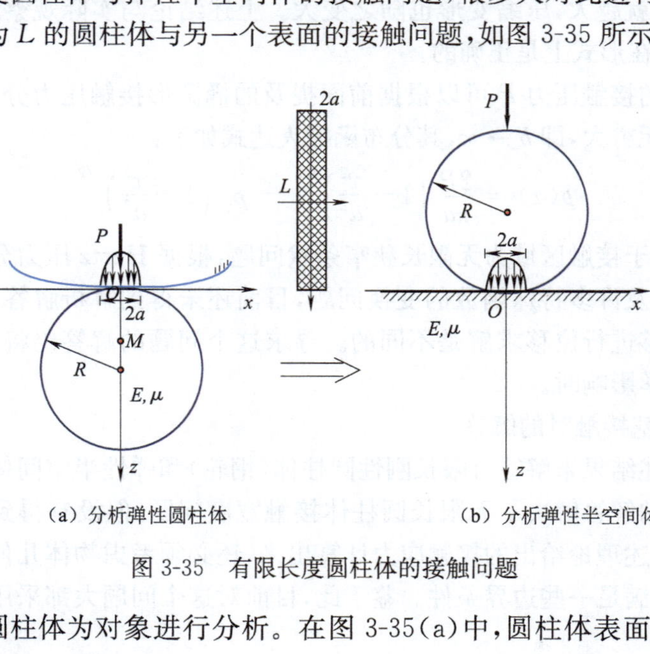

（a）分析弹性圆柱体　　（b）分析弹性半空间体

图 3-35　有限长度圆柱体的接触问题

首先以弹性圆柱体为对象进行分析。在图 3-35(a)中，圆柱体表面受到压力 P 的作用，其分布符合 Hertz 压力分布。由于没有表面位移表达式，可以先求解得到圆柱体径向总的压缩量表达式。根据弹性理论，可以看作是一个平面应变问题，圆柱体内 M 点的应变为 $\varepsilon_z=[(1-\mu^2)/E][\sigma_z-\sigma_x/(1-\mu)]$，对 ε_z 从 $z=0$ 到 $z=2R$ 进行积分，可以得到圆柱体径向压缩变形量。

$$\delta=\frac{a^2}{2R}\left[2\ln\frac{4R}{a}-1\right]=\frac{2P}{\pi LE^*}\left[2\ln\frac{4R}{a}-1\right]$$

$$P=\frac{\pi}{2}\left[2\ln\frac{4R}{a}-1\right]^{-1}LE^*\delta$$

上式与式(3-11b)在形式上是很相似的。同时也说明，弹性圆柱体受到的压力越大，其总的径向压缩变形量也就越大。

现在再换个思路看这个问题。根据牛顿第三定律，圆柱体受到压力 P 的作用，同时也可以看成是另一个物体接触面(弹性半空间体表面)也受到压力 P 的作用，问题就转变为图 3-35(b)的情况，即弹性半空间体表面受到 Hertz 压力的作用，而这个 Hertz 压力可以看成是刚性圆柱体受到压力 P 的作用而传递下来的，这就把问题变成了钢轮与路基面的接触问题。

Lundberg 在 1939 年研究了有限长度弹性圆柱体上受 Hertz 压力的求解问题。如果接触压力(压实力)沿着轴向是均匀的，则可以得到解答。在长度 L、宽度 $2a$ 的矩形接触区域上($L\gg 2a$)的 Hertz 压力分布为(注意这是从无限长圆柱体公式近似得到的)

$$p(x,y)=\frac{2P}{\pi aL}\left(1-\frac{x^2}{a^2}\right)^{1/2}$$

将上述接触力分布函数作为边界条件，带入到前面的基本方程中，经过复杂的推导，可以得到矩形接触区域中心处压缩量的表达式如下：

$$\begin{aligned}\delta(0,0)&=\frac{2P}{\pi LE^*}\left[\ln\left(\frac{L}{2a}\right)+1.886\right]\\ P&=\frac{\pi}{2}\left[\ln\left(\frac{L}{2a}\right)+1.886\right]^{-1}LE^*\delta(0,0)\end{aligned}\tag{3-13a}$$

其中，接触印迹宽度 $2a$ 由式(3-11a)给出，E^* 由式(3-10)给出。如前所述，将问题倒过来看就是钢轮作用于路基碾压面问题。这里的作用力 P 可以看作是钢轮宽度范围内的压实力 F。注意，这里的接触力接触宽度 $2a$ 并不等于钢轮与碾压面的真实接触宽度，一般比实际宽度可能要小一些，圆形接触时就是如此，并且压力接触宽度沿圆柱长度方向是变化的。

对上述公式正确使用的方法是，已知压路机钢轮(刚性圆柱体)几何参数半径 R 和长度 L，作用力 F，弹性半空间体弹性模量 E，则可以进行求解钢轮中心点下的变形量。其步骤如下：首先根据式(3-11)计算得到 a，然后根据式(3-13)便可以求得表面垂直位移 $w(0,0)=\delta(0,0)$。这个就是所谓的"正问题"。如果已知路基结构的输入——压实力(动态力)、输出——位移等量，反过来求取弹性模量 E，理论上就是"反问题"，涉及多个未知参数，可以采用前面给出的参数识别技术予以解决为好。

如果将式(3-11a)代入到式(3-13a)中，可以得到如下表达式：

$$E^*=\frac{2P}{\pi L\delta(0,0)}\left[\ln\left(\frac{L}{2\sqrt{\frac{4RP}{\pi E^*}}}\right)+1.886\right]$$

观察上式，除了综合模量 E^* 外，其他参量都是可以确定的。如果以 E^* 为未知量，原则上是可以求解的。但实际上述方程是很复杂的，很难直接进行求解，读者可以尝试着进行求解。如何得到模量，还需要一些具体技巧。上面给出的参数识别是一种方法，是否还存在其他方法，需要仔细研究。

6. 解答的局限性

上面给出的解答是有限长度弹性圆柱体上受 Hertz 压力时中点处的压缩变形。将这个解答应用到钢轮与路基填筑体作用问题上是存在局限性的。首先，需要将有限长度的弹性圆柱体看作是弹性半空间体。根据 Hertz 假设，这样做只有在弹性小变形时才是可行的，并且接触宽度应该很小才行。但是，实际碾压情况远非如此，这是一个大变形问题。其次，式(3-13a)给出的表达式是弹性圆柱体中心点处的变形解答，但是沿着圆柱体轴向上各点的变形并不完全一致，在圆柱体的端头处，也另有表达式，其压力分布是三维分布的。弹性圆柱体各点处的变形表达式见式(3-13b)。

$$\begin{aligned}\delta(0,y) &\approx \delta(0,0) - \frac{P}{\pi L E^*}\ln[1-(2y/L)^2] \\ \delta(0,L) &= \delta(0,0) - \frac{P}{\pi L E^*}[\ln(L/2a)+1.193]\end{aligned} \tag{3-13b}$$

根据现场观察和实测，实际压路机工作时，钢轮作用下的碾压面变形大小都是一样的，不会发生钢轮下变形不一致的现象（与刚性承载板下的变形是一个道理）。因为与土体相比，钢轮可以视作刚体，不发生变形。但根据式(3-13a)的理论计算，其变形大小在各点处是不相同的，这与实际情况明显存在不符的问题，如图 3-36 所示，这种差异并不是岩土体填料的复杂性所造成的，而是公式本身存在缺欠。岩土体造成的差异主要表现在计算结果与实测结果的误差上。

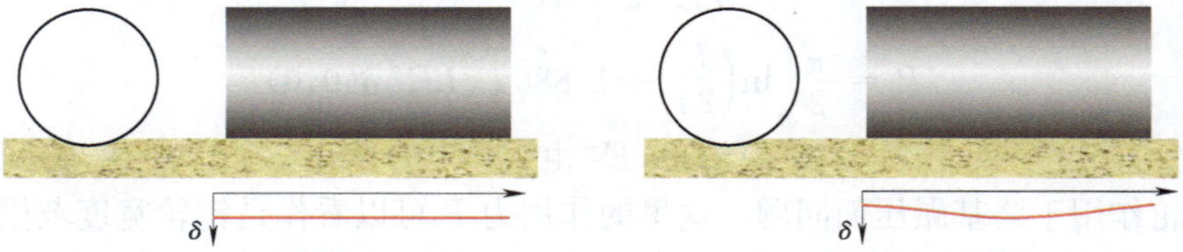

图 3-36 压路机钢轮作用下路基碾压面的变形情况

为了得到与实际相符的结果，可以考察式(3-11b)。尽管这个公式不完美，没有给出最终解答，但是，在形式上却表现出钢轮作用下中线上各点的变形是一样的结论，即

$$P = \frac{\pi L}{2}E^*[\delta(0)-w(a)] = \frac{\pi L}{2}\left(\frac{1-\mu_1^2}{E_1}+\frac{1-\mu_2^2}{E_2}\right)^{-1}[\delta(0)-w(a)] \tag{3-13c}$$

除了上面提到的问题外，还有一个动、静力学问题。上述求解得到的是静力压路机静止作用在路基填筑体上时的解答，相当于图 3-8 中最简单的情况(a)，并不是振动压路机作用下的解答，也不是静力压路机滚压时的解答。那么这种解答是否可以应用在振动碾压过程中呢？如果从力学理论的角度看，这样使用并没有什么道理可言。但是，在工程上还是可以见到动力学、静力学混合使用的例子，并且应用效果也是不错的。

典型的例子就是小 FWD 的指标 E_{vd}。这个指标是采用刚性承载板（半径为 a）方法进行的，加载的是瞬态冲击荷载。由于目前还没有找到动态荷载作用在圆盘上的解析解，在没有办法的情况，只好将测得的力（总荷载）P 与相应的位移 S 代入到承载板的静力学公式(3-3)中，即

$$E_{vd}=E=\frac{(1-\mu^2)}{2a}\frac{P}{S}$$

从而得到模量 E_{vd}，这里的 S 为承载板下路基表面的位移。

同理，目前处理振动压路机作用下的解答也是采用了静力学公式，但数据用的是动力学的，属于准静力学解答。德国将根据式(3-13a)得到的模量称之为"振动模量 E_{vib}"，实际上将其称为"估算模量 E_{est} 或 E_{st}"也许更合适一些。这里采用的就是动、静混合解决方案，虽然在工程上尚可使用，但在力学上却是有欠缺和不完美的。因此，寻求满意的动力学解答仍然是这个领域研究的重点。

7. 近似解答的统一表达形式

比较前面无限长和有限长圆柱体的相关解答表达式可以发现，它们在形式上都是很相像的。既然上面的理论解答与实际情况有偏差，并且岩土填料本身也会造成理论计算与实测结果的差异（有时候可能会很大），那么就需要对计算结果进行必要的修正了。经过大量的研究和分析，我们猜测，可以把压路机钢轮作用下路基碾压面的压实力与表面变形关系公式统一表达成如下的形式：

$$\begin{aligned}F&=\beta E\delta\\K&=\beta E\end{aligned}\tag{3-13d}$$

其中，β 可理解为"动态修正因子"，与钢轮几何尺寸以及填料性质等有关；K 可理解为两个物体接触区的刚度系数；E 为路基填筑体的模量，是由综合模量 E^* 转化而来的。动态修正因子 β 可以通过试验进行确定，后面将会讨论有关试验确定方法的问题。实际上，平板（承载板）载荷试验的表面位移公式也可纳入上述统一表达式中，β 为与承载板尺寸等有关的修正系数。一般地，其他类型荷载作用下的关系也可以表示成上述形式，只是在变形项上还要增加一个修正系数（指数修正，如式(2-5)给出的那样形式），详见后面的有关论述。

需要注意的是，式(3-13d)给出的近似公式只适合于钢轮（包括承载板）作用下碾压面表面变形的估算，但并不一定适合于分析路基结构（弹性半空间体或层状弹性体）内部的应力应变情况。另外，根据式(3-13d)，如果已知压力和变形，反过来可以估算模量。

3.2.4　层状填筑体问题

如前所述，实际的路基结构都是分层填筑的。目前关于填筑体的模型都是将其视为弹性半空间体，这样考虑有其合理的一面。因为振动压路机的影响深度较大，测得的响应是一个影响深度范围内的综合值，是其力学性能的综合反应。如果填料比较均匀，那么根据压路机测得的综合指标（如模量）来评定当前碾压层的压实质量是可行的。但是，当下卧层性质与碾压层存在明显差异时，下卧层的性质将对压路机的测试结果造成显著影响，如在复合地基填筑时，最初几层的测试结果都会受到复合地基的影响（详见第 5 章），此时就应该将当前层与下卧层分开处理。

如何把填筑体按照不同填层来识别其性能参数，目前还是一个难点。原则上可以采用层状弹性体理论进行多层建模和处理，但是，即使是"正问题"求解，也都是数值形式的，

并且目前只有圆形荷载作用下的多层数值解，钢轮作用下的解答还没见到，其参数识别的“反问题”更是困难重重，这个问题应该成为今后研究的一个重点。

根据压路机碾压填筑体的特征，我们尝试着按照双层弹性体来处理这个问题。由于在压路机上测得的响应是压路机影响深度范围内的一个综合反应如图 3-37 所示，可以把这个范围视作是均质体考虑（进一步可以视作参数一定的半空间体）。当再填筑一层后进行响应测试时，其响应可以视作原来的半空间体与当前碾压层的组合——双层体，然后可以按照“碾压层＋半空间体”的模式依次递推就行了，这种方法的前提条件是采用模量指标，只能对模量这个物性参数进行识别，其他力学类指标难度更大，而经验指标就谈不上按照填层识别了。下面给出具体的解决思路。

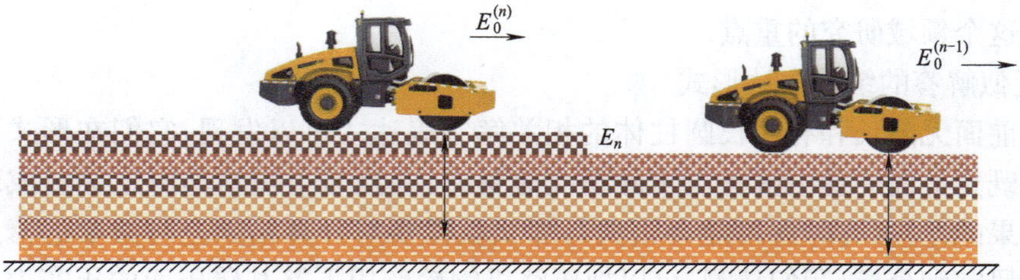

图 3-37 路基结构在压路机作用下的响应量测

(1)在填筑前，先在原地基上采用振动压路机进行连续测试，取得模量 E_0，将其作为第一个均质体（弹性半空间体）的参数。

(2)填筑第一层，然后再进行连续测试，取得模量 $E_0^{(1)}$，作为新的弹性半空间体的参数，是由模量为 E_0 的弹性半空间体与模量是 E_1、厚度 h_1 的填筑层组合而成的。

(3)填筑第二层，连续测试取得模量 $E_0^{(2)}$，作为新的弹性半空间体的参数，是由模量为 $E_0^{(1)}$ 的弹性半空间体与模量是 E_2、厚度 h_2 的填筑层组合而成的。

重复上述步骤，直至路基修筑完成，其过程如图 3-38 所示。

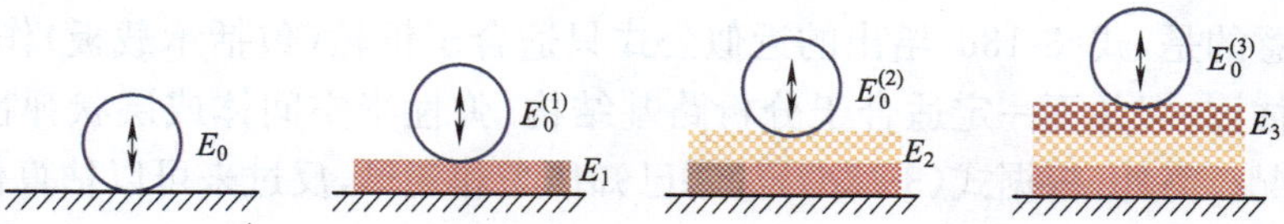

图 3-38 路基填筑体按照二层体系分析的技术方案

这种处理方法的一个原则就是总将当前碾压层与之前的填筑体看成是一个双层系统。但要注意，弹性半空间体的参数（模量）一直是变化的，因为压路机影响深度会随着填筑体的增高而改变，式(3-14)就形象地说明了这一过程。

$$
\begin{aligned}
E_0^{(1)} &= f_1(E_0, E_1, h_1) \\
E_0^{(2)} &= f_2(E_0, E_1, h_1, E_2, h_2) = f_2(E_0^{(1)}, E_2, h_2) \\
E_0^{(3)} &= f_3(E_0, E_1, h_1, E_2, h_2, E_3, h_3) = f_3(E_0^{(2)}, E_3, h_3) \qquad (3\text{-}14a) \\
&\cdots \\
E_0^{(n)} &= f_n(E_0^{(n-1)}, E_n, h_n)
\end{aligned}
$$

上述是基于静力学建立的关系，如果考虑动力学效应，将包含密度参数在内，但情况也将更为复杂。现在的关键问题是如何确定当前填筑体（半空间体）综合模量 $E_0^{(n)}$ 、当前填筑层模量 E_n、厚度 h_n、原半空间体模量 $E_0^{(n-1)}$ 之间的关系。

对于双层弹性系统而言，我们可以采用等效原则，将双层体转化为一个均质体即弹性半空间体。如图 3-39 所示，对双层体和均质体表面施加同样的荷载 P，如果能得到同样的位移即 $w=w'$，那么就认为这两个体系之间是等价的。

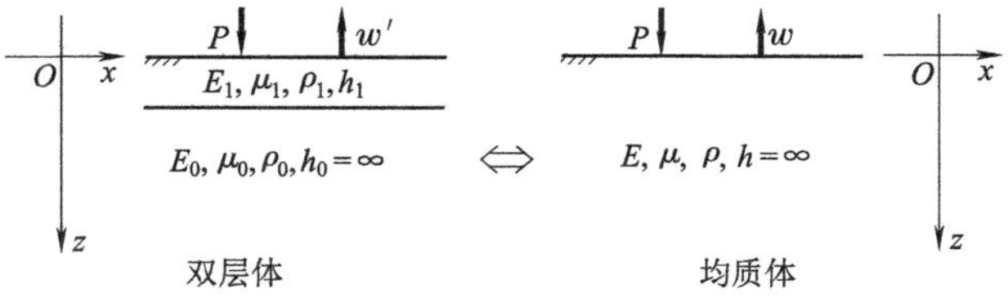

图 3-39　双层体转化为均质体示意

现以平板载荷试验为例进行说明。根据式(3-3)，对于弹性半空间体，可得

$$w(0,0)=\frac{(1-\mu^2)P}{2aE}$$

对于双层弹性系统，其表面垂直位移可以表示成 $w'(0,0)=f(E_0,\mu_0,E_1,\mu_1,h_1)$，具体表达式读者可自行推导。按照等效原则，即有 $w(0,0)=w'(0,0)$。由此得到这几个模量之间的对应关系如下：

$$\frac{(1-\mu^2)P}{2aE}=f(E_0,\mu_0,E_1,\mu_1,h_1) \tag{3-14b}$$

如果 E、μ、E_0、μ_0、μ_1、h_1 为已知量，便可以得到当前碾压层的模量 E_1。当然，实际操作时，可能由于表达式过于复杂，还需要采用参数识别的办法进行确定。

将振动压路机检测得到的填筑体综合模量按照填筑层分开是非常有实际意义的。首先，可以更好地与传统检测结果建立相关关系，得到更好的相关性；其次，能够得到填筑体各点的模量，对于力学分析来讲是很有用的。我们采用层状弹性理论进行的分层工作，初步结果显示符合实际情况，为今后的深入研究和压实信息利用奠定了基础。

3.2.5　参数与指标

路基结构如果作为弹性连续体看待，其固有的力学参数就是弹性模量 E 和泊松比 μ，其中，μ 的变化范围较小，E 是最主要的物性参数，代表了路基结构的刚度。将模量作为压实质量的控制指标毫无疑问是正确的选择。在碾压过程中，模量由小到大的变化过程，可以理解为不同弹性体的转换过程，如图 3-17 所示。

我们知道，模量一般都是通过平板载荷试验取得的，其主要缺点是试验比较费时费力。如果把振动压路机的碾压过程看作是一种力学试验，根据前面给出的公式，也是可以得到模量的，尽管没有平板载荷试验得到的精确，但是进行质量控制还是可以的。下面给出压路机钢轮作用下的路基填筑体物性参数（模量）的表达形式。根据式(3-13d)，可以得到模量的表达式如下：

$$F=\beta E\delta \Rightarrow E=\frac{1}{\beta}\frac{F}{\delta} \tag{3-15a}$$

需要说明的是，如果采用式(3-13a)反求模量，理论上只要将式(3-11a)代入到式(3-13a)中，便可以得到关于模量 E 的表达式，这个思路已在前面进行了阐述。但这个表达式很复杂，不是普通的方程，可以表示为 $E = f(L,R,\mu,F,w)$ 。如何得到具体的模量 E，仍然富有挑战性，尚需要一些技巧。下面再对弹性模量问题进行一些分析。

理论上，对于理想弹性体来讲，弹性模量是一个物性参数，并不随外界环境的变化而变化。沿着这条思路，我们分析一下弹性模量为 E 的弹性半空间体受不同荷载试验时的一些特征。

假设弹性半空间体分别受钢轮、柔性承载板和刚性承载板的作用如图 3-40 所示，可以分别得到作用力和相应的弹性位移。如果泊松比一定，从这三种加载试验中得到的物性参数——模量应该是同一个。即不管采用何种加载方式(静力、动力、集中力、分布力)，其弹性模量都是一定的，不会因加载不同而发生变化(但实际路基结构体的模量是随荷载不同而变化的)，这样可以得到不同加载方式之间具有一定的关系。综合式(3-2)、式(3-3)和式(3-13)，得到同一弹性模量在不同受力情况下的表达式

$$E = \begin{cases} \dfrac{1}{\beta}\dfrac{P_1}{w_1} \\ \dfrac{2(1-\mu^2)}{\pi a}\dfrac{P_2}{w_2} \\ \dfrac{1-\mu^2}{2a}\dfrac{P_3}{w_3} \end{cases} \tag{3-15b}$$

式中符号同前，其中下标为“1”代表钢轮作用，下标为“2” 代表柔性承载板作用，下标为“3”代表刚性承载板作用。

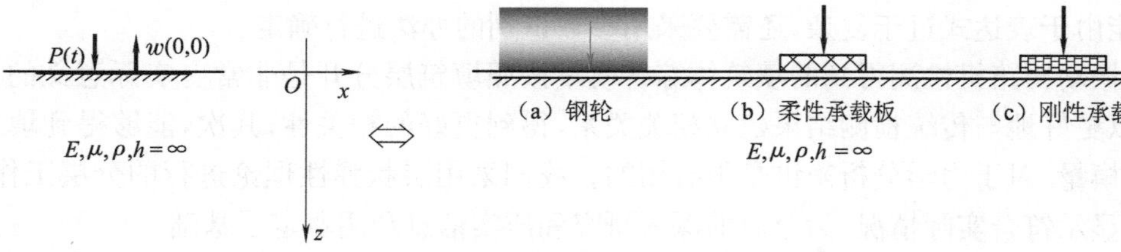

图 3-40 弹性半空间体受不同荷载作用

上述结论给我们一个启示，对于理想弹性体而言，弹性模量可以通过不同加载方式测定($E = \gamma_i F_i / w_i$)。如果能够找到简单快捷的加载和量测方式，无疑会对压实质量控制很有好处。除了选择振动压路机进行量测外，也许会有更加快捷且精度又高的方法，这就需要研究者共同努力了。另外，选择简单的加载方式来确定上节提到的双层体与半空间体转换问题，也许会有帮助。

这里需要说明的是，上述讨论都是针对理想弹性体而言的，真正的路基结构体并非是完全弹性的，具有复杂性，这已在第 1 章进行了阐述。路基结构模量会随着加载方式的不同而发生变化。由振动压路机测得的模量和承载板测得的模量一般都是不相同的，在实际应用时需要注意这一点，必要时应根据实际情况做出一定的修正。实践表明，这是一个复杂的实际问题，不是纯粹的理论问题，这是许多研究者没有重视的关键点。其难点也在于此。

3.2.6　适用条件

通过前面的推导可以看出，获取路基结构模量的关键就是力、变形和表达式。3.2.3节给出了压路机钢轮作用下的力与变形的表达式中包含有模量等参数，关键是如何正确获取力与变形。

连续体模型是将“钢轮—路基填筑体”看作共同体，是一个物体局部压入另一个物体的接触问题，紧密接触在一起是这类模型可以使用的前提条件。其实这只是表象，真正的含义是根据压路机响应得到作用在路基填筑体上的力与变形，这才是根本。因为路基表面(变形)位移是通过压路机振动轮的位移来间接获取的，所以要求紧密接触，二者位移必须协调一致，这就是连续体模型适用的主要条件。

例如 E_{vd} 试验，采用的是瞬态冲击荷载，落锤通过承载板对路基表面施加动态力，但落锤并没有一直与承载板接触，是瞬态接触状态，这并不妨碍 E_{vd} 的获取，关键是加载的瞬间传感器就能测得路基表面的受力和变形，为计算 E_{vd} 提供了正确测试数据。而 K_{30} 试验则是接触状态，加载和变形测量都是通过传感器与承载板这个“媒介”紧密接触完成的，刚性承载板的位移就是路基表面的变形。

在很多情况下，我们在做力学试验时，对试验对象受力后的响应都是间接获取的，传感器并不一定要与试验对象紧密接触在一起，有时候可以通过一个“媒介”进行量测，利用压路机碾压过程进行的“力学试验”就是如此。由于压路机的移动性，很难在碾压过程中直接量测填筑体表面的变形，只能通过安装在压路机上的传感器间接量测。这里的“钢轮”就是“媒介”，要求钢轮与填筑体表面必须紧密结合在一起才行，否则量测不到正确信息，如图3-41所示。

根据压路机碾压过程中的位移来获取路基填筑体表面的变形的前提条件必然是二者要紧密接触在一起，压路机的位移 u 和填筑体表面位移 u_0 是相等的(注意，这里的位移 u 相当于连续体的 w，只是表述习惯不同而已)；当压路机发生弹跳时，二者的位移是不协调的，即 $u \neq u_0$，如图3-41所示。此时不能根据压路机位移来正确获取填筑体表面的变形，也就无法得到正确的模量了。尽管得不到正确的模量，但是仍然可以获取填筑体抵抗力的信息，此时的压实力变成了“冲击力”，还可以继续进行压实质量控制，后面将有进一步的论述。

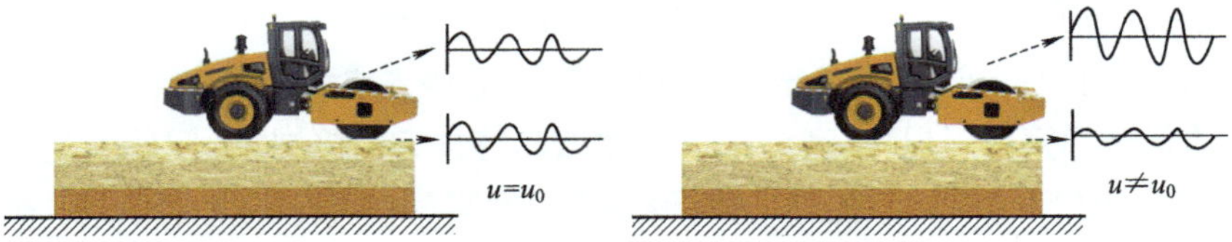

图3-41　通过振动压路机响应量测路基表面位移

3.3　离散体模型

对于路基填筑体，由于采用连续体模型，涉及偏微分方程组的求解，一般都是非常困难的。鉴于此，人们把目光转移到离散体模型上，涉及的是常微分方程，求解相对要容易一些。这里所谓的离散，是指路基填筑体而言的，压路机振动轮由于假设为刚体，本身就是一个质量块，谈不上离散与否，但考虑上车时，需要将它们组合成“质量—弹簧—阻尼”模型。

对于路基填筑体的离散，通常的做法就是将振动压路机作用下参与振动的土体表示为“质量—弹簧—阻尼”线性模型。下面阐述一下如何正确建立这个模型，以便后面的求解和分析工作。

路基填筑体在振动压路机作用下，部分填筑体将产生振动，如图 3-42(a)所示。把这部分参振土体简化为“质量—弹簧—阻尼”模型，其质量就是参振土体的质量，其弹性和粘滞性分别用弹簧和阻尼来表示，如图 3-42(b)所示。再将压路机的振动轮和上车之间以“弹簧—阻尼”连接，最后将它们与离散的填筑体连接起来，组成完整的离散体振动模型，如图 3-42(c)所示。以后将以这个模型为基础展开各种讨论。

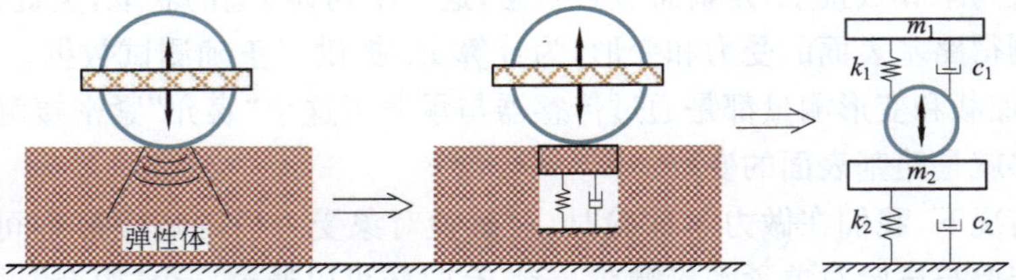

(a) 部分填筑体振动　(b) 参振部分的离散　(c) 完整模型

图 3-42　离散体模型的组建过程

对于振动压路机，在上述模型中，振动轮与上车之间本来就有减振器相连，所以这种简化是合理的，其弹簧系数和阻尼系数应该在压路机出厂时给定，但它们可能会随着使用时间的推移发生改变，需要找相关厂家确定其变化规律。

对于路基填筑体，弹簧系数和阻尼系数是我们希望得到的，它们表征了填筑体的力学性能，是待求的参数。而参振土体质量是需要事先确定的，这是一件很困难的事情。因为除了填筑体参振范围不好确定外，更重要的是随着压实程度的提高，参振质量也会增加，是一个变量，到目前为止还没有有效的办法予以解决。有一种做法，是按照振动轮质量的百分比确定一个参振土体质量，但也没有过多的理论依据，似乎纯粹是一种主观行为。但如果从质量控制的角度看，即使不考虑参振土体的质量，只要得到的指标能够正确反应压实质量信息也是可以的，这就需要根据关注的重点，抓住主要矛盾了。

采用“质量—弹簧—阻尼”模型模拟填筑体振动特性，存在的最大问题就是没有了填筑体的几何尺寸，无法对填筑体结构进行分析，只能了解某些整体上的力学信息。是否能将上述模型考虑成具有几何尺寸的“质量—弹簧—阻尼—几何特征”新模型，需要我们去探索。

需要说明的是，无论是连续体模型，还是离散体的单自由度模型或多自由度模型，它们与实际“压路机—路基填筑体”系统在输入输出上应该是等价的，即将实际的压实作用力分别作用到这些模型系统中，得到的输出应该是一样的。这也是构建各种模型的基本原则。

3.3.1 基本方程

对于碾压问题所涉及的离散体问题，目前可以使用的模型主要有两种。一种是考虑振动压路机振动部分的上下车的连接以及与填筑体的连接，形成双自由度振动系统，如图 3-43(b)所示；另一种是将压路机的上下车看成是一个整体与填筑体连接，形成单自由度振动系统，如图 3-43(c)所示。其中振动轮与路基填筑体表面之间以无质量的一个薄板相接触，可以想象成它们之间以一定强度黏结在一起，在一定振动强度范围内是紧密耦合在一起的，超过此强度范围压路机会发生弹跳，将发生离耦现象。

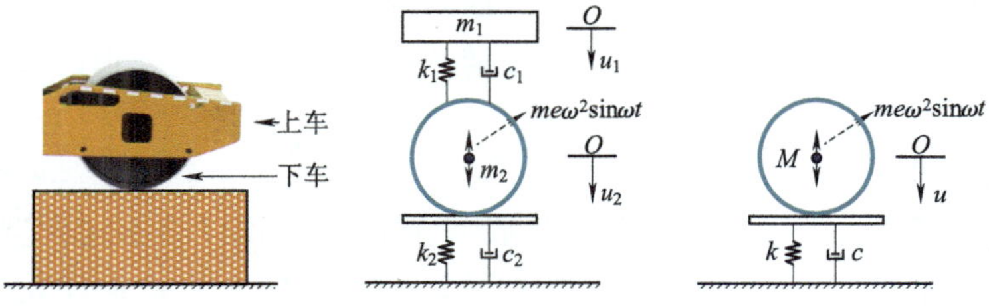

(a) 振动轮　(b) 双自由度系统　(c) 单自由度系统

图 3-43　“振动轮—填筑体”振动系统的简化

1. 双自由度模型

同任何其他理论一样，在建立基本振动方程前需要做一些基本的假设。为了建立双自由度振动的基本方程，需要假设振动压路机的下车和上车均为刚体，参见图 3-43(a)，二者之间以一定的刚度和阻尼相连；路基填筑体为线弹性体，对振动轮的作用以刚度和阻尼组合来表征，不计参振质量，并且在任何一个瞬间，振动轮都与路基表面保持紧密接触，不发生“弹跳”。根据这些假设，按照牛顿第二定律，便可以建立振动压路机与弹性路基耦合振动的基本方程了，其具体受力分析过程请参见文献[1]或者振动力学书籍。经过整理可以得到如下动力学方程：

$$\begin{cases} m_1\ddot{u}_1 + c_1(\dot{u}_1 - \dot{u}_2) + k_1(u_1 - u_2) = 0 \\ m_2\ddot{u}_2 + (c_1 + c_2)\dot{u}_2 + (k_1 + k_2)u_2 - c_1\dot{u}_1 - k_1u_1 = me\omega^2\sin\omega t \end{cases} \tag{3-16a}$$

式中　m_1——振动压路机上车质量；

m_2——振动压路机下车即振动轮质量；

k_1——上下车之间减振器刚度系数；

c_1——上下车之间减振器阻尼系数；

k_2——参振填筑体刚度系数；

c_2——参振填筑体阻尼系数；

u_1——振动压路机上车位移，$\dot{u}_1$ 和 $\ddot{u}_1$ 分别为速度和加速度；

u_2——振动压路机下车位移，$\dot{u}_2$ 和 $\ddot{u}_2$ 分别为速度和加速度；

m——振动轮内偏心块质量；

e——振动轮内偏心块的偏心距；

ω——压路机振动频率，$f=2\pi\omega$。

可以将式(3-16a)改写成矩阵形式：

$$[M][\ddot{u}] + [K][u] + [C][\dot{u}] = [P] \tag{3-16b}$$

其中，

$$[M] = \begin{bmatrix} m_1 & 0 \\ 0 & m_2 \end{bmatrix},[K] = \begin{bmatrix} k_1 & -k_2 \\ -k_1 & k_1 + k_2 \end{bmatrix},[C] = \begin{bmatrix} c_1 & -c_1 \\ -c_1 & c_1 + c_2 \end{bmatrix}$$

$$[\ddot{u}]=\begin{bmatrix}\ddot{u}_1\\ \ddot{u}_2\end{bmatrix},[\dot{u}]=\begin{bmatrix}\dot{u}_1\\ \dot{u}_2\end{bmatrix},[u]=\begin{bmatrix}u_1\\ u_2\end{bmatrix},[P]=\begin{bmatrix}0\\ P\sin\omega t\end{bmatrix}$$

上述方程一般在进行压路机设计时用的多一些，其重点是分析压路机振动系统的特性，当然也适用于对填筑体刚度的分析，只是需要确定的参数多一些、形式复杂一些而已。

在双自由度模型系统中，有两个独立的坐标 u_1 与 u_2（双自由度称呼的由来），其中系统可以量测到的输出为下车的 $\ddot{u}_2$ 、$\dot{u}_2$ 和 u_2 ，输入为激振力 $me\omega^2\sin\omega t$ ，压实作用力为下车与填筑体之间的相互作用力。对于碾压质量监控问题而言，需要知道的参数为填筑体的刚度系数 k_2。

2. 单自由度模型

如果只是为了研究振动压路机碾压路基填筑体问题，可以将上述模型进行简化，按照单自由度振动系统考虑，即将压路机的上下车看成一体，只考虑振动轮与填筑体之间的刚度与阻尼，但要遵循模型等价原则。实践证明，这样做对于压实质量监控来讲是可以的，尽管单自由度和双自由度得到的刚度的具体数值可能不同，但相对变化规律是一样的。

合并 m_1 和 m_2，以 M 表示压路机的参振质量，去掉所有下标为“1”的刚度和阻尼项，略去填筑体刚度和阻尼的下标，由式(3-16)可以得到“振动轮—填筑体”耦合振动的单自由度动力学方程。

$$M\ddot{u}+c\dot{u}+ku=me\omega^2\sin\omega t \tag{3-17}$$

在这个单自由度模型中，只有一个独立的坐标 u（单自由度称呼的由来），其中系统可以量测到的输出为振动轮的 $\ddot{u}$ 、$\dot{u}$ 和 u ，输入仍为激振力 $me\omega^2\sin\omega t$ ，压实作用力为下车与填筑体之间的相互作用力。碾压质量监控需要的参数为填筑体的刚度系数 k，要比双自由度系统的刚度系数好求一些。

3. 非线性模型

由振动理论可知，双自由度模型的解答中会出现两个频率成分，单自由度模型的解答中只有一个频率成分。但是，在振动碾压问题中，实测的压路机振动轮响应信号中却会出现了多个频率(多频)信号，参见图 2-23 以及文献[1]。非线性振动是引起多频信号的原因。这也就意味着，线性振动模型实际上是不适用于振动碾压问题的。

线性振动理论仅适用于线性系统，即质量不变，弹性力和阻尼力与运动参数呈线性关系的系统。但在振动碾压过程中，路基填筑体的力学性能一直在变化着，其刚度也是一直变化的，并且基本处于非线性的变化过程中，所以实际上的振动碾压模型应该是非线性的，这个也可以从实测响应信号的频率结构中找到依据。相对于线性振动，非线性振动的具体形式一般都是千变万化的，可以将其表示成如下的基本形式：

$$M\ddot{u}+F(u)=P(t) \tag{3-18a}$$

在研究非线性问题时，一般都将上述方程进行归一化处理，即取单位质量块进行研究。将各项都除以 M，得到研究非线性振动的一般表达形式：

$$\ddot{u}+f(u)=p(t) \tag{3-18b}$$

我们研究非线性模型的目的主要在于揭示振动压路机动态响应信号的多频性和按照线性振动理论处理问题的局限性，为今后的深入研究提供一些思路。

3.3.2 线性分析

所谓线性分析，就是按照线性振动理论对单自由度系统和双自由度系统进行解答和分析其振动特性等。鉴于单自由度系统是振动力学的基础，所以我们的分析工作也从此处开始。

1. 单自由度系统

如同弹性半空间体在连续体模型中的地位一样，单自由度系统在离散模型中也是最基础的模型，其求解是其他模型的基础。对于振动压实而言，是一个受迫振动问题，见式(3-17)，其解法相当成熟，求解过程可参考文献[1]或者振动力学方面的书籍。下面仅给出解答结果。

如果作用在"钢轮—填筑体"系统上的激振力为 $me\omega^2\sin\omega t$，那么振动系统位移响应的稳态解如下：

$$u(t)=\frac{me\omega^2}{\sqrt{(k-\omega^2M)^2+(c\omega)^2}}\sin(\omega t-\varphi) \tag{3-19a}$$

$$u(t)=A\sin(\omega t-\varphi) \tag{3-19b}$$

式中"钢轮—填筑体"系统的振幅以及激振力与位移响应之间的相位差(相位角)分别为

$$A=\frac{me\omega^2}{\sqrt{(k-\omega^2M)^2+(c\omega)^2}}$$

$$\varphi=\arctan\frac{c\omega}{k-\omega^2M}$$

根据位移、速度和加速度三者的关系，可以得到"钢轮—填筑体"系统速度和加速度响应的解答如下：

$$\begin{aligned}v(t)&=\dot{u}(t)=\omega A\cos(\omega t-\varphi)\\a(t)&=\ddot{u}(t)=-\omega^2A\sin(\omega t-\varphi)\end{aligned} \tag{3-20}$$

如果振动碾压问题符合单自由度的"钢轮—填筑体"系统，那么在钢轮上测得的加速度响应将符合式(3-20)的变化规律，但实测结果显示并不符合单自由度的变化规律，因此，上述结论仅适合做理论分析用。

另外，在上述几个式子中出现了相位差 φ，之所以有相位差，是由于阻尼的存在。对于碾压问题，这个相位差是一个变量，一般会随碾压遍数或压实程度的变化而变化(因为刚度 k 和参振质量 M 都在变化)，即 $\varphi=\varphi(k,M)$，没有固定规律可循，只能通过实测获取。

在得到上述基本解答后，可以求取离散体模型中钢轮与路基填筑体表面接触时的相互作用力，这是真正的压实作用力，也是路基填筑体的抵抗力，文献[1]对此给出了详细解答。根据 $F(u)=ku+c\dot{u}$，经过推导，可以得到两种形式的表达式，F_z 为压实作用力。

$$\begin{aligned}F_z&=\frac{me\omega^2}{\sqrt{(k-M\omega^2)^2+(c\omega)^2}}\sqrt{k^2+(c\omega)^2}\\&=f(m,e,\omega,M,k,c)\end{aligned} \tag{3-21a}$$

$$F_z=\sqrt{(\omega^2MA)^2+2\omega^3meMA\cos\varphi+(me\omega)^2} \tag{3-21b}$$

根据式(3-21a)可以得到一个重要结论：在压路机作用下，压实作用力由压实机具的工艺参数和路基结构的性能参数所决定，压实力与激振力不是一个力。另外，式(3-21b)表面上看不含有路基结构性能参数 k、c，但实质是包含的，已经隐含在 A 的表达式中。上式也是压路机作用下路基结构抵抗力的表达式，是一个很重要的概念。下面再来分析一下振动过程中的能量损失问题。

如果振动系统没有阻尼，那么就不存在能量损伤，当振动系统存在阻尼时，能量将有损失或耗散。在一个振动周期($T=2\pi/\omega$)内，其能量损失可以采用沿振动周期积分的方法得到。令阻尼力 $F_{\rm d}=c\dot{u}$，则

$$\begin{aligned} W_{\rm d} &= \oint F_{\rm d}{\rm d}u = \oint c\dot{u}{\rm d}u = \oint c\dot{u}^2{\rm d}t \\ &= c\omega^2A^2\int_0^{2\pi/\omega}\cos^2(\omega t-\varphi){\rm d}t = \pi c\omega A^2 \end{aligned}$$

又

$$\begin{aligned} \dot{u}(t) &= \omega A\cos(\omega t-\varphi) = \pm\omega A\sqrt{1-\sin^2(\omega t-\varphi)} \\ &= \pm\omega\sqrt{A^2-u^2} \end{aligned}$$

则有下式存在：

$$F_{\rm d} = c\dot{u} = \pm c\omega\sqrt{A^2-u^2} \Rightarrow$$

$$\left(\frac{F_{\rm d}}{c\omega A}\right)^2 + \left(\frac{u}{A}\right)^2 = 1$$

由此可知，阻尼力与位移之间关系为一个椭圆，是一个滞后回线，长轴半径为 A，短轴半径为 $c\omega A$。根据椭圆面积公式，其面积为 $\pi c\omega A^2$，可见其面积等于前面计算得到的能量损伤。如果考虑弹性力，仍然可以得到振动系统抗力 $F(u)$ 与位移之间的关系，为一个旋转的滞后回线，如图 3-44 所示。

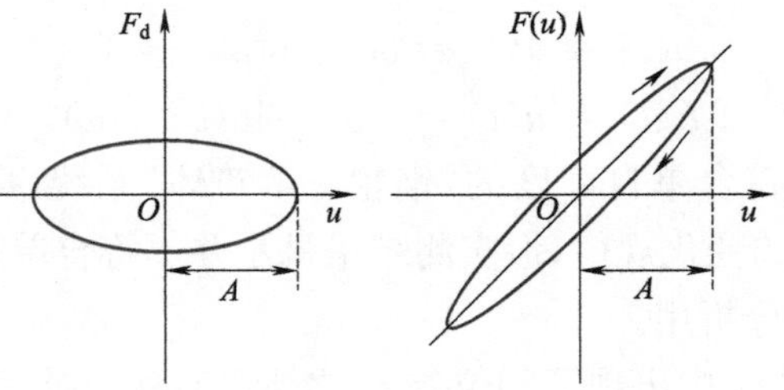

图 3-44　能量损伤与对应的滞后回线

此外，在式(3-21)中，路基结构性能参数 k、c 代表了路基填筑体压实质量的好坏，但它们都是未知的。下面我们尝试求解路基填筑体的刚度系数 k。关于 k，目前存在多种求法，这里给出两种求取的方法，以方便使用。

(1)求法 1

考虑钢轮运动速度为 0 时的情况。当 $\dot{u}=0$ 时，其位移 u 达到最大，此时可以不考虑阻尼项。由式(3-17)，根据力学理论，经过推导可以得到 k 的表达式。

$$k = \omega^2\left(M + \frac{me\cos\varphi}{u}\right) \tag{3-22}$$

其中，φ 为激振力与位移之间的相位差，$\varphi=\arctan[c\omega/(k-\omega^2M)]$，随碾压遍数而变化。由于参振质量 M、偏心矩 me、偏心距 e 以及激振频率 ω 均为已知量，原则上只要知道了位

移 u 和相位角 φ，便可以得到刚度系数 k。

(2)求法 2

上述求解刚度系数 k 的方法是不考虑阻尼项。如果考虑阻尼项，则需要另外求解。根据式(3-19)中有关振幅的表达式，经过推导，可以得到另外一种 k 的表达式。

$$k=\omega^2\left[M+\sqrt{\left(\frac{me}{A}\right)^2-\left(\frac{c}{\omega}\right)^2}\,\right] \tag{3-23}$$

其中，c 是指粘性阻尼系数，一般在碾压过程中变化不是很大，可以根据填料类型，在室内通过动力学试验予以确定，其他参数可以通过压路机厂家获取。

2. 双自由度系统

如果考虑压路机上下车之间的连接关系，那么振动碾压问题将变为双自由度系统，其动力学微分方程已由式(3-16)给出。由于这个双自由度系统是受强迫振动，所以其解也是简谐形式的，其解法比较成熟。经过求解，其上下车的位移解答为

$$[u]=\begin{bmatrix}A_1\sin(\omega t-\varphi_1)\\A_2\sin(\omega t-\varphi_2)\end{bmatrix} \tag{3-24}$$

其中，位移幅值为

$$A_1=me\omega^2\sqrt{\frac{k_1^2+c_1^2\omega^2}{A^2+B^2}}$$

$$A_2=me\omega^2\sqrt{\frac{(k_1-m_1\omega^2)^2+c_1^2\omega^2}{A^2+B^2}}$$

其中，φ_1 和 φ_2 分别为上下车位移相对与激振力的滞后相角即相位差，表达式如下：

$$\varphi_1=\arctan\frac{c_1\omega}{k_1-m_1\omega}-\arctan\frac{B}{A}$$

$$\varphi_2=\arctan\frac{c_1\omega}{k_1}-\arctan\frac{B}{A}$$

参数 A、B 由以下两式给出：

$$A=m_1m_2\omega^4-(m_2k_1+m_1k_2+m_1k_1+c_1c_2)\omega^2+k_1k_2$$

$$B=(k_1c_2+k_2c_1)\omega-(m_1c_2+m_2c_1+m_1c_1)\omega^3$$

振动系统的固有频率为无阻尼状态下系统的第一、二阶固有频率。经过求解，可以得到如下表达式：

$$\omega_1=\left\{\left[(m_1k_2+m_2k_1+m_1k_1)-\sqrt{(m_1k_2+m_2k_1+m_1k_1)^2-4(m_1m_2k_1k_2)}\,\right]/(2m_1m_2)\right\}^{1/2}$$

$$\omega_2=\left\{\left[(m_1k_2+m_2k_1+m_1k_1)+\sqrt{(m_1k_2+m_2k_1+m_1k_1)^2-4(m_1m_2k_1k_2)}\,\right]/(2m_1m_2)\right\}^{1/2}$$

需要注意的是，上面给出的两个频率是双自由度系统的固有频率，并不是振动轮动态响应信号中谐波的概念。谐波一般是由非线性振动引起的，详见后面的分析。下面再给出压实作用力的表达式

$$\begin{aligned}F_z&=me\omega^2\sqrt{\frac{(k_1-m_1\omega^2)^2+c_1^2\omega^2}{A^2+B^2}}\sqrt{k_2^2+(c_2\omega)^2}\\&=f(m,e,\omega,m_1,m_2,k_1,c_1,k_2,c_2)\end{aligned} \tag{3-25}$$

在双自由度系统中，与压实质量控制密切相关的参数是路基填筑体的刚度系数 k_2。

双自由度系统中填筑体刚度系数 k_2 的求法要比单自由度系统的求法复杂一些。如果考虑阻尼，可以参照单自由度的做法，根据振幅表达式进行求解，但推导复杂，不是简单的显式关系。下面给出钢轮运动速度为 0 时的情况。

首先需要将动力学方程组(3-16a)的上下两式相加，经过化简，可以得到如下表达式：

$$k_2 u_2 = me\omega^2 \sin\omega t - m_1 \ddot{u}_1 - m_2 \ddot{u}_2 - c_2 \dot{u}_2$$

当 $\dot{u}_2 = 0$ 时，其位移 u_2 达到最大，此时可以不考虑阻尼项。根据力学理论，上式经过推导，可以得到 k_2 的表达式。

$$k_2 = \omega^2\left(m_2 + \frac{me\cos\varphi}{u_2}\right) - \frac{m_1 \ddot{u}_1}{u_2} \tag{3-26}$$

其中，φ 为激振力与位移之间的相位差。上下车质量 m_1、m_2、偏心矩 me、偏心距 e 以及激振频率 ω 均为已知量，只要知道了位移 u_2、$\ddot{u}_1$ 和相位角 φ，便可以得到路基填筑体的刚度系数 k_2。这里需要注意的是，$\ddot{u}_1$ 是上车的加速度，需要在上车(外支架)上安装振动传感器进行量测。

以上对单自由度和双自由度振动系统进行线性分析，给出了各自的压实作用力和填筑体刚度系数的求法。但是实测结果表明，单自由度模型或者双自由度模型并不能完全真实模拟振动碾压问题，本质上应该是一个非线性动力学问题。只不过是由于非线性问题过于复杂，目前真正用于实践的结果并不多，只能暂时按照线性问题考虑了。但是，从研究的角度看，考虑振动碾压的非线性问题仍然是十分必要的，不但可以探索振动碾压问题的动力学实质，解释一些现象，还可以给非线性研究提供一些实证信息。

3.3.3 非线性分析

在振动理论中，将能够用线性常系数常微分方程描述的振动系统称之为线性系统。对于一个实际的振动系统，一般只有在小振幅条件下才可以近似用线性模型模拟，当振幅增大到一定程度后，线性模型不再适用，振动碾压问题就是如此。有关线性与非线性的区别已在文献[1]中进行了详细论述。

线性关系只有一种，而非线性关系则千姿百态，给研究工作带来了挑战。如果能够得到一个非线性问题的具体解答，那么就可以采用解析方法进行深入分析了。但遗憾的是，目前只有极少数的问题有解答，大多数问题还没有有效的求解方法，只能采用几何方法(定性方法)进行分析了。当然，随着计算机技术的发展，数值方法已经成为解决非线性问题的主要工具，但用于实验室研究的居多，真正应用到实践中(特别是实时监控中)可能还需要继续努力。鉴于此，这里研究非线性问题的主要目的是解释压路机振动轮响应信号成分的复杂性，以便为以后的系统研究提供一些新的思路。

1. 基本概念

在分析振动碾压问题之前，先了解一下非线性振动中的几个基本概念。传统的几何方法是利用相平面内的相轨迹作为对运动过程的直观描述，在常微分方程定性理论基础上，根据相轨迹的几何性质来判断微分方程解的性质。下面介绍几个与此相关的基本概念。

为简单计算，考虑单自由度系统的非线性自由振动情况，即只有恢复力的情况。可以将式(3-18b)改写成如下形式：

$$\ddot{u}+f(u)=p(t)\Rightarrow\ddot{u}+f(u,\dot{u})=0$$

上述这个微分方程由于不含时间变量，称作自治系统。下面改用一个新变量 y 来表示系统的速度，$y=\dot{u}$。这样，单自由度系统的运动状态便可以由其位移和速度决定，称作状态变量，进一步可以写成如下一阶微分方程组。

$$\begin{cases}\dot{u}=y\\ \dot{y}=-f(u,y)\end{cases}\tag{3-27}$$

上述方程也称作系统的状态方程，也是现代控制理论中的主要表达形式。只要上述状态方程满足位移与速度的初始条件，其解答完全可以确定系统的运动过程。

一般将由 u 和 y 构成的平面称作相平面，其平面上的点称作相点，如图 3-45 所示。这样，系统的运动过程可以用相点在相平面上的移动轨迹——相轨迹来描述，如图 3-45 中的 P_0 至 P 就一条相轨迹。

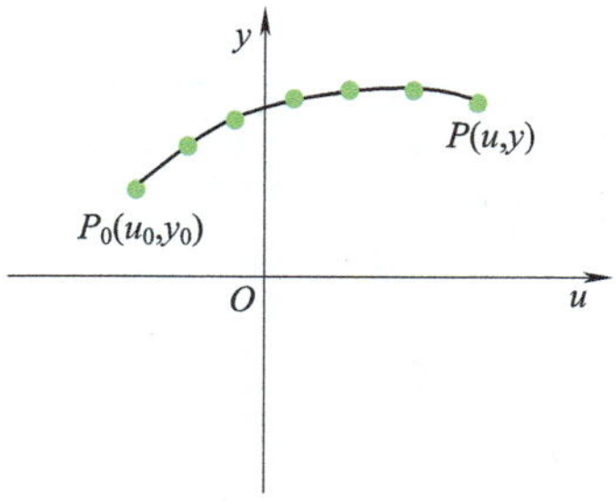

图 3-45　单自由度系统的相轨迹

将式(3-27)上下两式相除，可以消去 dt，由此得到另外一种形式的微分方程——相轨迹族方程。

$$\frac{dy}{du}=-\frac{f(u,y)}{y}\tag{3-28}$$

这个方程的好处是，只要了解相轨迹族的几何特征，便可知道振动系统在不同初始条件下的运动全貌。下面介绍一个非常重要的概念——奇点。所谓奇点，就是满足 $y=0$ 和 $f(u,y)=0$ 的点，实际上就是该点的速度和加速度同时为 0。奇点的物理意义就是系统平衡状态的点，也就是平衡点。奇点有许多性质，可以分为几种具体类型。

对于振动碾压问题，由于碾压过程中的压路机振动轮平衡点的位置是变化的如图 3-1 所示，是一个不稳定奇点；而在填筑体碾压成型之后，振动轮平衡点的位置是一定的，此时奇点变成了稳定型。如果仔细探究，可以发现填筑体振动碾压过程中发生了许多非线性现象，这也引导我们今后可以进一步探讨振动碾压的非线性问题。

2. 振动碾压与非线性振动的频率特征

理论上，振动碾压过程为一个非线性动力学问题，这是一个不争的事实，但还需经过实践的验证。一般而言，判定一个振动系统是线性还是非线性，可以通过观察振动系统响应信号的频率成分来进行甄别，凡是与激励信号频率成分不一致的就是非线性系统。其原理如图 3-46 所示。

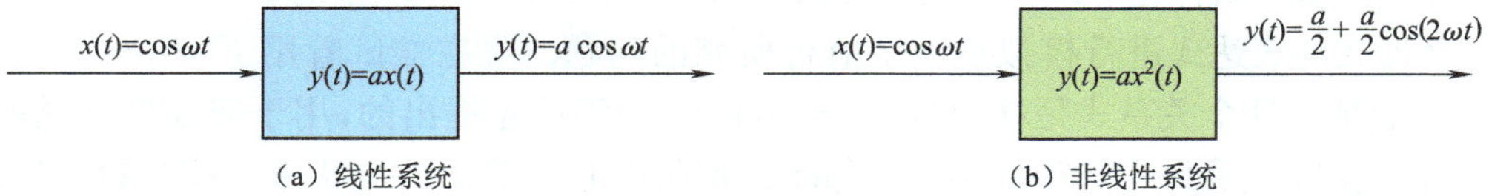

图 3-46　线性与非线性的简易判别法

在图 3-46 中，同样是激励信号 $\cos\omega t$，线性系统的响应只是对激励信号的线性放大或缩小，其频率是不变的；而对于非线性系统，其响应信号的频率成分发生了变化，出现了频率为零的“直流分量”和频率为 2ω 的“倍频分量”，这正是非线性导致的。

同理，对于振动碾压问题，我们可以实测压路机振动轮的动态响应信号，在对其进行频谱分析，便可知道其频谱成分，再与激振频率比较，便可以判定“钢轮—填筑体”振动系统的性质了。

图 3-47 是对不同填料上实测的振动压路机响应信号的频谱分析，其结果都含有多种频率成分，没有一种情况的频率成分是单一的。如果按照前面介绍的线性振动模型，不论是单自由度还是双自由度，其解答都与实测结构不相符。因为振动系统的输入只有一个即激振力，其频率是单一的，输出则是振动轮的响应，其频率也应该与激振力的频率一致才对(双自由度的一、二频率与此不同)。由此可以判定，“钢轮—填筑体”振动系统不是线性系统。

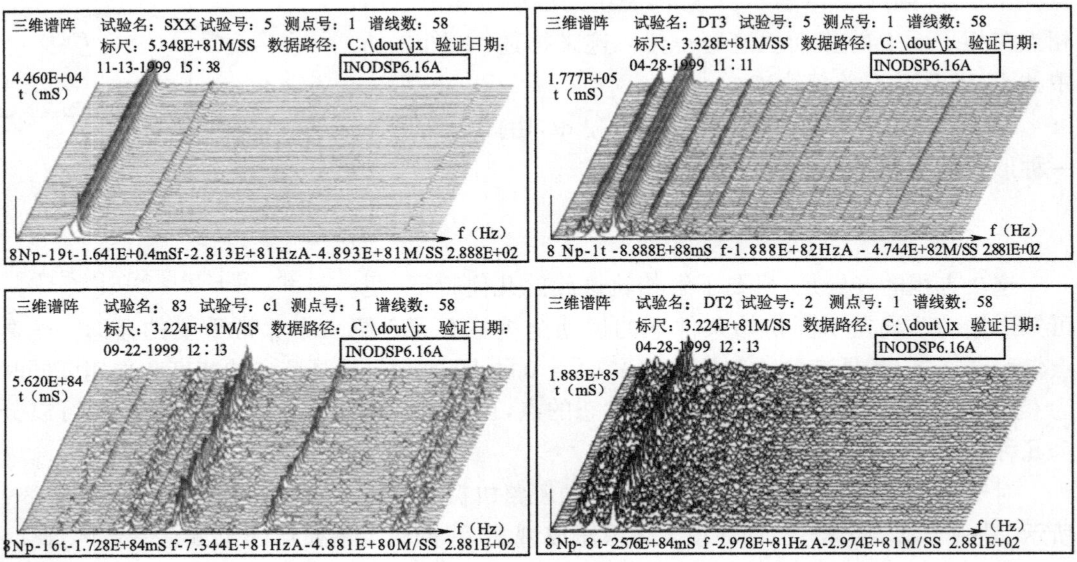

图 3-47 振动碾压不同填料时压路机动态响应信号的频谱分析结果

引起上述非线性的原因有两个。其一，填筑体的非线性所致，包括了碾压过程大变形的非线性和岩土材料本身的非线性因素；其二，压路机钢轮与路基填筑体之间相互作用的复杂性所致，由于钢轮与路基填筑体并不是真正捆绑在一起的，随着它们之间相互作用的增强，会经常发生弹跳分离现象，钢轮从“钢轮—填筑体”振动系统中分离出来，成为一个独立的振动系统，演变为冲击式的碰撞模型，后面会有详细的论述。

如果路基填筑体是非线性的，也就意味着 $M\ddot{u}+F(u)=P(t)$ 中的 $F(u)\neq kku+c\dot{u}$。用什么形式的表达式进行模拟是一个值得研究的问题。现在尝试着用 $F(u)=ku(1+\varepsilon u^2)$ 来表征。这个关系式是杜芬(Duffing)在 1918 年首先提出的，用于非线性问题的研究。这种表达实际上是想模拟不同弹簧的变化情况，以参数 ε 的变化来表征弹簧的性质。弹簧按照其恢复力与变形的关系可以分为硬弹簧、软弹簧和线性弹簧三种，如图 3-48 所示。

这些弹簧可以模拟填筑体碾压过程的一些状况。下面结合碾压问题，利用上面提到的定性方法简单分析一下这几种弹簧的情况。考虑自由振动情况，其非线性动力学为

$$M\ddot{u}+ku(1+\varepsilon u^2)=0\Rightarrow\ddot{u}+\omega_0^2u(1+\varepsilon u^2)=0$$

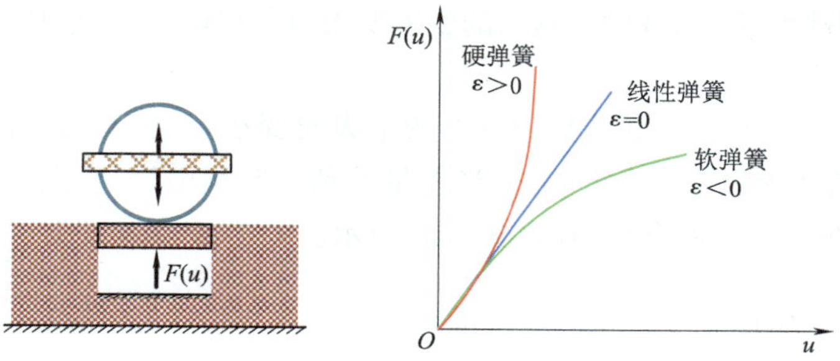

图 3-48 弹簧的恢复力与位移关系

归一化后的恢复力为 $f(u)=\omega_0^2 u(1+\varepsilon u^2)$，其中 ω_0 为原线性系统的固有频率。这是一个由惯性元件(质量块)和弹性元件(弹簧)组成的振动系统。由于没有考虑阻尼因素，所以称作保守系统，其机械能为势能与动能之和，为一常量。

$$E=E_p+E_k$$

式中的势能和动能分别为

$$\begin{aligned} E_p &= \int_0^u F(u)\mathrm{d}u=\int_0^u ku(1+\varepsilon u^2)\mathrm{d}u=\frac{1}{2}ku^2\left(1+\frac{1}{2}\varepsilon u^2\right) \\ E_k &= \frac{1}{2}M\dot{u}^2=\frac{1}{2}My^2 \end{aligned} \tag{3-29}$$

式(3-29)也叫相轨迹方程，实际就是保守系统的能量积分。由式(3-29)还可以得到速度 y 的表达式。

$$y=\pm\sqrt{\frac{2}{M}(E-E_p)}=\dot{u}$$

根据文献[6]，沿着封闭的相轨迹积分，可以得到自由振动的周期 T，由此可以得到固有频率，即

$$T=\oint\frac{\mathrm{d}u}{\dot{u}}=\sqrt{\frac{M}{2}}\oint\frac{\mathrm{d}u}{\sqrt{E-E_p}}=\frac{2\pi}{\omega} \tag{3-30}$$

对于硬弹簧，$\varepsilon>0$。刚度系数随变形的增大而变大，其振动的平衡状态总是稳定的，对应的奇点属于“中心”型，如图 3-49 所示。

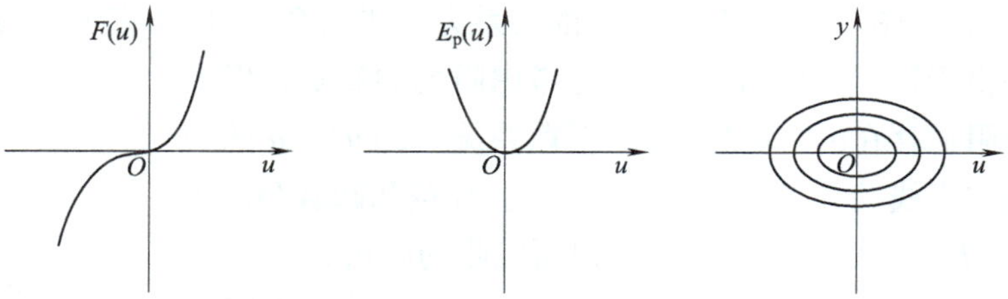

图 3-49 硬弹簧的相轨迹

硬弹簧可以模拟“越压越硬”现象，如粗粒料压实的一些特性。在振动压路机作用下，粗粒料填筑体表面的塑性变形在碾压几遍之后基本消失了，但内部颗粒在振动荷载作用下还会发生变化，形成更稳定的结构，此时尽管没有塑性变形(意味着振动平衡点位置不

变)，但其强度和刚度却是增加的。这里的变形变大，可以理解为振动压路机的振幅变大，可以增加压实效果。

对于软弹簧，$\varepsilon<0$。刚度系数随变形的增大而变小，其振动的平衡状态有些复杂。当能量较小时，其平衡状态的稳定的，但当能量大到一定程度后，奇点就会从“中心”型转变为“鞍点”型，平衡状态就会失稳，如图 3-50 所示。

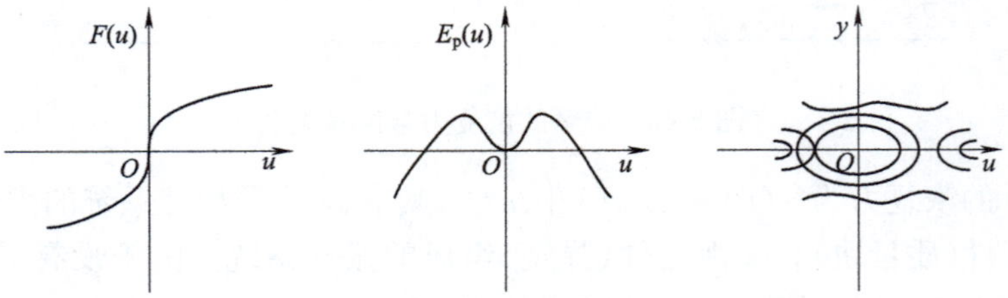

图 3-50　软弹簧的相轨迹

软弹簧可以模拟“越压越松”现象，如含水量过大或过小的黏性土的压实特性就是如此。含水量过大的黏性土在碾压几遍之后，就会形成所谓的“橡皮土或弹簧土”，其刚度是减小的。而含水量过小的黏性土在碾压几遍之后则会发生“起皮”现象，其刚度也是减小的。

对于线性弹簧，$\varepsilon=0$。刚度系数不随变形的变化而变化，为常数。平衡状态总是稳定的，奇点属于“中心”型，如图 3-51 所示。

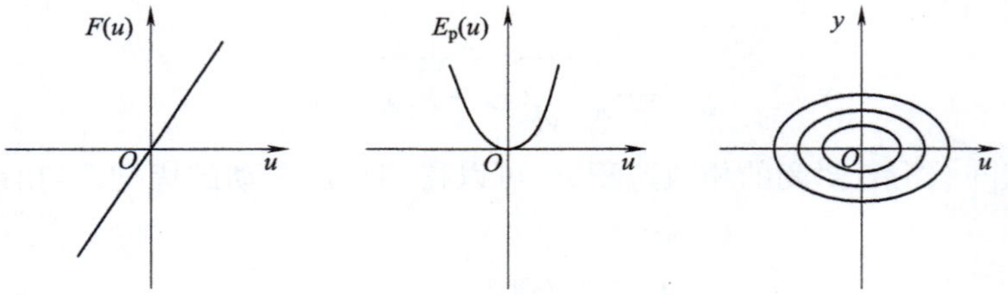

图 3-51　线性弹簧的相轨迹

线性弹簧模拟的是碾压终了，路基结构体处于弹性状态时的情况。前面所论述的单自由度和双自由度振动模型的弹簧都是线弹性的，这也是通常采用的形式。

需要注意的是，图 3-51 中 $F(u)$—u 的关系为直线关系，满足胡克定律，其斜率即为刚度系数。这是由于保守系统的缘故，没有考虑阻尼的影响。但实际系统都是有阻尼存在的，都是所谓的耗散系统。$F(u)$—u 的关系就不是单纯的直线关系了，如图 3-52 所示。加载和卸载会产生不同的路径，二者做功之差就是被内阻尼所吸收的能量。

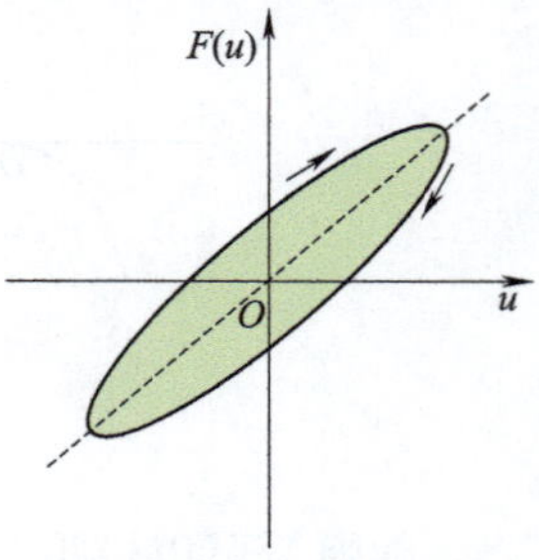

图 3-52　耗散系统的力与变形关系

对于路基填筑体的振动碾压问题，根据实测数据，实际的 $F(u)$—u关系如图 3-53 所示，其刚度系数是滞后回线的斜率，一直是变化的。出现滞后回线现象是由于存在阻尼和能量吸收的缘故。加载时压路机对填筑体做正功，卸载时做负功，负功小于正功，二者之差就是被填筑体所吸收的能量。

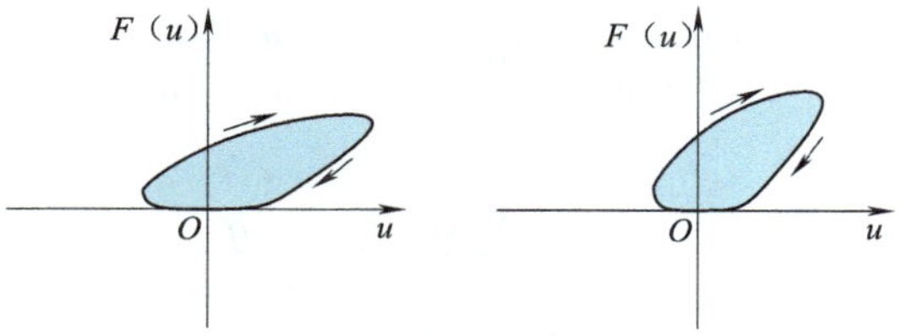

图 3-53　振动碾压过程中的力与变形关系

下面再来分析一下非线性振动系统的固有频率特征，看看频率与弹簧性质是否有关。根据式(3-30)，令初始条件为 $u=A, y=0$，即初始状态为最大位移处。根据式(3-30)，经过推导可以得到如下关系式：

$$\omega=\omega_0\left(1+\frac{3}{8}\varepsilon A^2\right)$$

从上式可知，当一个线性系统变为非线性系统后，其固有频率与振幅大小密切相关。对于硬弹簧，其频率随着振幅的增大而增大，软弹簧则相反，只有线性弹簧时的固有频率才与振幅无关，如图 3-54 所示。

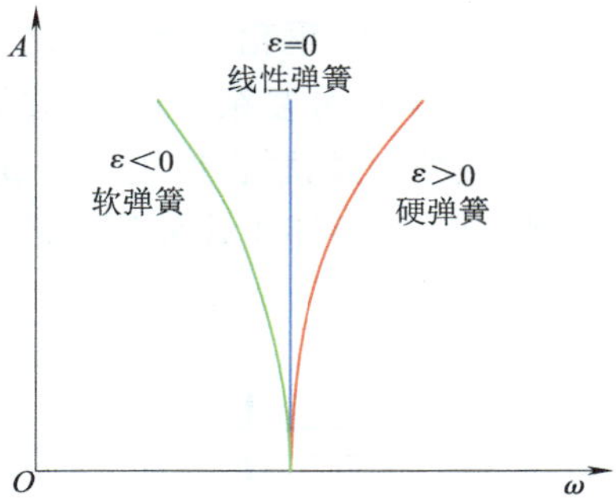

图 3-54　非线性振动系统自由振动频率与振幅关系

这个现象启示我们，对于振动碾压问题来讲，三种弹簧现象都有可能出现，路基填筑体的固有频率也会发生变化，对振动压路机响应会产生影响。

3. 振动轮响应信号复杂性的简单模拟与分析

振动碾压是一个受迫振动，压路机钢轮对填筑体的往复运动是由偏心转子旋转产生激振力驱动的，这是对钢轮的一个激励，另一个激励则是填筑体对钢轮的反作用。因此，实测的压路机振动轮响应信号中，不但包含了振动压路机本身的振动信息，还包含了来自填筑体的信息，这两部分的非线性导致了振动轮响应信号的复杂性(指频率成分)。在图 3-47 中，响应信号的频率中出现了多种频率成分；在式(2-7)中，试图考虑 $0.5f$、f、$1.5f$、$2f$、$2.5f$、$3f$ 频率的影响，这些都是很好的实证资料。下面再根据非线性振动理论来简单模拟这种信号的复杂性即多频性。

由于振动压路机的激振力是简谐振动，现在考虑有阻尼的杜芬方程受简谐激励的情况。其动力学方程如式(3-31)所示，并进行了归一化处理，方便推导和讨论。

$$M\ddot{u}+ku(1+\varepsilon u^2)=me\omega^2\sin\omega t \Rightarrow \ddot{u}+\omega_0^2u(1+\varepsilon u^2)=q\sin\omega t \qquad (3\text{-}31)$$

式(3-31)可以用正规摄动法、多尺度法、KBM 法等各种非线性近似解析方法进行不同形式的近似求解。其详细解答可以参考非线性振动理论书籍或文献[1]，这里只给出结果。

$$u=(A+B_1\varepsilon+C_1\varepsilon^2+\cdots)\sin\omega t+(B_2\varepsilon+C_2\varepsilon^2+\cdots)\sin3\omega t+(C_3\varepsilon^2+\cdots)\sin5\omega t+\cdots$$

从上述解答中可以看到，非线性振动系统在激振频率为 ω 的简谐力作用下，出现了 3ω、5ω 等高次谐波成分，这种现象称作倍频响应。有时候还可能出现 $\omega/3$、$\omega/5$ 等次谐波成分，称作次谐波响应。一般情况下可省去上述解答的高阶频率项，得到如下近似表达式：

$$u=\left[A-\frac{3\omega_0^2A^3\varepsilon}{4(\omega_0^2-\omega^2)}\right]\sin\omega t+\left[\frac{\omega_0^2A^3\varepsilon}{4(\omega_0^2-9\omega^2)}\right]\sin(3\omega t)$$

其中，

$$A=\frac{me\omega^2/M}{(k/M)-\omega^2}=\frac{q}{\omega_0^2-\omega^2}$$

对上式进行求导，可以得到速度和加速度响应。上述结果在一定程度上模拟了填筑体的非线性性质。这个模型在简谐激励作用下，只能模拟出 $\omega/3$、$\omega/5$、3ω、5ω 等频率成分，而没有出现 $\omega/2$、2ω、4ω 等频率，与实测得到的频率成分不完全一致。说明这个模型并不能完全真实地模拟路基填筑体的振动碾压情况，可见问题是比较复杂的，实际上是对应着各种填料的复杂性。

由于压路机与路基填筑体表面不是固定在一起的，它们之间经常会发生碰撞即弹跳，如图 3-55 所示，这就导致 $F(u)\neq ku(1+\varepsilon u^2)$。$F(u)$也许还会有其他的表达形式，尽管具体形式不好确定，但可以换一个思路来考虑这个问题。

对于钢轮即振动轮而言，激振力是简谐荷载，其激振频率也是固定的，这是钢轮的输入。另一方面，钢轮与碾压面之间的相互作用力可以看作是钢轮的另一个输入，但这个力信号的频率成分复杂，可能是多频率的合成。尽管钢轮本身是一个刚体，但它会在这种复杂力与激振力的联合作用下形成复杂运动，安装在钢轮上的传感器可以将这种运动信息量测出来，供后序工作使用。后面对这个问题会有更详细的讨论。

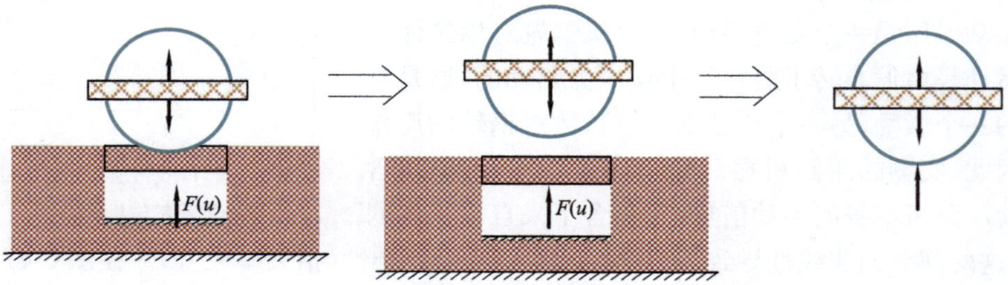

图 3-55　振动压路机钢轮与路基填筑体之间的冲击碰撞作用

上述分析表明，对于振动碾压问题，压路机响应信号中会出现那些频率成分的信号没有什么规律性，如图 3-56 所示。频率成分会随着填料类型、压路机振动工艺参数等的变化而变化，并不是事先可以确定的。另外，从上述非线性解答中可以看出，采用不同频率信号之比的做法并没有理论上的依据，全凭经验去猜试，这是谐波比方法失效的另一个原因。当然，这类方法的测试结果很多情况下与实际的压实结果不相符，才是其不被现场所接受的直接原因，但背后隐藏着复杂的非线性因素。

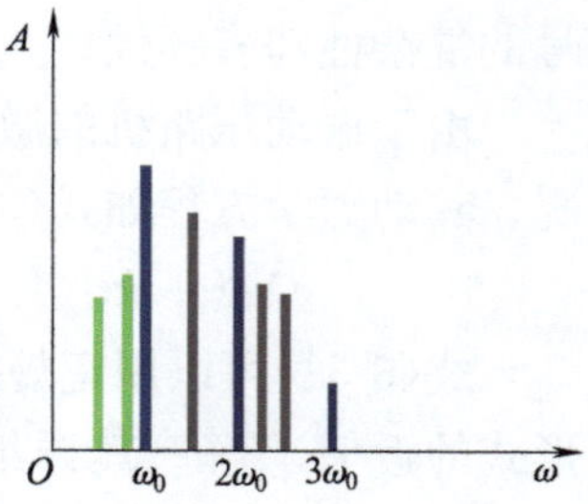

图 3-56　非线性引起的压路机响应信号的多频性

3.3.4　参数与指标

离散体模型是对路基结构做的一种假设，与连续体模型相比，没有了模量 E、密度 ρ、

泊松比 μ 等概念，取而代之的是弹簧系数 k 和阻尼系数 c，分别代表了路基填筑体的弹性和粘滞性。如果分析路基结构的特性，就需要进行力学分析，了解其应力应变规律，这个必须依靠连续体模型才行，离散体模型是无能为力的。但对于压实质量控制，采用离散体模型，尽管不完美，但尚可使用。目前可以使用的模型有单自由度和双自由度模型，非线性模型还无法实际应用，只是用来理论研究。

路基结构的碾压成型，我们关心的是如何控制好路基填筑体由塑性状态到弹性状态的转变问题。弹簧系数 k 这个参数在填筑体由塑性向弹性的变化过程中很重要、很敏感，而阻尼系数 c 对弹塑性状态并不是很敏感。因此，在离散体模型中，选择弹簧系数即刚度系数 k 作为评定和控制压实质量的指标。实践证明，这种选择是可行的，可以根据 k 在碾压过程中的变化来反映压实状态的变化。

选择 k 作为压实质量的评定指标，相当于把路基填筑体的碾压过程看作是由不同刚度弹簧组成的，即不同的压实状态用不同刚度的弹簧来模拟，碾压成型后的路基结构相当于由达到规定刚度的弹簧构成，可以看作由“真实弹簧”构成的承载结构，如图 3-57 所示。

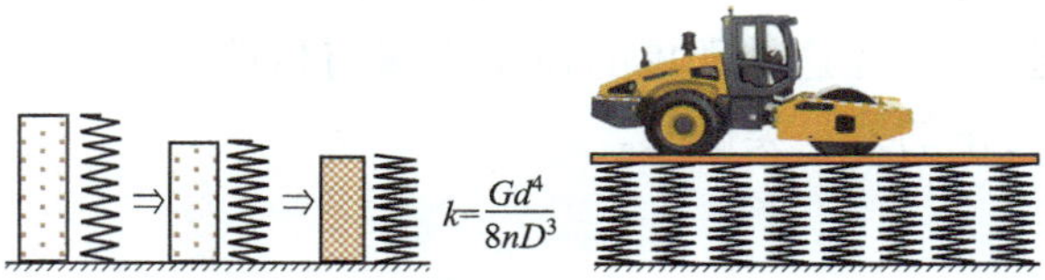

（a）不同压实程度与不同弹簧刚度　（b）弹簧路基结构

图 3-57　弹簧构成的承载结构

如图 3-57 所示，对于真实的弹簧而言，其刚度大小取决于材料性质和几何尺寸，即材料（如不同粗细的钢丝线）的剪切模量 G、线的直径 d、弹簧直径 D 和有效圈数 n，与外界无关，这如同弹性模量为连续体的物性参数是一个道理。但目前的离散体模型在模拟路基填筑体时，其刚度系数并不能应用在路基结构体性能分析上，因为离散体模型中没有路基结构厚度的概念，无法进行应力应变分析。如何构造出便于建模和计算的新模型是需要深入研究的一个课题。

前面给出了单自由度模型和双自由度模型中关于求解填筑体刚度系数的公式，这些公式并不是 k 的定义式，都是“测量式”。为了便于比较，现汇总如下。

$$\begin{cases} k=\omega^2\left(M+\dfrac{me\cos\varphi}{u}\right) \\ k=\omega^2\left[M+\sqrt{\left(\dfrac{me}{A}\right)^2-\left(\dfrac{c}{\omega}\right)^2}\right] \\ k_2=\omega^2\left(m_2+\dfrac{me\cos\varphi}{u_2}\right)-\dfrac{m_1\ddot{u}_1}{u_2} \end{cases}$$

观察这几个公式，共同特征就是 k 都与振动压路机参数有关，与图 3-57 中 k 的定义式并不是一回事。由于表达式不同，在碾压同一填筑体时，即使同一台振动压路机，也会得到不同的 k 值，这与弹性模量的概念是不同的。理论上，不管采用哪种量测方法，弹性模量只有一个。

在实际应用中，到底采用上述三个公式中的哪个好，目前没有定论。只要得到的 k 能够正确反映压实状态即可，其判定方法就是进行相关校验试验即对比试验，与常规方法得到的结果进行比较。

3.3.5 适用条件

离散体模型的适用条件与连续体的基本相同(见3.2.6节)。同样要求压路机钢轮与弹簧(路基填筑体)必须紧密接触在一起，这是由模型特征和测试技术决定的。前面给出的模型都是假设压路机与弹簧固定在一起，钢轮的振动位移和弹簧的位移是一样的，钢轮振动的平衡点和弹簧振动的平衡点相对关系不变，这样振动才是协调的，钢轮的位移才是弹簧的变形，可以根据量测的钢轮位移间接得到弹簧的变形，由此求取弹簧的刚度系数 k。

当钢轮与弹簧不是固定在一起时，随着路基填筑体压实程度的提高，压路机与路基之间的相互作用也会增强，出现钢轮位移与表征路基弹性性能的弹簧的变形不协调现象，导致压路机发生弹跳，离散体模型也就失效了，也就谈不上求刚度系数 k 了。另外，压路机弹跳时，钢轮振动的平衡点和弹簧振动的平衡点相对关系也会发生变化，其变化轨迹如图3-58所示。严格地讲，描述这种现象的模型应该与目前振动平衡点一定的模型是不一样的，这就是下面要讨论的另一类模型。

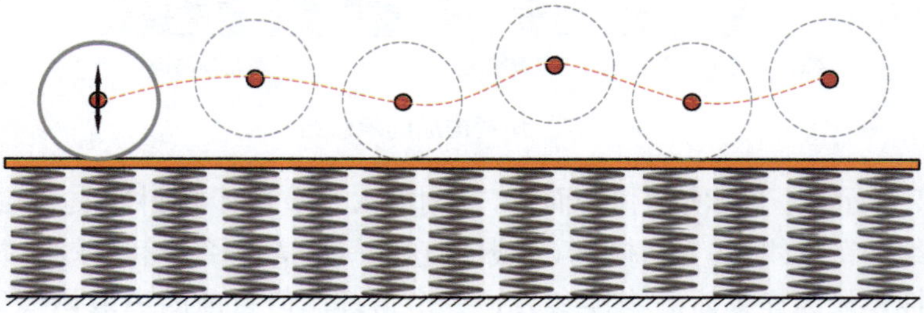

图3-58 压路机振动轮弹跳时平衡点波动示意

3.4 混合模型

前面对连续体模型和离散体模型的相关内容进行了阐述，其适用条件都是要求压路机与填筑体之间必须紧密接触，不能分离。但实际情况恰恰与此相反，振动压路机与碾压面之间经常出现弹跳分离现象，只是轻重的区别而已。因此，由量测振动压路机动态响应得到的模量或刚度系数都不是很精确，与平板载荷试验的精度相比还是“粗糙”一些。当然，实际上的路基填筑体也不完全符合弹性理论，平板载荷试验尽管精确，其结果也未必与实际情况完全相符。

从实际应用效果看，根据振动压路机响应信息得到的路基填筑体的模量或者刚度数据的精度尽管“粗糙”，但对压实质量的过程控制而言，还是可以满足工程精度要求的。但是，一旦压路机弹跳较大，现有的这些模型就不再适用，连“粗糙”的数据也得不到了，属于数据盲区。因此，需要开阔思路，研究新的模型，以解决压路机弹跳时出现的数据盲区问题。

3.4.1 碰撞模型

前面研究的各种模型都是将振动压路机(钢轮)与碾压面捆绑在一起的,二者是一个综合振动系统,但实际它们并不是捆绑在一起的,经常出现弹跳即离耦现象,这就需要换一个思路来研究振动碾压问题。

我们知道,碾压问题是钢轮与路基填筑体相互作用问题,是一个广义的两个物体碰撞接触问题。因此,可以从碰撞动力学角度分析这个问题。为了方便读者理解,首先研究两个弹性物体的正向碰撞问题,然后再过渡到钢轮与弹性半空间体的碰撞问题。

1. 两个弹性物体碰撞接触解答

考虑两个外形协调的,质量分别为 m_1、m_2 的物体,在水平面上分别以初始速度 v_{10} 和 v_{20} 发生正向弹性碰撞。根据前面介绍的接触理论,它们将在一个局部区域内发生接触,接触区域为一个圆,其相互作用力即接触力为 P,接触点的曲率半径分别为 R_1、R_2,如图 3-59 所示。

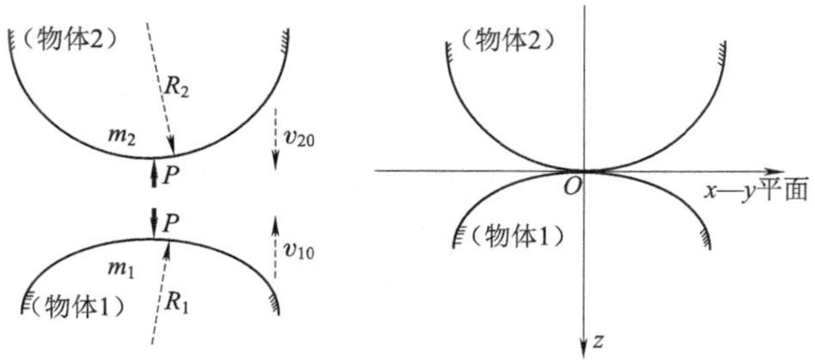

图 3-59 两个弹性物体的正向碰撞

两个弹性物体以一定初速度正向碰撞后,在法向方向上会产生一定的相对压入量即形变,令其变形为 u(主要是为了与离散模型的位移符号表示一致)。根据接触理论,两个外形协调的弹性物体碰撞接触时,其相互作用力即接触力可以采用如下表达式:

$$P = Ku^n + D(u)\dot{u} \tag{3-32a}$$

式中 $D(u)$——物体接触期间的阻尼函数;

K——接触刚度系数;

n——取 3/2。

如果接触区域为圆形,其表达式如下:

$$D(u) = \lambda u^{3/2}, \ K = \frac{4}{3}E^* R^{1/2}$$

其中,E^* 和 R 的含义同前,λ 为滞后阻尼系数,与碰撞前后的速度有关,可以根据能量关系确定。经过推导,这几参数之间具有如下关系:

$$\lambda = \frac{3K(1 - e_0^2)}{4(v_{10} - v_{20})}$$

其中,e_0 为恢复系数,为碰撞后速度 v 与碰撞前速度 v_0 之比,即 $e_0 = -v/v_0$。将上述相关表达式带入式(3-32a)中,经过整理可以得到完整的接触力表达式如下:

$$P = \frac{4}{3}E^* R^{1/2} u^{3/2}\left[1 + \frac{3(1 - e_0^2)}{4(v_{10} - v_{20})}\dot{u}\right] \tag{3-32b}$$

图 3-60(a)显示了两个弹性物体碰撞时的开始接触—压缩产生形变—逐渐回弹—最后分离的全过程。由于存在阻尼，碰撞前后的速度是不同的，这说明碰撞期间的能量有耗散，因此形成了滞后曲线环，其特征与前面的离散体模型的关系相似。图 3-60(b)则揭示了不同接触刚度的接触力与变形之间的关系，相当于碾压过程中路基填筑体性能参数的变化过程。但实际情况不完全如此，存在残余变形(塑性变形的积累)，曲线并不在原点闭合，见后面的分析。

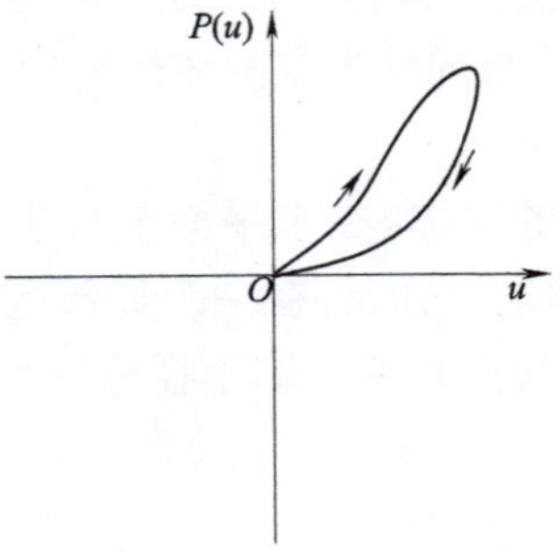

(a) 一般滞后关系

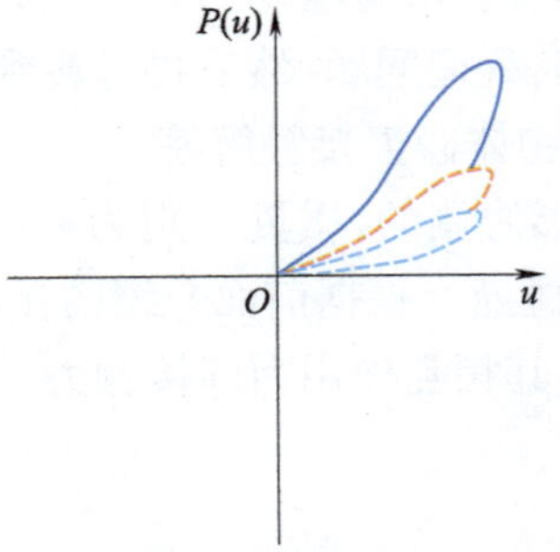

(b) 不同接触刚度的滞后关系

图 3-60 碰撞问题的加载与卸载时接触力与变形的关系

在开始碰撞的加载压缩阶段，可以根据力学定律建立物体的运动方程。这里不考虑阻尼的影响，接触力为弹性力。根据动量定理

$$P = -m_1\dot{v}_{10} = -m_2\dot{v}_{20} \Rightarrow \left(\frac{P}{m_1}+\frac{P}{m_2}\right) = -(\dot{v}_{20}-\dot{v}_{10})$$

令 $m = m_1m_2/(m_1+m_2)$，$v_0 = v_{20}-v_{10} = \dot{u}$，则有 $P/m = -\ddot{u}$ 。将接触力 P 表达式的弹性部分代入，即

$$m\ddot{u} = -Ku^{3/2}$$

上式是两个物体碰撞接触期间的动力学方程，可以看出与前面给出的离散模型是不一样的。在压缩阶段对上式进行积分，得

$$\int_{v_0}^{v} m\ddot{u}\,\mathrm{d}t = -\int_{0}^{u} Ku^{3/2}\,\mathrm{d}t \Rightarrow \frac{1}{2}(v_0^2-v^2) = \frac{2K}{5m}u^{5/2}$$

由上式还可以得到在压缩阶段任一时刻的变形表达式：

$$u = \left[\frac{5m(v_0^2-v^2)}{4K}\right]^{2/5} = \left[\frac{15m(v_0^2-v^2)}{16E^*R^{1/2}}\right]^{2/5} \tag{3-33}$$

当压缩结束时，相对变形量将达到最大值 $u_{\max}$ ，然后再开始反弹。为了求出碰撞的接触时间，首先对运动方程的第一次积分结果进行整理，可以得到如下表达式：

$$\dot{u} = v = v_0\left[1-(u/u_{\max})^{5/2}\right]^{1/2} = v_0\sqrt{1-x^{5/2}}$$

其中，$x = u/u_{\max}$ 。对上式进行积分，可以得到变形—时间曲线，由此可以得到最大压缩时间，即

$$t = \frac{u_{\max}}{v_0}\int_0^x \frac{1}{\sqrt{1-x^{5/2}}}\mathrm{d}x$$

对上式可以进行数值解答。当 $x=1$ 即变形达到最大变形时，有下述近似关系存在：

$$\int_0^1 \frac{1}{\sqrt{1-x^{5/2}}}\mathrm{d}x = 1.472 \Rightarrow t = 1.472\frac{u_{\max}}{v_0}$$

根据式(3-33)求出 $u_{\max}$ 代入上式,可以得到碰撞期间总的接触时间,即

$$T_c = 2t = 2.944\frac{u_{\max}}{v_0} = 2.87\left(\frac{m^2}{RE^{*2}v_0}\right)^{1/5}$$

其中,T_c为整个碰撞期间的接触时间,是假设物体碰撞过程中压缩变形时间与回弹恢复时间相等而得到的,即不考虑能量损失,变形是完全可恢复的。

上面研究的是一般形状,接触区域为圆形的两个弹性体的碰撞问题。对于其他接触形状问题而言,其处理方法相同,主要差异在对接触力的表达方式上。

2. 钢轮与路基填筑体碰撞接触的近似解答

由于振动压路机与路基填筑体之间没有固定在一起,所以振动碾压过程也可以看作是钢轮与碾压面的持续碰撞问题。对于图 3-58 而言,静止的路基为物体 2,运动的钢轮为物体 1。钢轮在激振力的驱动下,以一定速度 v_0 开始与碾压面接触,发生冲击和碰撞作用,填筑体逐渐产生压缩变形直至钢轮速度为 0,由于钢轮的往复运动以及填筑体具有弹性,会以一定速度开始恢复反弹,逐渐压缩变形恢复到 0,而钢轮则在偏心力的作用下离开碾压面,如图 3-61 所示。由于填筑体存在塑性变形和阻尼,碰撞前后的速度一般都不相同,会产生动能差,这部分能量将被填筑体所吸收。以上这就是振动碾压的一个完整的碰撞周期过程。现在的任务是如何在这一碰撞过程中求取与压实质量相关的参数,即路基填筑体的模量或其他参数。

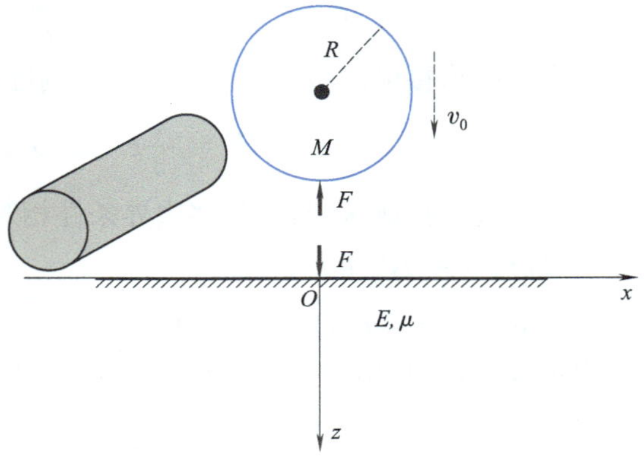

图 3-61　压路机钢轮对路基填筑体的碰撞冲击作用

上面给出的解答是针对接触区域为圆形而言的。但是如前所述,碾压问题的接触区域为 L 长度、$2a$ 宽度的狭窄条形接触区域($L\gg 2a$)。目前对这个问题还没有完美的解答,这就需要开拓思路想办法,看看能否利用上面圆形接触区域的结果进行解答。在道路工程中,汽车与路面相互作用的轮迹并不是圆或双圆,但是在处理问题时都是将实际印迹转换成当量圆来处理。受此启发,尝试将钢轮与碾压面的狭窄矩形轮迹转换成圆印迹问题。

对于将狭窄矩形区域转换成圆形接触区域问题,可以有两种处理方法。一种是按照面积相等原则转换成圆形接触问题,另一种是按照力相等原则转换成圆形接触问题。这里尝试着按照面积相等原则进行转换。

首先将狭窄条形区域划分为 N 个[$L/(2a)$,取整]$2a$ 宽度的小方格,然后再将方格换算为同等面积的圆形,如图 3-62 所示。这样做的依据有两点,其一,钢轮被视为刚体,本身不变形;其二,实测数据表明,沿钢轮长度方向上每一中点下的最大变形都是相等的。在实际应用时,由于多种原因,可能还要进行动态修正。

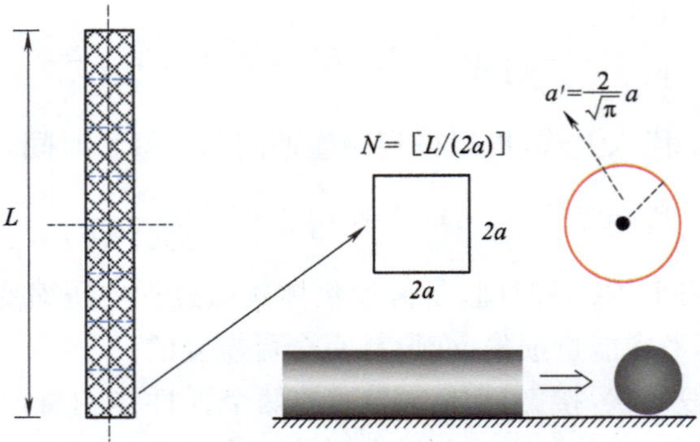

图 3-62 钢轮与碾压面接触区域的划分

如果钢轮与碾压面之间的接触力即压实力为 F(一般接触力用 P 表示,压实力用 F 表示,这里二者是一样的),那么每一方格上的力为 F/N,相当于作用在半径为 a' 的圆形区域上。根据前面给出的表达式,在将钢轮视作刚性,路基填筑体视作弹性半空间体之后,前面提及的相关参数变为

$$E^* = \frac{E_1}{1-\mu_1^2} = \frac{E}{1-\mu^2}\ ,R = R_2\ ,m = m_2 = M$$

由于圆形接触区域的接触力和接触刚度表达式如下:

$$F = \frac{4}{3}E^* R^{-1}a^3,\quad K = \frac{4}{3}E^* R^{1/2}$$

对于圆形接触区域,其位移边界条件相对简单,在圆形区域内可以按照式(3-6)进行推导,整理得 $a = R^{1/2}u^{1/2}$ 。

将 $a \to a' = 2a/\sqrt{\pi}$ 和 $F \to F' = F/[L/(2a)]$ 同时带入到上面的弹性接触力和接触刚度表达式中,并利用 $a = R^{1/2}u^{1/2}$ 关系,整理后可以得到接触刚度的表达式。

$$K = \frac{16}{3\pi^{3/2}}\frac{L}{1-\mu^2}E \tag{3-34a}$$

上面的近似解答是利用接触区域为圆形的关系进行近似处理的。实际上还有其他一些近似方法可供参考,如直接利用接触区域为圆形的 $a = R^{1/2}u^{1/2}$ 关系进行估算。这种估算方法是将相关参量代入式(3-11),经过整理,可得到如下形式的表达式:

$$F = \beta E u \tag{3-34b}$$

式中各参量的意义同前。国内外一些文献上曾经按照上述处理方法尝试过,至于为什么利用圆形区域结果进行解答,没有过多依据,应该是一种猜测。理论上,这种处理方法可能存在问题。

需要说明的是,在实际应用时,需要根据实际情况对动态修正因子 β 进行动态修正,这样才有可能满足工程精度要求。如可以根据 $\beta_i = E^{-1}F_i u_i^{-1}$,按照 3.2.5 节提供的不同试验方法进行确定。

上述给出的只是接触力的弹性部分,完整的接触力还应该包括路基填筑体的阻尼部分,类似于式(3-32a)的样式。根据前面的推导,其表达式为 $F = Ku + D(u)\dot{u}$ 。关于接触阻尼函数 $D(u)$,可结合 Hunt 和 Grossley 等的研究成果以及钢轮碾压问题的技术特征进行确定。

在碾压过程中,压实作用力即接触力与变形(包含塑性变形)的关系并不是直线关系,但弹性部分是直线关系，这个可以从上述表达式中看出。图 3-63 形象地说明了碾压过程中力与变形的关系。碾压开始，塑性变形较大，路基结构抗力较小，卸载后变形不能完全恢复；到碾压结束时，理论上塑性变形应该消失，抗力变大，卸载后变形能完全恢复，只存在一定的弹性变形，这也是高速铁路路基所要求的。

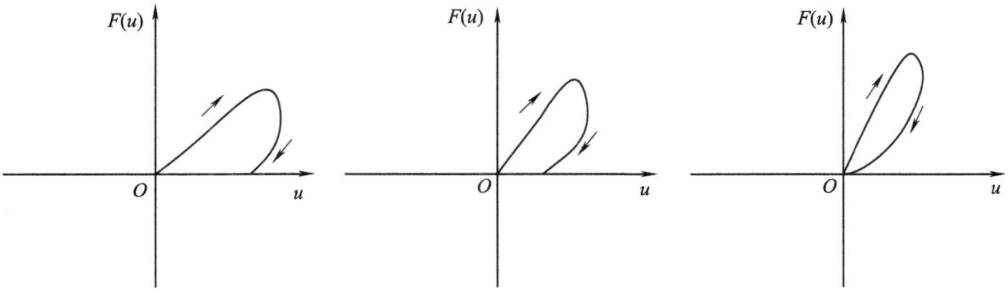

(a) 碾压开始　　(b) 碾压过程中　　(c) 碾压结束

图 3-63　不同碾压阶段加载与卸载时接触力与变形的关系

另外，从动力学的角度看，从碾压开始到结束，也是钢轮振动的平衡点不断变化的过程，图 3-63 中塑性变形的变化说明了这一点。存在塑性变形，意味着振动的平衡点在变化。一般可以认为在碾压结束时，平衡点趋于稳定，变形是可恢复的即完全弹性的。下面只考虑变形可恢复阶段(碾压成型后)的一些特征，可以不考虑阻尼的影响，忽略能量耗散。

如果已知接触力和对应的位移，可以根据式(3-34)得到接触区的模量，这与前面的连续体模型是一致的。但是，当钢轮与碾压面弹跳分离后，上述公式也就失效了。因此，需要继续研究另外的模型。仿照前面的推导方法，可以得到钢轮在路基填筑体压缩阶段任一时刻变形量的表达式如下：

$$u = \left[\frac{M(v_0^2 - v^2)}{K}\right]^{1/2} = \left[\frac{M(v_0^2 - v^2)}{\beta E^* L}\right]^{1/2} \tag{3-35}$$

式(3-35)揭示了一个现象，在钢轮碰撞速度一定的条件下，接触区的模量越大，钢轮对碾压面产生的压塑变形也就越小，而反弹的位移则变大，这就是弹跳现象。由于通过钢轮的动态响应信息不好确定钢轮对碾压面产生的压塑变形，得到的可能是钢轮本身的弹跳位移，所以必须另外想办法处理这个问题。

根据动力学理论，钢轮在与碾压面接触过程中，其碰撞速度由很大的初始速度 v_0 逐渐变为 0(伴随着压缩变形)，然后反弹，在时域波形上会留下一些信息，其作用时间可能就是其中一个有用的信息。关于钢轮在一个“压缩—恢复”循环周期中与碾压面的接触时间，与前面的确定方法相同，近似的碰撞接触时间如下：

$$T_c = 2.944\,\frac{u_{\max}}{v_0}$$

根据式(3-35)可以得到最大变形 $u_{\max}$，代入上式，得到如下表达式：

$$T_c = 2.944\sqrt{\frac{M}{\beta E^* L}} \tag{3-36}$$

式(3-36)揭示了钢轮在一个“压缩—恢复”周期中与路基碾压面的接触时间 T_c 和钢轮

质量 M、轮宽 L 和综合模量 E^* 之间的关系。由于钢轮是一定的，因此这个关系主要是路基填筑体的模量与钢轮作用时间之间的对应关系，可以根据钢轮与碾压面的接触时间来估算模量。如果路基填筑体的模量一定，那么“钢轮—路基”振动系统也是一定的，振动参数都是不变的；路基填筑体的模量越小，钢轮的作用时间越长，反之亦是。理论上，当路基填筑体的模量无穷大时，钢轮的作用时间为 0，即发生弹跳，则

$$E^* \rightarrow \infty \Rightarrow T_c \rightarrow 0$$

根据实际观察，只要路基填筑体的模量大到一定程度，压路机就会发生弹跳，此时可以利用式(3-36)，通过一定的技巧提取接触时间来预估路基结构的模量。

以上对碰撞模型的研究，完全是根据力学基本原理进行的，并没有涉及前面所谓的振动系统的概念，是将振动压路机钢轮的振动碾压视作是钢轮对路基填筑体的冲击碰撞作用，没有要求钢轮必须与碾压面紧密结合在一起，这与实际情况是相符合的。

需要注意的是，以上给出的只是处理振动碾压问题的一种思路。在应用时，可能还需要按照强迫振动系统碰撞问题考虑更合适一些。强迫振动的碰撞问题处理思路与上述方法相似，也需要求解碰撞前后的运动速度，恢复系数等，并涉及非线性动力学的一些知识，感兴趣的读者可以自行推导。

3.4.2 钢轮动力学模型

前面论述的模型都是将压路机对路基填筑体的作用表示成一个力，没有对产生这个作用的主体压路机的钢轮做过多研究。实际上，对于振动压实而言，振动压路机的功能和功效都是通过其振动轮——具有振动器功能的钢轮表现出来的，其技术特征决定了压路机产生的压实效果。同时，对于智能压实而言，发展高级智能压实设备是追求的目标，同样也离不开振动轮技术的进步。

在连续与智能压实控制中，所依据的控制信息不但与钢轮振动密切相关，而且还是通过对安装在钢轮上的传感器采集到的信号进行综合处理而得到的。所以有必要对钢轮的运动模型进行研究。

1. 理想状态下钢轮的振动特征

振动压路机的基本特征已经在前面的相关章节中进行了一些分析。安装在钢轮振动轴上的振动器是由若干组偏心旋转的转子(偏心块)构成的，其产生机理以及如何调整大小，文献[1]对此进行了较为详细的论述，此处不再赘述。根据偏心转子的旋转特点，目前可以分为普通圆周运动式(普通振动压路机)和同步反向圆周运动式(定向振动压路机)两大类，如图 3-64 所示。

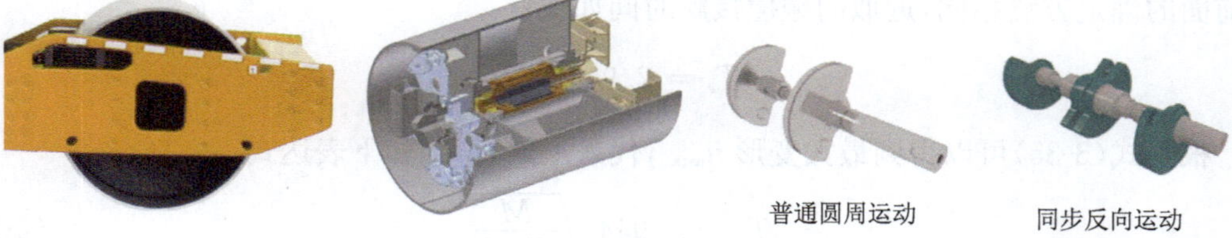

图 3-64 钢轮的振动模式

振动压路机在行走的同时，振动轴带动轴上的转子也在做高速旋转运动。普通振动压路机的振动特点是产生垂直分力的同时也产生水平分力，主要是由于偏心块只能沿着一个方向旋转而造成的，如图 3-65(a)所示。定向振动压路机的特点是偏心块能够沿着相反方向同时旋转，根据需要可以产生不同方向上的振动力，而其他方向上的分力则相互抵消，如图 3-65(b)、(c)所示。目前可以分为垂直振动和水平振荡(振动)两种类型。

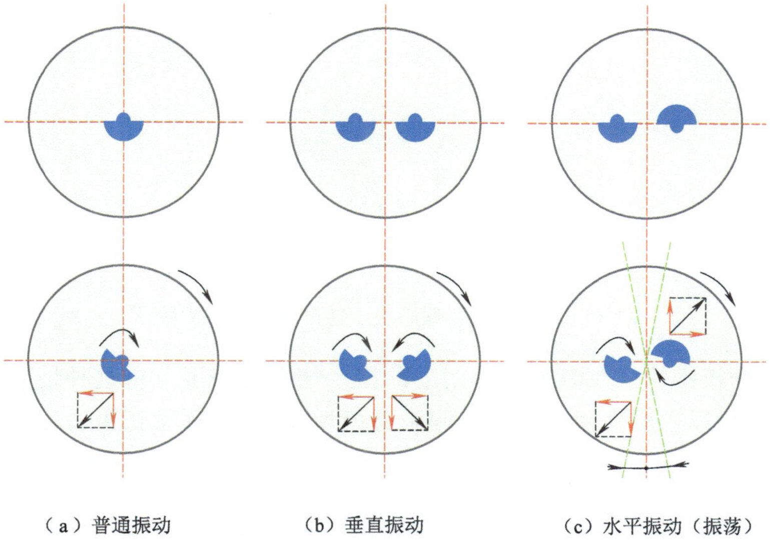

图 3-65　钢轮滚动过程中不同的振动模式

上述钢轮振动所表现出来的特征其实都是通过力的分解与合成实现的。例如图 3-65(c)所示的振荡式压路机原理，就是通过控制反向旋转的偏心块相对位置，使其相位差为 180°，激振力抵消，形成力偶矩，一周期内旋向改变一次。垂直振动则是抵消水平力而保留垂直力，还可以任意调节振动方向，实现不同方向上的定向振动。

具有主动调节和控制包括激振力在内的振动参数，是智能控制设备首先应具有的基本功能，而具体如何控制，则需要智能控制系统提出依据。定向振动压路机可以通过控制不同旋转转子之间的相对关系而产生可控的振动力，为发展高级智能压实设备奠定了必要的基础，将是今后工程机械领域的主要发展方向之一。

钢轮的振动主要是由振动轴带动偏心转子旋转产生的偏心力引起的，而振动轴的转动则是由压路机液压系统驱动的。在压路机机械性能稳定的情况下，偏心转子的旋转速度 n 是一定的，并不因外部干扰(如填筑体的反力作用)而发生变化，旋转引起的竖向振动频率也就是激振频率 $f=n/60$。由此可知，压路机的激振频率是由其本身特性决定的，与外界无关。理解这一点很重要，涉及后面的系统识别。

一般把偏心力的竖向分力 $P\sin\omega t$ 称作压路机的激振力，ωt 为旋转角。偏心力的幅值 $P=me\omega^2$，也称作激振力的幅值，是由偏心块质量 m、偏心距 e 和旋转速度 n 共同决定，这也是压路机调节激振力大小的三个要素。如果想要改变激振力的大小，通过调节 m、e 和 n 中的任意一个就能实现，也可将这三个要素组合调节。

激振力的变化规律如图 3-66 所示，是按照正弦规律运动的(振动理论中称之为简谐运动)。当偏心块旋转到垂直方向上时，激振力将达到最大值。这是一组偏心块的情况，若存在多组不同转向的偏心块，激振力将是它们的合力在垂直方向上的投影。

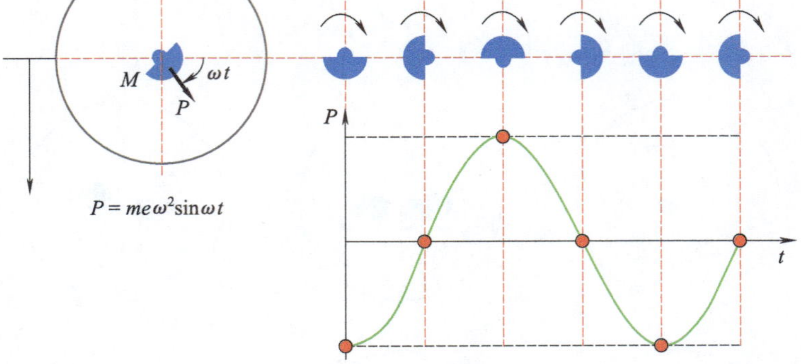

图 3-66 钢轮内置偏心块旋转产生的激振力特征

下面再来分析钢轮仅在激振力作用下的振动情况。为了分析这种情况，要求钢轮不能与地面接触，可以采用支架将钢轮架起来脱离地面，此时钢轮在重力作用下是平衡的，如图 3-67 所示。当振动轴带动转子旋转产生激振力后，就可以分析钢轮在这种状态下的振动特征了。

根据钢轮的运动方程可以推出其响应位移、速度和加速度的运动情况。首先按照牛顿第二定律建立钢轮的运动方程 $M\ddot{u} = P\sin\omega t = me\omega^2\sin\omega t$，然后根据运动方程，经过积分，可以推导出钢轮的动态响应表达式如下：

$$u(t) = \frac{me}{M}\sin\omega t = \frac{P}{M\omega^2}\sin\omega t$$

$$v(t) = \frac{me\omega}{M}\cos\omega t = \frac{P}{M\omega}\sin\left(\omega t + \frac{\pi}{2}\right)$$

$$a(t) = -\frac{me\omega^2}{M}\sin\omega t = \frac{P}{M}\sin(\omega t + \pi)$$

可以看出，钢轮悬空状态下，在激振力按照正弦规律振动的情况下，当把这种激励施加在钢轮(振动轴)上时，钢轮的响应也是按照正弦(或余弦，二者本质上是一样的，仅有相位的差异)规律振动的，其响应信号的频率与激振频率相同。位移与激振力将同步变化(实际碾压时不同步，存在变化的相位差)，而速度和加速度分别与位移相差 90°和 180°，其变化规律如图 3-67 所示。

钢轮在理想状态的运动特征是非常清晰的，是标准的正弦(简谐)运动，所谓的“名义”振幅、速度和加速度也都是从此处得到的。如果将钢轮置于理想弹性体上，按照前面给出的单自由度离散模型进行分析，得到的运动规律与此相同，只是响应与激励之间相差一个相位角而已，但响应信号的频率不会发生变化。

如果将钢轮置于路基填筑体上，即振动压路机碾压作业，钢轮的振动规律将发生很大的变化，还会出现非线性现象，其响应信号中将出现多个频率成分，如图 3-67 所示。下面就来研究钢轮的这种运动情况。

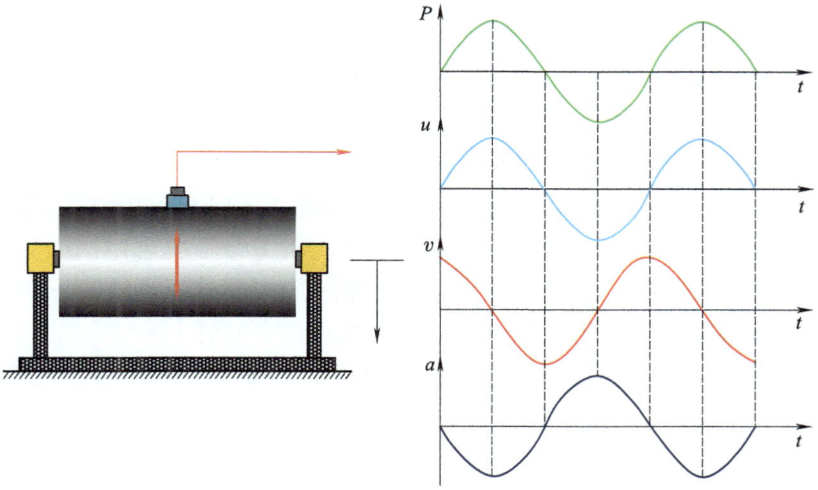

图 3-67 理想状态下钢轮的振动特征

2. 碾压状态下钢轮的动力学方程及其特征

压路机碾压填筑体时，其钢轮与碾压面之间是相互作用的，并非完全耦合在一起，属于“又分又合”类型。现在从力学基本原理出发，以钢轮而非“钢轮—路基”耦合体为研究对象进行分析。钢轮在碾压过程中的受力如图 3-68 所示，钢轮与碾压面之间的相互作用力就是前面连续体模型和碰撞模型所研究的接触力，是碾压面对钢轮的反作用力，等价于离散模型的系统抗力 $(ku + c\dot{u})$，与钢轮的压实力是作用力与反作用力的关系。

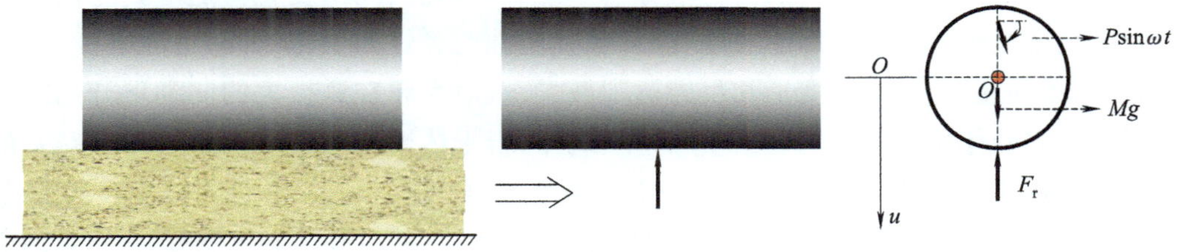

图 3-68 钢轮作用在碾压面上的受力分析

以钢轮圆心为原点，建立如图 3-68 所示的坐标系，根据牛顿第二定律就可以建立钢轮的动力学方程(模型)，即

$$\sum F_i = Ma \Rightarrow (Mg + P\sin\omega t - F_r) = M\ddot{u} \tag{3-37a}$$

上述方程代表了在任意瞬间钢轮的动力学特征，是一个瞬时表达式。激振力、接触力和惯性力之间的相位差是变量，即它们的相对关系是变化的。为了便于分析钢轮的动力学特征，暂时不考虑其静力部分(钢轮自重与碾压面反力在静止状态下是平衡的)，将上式改写为如下形式：

$$M\ddot{u} + F(u,t) = P\sin\omega t \tag{3-37b}$$

其中，$F(u,t)$是路基碾压面对钢轮的动态反力（从碾压面角度称作抗力），最小值为0，是碾压面变形和时间的函数，但一般都写成$F(u)$形式，隐去时间变量。需要注意的是，这里的变形（位移）u并不是真正的填筑体变形（u_0），是钢轮在抗力作用下的振动位移。如果钢轮与碾压面耦合在一起，则钢轮向下的位移代表了碾压面的变形（$u=u_0$）；如果钢轮发生弹跳，则钢轮的位移u并不能代表碾压面的变形u_0。因此，碾压面的动态抗力应该写成$F(u_0)$更合适一些，只不过习惯上没有标注而已。

式(3-37b)与前面离散体模型的式(3-18)是一致的，根据$F(u)$的具体表现形式可以转化为单自由度或非线性模型。$F(u)$的变化实际上代表了路基填筑体抵抗变形能力的变化，也改变了钢轮的正弦运动规律，文献[1]对此进行了分析，这里再做进一步的分析。

$F(u)$在离散模型中变成$F=ku+c\dot{u}$，在碰撞模型中变成$F=\beta Eu$。但不管如何变化，其特性是不变的，与具体选择哪种模型分析无关。$F(u)$随时间和变形的变化情况，如图3-69所示。

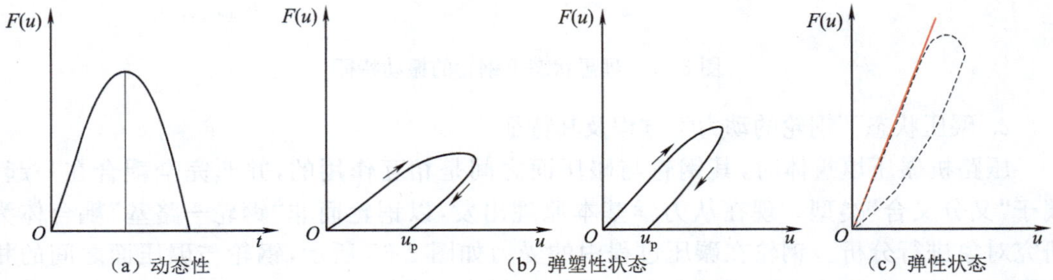

图3-69　碾压面反力与变形和时间的变化特征

路基碾压面对钢轮的动反力$F(u)$是钢轮向下运动，开始振动碾压时产生的（不考虑静止时的平衡状态），具有动态性。首先，分析一下$F(u)$随时间的变化。随着钢轮向下的持续运动，路基填筑体也开始产生压缩变形（包括塑性与弹性），反力$F(u)$也逐渐变大，当钢轮向下的运动速度为0时，变形和反力达到最大；然后钢轮在激振力的驱动下开始向上运动，同时反力的作用逐渐减弱。由于路基填筑体（岩土体）不能产生拉力，所以当路基的弹性变形部分完全恢复即$u_e=0$时，$F(u)=0$，这样就完成一个循环，这一过程如图3-69(a)所示。可见动反力$F(u)$随时间的变化类似于“半正弦荷载”，表象上与激振力的变化规律相似，但更复杂。

其次，看一下$F(u)$与变形u的关系。钢轮对碾压面的向下作用（加载）是填筑体产生压缩变形的原因，$u=u_p+u_e$。在反力达到最大值后，钢轮开始向上运动（卸载），当$F(u)=0$时，会留一部分塑性变形存在（残留变形），形成滞后回线，如图3-69(b)所示。当碾压结束，路基结构体处于弹性状态时，碾压面对钢轮的反作用力是固定的，力与变形成直线关系，若考虑阻尼因素，将形成一个闭合的回线。

以上对路基填筑体抗力的动态性进行了分析，是按照集中力进行的，并没有考虑力的分布状态。实际上，钢轮与碾压面之间的接触不是一个点而是一个面，符合Hertz分布，这已经在连续体模型中进行了分析。因此，钢轮与路基碾压面之间的相互作用力$F(u)$是一对Hertz分布力，如图3-70所示。了解这些特性有助于路基填筑体性能参数的识别。

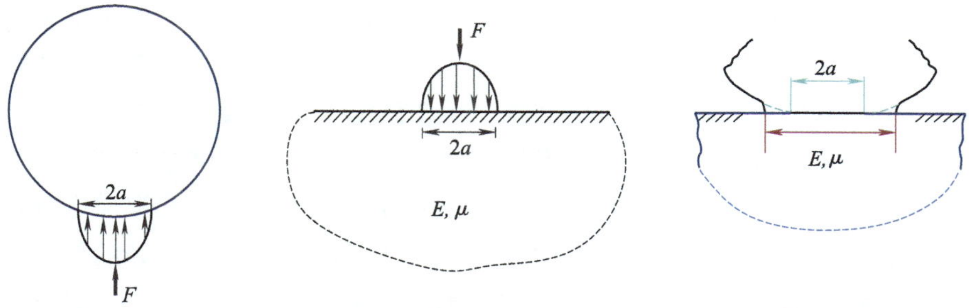

图 3-70 钢轮与路基碾压面之间相互作用力的分布状况

需要注意的是，作用力 $F(u)$ 的分布宽度 $2a$ 与钢轮与碾压面之间的实际接触宽度不是一个概念，二者并不相等，一般后者大于前者，如图 3-70 所示。由于涉及一些近似计算问题，所以这里再次强调一下。

3. 钢轮振动参数的合理匹配

振动压路机的振动工艺参数已经在前面介绍过，即 $U=U(m,e,f,M)$。对于一台压路机而言，其振动质量 M 是一定的，很难改变（也有采用加水的办法增加压路机自重的方法），对振动压实工艺起决定作用的还是振动参数—偏心质量 m、偏心距 e 和激振频率 f（转速 n，或 $\omega=2\pi f$），这也是能够调节的参数，它们的合理组合将会对压实质量起到关键作用。

对于钢轮而言，对压实效果起决定作用的主要有两方面，即作用力的大小及作用频率、钢轮作用的距离（也就是振幅）。下面从动力学角度，采用不同质量块，以不同高度下落的冲击效果进行说明，如图 3-71 所示。

作用频率：频率的大小决定了单位时间冲击地面的次数，每一个周期内只有一次有效作用。作用频次越高，单位时间内冲击地面次数也就越多，激振频率也是如此。

力的大小：同一高度下，质量越大，重力也就越大，对地面的冲击作用也大，这也是激振力的含义（真正的是压实力）。此外，还有激振力的方向问题，涉及定向振动问题。

冲击距离：冲击距离的大小决定了质量块与地面接触时的能量大小。同样的质量块，高度越高，与地面接触时的初始能量也就越大，即 $mgh=(1/2)mv^2$，对地面的作用也就越强。冲击距离相当于振幅的概念，振幅越大，对碾压面造成的作用也就越强（作用力不变的情况下），这一点从前面的碰撞模型中也可以看出。

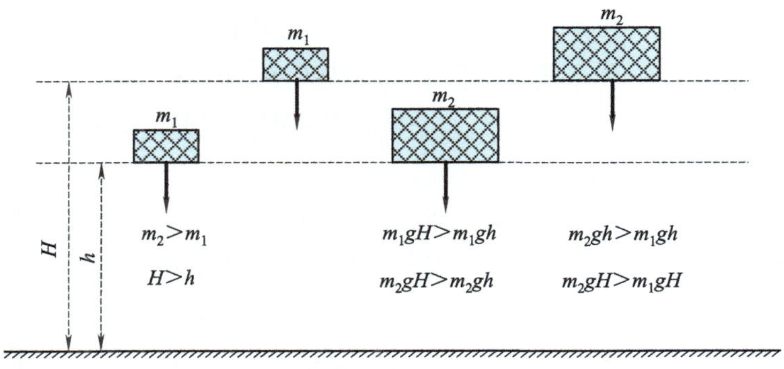

图 3-71 激振力和振幅与力的大小与高度模拟

通过以上分析可知，激振力越大、频率越高、振幅越大，对填筑体的作用也就越强。但是，凡事都应该有一个“度”，物极必反。对于填筑体来讲，过大的作用，会造成填料本身的压碎和离析等问题，破坏填筑体应有的结构。振动压实工艺参数应该与填料性质相匹配才行，如何判别则需要智能检测技术的发展。对于压路机本身来讲，过大的作用，可能会对机械本身造成影响，加速设备的损坏。因此，振动压路机出厂时一般都采用“高频低幅、低频高福”等振动工艺参数组合，类似于图 3-71 中的(m_1g,H)与(m_2g,h)的组合。这种组合实际还是依据前面定义的名义振幅 A 进行的，即依据 $P=me\omega^2$、$A=me/M=P/(M\omega^2)$ 进行合理匹配。需要注意的是，由于机械本身损伤等多种原因，一般都不一会采用“高频高幅”的参数组合。

高频低幅：当钢轮的振动频率 ω 较大时，根据 $P=me\omega^2$，激振力已经处于较高的数值了，如果 me 再高，振幅 $A=me/M$ 就会很大，将导致激振力更大，类似于图 3-71 中的(m_2g,H)的组合。因此，当激振频率 ω 较大时，需要通过降低 me 来调节激振力数值，此时 me 是低的，对应的振幅也是低的，类似于图 3-71 中(m_2g,h)的组合。

低频高幅：如果激振频率 ω 和 me 都比较低，将导致激振力 $P=me\omega^2$ 更低，类似于图 3-71中的(m_1g,h)的组合。因此，当频率 ω 较低时，需要增大 me 进行调节，以维持合适的能量输出，类似于图 3-71 中的(m_1g,H)的组合。

另外一个比较重要的就是钢轮的弹跳问题。当振动压路机的钢轮发生弹跳后，前面很多模型都将不复存在，在此状态下很多方法不能正确显示压实质量控制结果。一般来讲，造成钢轮弹跳现象(也称作跳振)的主要原因有两方面。

其一是机械本身性能不佳。如后备功率不足，减振系统破坏，发动机处于怠速运转时进行振动压实，实际频率比设计频率降低许多(要求发动机转速要达到额定转速才能工作)等等。这些问题的处理需要压路机厂家提供解决方案。

其二是钢轮振动工艺与碾压面刚度不匹配。碾压面较硬时仍然采用强振工艺进行碾压就会发生弹跳现象。因为随着填筑体密实程度的增加，导致碾压面的反力越来越大，振幅和反力持续增大导致最终钢轮动轮跳离地面，出现跳振。目前普通振动压路机并不能完全解决这个问题，解决的途径可能需要智能压路机的发展。

除上述原因外，还有人为因素造成的。如某些机手操作异常，某些机手操作正常，大部分是由于驾驶员操作所致。这种现象属于管理问题，相对容易解决。

综上所述，目前最难处理的是钢轮振动参数与碾压面性能不匹配造成的弹跳问题。振动压路机在碾压过程中，或多或少都会出现弹跳现象，只是轻重之分而已。从压实质量控制的角度看，关心的还是在这种情况下如何正确识别控制参数的问题，前面提出的碰撞模型就是针对这个问题而提出的解决方案之一。

另外，关于钢轮弹跳的判别，很多人对此做过研究。得到的结论是，需要从理论和实践两方面进行综合判定。钢轮发生弹跳现象一般出现在偏心块旋转到向上位置时，此时钢轮的合外力最小，如图 3-72 所示。总体来讲，当钢轮对碾压面作用到最大压缩变形之后，开始卸载的恢复初期，如果 $(F+P)>(2\sim3)Mg$，则有可能发生弹跳；卸载完毕后，$F=0$，当 $P\geqslant 3Mg$，且 $u<0$，$v<0$ 时，其弹跳现象就会发生。

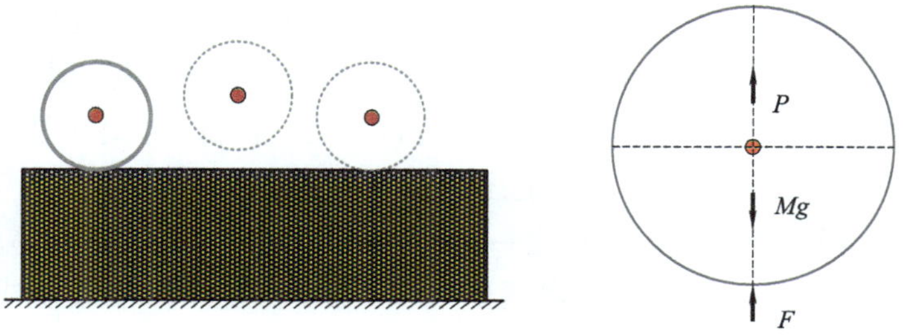

图 3-72 钢轮弹跳问题的描述

4. 路基结构抗力识别原理

钢轮作用在路基填筑体上进行振动碾压时，如果在路基填筑体中埋置传感器，量测其作用力是可以的，但这种方法无法在碾压过程进行连续控制。因为在碾压面中埋入很多传感器是不现实的，不但经济上不节约，还会严重影响压实效果。因此，根据钢轮碾压过程的动态响应信息获取路基结构反力（抗力）信息，是一条可行的路线。式(3-37a)已经给出了钢轮碾压作业时的动力学方程，但这种瞬时式需要更多的信息才能求解，还需要现代测试技术的协助。

文献[1]给出了一种根据钢轮碾压过程中的相关信息来识别其抗力的思路。按照系统识别理论，可以将钢轮视作一个系统。其输入有两个，一个是激振力 $P\sin\omega t$，为一个已知量，其特征前面已经做了详细论述；另一个则是来自碾压面的抵抗力即反力 $F(u)$，按照未知量对待。在这两个力共同作用下，得到钢轮动态系统的一个动态响应即输出，可以是钢轮的位移 u 、速度 $\dot{u}$ 和加速度 $\ddot{u}$，如图 3-73 所示。

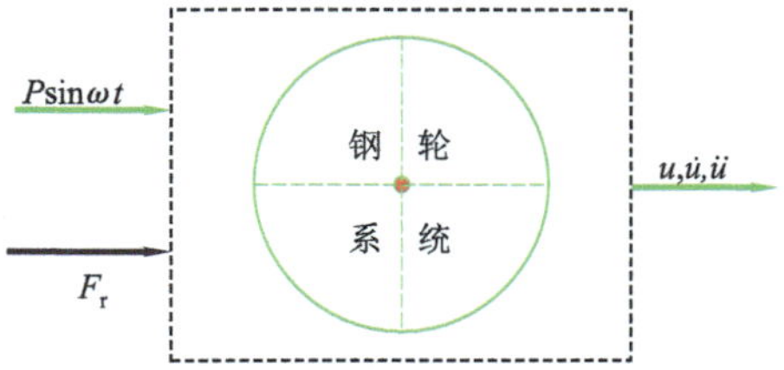

图 3-73 路基结构抗力识别原理

如果钢轮动态系统是已知的（这一点没问题，前面已经论述过），输入中的一个和输出也是已知的，那么根据系统识别原理，是可以得到另一个输入的。结合测试技术和钢轮的动力学模型（方程），一个根据识别技术而得到的抗力识别模型如下：

$$F_r = Mg + \eta_1 me\omega^2 \sin\omega t - \eta_2 Mf(\ddot{u},\omega,\varphi) \tag{3-38}$$

其中，$f(\ddot{u},\omega,\varphi)$ 是一个与钢轮的加速度响应、振动频率以及相位等有关的函数或者时间序列，需要根据实测数据等予以确定；η_1 是激振力的动态修正系数；η_2 为钢轮动态响应的综合动态修正系数。

需要说明的是，这两个修正系数都是动态量，应根据实测数据的相关信息予以确定，事先无法确认。也可以通过上述识别模型，先利用测试技术获取若干组抗力值，然后按照 3.1.4 节介绍的方法识别这两个修正系数，代入式(3-38)中，以获得完整的抗力表达式。当然，除了上述提到的这些方法外，也可能还有其他方法来识别抗力，有些也许涉及一些专利技术，在此不便详细介绍。

3.4.3 接触与弹跳的混合

前面对碾压监控问题的各种可能模型进行了论述。从过程控制的角度看，不管选择哪种模型，只要控制指标能够正确反映压实状态的变化信息，与传统检测结果具有一致性，这个模型就是可用的。但是，如果既想进行过程控制，又想对路基填筑体的性能进行深入分析，选择连续体模型会更好一些，更具有说服力。因此，这里还是推荐使用连续体模型进行连续压实控制，这也是高级智能压实控制的基础。

由于压路机并没有与碾压面固定在一起，在碾压过程中，随着填筑体性能的提高，反作用力会变大，经常会出现钢轮的弹跳现象，此时可以将连续体模型换成钢轮动力学模型，采用抗力指标进行控制，也可以按照碰撞模型进行控制。

总体来讲，振动压路机的碾压过程，钢轮与碾压面的接触与弹跳往往是相伴而行的。虽然有弹跳，但振动仍然持续进行，钢轮不可能停留在空中，而是以冲击的形式继续接触碾压面。这种"断断续续"的接触与弹跳正是振动碾压问题的特点，选择的模型也应该是灵活的，不能一成不变，图 3-74 给出了各种模型选择引导图，可供参考。

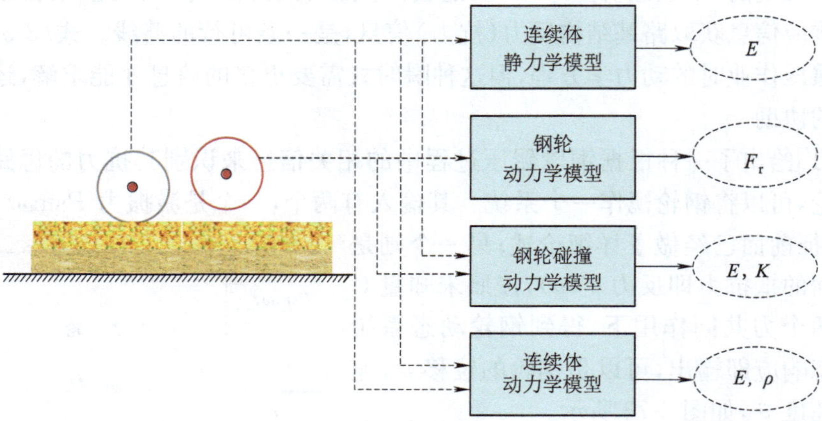

图 3-74 钢轮与碾压面处于接触与弹跳状态时所对应的模型选择

3.4.4 控制指标与综合运用

连续与智能压实控制的核心技术之一就是控制指标问题，这是首先要解决的难点。前面对碾压问题的各种力学模型以及可能获得的参数进行了详细研究。不同模型的参数可能是不同的，但是这些模型都应该遵循"等价原则"，同样的输入得到同样的输出。由于振动碾压的复杂性，在实际工程实践中，没有一成不变的模型可供利用，需要综合运用这些模型，结合现代测试技术，"智能化"地提炼和利用这些控制指标，用于连续与智能压实控制工作中。

根据前面的研究，在表征路基填筑体的性能参数中，连续体模型中的参数为模量 E，离散体模型中的参数为刚度系数 k，碰撞模型中的参数为模量 E 和刚度 K，钢轮动力学模型中的参数为抗力 F_r（实际应用时采用抗力系数 F_R 更佳），如图 3-74 所示。这些力学参数都是可以作为连续与智能压实控制指标使用的，并且从力学角度看，它们之间是有内在联系的。

1. 控制指标间的联系与区别

表征一个弹性体的参数主要有模量、密度和泊松比等。这几个参数一旦确定，弹性体的特性也就一定了。与此相仿，将路基这种岩土结构物当作弹性体对待时，模量、密度和泊松比就是表征其性质的特征参数。泊松比是一个相对变化不大的参数，一般不做特殊考虑，而力学参数模量和物理参数密度是衡量路基结构体性能的两个重要参数。其中最重要的就是模量，影响到路基结构应力应变的分布，也是对路基结构进行力学分析的重要参数。在压实质量控制中，其质量控制参数或指标选择模量(力学指标)和密度(物理指标，实际指干密度，也就是压实度)，毫无疑问是正确的。其他所有指标，都毫无例外地要向这两个指标靠拢，最直接的办法就是通过对比试验，建立相关关系。

碾压过程是一种力学行为，可以理解为利用振动压路机进行的动力学试验，得到的指标应该就是模量，这与平板载荷试验可以得到模量是一个道理。但也可以得到其他指标，如抗力、刚度等，这也跟平板载荷试验能够得到 K_{30}、E_{vd} 是一个道理。下面假设路基结构为理想弹性半空间体，以模量为核心，统筹其他一些控制指标，分析其中的内在联系和区别，以便为现场的压实质量控制提供技术支撑。

为了便于对比，将前面不同模型涉及的一些力与变形的符号统一起来——采用钢轮或承载板对路基面施加的压力用 F 表示，相应的表面变形(位移)用 u 表示。比较前面压路机钢轮与路基作用和承载板与路基作用的表面位移公式，发现可以统一表示成如下形式：

$$F=\beta Eu \Rightarrow E=\frac{1}{\beta}\frac{F}{u} \tag{3-39a}$$

其中，β 就是前面提到的广义“动态修正(影响)因子”，与加载工具的几何尺寸和压力分布形式等有关。上式只是特殊形式，其普通的表达方式见式(3-43)。针对不同具体情况，β 的具体表达式有多种形式。

$$\begin{cases} (a):\beta=\dfrac{\pi L}{2(1-\mu^2)}\left[\ln\left(\dfrac{L}{2a}\right)+1.886\right]^{-1} \\ (b):\beta=\dfrac{\pi L}{2(1-\mu^2)} \\ (c):\beta=\dfrac{16L}{3\pi^{3/2}(1-\mu^2)} \\ (d):\beta=\dfrac{2a}{1-\mu^2} \end{cases} \tag{3-39b}$$

在式(3-39b)中，(a)、(b)、(c)对应钢轮加载时的一些解答，如(a)对应式(3-13a)解答(钢轮中点处的变形)，(b)对应式(3-11b)的变形表达式(钢轮中线上各点)，(c)对应式(3-34a)的近似解答(钢轮碰撞时)；而(d)对应承载板加载时的解答。其中(a)的 β 很复杂，其中还隐含变形量，需要识别技术才能确定。

对于性能参数一定的弹性路基结构体(弹性半空间体)而言，物性参数模量是其固有特性的反映，不因加载方式的改变而改变。为了研究不同指标(参数)之间的关系，令压路机钢轮对路基面的作用力为 F_1，对应的碾压表面变形为 u_1，作用在承载板上的力为 F_2，对应的碾压表面变形为 u_2。通过它们可以得到抗力 F_r、模量 E、刚度系数 K，可以对这些参数进行比较，如图 3-75 所示。

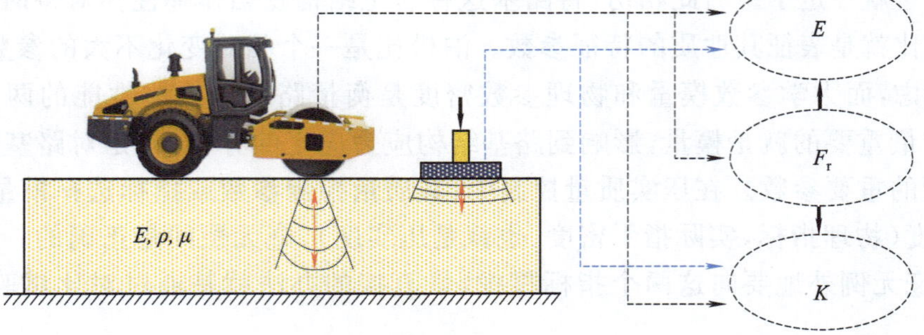

图 3-75 不同加载方式与对应的控制指标

根据式(3-39),可得到不同加载方式下模量的表达式为

$$E=\beta_1^{-1}\frac{F_1}{u_1}=\beta_2^{-1}\frac{F_2}{u_2}$$

由于路基结构为弹性体,根据刚度系数 K 的含义(3.1.3 节),即 $K=F/u$,代入上式得

$$E=\beta_1^{-1}K_1=\beta_2^{-1}K_2$$

刚度系数在文克尔(E. Winkler)地基模型中,就是地基反应模量 K 的概念,铁路路基中使用的地基反力系数 K_{30} 也是这样的概念,都是力(或应力)与变形的比值,只不过是规定了变形达到 1.25 mm 时取值而已(这也反映出实际的路基结构不是纯弹性体的客观事实)。

由于不同加载工具(方式)的影响因子 β 一般都是不相同的,所以理论上也可以推断出刚度系数不是一个客观量,与加载方式有关。由此可见 K 与 E 有很大的不同,在压实质量控制中,E 是更好的控制指标,更具有客观性。根据式(3-39a)可得

$$F=\beta Eu\Rightarrow F=Ku\Rightarrow K=\beta E \tag{3-40}$$

正确理解上述关系,对于实际的压实质量控制工作具有很重要的指导作用。路基结构抗力 F_r、地基系数 K_{30}(或其他称呼)、模量 E 都是可以作为压实质量控制指标使用的,如图 3-75 所示,但 F_r 和 K_{30} 与加载工具和荷载大小都有关,其指标是相对的,这就是不同振动压路机测试结果不同的原因所在。而模量指标则没有此类问题,是一个客观量,理论上不随加载工具和荷载的变化而变化,尽管实际中也是变化的,但那是岩土填料本身特性造成的,与弹性理论无关。

对于同一台振动压实机具来讲,根据其动态响应得到的模量 E 和刚度系数 K 之间的关系相对固定,如图 3-76 所示,其右图为法国一种拖式滚动检测设备,其中 $E=\alpha K$,与式(3-40)的结论一致,此处 $\alpha=\beta^{-1}$。

以上论述的都是连续体模型中的指标关系,没有涉及离散体模型的指标问题。如果按照"等价原则",同样的受力产生同样的响应,可以建立连续体模型与离散体模型之间指标关系,如图 3-77 所示。

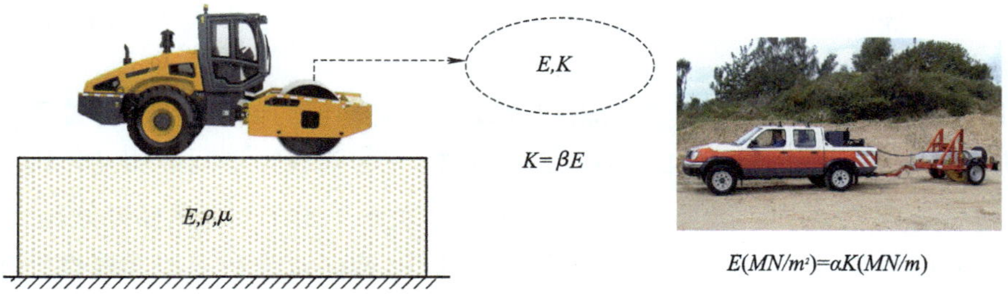

图 3-76 同一台振动压实机具的 E 与 k 的关系

图 3-77 模量与刚度系数的等价原则示意

由于离散体模型 $F = ku + c\dot{u}$ ，连续体模型中 $F = \beta Eu$ 。令二者相等，即有

$$ku + c\dot{u} = \beta Eu \quad \Rightarrow \quad k = \frac{1}{u}(\beta Eu - c\dot{u}) \tag{3-41}$$

如果不考虑阻尼的影响，则离散体模型中的 k 与连续体中的 K 具有一致性。现以式(3-13a)的解答为例，推导它们之间的关系。令 $c=0$，则由式(3-41)得

$$k = \beta E = \frac{\pi LE}{2(1-\mu^2)}\left[\ln\left(\frac{L}{2a}\right) + 1.886\right]^{-1}$$

$$= \frac{\pi LE}{2(1-\mu^2)\left[\ln\left(\frac{L}{2a}\right) + 1.886\right]}$$

将式(3-11)整理成 a 的表达式代入上式，得

$$k = \frac{\pi LE}{2(1-\mu^2)\left[\ln\left(\frac{L}{\sqrt{\frac{16R(1-\mu^2)F_r}{\pi LE}}}\right) + 1.886\right]}$$

进一步整理得

$$k = \frac{\pi LE}{2(1-\mu^2)\left\{\frac{1}{2}\ln\left(\frac{\pi L^3 E}{16R(1-\mu^2)F_r}\right) + 1.886\right\}}$$

将式(3-38)的 F_r 表达式代入上式，整理得

$$k = \frac{\pi LE}{2(1-\mu^2)\left\{\frac{1}{2}\ln\left\{\frac{\pi L^3 E}{16R(1-\mu^2)[Mg + \eta_1 me\omega^2\sin\omega t - \eta_2 Mf(\ddot{u},\omega,\varphi)]}\right\} + 1.886\right\}} \tag{3-42}$$

式(3-42)描述的是 k 与 E 的理论关系，看起来比较复杂，但实际上并不是很复杂，大部分都是已知量(数)。正确使用这个关系式的方法是先得到模量 E，然后代入其中求 k。

若已知 E 求 k，操作就要麻烦一些。此外，可以通过试验来确定 k 与 E 的关系，也是一条很好研究路线。

以上的论述是基于加载工具为钢轮和承载板的前提下的，力与变形的关系为线性关系。但并非所有情况都是如此，如加载工具为球体，它与弹性半空间体相互作用时的表达式为 $F=(4/3)R^{\frac{1}{2}}E^{*}u^{1.5}$，力与变形之间不是直线关系。对于实际的路基结构，由于岩土填料的复杂性，力与变形的关系完全符合线性的很少，或多或少有一些非线性存在。一般地，对于岩土类填料构成的结构，广义的力与变形的关系可以表示如下形式：

$$F=\beta Eu^{n}\Rightarrow E=\beta_{i}^{-1}\frac{F_{i}}{u_{i}^{n}},\beta_{i}=E^{-1}\frac{F_{i}}{u_{i}^{n}} \tag{3-43}$$

比较式(3-43)和式(2-5)可以发现，它们在形式上是一致的。式(3-43)给出的表达式具有普遍意义，显示了加载工具、加载大小、岩土结构体模量与变形之间的关系。当岩土体的模量很大时，与理想弹性体就越接近，越呈线性关系趋势。尽管式(3-43)看起来简单，但只是形式上的简单，实际情况远非如此。主要问题可能是如何确定“动态修正因子”β。针对具体问题，采用试验方式确定，不失为一种可能的途径。

总体来讲，路基碾压面受到的荷载与其变形之间的关系不管线性与否，都具有正向关系是确定的，如图 3-78 所示。这与现场试验结论和其他一些学科对岩土体的研究结论都是相吻合的。路基填筑体的压实质量越高，其状态也就越接近线弹性体，现有一些理论也就应用的越准确。

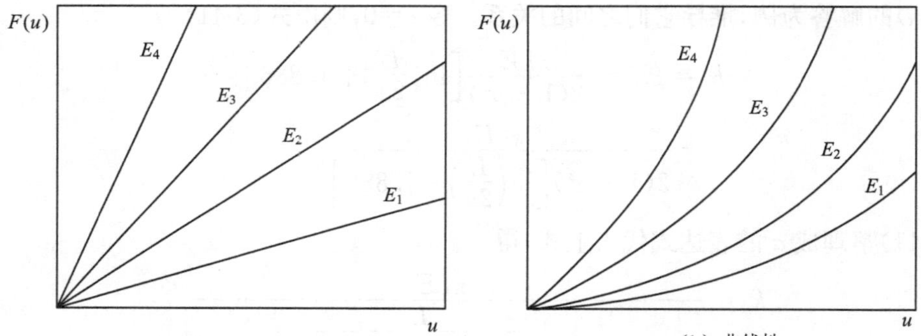

(a) 线性　　(b) 非线性

图 3-78　路基所受压力与变形的关系

2. 控制指标的运用

以上从力学角度给出了压实控制指标的特点以及相互关系。在压实质量控制工作中，需要结合实际情况，灵活而智能地运用这些指标，达到最佳使用效果。如果单纯从压实质量过程控制的角度看，对于一台固定的压实机具而言，采用模量 E、地基系数(刚度系数)K_{30}和抗力 F_{r} 三个力学指标中的哪一个都行，都可以达到压实质量控制的目的，只要简洁、方便，满足现场要求就行。但是，如果从分析路基结构和无砟轨道结构力学特性以及轮轨动力学分析的角度看，模量才是最合适的指标。因为 K_{30}不是一个客观量，只是假想的文克尔地基模型中一个人为定义的指标，在对路基结构进行力学分析时很难直接使用，只能经验性的换算为模量；而路基结构抗力代表了其抵抗变形能力，除了可以作为碾压时的控制指标外，还是路基结构力学分析时的边界条件，但这个指标随压路机的变化（加载大小的变化）而变化。目前我国高速铁路路基的控制指标已经由过去的变形模量改变为以地基系数为主。下面以模量和抗力双指标为重点，阐述在实际碾压控制中的运用问题。

在正常碾压状况下，振动压路机的位置随填筑层标高的变化而变化，一般要求二者的位置之差 $(H_1-H_2)\approx(h_1-h_2)$，这样压路机的振动与碾压面的振动是协调的，可以认为压路机没有发生弹跳，如图 3-79 所示。这样连续体模型便可以正常使用了。

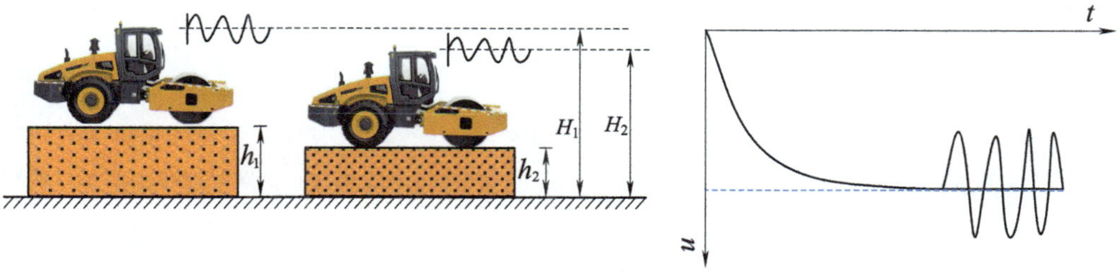

图 3-79　压路机与碾压面的相对位置变化与振动特征的一致性

正常情况下，采用模量 E 指标进行碾压过程的控制，同时以抗力系数 F_R 作为辅助性控制指标，可以随时监控钢轮与碾压面之间作用力的变化，判定是否发生弹跳现象和振动压实工艺 $U=U(m,e,\omega,M)$ 是否稳定，是否符合规定要求等。另外，正常情况下的抗力系数 F_R 和模量 E 随压实状态的变化规律一般是相同的，如图 3-79 所示。

当正常工作的压路机发生弹跳后（其原因已在前面阐述），一般都是路基填筑体局部变硬、相互不协调造成的。此时钢轮的振动信息一般不能正确反映碾压面的振动信息，但抗力信息仍然能够识别这种弹跳现象，如图 3-80 所示。这种情况下可以发挥碰撞模型的优势，通过识别钢轮振动特征，能够得到模量信息。还可以根据实际情况，利用抗力信息对弹跳处的模量进行一些技术性修正。

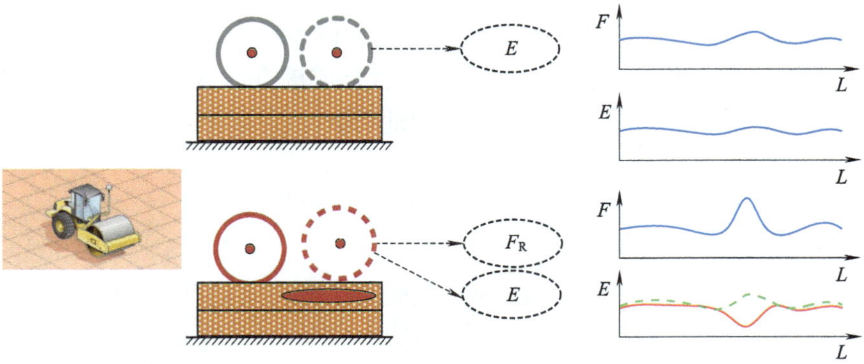

图 3-80　力学双指标控制压实质量

目前高速铁路路基的压实质量控制都是以控制不出现低压实状态区域（薄弱区）为主，这是为防止路基出现不均匀沉降（塑性变形）而提出的。从行车舒适度的角度看，应该控制路基面的整体性能均匀为好，局部过高的刚度也会造成不均匀支撑以及疲劳寿命的不均匀分布。这是一种双向控制要求，将是下一步控制的问题。

另外，鉴于目前高速铁路中采用 K_{30} 作为路基压实质量的验收控制指标，为便于与其对应和使用，在连续与智能压实控制中也可以定义类似的指标，称作压路机钢轮作用下的地基反力系数或抗力系数 F_R，即

$$F_R = \frac{F_r}{u} \tag{3-44a}$$

其中，F_R中的 R 代表压路机(Roller)。这样，在实际控制工作中，也可以选择 F_R作为控制指标，其运用方法与上面叙述的相同。此外，如果考虑钢轮宽度的影响，也可以将 F_R定义成如下形式：

$$F_R = \frac{F_r}{Lu} \tag{3-44b}$$

需要注意的是，上述定义的 F_R不是一个客观量，指标与振动压路机类型有关，不同压路机得到的 F_R一般都是不相同的，这是与模量指标的不同之处。作为压实质量控制使用尚且可以，但如果深入分析路基填筑体的力学性能就没有模量指标优越了。

3.4.5 适用条件

前面在论述连续体模型和离散体模型时都要求压路机与碾压面不能分离，钢轮不能发生弹跳现象。在引入碰撞模型和钢轮动力学模型后，将这种现象看作是碰撞或冲击问题便可，可以不对压路机弹跳提出具体要求了。但压路机振动工艺参数的稳定性是一个值得重视的问题，也是压路机出厂时进行质量把关的关键所在。

由钢轮动力学模型可知，在振动压实工艺 $U=U(m,e,\omega,M)$ 中，振动质量 M 是一定的，不会发生变化；偏心块质量 m 和偏心距 e 一般也是稳定的，不会经常发生变化；剩下的就是振动频率 ω 了，也就是转子的转速，这是由动力驱动的，其变化最显著。因此，所谓压路机振动性能稳定，主要是指其振动频率的稳定性。振动频率是最容易发生波动的，它的随机变化，将直接影响到激振力的大小，会造成实际压实力的显著变化，不但影响压实效果，也对连续测试工作产生不利的干扰，还会给前面的各种模型分析带来影响。因此，不管是基于什么样的模型考虑，振动压路机的振动性能应该有足够的稳定性是其基本要求，也就是连续与智能压实控制对压实机具提出的适用条件。

3.5 碾压过程实时监控

研究碾压问题的各种力学理论模型的目的是为了在碾压过程中对压实质量进行实时监控，其技术手段就是测试技术。力学理论的应用离不开现代测试技术的支撑，二者相辅相成。理论模型做的再好，若没有可靠的信息，也是无法解决实际问题的。获取信息的手段就是测试技术。对于振动碾压问题而言，就是要利用动力学测试技术获得有用的压实信息，经过理论模型处理和计算，得到直接用于压实质量智能监控的有用信息。有关压实控制方面的测试技术已在文献[1]中进行了详细论述，这里仅讨论几个重要问题，这也是这项技术的核心内容之一。

3.5.1 振动碾压与动力学试验

压路机对路基填筑体的碾压作用是一种力学行为，从试验的角度看，完全可以将这种行为看作是一种力学试验，并且与平板载荷试验有许多相同之处，如图 3-81 所示。

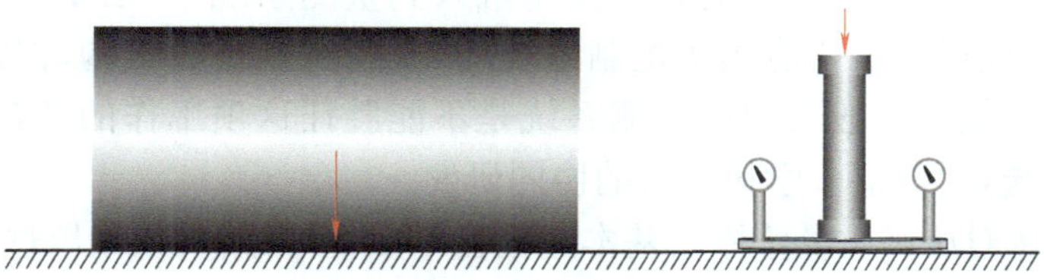

图 3-81 钢轮压实与承载板试验对比

对于压路机的碾压，钢轮作为加载工具，作用在碾压面上的荷载呈狭窄条状，其分布为 $p(x,y)=[P/(\pi aL)][1-(x/a)^2]^{1/2}$；对于平板载荷试验，加载工具为刚性承载板，作用在碾压面上的荷载呈圆状，其分布为 $p(r)=[P/(2\pi a^2)](1-r^2/a^2)^{-1/2}$。二者的不同之处除了荷载分布形式不同之外，钢轮加载比较“粗糙”，承载板加载比较“精细”，致使利用压路机测试得到的结果也相对“粗糙”一些，但只要满足碾压控制要求的工程精度便可。二者共同之处就是都可以表示成 $F=\beta Eu$ 的形式。这样就可以从力学试验的角度分析碾压问题了。而对于振动压实，则对应着动力学试验，碾压过程控制中的许多技术要求都与动力学试验有关。

一个完整的动力学试验系统主要包括试验对象、加载系统和量测（测试）系统（也可以包括后台数据分析处理系统）。加载系统应根据试验对象特征进行选择，一个好的加载系统必须加载精准，要能“激励”出试验对象某些我们感兴趣的特性来，不能“对牛弹琴”。如平板载荷试验系统，通过直径 30 cm 钢板对路基面施加精准荷载，实际上是模拟汽车轮胎对路面的作用（铁路路基的平板载荷试验是移植公路的承载板试验而来的），二者面积是等效的。在路基在修筑过程中，只能依靠压路机进行碾压作业，压路机钢轮就是路基对象的加载系统（工具），但加载不精准，导致其测试结果也不是很精准，这是需要注意的地方。现代测试技术的发展已经将量测技术推进到智能时代，其数据采集、处理和分析以及实时显示等，全部由微型电脑完成，具有自动、智能的特点，一般通用的量测系统都具有此功能，其信息处理软件系统才是不同量测系统之间最大的差异。针对不同试验对象开发具有特色的信息处理系统是值得研究的方向。图 3-82 显示了普通动力学试验系统与振动压实试验系统的区别与联系。

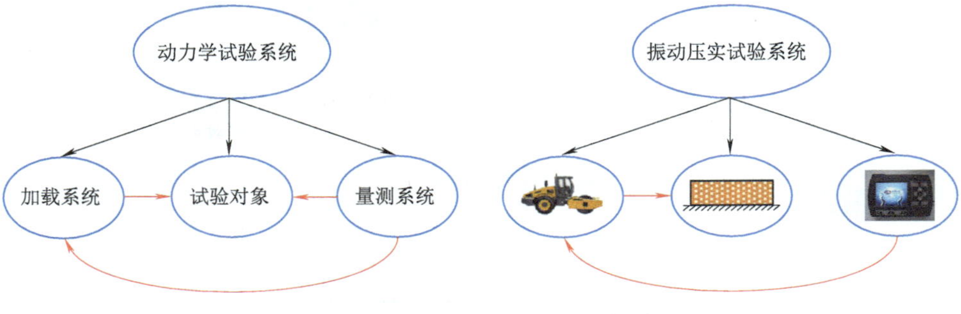

图 3-82 动力学试验系统与振动压实试验系统对比

对于振动压实试验系统，加载工具即振动压路机对量测结果影响很大，并影响到压实控制质量。其中主要问题就是前面所阐述的振动性能的稳定性，这是导致加载不精确的主要原因。对此，在铁路连续压实控制标准中对振动压路机的性能做出了专门规定，参见文献[10]和[11]。

压实量测（测试）系统是最有特色和技术含量的，不但涉及硬件的设计、组合和优化，更要通过巧妙的编程将前面研究的理论模型融入到量测系统中，以便得到压实有用信息进行实际应用，可以说这是智能压实控制系统的“大脑”，是核心机构，但需要经过人工智能的训练才能更有效。一般通用的量测系统是不能胜任这项工作的，需要有针对性地开发独特的量测系统，更需要多学科力量的协同研发。

应用测试技术对压实质量监控的基本过程程序如下：压路机在碾压过程中的振动信号经过传感器的感知和接受，然后经过后续软硬件的信号放大、滤波、信息提取、输入到模型中进行计算等步骤，最后显示在屏幕上的是填筑体的质量参数（控制指标），如抗力、模量和刚度系数等，依据控制指标实现对现场碾压过程的实时智能监控。如果没有正确的控制指标（质量参数），没有可靠而完善的测试技术，后续的实时反馈智能控制也就无从谈起了。因此，针对现场连续与智能压实监控工作的特点，制定完整的测试方案是十分必要的。

3.5.2 振动碾压测试方案

一般的测试系统都是对试验对象进行直接量测，以获取试验对象受力后的反应信息。但是，对于振动压实试验，由于压路机的移动性，在碾压过程中无法实现在路基填筑体上进行连续的量测（只能布置若干个观测点）。目前唯一可行的测试方案就是将量测系统布置在压路机上，以连续获取钢轮的动态响应信息。这是一种间接的量测技术（可以理解成钢轮也是试验对象之一），以振动压路机碾压过程中的动态响应为基本信息，利用前面的各种模型来识别路基填筑体的性能参数。

根据钢轮动力学模型，在碾压过程中可以量测到的信息就是钢轮振动的位移、速度和加速度等，这些信息中含有路基填筑体对钢轮的抵抗力信息。根据多年的实践经验，将振动传感器垂直安装在振动轮的内支架上是一个比较好的技术方案（其固定方式有多种，可根据需要选择合适的固定方式），可以正确获取钢轮的竖向振动信息，如图 3-83 所示。

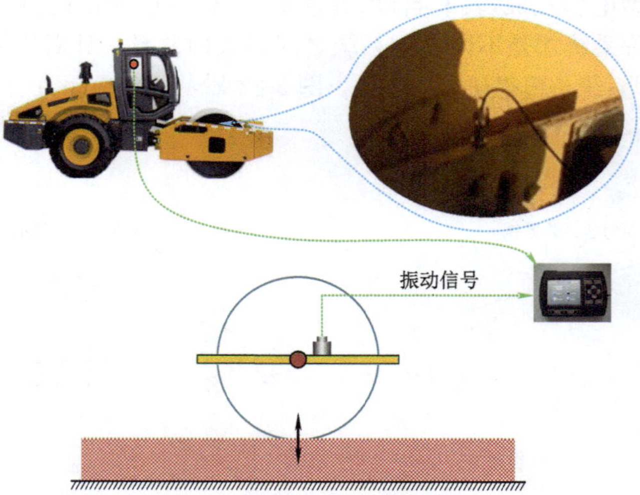

图 3-83 振动压实测试方案

图 3-83 显示了一个完整的振动压实测试方案。其中激励(输入)信号就是给定的激振力,它并不是直接作用在路基填筑体上,而是作用在钢轮上,使钢轮产生周期性振动,钢轮再将这种动态作用(动态压实力)施加给路基填筑体,同时路基对钢轮产生一个反作用力即抗力(可以看成是钢轮的另一个输入信号)。安装在钢轮上的传感器可以感知这种携带了路基压实质量相关信息的振动信号,经过驾驶室内的量测装置进行信号采集等各种信息处理,再利用前面的相关理论,经过复杂的计算等步骤,可以得到路基结构的抗力、模量和刚度系数等与压实质量直接相关的参数,根据压实质量控制准则,对压路机和路基填筑体发出反馈控制指令,实现在碾压过程中的连续与智能压实控制。

自行研发的智能压实测试与控制系统经过多年的实践,证明了其可靠性和准确性,测试结果也验证了理论模型的准确性,也为今后的深化研究提供了大量的基础数据。

3.5.3 实时监控与信息化及智能化

目前“信息化、智能化、云技术”等都是非常“时髦”的词汇,一项技术视乎不与这些词汇挂钩就不先进,其实这是外行的一种偏见而已,或者说炒作成分更大一些(包括一些商家的暗中策划)。从测试技术本身来看,早就从人工读表和记录等操作方式中解放出来,实现了试验过程的信息化、自动化和智能化。碾压过程中的测试技术更是如此,否则也就无法实现碾压过程中的实时监控,谈不上连续与智能压实控制了。

早在 20 世纪 90 年代,连续压实控制技术兴起之时就紧密与现代测试技术结合在一起了,没有量测设备的电子化与信息化,就没有这项技术的今天。而智能化是近年来才融进这项技术之中的,主要体现在大量的量测设备中,包括智能采集、智能信息处理等,但与填筑工程本身结合的还不紧密,这是下一步研究的重点,需要与人工智能的紧密结合。

此外,就是所谓“云技术”的运用问题。实际上,就压实监控而言,所谓“云技术”也只不过是互联网(或远程监控技术)的另一个说法而已,“云”是网络、互联网的一种比喻说法。过去主要应用在军事领域,需要专网实现。现在是互联网时代,利用公共通信网,加上后台服务器提供一些信息处理等,便构成了“云技术”。作为科技工作者,应该有一个清醒的认识,不要被时髦的概念所迷惑,还是应该老老实实做好基础研究工作,否则就真是“空中楼阁”了。如果压实监控结果不能正确反映现场压实质量本身信息,那么后续所谓的信息化、智能化和云技术也就无用武之地了。

在量测系统能够获取压实质量正确信息(目前很多用于数字化施工的量测系统并不能获取与压实质量直接相关的正确信息)的前提下,我们可以充分利用现在科技最新成果,将其综合运用在连续与智能压实控制工作中,搭建真正意义上的“智能压实监控平台”。

如图 3-84 所示的智能压实监控系统可以实现如下功能,基本满足现场压实质量过程控制的需求,但距大家心目中的高级智能压实控制还有很长的路要走。

(1)碾压过程中,多台压实机具(压路机)之间可以实时交换相关的压实质量信息,协同作业,完成碾压工作。

(2)碾压过程中,现场可实现各种手持终端与压实机具之间的双向无线通信,手持终端不但可以实时查看压路机碾压情况,还可以根据实际情况,对压路机发出反馈控制指令以及一些设置命令等。

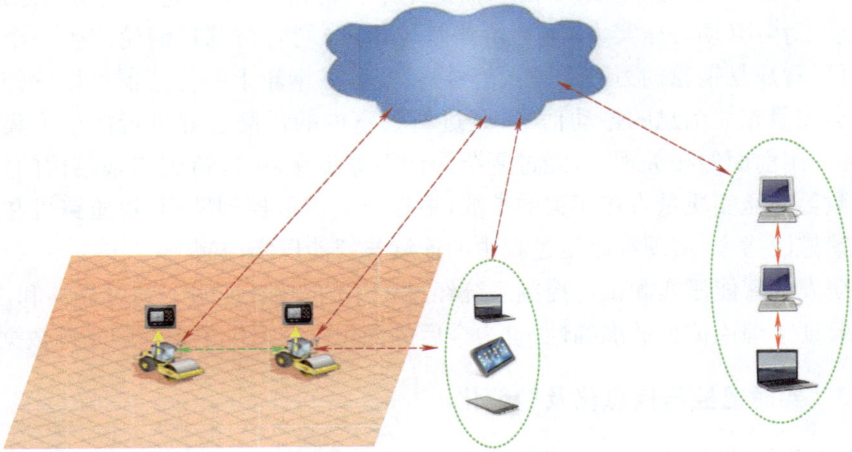

图 3-84 目前可实现的智能压实监控系统

(3)碾压过程中,压实机具可以通过移动通信等公共平台接入互联网,与远程终端(信息管理平台)实现信息交互,远程终端也可以对现场压实质量发出反馈控制指令。

总之,现在信息科学与智能科学的发展,为连续与智能压实监控技术提供了一个新的发展方向,它们的进一步融合,将会对填筑工程的智能建设开辟新的创新空间。

以上对碾压过程动力学问题从理论模型到工程测试进行了阐述,由此可以初步搭建碾压过程监控系统,实现对碾压过程的实时连续测试了。但是,对于路基压实质量来讲,仅有测试结果还是不够的,重要的是要进行反馈控制,提高路基压实质量才是最终目的。那么对路基填筑实施反馈控制的依据是什么,这是必须要回答的问题,这就涉及如何制定控制准则问题。针对高速铁路特点,制定路基填筑碾压过程控制准则是一项与工程实际密切相关的工作,也是下一章所要阐述的内容。

4 碾压过程反馈控制

第 3 章主要研究了碾压过程的各种动力学模型及其对应的质量参数特点，解决了碾压过程控制指标的选取和动态测试问题。如果进行压实质量控制，还需要建立控制准则，也就是控制标准。这样才能根据连续测试得到的压实信息，对碾压质量发出控制指令，以便达到提高路基压实质量的目的。

4.1 高速铁路路基压实质量控制要素

由第 1 章可知，高速铁路与普速铁路在结构和列车运行速度方面都有很大的区别，对路基结构性能的要求也不完全相同。保证路基结构性能达到规定要求的措施主要有两方面，其一是选择优良填料；其二是压实质量控制。在填料已定的情况下，碾压过程中需要控制那些要素才能满足路基结构性能要求是非常关键的，这就需要从高速列车安全运营方面入手，分析路基结构发生什么样的变化会对其产生什么样的影响，再来控制这些导致路基结构发生变化的主要因素。

4.1.1 路基质量与安全运营

高速铁路线路结构即“轨道—路基”结构体处于正常状态下时，高速行驶的列车会使相应部位的下部结构体中产生附加动应力，自轨道板向下扩散传递。从路基方面来讲，直接作用在路基顶面的是混凝土底座，路基结构必须给混凝土板提供一个足够强度、刚度且均匀而稳定的支撑，来平衡这种列车传递下来的附加动应力，这样才能保证列车的安全运营，如图 4-1 所示。这正是第 1 章所论述的路基结构在强度、刚度、稳定性和均匀性方面要满足一定技术要求的体现。

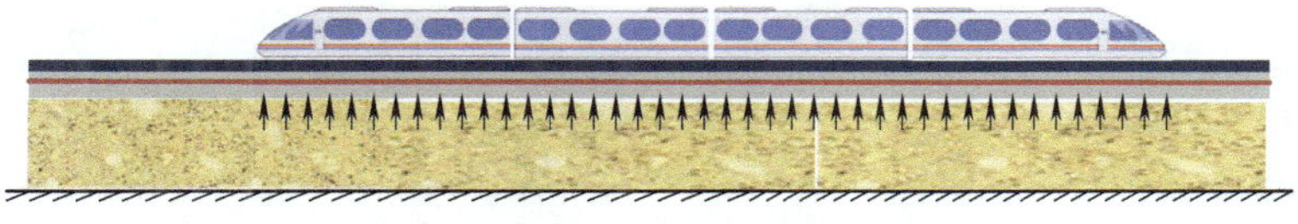

图 4-1 高速列车—轨道结构—路基结构

一般来讲，路基结构整体出现重大质量问题的并不多见，常见的问题是其局部出现性能变异。如果路基结构某一局部在强度、刚度、稳定性和均匀性等方面发生变异，首先就会影响混凝土板的支撑条件，使混凝土板受到不均匀支撑而使其应力应变状态都会发生变化，这种变化会继续传递给轨道板，同样使轨道板的应力应变状态也发生变化，最后这些变化将集中反映在轨道上，导致轨道发生种种变化。重则轨道出现过大变形影响行车安全，出现重大事故，轻则轨道出现不平顺，影响旅客的舒适度，如图 4-2 所示。

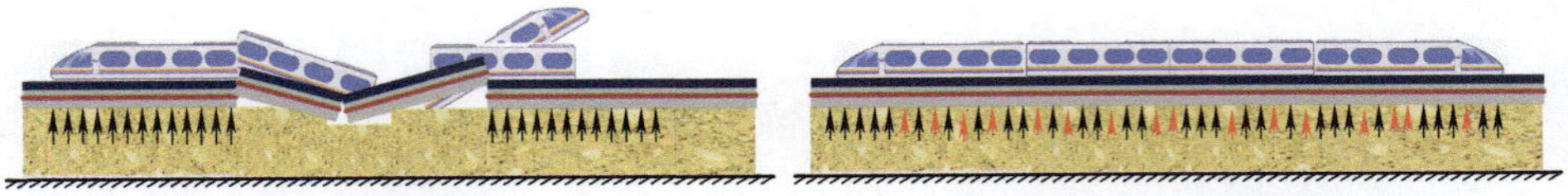

（a）路基局部沉陷导致重大事故　　（b）路基性能不均匀支撑导致轨道不平顺

图 4-2　路基结构变异导致出现的问题

高速铁路无砟轨道结构对路基结构局部变异是非常敏感的，路基结构局部较大的沉降变形将引起上部混凝土结构的破坏。轨道几何形位将急剧恶化，对行车安全造成严重影响，这正是图 4-2(a)的情况。即使路基结构不发生较大沉降，其局部抵抗力的不均匀也会对上部支撑造成影响，轨道几何形位也会发生变化，这就是轨道不平顺问题，图 4-2(b)就是这种情况。

路基结构局部发生过大的沉降是最严重的事故。这是由于路基结构发生过大的塑性变形而引起的，是一种破坏现象，是路基结构强度不足的表现。出现这种情况不外乎两种原因，其一是局部没有充分压实，这种情况除非故意偷工减料，否则一般不会发生；其二是填料本身出现问题，如黏性细粒料的含水量问题，粗粒料的级配问题等，这种情况是最常见的，需要认真对待，要从源头上控制好，如设计阶段、选料场阶段等。

除了沉降问题对运营安全造成重大影响外，路基结构局部性能（刚度、稳定性等）变异造成的轨道不平顺问题也是影响安全运营的另一大问题，尽管没有沉降问题严重，但也不可藐视。轨道不平顺不但影响到旅客的舒适度，还会对列车的机械构件造成疲劳损伤，更由于长期的重复作用，也会对线路结构造成疲劳损伤。

轨道不平顺分为短波不平顺和长波不平顺两种类型，如图 4-3 所示。轨道不平顺会对列车产生一个附加作用，造成列车的附加振动，与公路路面平整度对汽车产生影响是一个道理。短波不平顺主要引起车辆的抖动，对乘车的舒适度会造成一定影响，一般可用车辆振动加速度的大小进行评定。而长波不平顺对车辆造成的影响与其运行速度有关，列车高速状态下如果遇到轨道长波不平顺，有可能造成列车“出轨颠覆”问题。这些都可通过轮轨动力学计算得到确切答案。

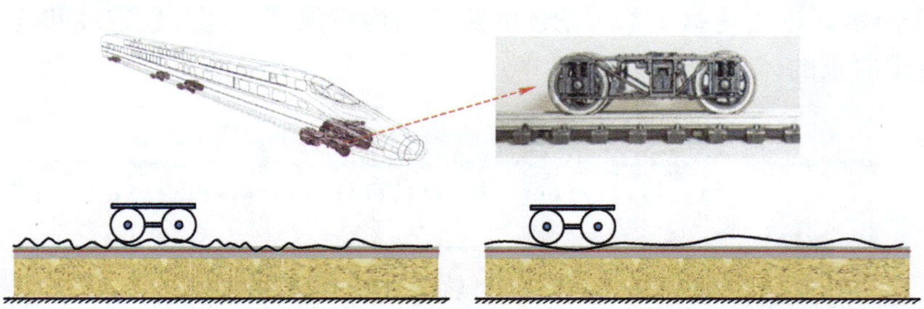

（a）短波不平顺　　（b）长波不平顺

图 4-3　轨道不平顺类型示意

上述只是讨论了路基结构局部性能变异会对上部结构和行车安全造成影响，路基结构局部变异的不同形态（面积和位置及变异程度等）对上部结构和行车的影响实际上是不同的。例如，路基性能的变异在钢轨下部出现和在两根钢轨之间出现，其影响就会有很大的不同，在两块轨道板之间出现和在一块轨道板下出现，影响也会不同。这些都可以通过数值仿真进行详细分析。

图 4-4 给出了几种路基结构性能不均匀分布与轨道板和钢轨的相对关系，其中不同颜色代表变异的强弱不同。可以按照上述分布模式进行数值仿真试验，会得到很多有用的结果。路基结构性能的不均匀是一个值得深入研究的课题，涉及如何制定控制标准等问题。

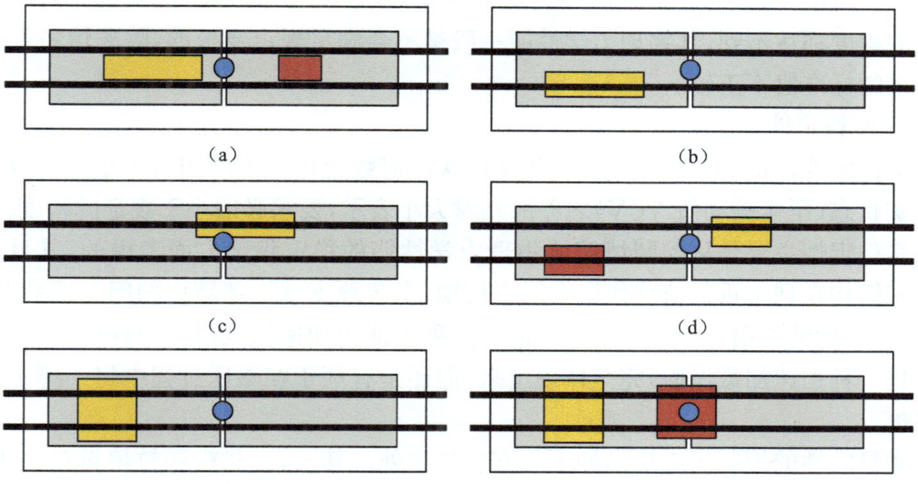

(a)　(b)　(c)　(d)　(e)　(f)

图 4-4　路基结构性能不均匀性分布与轨道板和钢轨的相对关系示意

4.1.2　碾压过程控制要素

保证列车安全运营是铁路运输的头等大事，路基填筑压实质量控制也是为了这个目标。上面讨论了路基结构性能变异对安全运营的影响，清楚了路基结构发生什么样的变异会对安全运营产生什么样的影响。反过来，确定路基填筑碾压过程中的控制要素问题也就解决了。由于路基结构必须在强度、刚度、稳定性和均匀性方面满足相关技术要求，根据这一特征，在碾压过程中需要控制的要素主要有压实程度、压实稳定性和压实均匀性三个方面。

1. 压实程度

压实程度是路基填筑体的压实状态达到规定状态的程度，即

$$压实程度=\frac{实际压实状态}{规定压实状态}\times 100\%$$

这里所谓的压实状态是指路基填筑碾压过程中，路基结构在压路机作用下所呈现出的物理力学性状，可以用物理指标表示，如干密度；也可以用力学指标，如模量、地基系数，或者采用物理与力学双指标表示。

为方便计，今后将基于振动压路机在碾压过程中振动轮竖向振动响应信号所建立的反映路基压实状态的力学指标称为振动压实值(英文缩写 VCV)，代表的是模量、抗力和刚度系数等控制指标。

需要注意的是，在中国，压实度的含义主要是指物理指标干密度，但实际上也是英文

压实程度(Compaction Degree)的简称，只是都将其理解为现场干密度与标准干密度比值的百分比了。

控制压实程度的目的是控制路基填筑体物理力学性能达到规定值的程度，解决路基填筑体是否有足够强度和刚度支承上部结构的问题。可见控制压实程度实际上控制的是路基结构的强度和刚度达到规定的要求，如控制 $K_{30} \geqslant 130$ MPa/m 就是这个意思。

在压实质量控制中，控制压实程度是最重要的工作了。如果路基填筑体的压实状态连规定的程度都达不到，其物理力学性能一般是不会满足规定要求的，除非填料发生变异导致制定的标准值不正确。

2. 压实稳定性

压实稳定性是指压实状态随振动压路机碾压遍数变化程度的相对大小。一般用前后两遍压实状态(压实振动值 VCV)之差的相对大小表示，要求必须小于规定的精度。

压实稳定性主要是从控制填筑体物理力学性能的稳定程度方面考虑的，其目的是想解决路基结构在列车重复荷载作用下能否长期、有效地支承上部结构的问题即疲劳问题。当然，路基结构的长期特性不一定能够通过这种短期的加速加载(将压路机的振动压实作用看成是一种加速加载试验)完全体现出来，但还是有利于在碾压过程中将一些不稳定因素消除掉。

压实稳定性的控制还表现出如下几方面的用处。其一，有些粗颗粒填料在碾压时，有时候尽管压实程度满足要求，但压实是不稳定的，VCV 还会随碾压遍数发生变化，如图 4-5所示，此时必须要将其碾压至稳定，即压实状态不再变化，否则在运营期列车重复荷载作用下，一定还会发生进一步的压密变形。其二，对于土石混填或填石路基而言，传统控制方法失效，常用一定吨位的振动压路机碾压无轮迹作为结束压实的标志，碾压无轮迹实际上就是无塑性变形。但对于粗粒料来讲，碾压至无塑性变形，其内部颗粒还会调整，抵抗变形能力可能还会增长，性能参数如模量等也会变化，压实不一定达到稳定状态，如果采用压实稳定性判定就会消除这种影响。其三，在碾压过程中，可以根据压实稳定性的变化情况来初步判别填料的可压实性。压实性好的填料，其 VCV 和压实稳定性的变化规律一般都符合图 4-5 中的左图情况。

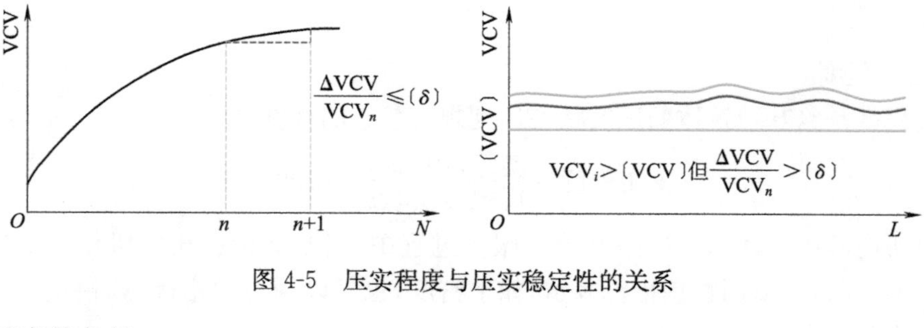

图 4-5 压实程度与压实稳定性的关系

3. 压实均匀性

压实均匀性是指路基结构性能在碾压面上分布的一致性。压实均匀性控制的是路基填筑体物理力学性能的均匀分布程度，解决能否均匀支承上部结构的问题。如 4.1.1 节所述，路基结构局部出现问题，实际上都可归结为均匀性问题(反着说就是变异性)。出现变异性问题的主要原因是填料变异和碾压不均匀，从现场调查结果看，可能主要还是填料出了问题，包括黏性细粒料的含水量问题和粗粒料的级配问题等。对于高速铁路而言，压实均匀性是一个非常重要的问题，到目前为止还没有彻底解决，后面还会对这个问题进行详细的讨论。

以上讨论了碾压过程中需要控制的要素及其特点。如果在碾压过程中将三方面的要素都控制好，也就意味着压实质量是好的，是符合规定要求的。在碾压过程中控制压实程度、压实稳定性和压实均匀性，这是传统点式抽样检验控制难以胜任的，唯有连续与智能压实技术才可以完成。新技术的引进，也使路基施工这一传统领域发生了深刻变革，控制手段的改变也带来了控制内容的更新。从单纯的点式控制到连续的面式控制，还有控制内容的改变，都反映了新技术和新方法的优势，确实是筑路技术的又一次革命。

需要注意的是，压实程度、压实稳定性和压实均匀性这三个要素在碾压过程中是同步控制的，并没有孰轻孰重的问题，如图 4-6 所示。但对不同填料类型，可能侧重点会有所不同。如填石路基，目前只能以控制压实稳定性为主了，辅助以压实程度和压实均匀性控制。

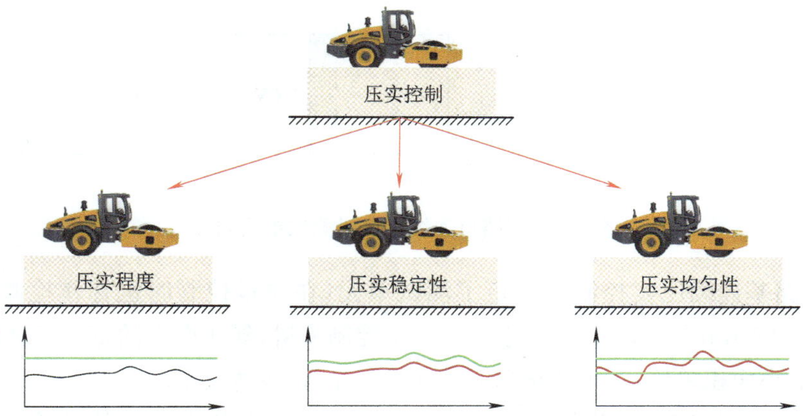

图 4-6 碾压过程中控制压实程度和压实稳定性及压实均匀性示意

在确定了控制要素之后，接下来的工作就是怎么控制这些要素的问题了。首先需要制定压实控制准则，也就是压实质量控制执行的依据，然后才能进行反馈控制。

4.2 碾压过程控制准则

碾压过程中的压实控制准则是进行反馈控制的依据，其制定原则就是依据此准则进行压实质量控制的路基结构，其结果要符合高速铁路对路基结构的规定。因此，控制准则的制定要充分考虑高速铁路对路基结构的技术要求，也就是 1.1 节所论述的主要内容必须得到满足。

4.2.1 压实程度控制准则

路基填筑体是分层填筑和碾压的，一般每一填筑层的厚度在 30～40 cm 之间，路基填筑体由若干填筑层构成，最后形成路基结构体，其横断面如图 4-7(a)所示。对于某一填筑层而言，在填料摊铺完成后，便是压路机在摊铺面上的碾压作业了，其摊铺面就是碾压面，而将压路机钢轮轮宽范围内的矩形碾压条带称作轮迹，如图 4-7(b)所示。

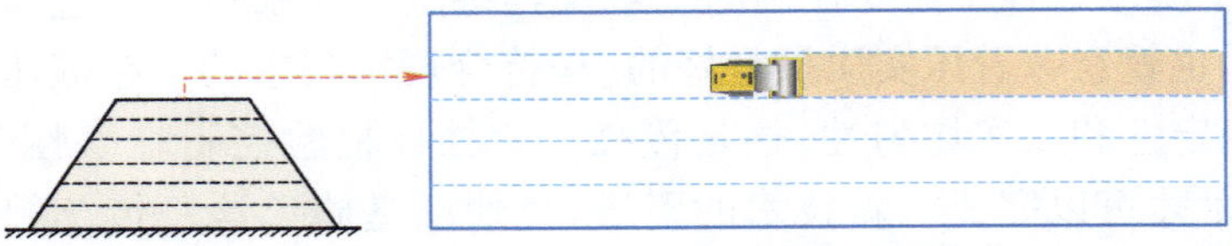

(a) 横断面　(b) 碾压面与轮迹

图 4-7　压路机碾压面与轮迹

在压路机上对碾压过程进行连续测试时，其测试数据在压路机碾压轮迹方向上是连续分布的。为了分析方便，需要将数据划分为若干个测试单元，其范围为钢轮宽度(L)与行走距离(vt)的乘积，一般压路机行走 30～50 cm 可取一个测试单元，这个测试单元也称作连续测试的一个“点”，对应一个测试数据 VCV_i，如同 K_{30} 是一个测试点，但却是直径为 30 cm 的圆面积是一个道理，如图 4-8 所示。

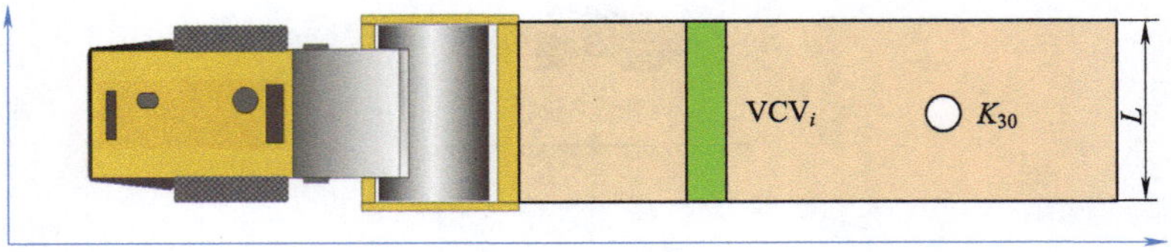

图 4-8　压路机连续测试时测试单元划分

在铁路路基连续压实控制中规定了测试单元(在质量控制时也称作检测单元)的大小，为 1.0 m^2(2.0 m×0.5 m)。对于连续压实控制来讲，碾压面上的每一点都是指一个测试单元，是最小面积单位，一个测试单元对应着一个 VCV 数据。

需要注意的是，在压路机钢轮轮宽 L 方向上，其最小分辨单位就是轮宽，不能再进行细分了。因为相对填筑体而言，钢轮是一个刚体，其上每一点的反应都是轮宽范围内的综合反应。那种将轮宽细分为若干段，每一段上赋予一个测试数据的做法是错误的。理论上讲，无论钢轮上安装多少个传感器，其动态反应都应该是一样的，否则就不是刚体了。

1. 碾压面上一点的压实程度控制准则

振动压路机在碾压过程中，安装在驾驶室内的量测系统会持续地检测出碾压轮迹上每一点(检测单元)的振动压实值(可以是模量、抗力和刚度系数等)，这个数据的大小代表了该点的压实情况，但是否满足要求还需要进行判定，可以按照下式进行。

$$VCV_i \geqslant [VCV] \tag{4-1}$$

式中　VCV_i——碾压面上第 i 个检测单元振动压实值的检测结果，代表碾压面上 1.0 m^2 面积上的综合值；

[VCV]——目标振动压实值。

如果第 i 点的 VCV_i 满足式(4-1)，表示该点的压实程度达到了规定的要求。否则应继续碾压，直至满足上式要求。

式(4-1)就是单点压实程度的控制准则。其中目标振动压实值〔VCV〕就是连续与智能压实控制中的标准值，一般需要通过相关校验试验即对比试验予以确定，与传统控制指标的标准值应该是对应关系，详见后面的叙述。

由于这项技术最终是由压路机驾驶员操作的，所以将检测结果变得通俗易懂是非常重要的，这也是现代检测技术的发展趋势。为此，将连续检测结果进行图形化、可视化处理，以方便现场操作人员察看。一般采用不同颜色来区分压实程度的好坏，例如将达到规定要求的点以绿色表示，未达标的点以红色表示，如图 4-9 所示。

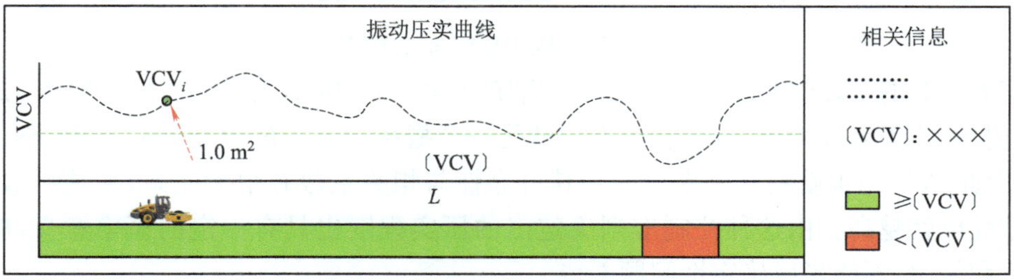

图 4-9　检测单元压实程度判定示意

2. 碾压面的压实程度控制准则

式(4-1)是对碾压轮迹上某一点压实状况进行的判定。对于整个碾压面而言，如果每一个检测单元的振动压实值都满足要求无疑是最理想的。但是，受各种条件的影响(如施工水平、填料变异或分布不均等)，要求碾压面上的每一点的压实程度都达到目标值是一个很苛刻的要求，允许有部分区域不满足要求是可以的，但要满足一定的条件。这里提出一个碾压面压实程度通过率控制准则。

所谓通过率，是指碾压面上满足式(4-1)的检测单元数量(碾压通过面积)占检测单元总数量(碾压面总面积)的百分比。一般要求碾压面的通过率要达到规定的要求，即

$$\eta=\frac{\text{通过面积}}{\text{碾压面总面积}}\times 100\%\geqslant[\eta] \tag{4-2}$$

式(4-2)就是碾压面压实程度的控制准则。其中，$[\eta]$为规定的通过率标准值，可以根据工程等级和技术要求进行设定，与对压实度规定的要求相仿。一般可以将通过率设定为$[\eta]=90\%$。

我国对高速铁路路基压实程度的通过率规定为“碾压面压实程度通过率应按不小于95%进行控制，其中不通过的检测单元应呈分散分布状态”。可见其要求是高于一般标准的，也高于国外相应标准的规定(一般规定为 90%)。

碾压面的压实程度通过率是一个“度”的概念，尽管与压实度有相似的地方，但实际含义是有很大差别的。例如，规定压实度达到 95%为碾压合格，当进行抽样检验时，如果抽取的几个点的压实度都达到 95%，就意味着整个碾压面是合格的，但其中很可能存在没有达标的区域，只是没被检测到而已。但是，碾压面压实程度通过率就没有这种问题，是一种连续检测，每一点都有数据，没有随机性，如图 4-10 所示。

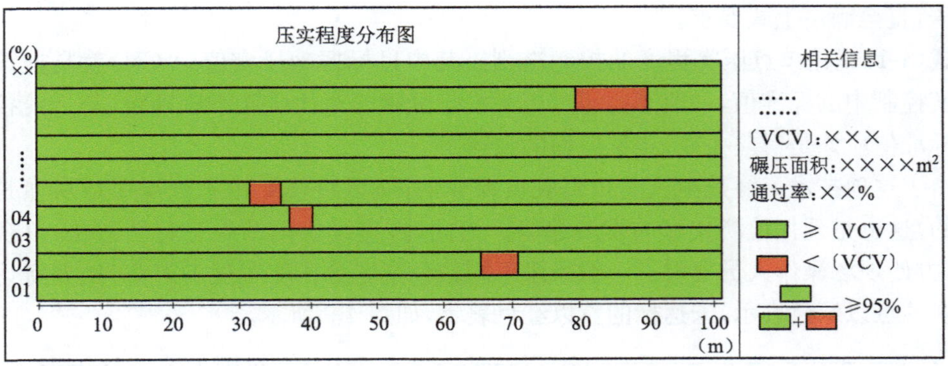

图 4-10　碾压面压实程度通过率判定示意

需要注意的是,式(4-2)的控制准则具有统计学下的“概率”意义。因为〔VCV〕是依据相关校验的相关方程得到的,而相关方程就是一个概率意义下的统计回归方程,不是确定性的,因此〔VCV〕也就具有概率意义。其可靠性与相关系数有很大关系,相关系数越大,其可靠性也就越高。由这种控制准则确定出的压实程度也具有一定的概率意义,应当正确理解和使用,不能当成确定性问题看待。

3. 未达标区域的控制原则

按照控制准则,碾压面压实程度的通过率应该控制在不小于95%的范围内,意味着还有5%的面积没有达到规定的要求。5%看起来是一个不大的数字,但不要忘了这是整个碾压面积的5%。若以碾压面 100 m×20 m=2 000 m^2 为例计算,不达标面积为 100 m^2。如果这部分区域全部或者部分集中在一起,将是十分危险的,会对上部结构造成危害。因此,需要对不达标面积做出补充规定。

对于高速铁路无砟轨道结构来讲,路基面上未达标区域的分布形态是很关键的,涉及如何支撑上部结构问题,图 4-11 就给出了几种分布状况。总体来讲,这部分区域的分布要尽量分散一些,若集中地连续分布在一起,有可能会造成局部的过大变形(沉降),影响上部结构。

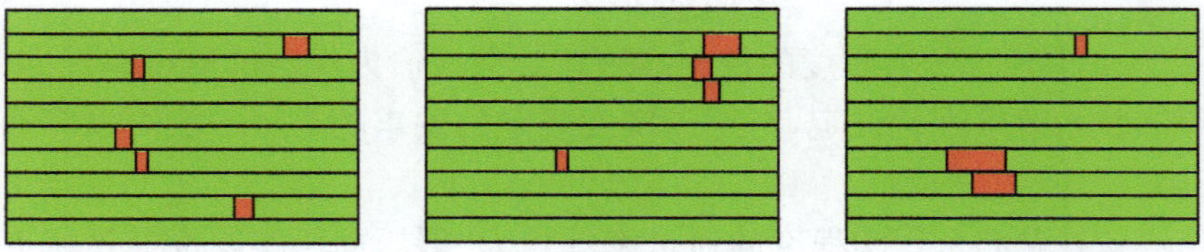

(a) 分散　　(b) 局部集中　　(c) 局部集中

图 4-11　压实程度不通过部分的分布示意

目前对于不达标区域的集中与分散的描述还很难定量给出,涉及空间变异与分布等问题。一般可以根据分布图进行人工判断。图 4-11 示意性地给出几种情况,其中(b)和(c)都是不能接受的(但要与面积大小联系起来),应该进行必要的工程处理。

实际上,不达标区域的集中与分散的实质是一个与均匀支撑有关的问题,仍然需要进行深入的研究。如果进行定量描述,初步可以参考以下做法:对于高速铁路,不达标区域的连通面积之和为 5～6 m^2(相当于路基长度为 2.5～3 m);普速铁路不大于 10 m^2(相当于路基长度为 5 m)。

采用上述原则的理由如下:对于有砟轨道结构,路基面需要进行动力分析时所取的范围为 2.6×1.8=4.68(m^2)。对于无砟轨道结构,目前还缺少资料,但轨道板会更宽一些,所以连通面积按照 5～6 m^2 考虑。普速铁路由于是有砟轨道结构,可以放宽到不大于 10 m^2。目前进行的数字仿真分析结果与上述规定基本一致。

4. 无对比试验数据时的控制准则

在式(4-1)中,有一个目标振动压实值的确定问题。一般需要通过对比试验予以确定,但是比较麻烦,并且要求后续碾压段与对比试验段的状况要相同,要求较高。鉴于此,有必要研究新的控制准则。

实际上,振动压实值(模量、刚度系数、抗力等)是一个独立的力学量,并不一定非得与传统控制指标建立统计联系,正如没人要求 K_{30} 或 E_{v2} 必须要与压实度建立联系是一个道理。因此,可以单独确定目标值〔VCV〕。当然,要求将连续检测结果与传统检测结果建立联系另有原因,后面会有详细的论述。

如果施工单位只是进行自我监控,可不必进行对比试验而直接确定〔VCV〕,其方法可以有两种。

(1)平均值确定法

这种方法一般要求在路基填筑体上可以做传统检验,如压实度、K_{30} 等。首先在已经碾压合格(压实度、K_{30} 检测合格)的相同类型路段上,采用同一台振动压路机,以相同的碾压工艺进行振动压实试验,连续测得一些 VCV 数据,然后取这些数据的平均值作为〔VCV〕,用于其他相同的路段。

这种方法的使用条件就是,采用相同的压路机和相同的振动参数,且填料性质不发生较大的变化。此外,也可以由业主、监理和施工单位根据实际情况共同约定一个目标值,这种做法也是将来发展的一种趋势。

(2)压实稳定性确定法

如果填料比较粗,无法进行压实度和 K_{30} 的检测,那么就不容易确定碾压完的路段是否真的合格了,因为没有压实标准可用,如填石或土石混填路基。在这种情况下,前面提及的压实稳定性就派上用场了。可以采用重型振动压路机(因为颗粒大的缘故)首先碾压一段路基,当压实稳定性满足要求时,此时的 VCV 值(一般也可取平均值)可以作为下一碾压段的目标值〔VCV〕,如图 4-12 所示。

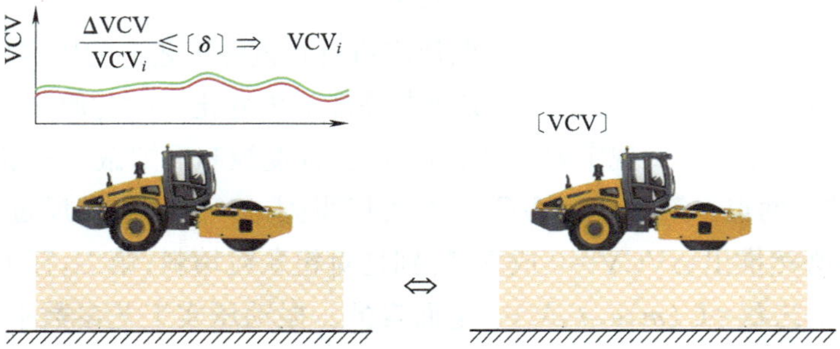

图 4-12 通过压实稳定性确定连续控制的目标值

综上所述，利用压实稳定性寻找目标值是一个很不错的主意，这里面实际上还隐含着许多弹塑性力学的知识，应该引起足够的重视。下面对压实稳定性控制准则问题进行详细讨论。

4.2.2 压实稳定性控制准则

前面已多次提及压实稳定性，这是一个很有用的概念。压实稳定性的实质是指路基结构在一定吨位和振动参数的振动压路机作用下，其物理力学性能保持不变的能力，与一般结构体的稳定性意义相仿。理论上，当振动压实值 VCV 不随碾压遍数变化时，路基结构的物理力学性能是稳定的即处于压实稳定状态。但在实际操作时，一般不会出现这种理想状态，大部分情况下，即使碾压完毕，相邻两遍 VCV 的差值也不会为 0，这就存在一个压实稳定性控制准则问题。

1. 理想情况下压实稳定性控制准则

为了确定压实稳定性的控制准则，首先需要明确如何表征碾压过程中路基填筑体力学性能的变化信息。根据理论分析和实践检验，认为采用压路机在碾压过程中前后两遍 VCV 差值来表示比较好，即

$$\Delta VCV = VCV_{n+1} - VCV_n \tag{4-3}$$

式中 ΔVCV——同一碾压轮迹上前后两遍振动压实值的差值；

VCV_{n+1}——压路机第$(n+1)$遍碾压时测得的振动压实值；

VCV_n——压路机第(n)遍碾压时测得的振动压实值。

需要注意“前后两遍振动压实值”的选取问题。对于普通振动压路机，一般选取同行驶方向(或前进或倒退)的数据，对于定向(垂直)振动压路机，可以不管行驶方向，直接选取相邻两遍的数据即可。这么选取与压路机偏心块旋转方式不同而产生不同的力学模式有关，其中缘由已经在 3.4.2 节进行了分析。

ΔVCV 是判定压实稳定性的关键要素。随着压路机碾压遍数的增加，路基结构的状态由松散向密实过渡，由不稳定逐渐向稳定过渡，ΔVCV 也随碾压遍数在变化着。当 ΔVCV 不再随碾压遍数变化时，此时路基填筑体处于稳定状态，即有

$$\Delta VCV = 0 \Rightarrow \begin{cases} \Delta E_{est} = 0 \\ \Delta F = 0, \Delta u^p = 0 \\ \Delta F_R = 0 \end{cases} \tag{4-4}$$

当 $\Delta VCV = 0$ 时，$\Delta F = 0$，$\Delta u^p = 0$，表明压实机具在该种工艺下的压实功已经发挥到最大，路基结构的塑性变形、力学参数和压实状态等都不再变化。此时原则上应停止该工艺下的碾压作业，至于是否达到规定要求，应结合压实程度控制准则做进一步的判定。

这里需要注意两点。第一，由 $\Delta VCV = 0$ 可以得到 $\Delta u^p = 0$，但是反过来未必成立，即不能由 $\Delta u^p = 0$ 必然推出 $\Delta VCV = 0$ 成立，特别是对粗颗粒填料；第二，压实稳定状态是相对的，是指压实工艺 $U = U(m, e, f, M)$ 一定而言的。振动压实工艺参数不同，其稳定状态也不相同。如 16 t 压路机下的压实稳定状态，在 18 t 压路机作用下可能是不稳定的，文献[1]对此有较详细的论述。

2. 实际情况下压实稳定性控制准则

在实际工程应用时，一般 ΔVCV≠0。此时只要将其控制在一定精度范围内便可以判定是压实稳定状态了，即

$$\forall U: \delta = \frac{\Delta \mathrm{VCV}}{\mathrm{VCV}_n} \times 100\% \leqslant [\delta] \tag{4-5}$$

其中，[δ]为规定的控制精度，应视具体情况（工程等级、填料粗细、压路机吨位、参数等）而定，一般可取[δ]=1%～3%，如图 4-13 所示。

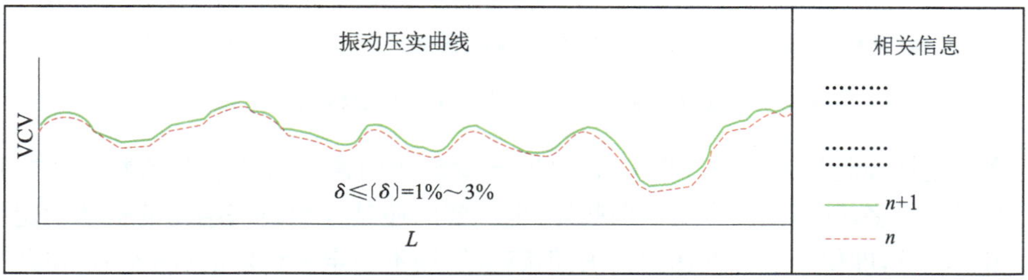

图 4-13 压实稳定性判定与控制示意

在碾压过程中，可以根据得到的不同遍数的 VCV 数据，按照式(4-5)来控制压实稳定性。如果满足式(4-5)，则压实是稳定的，压路机在此压实工艺下的压实功已经发挥出来，但要结合压实程度控制准则进一步判定是否达到压实质量的要求。下面再讨论一下 ΔVCV 的变化规律问题，厘清这个问题将会对现场质量控制工作起到指导作用。

3. ΔVCV 变化规律探讨

由于 VCV 代表了路基结构的模量、抗力和刚度系数等，因此 ΔVCV 反映了这些指标在碾压过程中随碾压遍数变化的信息。VCV 前后两遍差值反映的信息比较丰富，正确理解 ΔVCV，不但能够指导碾压工作，也对散体压实成型规律的研究有益处。

(1) ΔVCV<0

ΔVCV<0 意味着路基填筑体的力学性能后一遍碾压比前一遍的要低，说明其抵抗变形能力不足。此时路基结构一般会通过塑性变形或内部颗粒位置调整来“屈服”，以维持与外界的平衡(功能平衡)。这种情况下一般都会伴有塑性变形的发生(粗颗粒填料也可能不发生塑性变形但抵抗力会降低)，宏观上表现为“过压”现象，处于旧的结构被破坏，新的结构在形成阶段。这种情况下应该停止碾压，否则可能越压越松。

(2) ΔVCV>0

ΔVCV>0 意味着路基填筑体的力学性能后一遍碾压比前一遍的要高，压实效果更好，路基结构抵抗变形的能力仍在增长，塑性变形减小，填筑体的颗粒在相互作用，关联更加紧密，压实状态处于变化之中，是一种不稳定状态，宏观上表现为“过压”现象。此时一般应该继续碾压，直到 ΔVCV 满足式(4-5)的要求为止。

一般而言，ΔVCV 的变化与填料的压实性能密切相关。正常情况下，从振动碾压开始至结束，ΔVCV 的变化规律是先大后小，如图 4-14(a)所示，这种情况下填料的压实性一般都是很好的；如果 ΔVCV 在整个碾压过程中变化不大，甚至不变化，如图 4-14(c)所示，那么填料是很难压实的，如粗粒料级配不好，黏性细粒料含水量不合适等就是这种状态；介

于二者之间的为图 4-14(b)的情况，填料具有一定的可压实性，勉强可以使用。

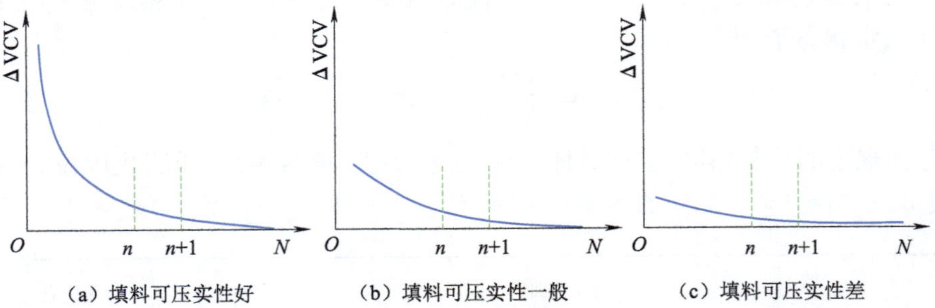

图 4-14 ΔVCV 随碾压遍数的变化及与填料压实性关系

压实稳定性控制是在碾压过程中进行的，至少碾压两遍之后才能开始判定。控制压实稳定性的用途很多，除了前面介绍的那些外，更重要的还是控制路基结构的整体稳定性。因为在许多情况下，即使压实程度达到要求，但路基结构不一定是稳定的(图 4-5)，在列车重复荷载长期作用下仍然会处于失稳状态，最终导致路基结构局部发生过大变形即沉降。

需要注意的是，路基稳定性原则上应该采用疲劳试验方法进行评定，但比较费时费力。由于在碾压过程中，振动压路机施加给路基结构的是一种重复动荷载，与疲劳试验的加载方式类似，因此振动压实也可以看作是一种简易的疲劳试验。

4.2.3 压实均匀性控制准则

路基结构的均匀性是指其物理力学性能沿路基面分布的一致性，是对于不均匀性即变异性而言的。在碾压阶段就是压实的均匀性。从高速铁路目前修建水平来看，由于大面积路基结构强度不足而产生的破坏已经不是主要问题了，但局部问题依旧存在。广义地讲，凡是路基结构局部出现病害，都可归结为路基结构均匀性控制出了问题。如前所述，路基结构的均匀性取决于填料分布的均匀性和碾压的均匀性。压实均匀性控制只能解决碾压方面出现的问题，并不能彻底解决填料变异所带来的不均匀性问题，但能够将其识别出来，为工程处理提供具体位置和依据。

制定均匀性控制标准并非易事，目前国内外还没有统一的标准。首先涉及的是如何理解路基的均匀性问题。对高速铁路而言，我们认为凡是对上部结构以及列车行驶不构成显著影响的路基结构都应该是均匀的，反之则是不均匀的，是变异的。因此，无论路基结构性能如何分布，只要能将其控制在一定的范围之内，使其不对上部结构和行车产生过大的影响就行，这就是评定路基结构是否均匀的准则。但制定详细严格的均匀性控制标准还存在很多问题，世界各国也都在摸索之中。主要涉及如何判定对上部结构的影响程度问题。此外，有砟轨道结构和无砟轨道结构对路基性能均匀性的要求也不一样(如变形要求)，这是一个需要深入研究的课题。

对于碾压阶段，主要是压实均匀性的控制问题，实际控制的是变异性。这里推荐两种控制准则，为今后的深入研究提供一些参考。

1. 数理统计准则

数理统计准则是仿照一般产品质量控制方法而引进的。对于连续与智能压实控制而言，采用数理统计原则进行压实质量控制的理由是非常充分的。

a. 连续测试的数据量非常大，特别适合做数理统计分析；

b. 大量实测数据统计分析表明，在生产稳定的条件下，碾压路段的压实状态比较均匀时，实测数据符合正态分布；

c. 采用数理统计方法作为其评定和控制准则，能较客观地评估工程质量的好坏，减少人为因素的干扰。

基于上述原因，在压实质量控制中引进数理统计方法是可行的。根据实测的压实数据，按照数理统计方法求出有关指标，不但可判断不均匀性，还可进一步识别哪些数据有问题，具体位置是如何分布的。

(1)碾压段整体均匀性控制

对于一段碾压好的路基而言，首先应对其整体压实质量的均匀性进行评定，以便能在总体上把握和控制质量。一般可以用该段压实数据的变异系数 C_v 作为控制指标进行整体控制。

$$C_v = \frac{s}{\overline{VCV}} \tag{4-6}$$

式中 s——样本数据的标准差；

$\overline{VCV}$——样本数据的均值。关于变异系数的大小与均匀性的关系问题，目前还没有相应的技术标准，可通过调查和试验来确定一个合理的取值。

(2)分布范围控制

如何确定路基结构均匀性的取值范围，是一个很复杂的问题，涉及变异性对上部结构影响程度的分析，需要进行理论分析和长期的实践调查。这里先采用数理统计中置信区间的概念进行控制。对于某一点的压实数据 VCV_i 来讲，如果 VCV_i 满足下式要求则属于均匀性范畴，否则为不均匀。

$$VCV_i \in [\overline{VCV} - Zs,\ \overline{VCV} + Zs] \tag{4-7}$$

式中 Z——波动系数，依据一定保证率而定。

在实际工作中，由于填料不同、工程建设等级不同等因素，对波动系数的取值也必须根据实际情况做出调整。例如 $Z=1.645$，对应的保证率为 95%。

式(4-7)为均匀性分布范围控制准则，俗称“3σ 原则”，在许多试验工作中，都用这个方法找出数据的奇异点。如果 VCV_i 不在式(4-7)所示的范围之内，则无论是超出下限还是上限，都为不均匀点，如图 4-15 所示。

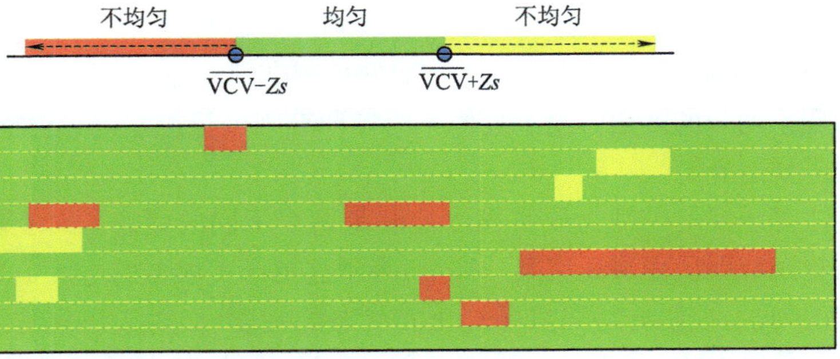

图 4-15 压实均匀性分布范围示意

按照上述准则进行均匀性控制，原理上不存在问题。但在实践中发现，这个要求还是很高的，大部分填料采用这个标准进行控制时，结果显示都是不均匀的。另外，对于不均匀部分，VCV 的低值区可以采取工程处理措施，VCV 的高值区如何处理，其中还涉及路基结构力学性能不均匀分布对上部结构和行车产生的影响问题。目前采用不考虑高值区的方案，仅对低值部分进行控制。如果仅考虑低值区，又可以派生出不同的控制准则来。

2. 低值控制准则一

根据现有的现场调查资料，目前仅对压实状态的低值区域进行控制还是符合实际情况的，因为高速铁路安全运营最怕的还是路基的不均匀沉降问题。鉴于此，可以给出一种简单易行的控制准则，即

$$\mathrm{VCV}_i \geqslant \lambda\, \overline{\mathrm{VCV}} \tag{4-8}$$

在铁路连续压实标准中规定 $\lambda=0.80$。因此，上述准则的实质是对压实数据按照“0.8倍均值”进行控制。具体就是，在碾压完一条轮迹或一个碾压面后，首先计算得到整个压实数据的平均值$\overline{\mathrm{VCV}}$，然后再将压实数据与 $0.80\,\overline{\mathrm{VCV}}$进行比较，凡是满足式(4-8)要求的数据(检测单元)都属于均匀性范畴，如图 4-16 所示。

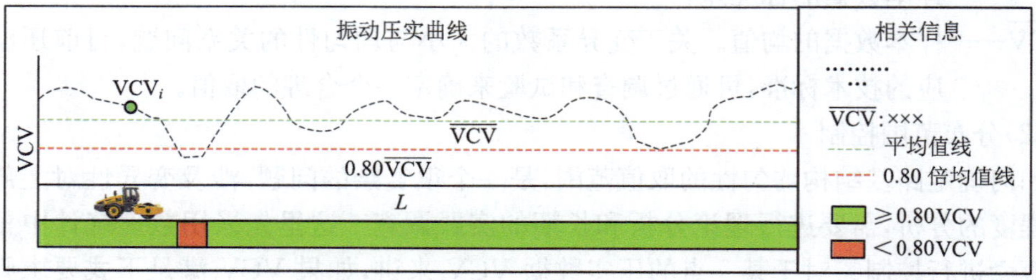

图 4-16　压实均匀性判定与控制示意

这个控制准则的目的是控制碾压范围内不至于出现压实状态过低的区域，防止不均匀沉降的发生。几年来的工程实践证明，上述控制准则，对于目前的施工水平来讲是可以实现的。只要填料不发生大的偏差，并且按照规定的压实工艺进行碾压，一般是可以满足要求的。我国铁路连续压实标准中规定的就是这种“0.8 倍均值”控制法。

3. 低值控制准则二

这种控制准则是式(4-7)的简化版。仅考虑压实状态低值区一边的情况，而忽略高值区的控制，即

$$\mathrm{VCV}_i < (\overline{\mathrm{VCV}} - Zs) \tag{4-9}$$

实践证明，上述控制准则高于式(4-8)的控制准则。如果采用这个控制准则进行控制，会经常出现不均匀的区域。至于具体采用哪种准则进行控制，没有统一的规定可循，可以根据工程需要选择。

需要注意压实均匀性与压实程度控制是两个不同的概念。对于压实均匀性控制，只有对碾压轮迹或碾压面碾压完某一遍后，得到这批压实数据的平均值$\overline{\mathrm{VCV}}$，才能判定并控制压实的均匀性，控制的是偏离平均压实状态的程度；而对于压实程度控制，有一个事先确定的目标值〔VCV〕，所有压实数据要与〔VCV〕比较，控制的是满足〔VCV〕与否。可见二者完全不是一回事。对于一个碾压面来讲，压实程度达标，压实均匀性未必通过，因为

完全可能最小的 VCV 数据大于〔VCV〕，但可能小于 0.80 $\overline{\text{VCV}}$。反之，压实均匀性通过的也未必满足压实程度的要求。

此外，路基结构性能的不均匀分布状况(位置与面积大小)会对上部结构产生不同的影响。如：不均匀区域是分布在路基边缘还是分布在中间，分布面积的大小如何，它们都会对上部结构产生不同的影响。这些已在 4.1.1 节进行了讨论，并给出了几种典型的计算模型，希望引起注意，也是一个很好的研究方向。

4.3 碾压过程中的反馈控制

在确定控制要素和控制准则之后，接下来的工作就是如何控制压实质量了，这是路基填筑碾压过程中的核心任务。这里所谓的控制是反馈控制的简称，与其他行业控制的含义相同。

4.3.1 基本原理

在控制理论中，信息、反馈、控制是其核心，也称作控制理论的三要素。它们是互为前提的，三者不可分离，构成了反馈控制系统的骨架。下面结合连续与智能压实控制问题，阐述其基本原理。

1. 压实信息

信息是沟通反馈与控制的桥梁。在连续与智能压实控制中，与压实质量相关的信息有许多，主要包括三部分。

(1)填筑体信息

反映路基填筑体质量的信息包括路基结构的物理力学性能信息和填料的性质信息(颗粒大小、级配、含水量等)。其中最重要的信息就是碾压过程中来自路基填筑体的物理力学信息，它是反映压实质量的直接参数。这个信息的正确与否直接关系到压实质量的控制效果，上一章的核心内容就是研究这个压实质量信息(压实控制指标)的选择与获取等问题。

(2)压实机具信息

压实机具即压路机是碾压作业的主体，如果看成是振动压实试验便是加载设备。其自身的相关信息很重要，并且压实信息量测(控制)设备也置于其上，发展中的智能压实更是离不开压实机具的配合，所以这部分信息也应该清晰地掌握。主要的信息就是振动压路机的压实工艺参数的集合即 $U=U(m,e,f,M)$。

(3)施工过程信息

填筑碾压过程就是施工生产过程，对于全面质量监控来讲，其中很多信息都是需要掌握的，这样才能进行反馈与控制。一般而言，与压实相关的信息包括压实目标值、碾压时间、碾压工序、施工里程、填筑层几何尺寸等。

上述这些信息共同构成了一个庞大的信息流，在压实控制过程中沟通了控制和反馈的联系。这些信息大部分都会显示在量测系统的屏幕上，实时进行人机交互，不断地向人和压实机具发出各种指令，进行压实质量控制。

一个控制系统之所以能够按照既定目标实现其控制，就是由于系统内部各部分以及与外部环境之间存在着信息流通和反馈作用，系统的运动变化就是一个信息流动的过程。对于压实质量控制而言，压实信息就起到了这种作用。没有压实信息，也就无从谈起质量控制。

2. 信息反馈

反馈是控制理论中一个极其重要的概念，是控制理论的“灵魂”，通常是指信息的反馈。所谓反馈就是将系统的实际输出信号与期望输出信号（目标）进行比较，形成偏离误差，反过来将这种误差再作用于被控系统的控制执行器上，使其调整控制器，达到偏离误差最小的目的。

例如，安装在振动压路机上的量测系统可以实时地采集和处理钢轮的振动信号，最后在屏幕上显示的是不断变化的 VCV 数值，经过与期望的目标值〔VCV〕比较，会将偏差信息实时反馈在屏幕上，对驾驶员发出继续碾压还是停止的指令，驾驶员根据指令完成相关操作，其目的就是使偏差减小直至为 0。如果是高级智能压实设备，将会自动、智能地完成这一过程。

反馈分为负反馈和正反馈两种。负反馈是指系统的反馈信息（输出信号）与给定的状态的控制信息（设定信号）之差（偏离误差）有利于抵抗系统正在进行的偏离目标的运动，使系统回到原有目标的行为，即反馈信息的作用与控制信息的作用方向相反，减小偏离误差，对控制部分的活动起制约或纠正作用的，称之为负反馈。正反馈是指系统的偏离误差有利于加剧系统正在进行的偏离目标的运动，使系统更加远离原有目标的行为，即反馈信息的作用与控制信息的作用方向相同，放大偏离误差，对控制部分的活动起增强作用的，称之为正反馈。

负反馈的机制是使系统的输出始终趋向于设定目标，最终使系统趋于稳定状态，而正反馈则使系统的输出更加远离设定目标，系统要打破原有稳定状态。事物的发展往往是两种反馈机制相互作用的结果。需要注意的是，设定的目标不同，观察的角度不同，其反馈类型有可能是不同的。一种场合下的负反馈，换一个角度就可能是正反馈。例如路基填筑体的碾压问题，当松散填料摊铺完毕后，如果把这时的状态设为既定目标，那么压路机的碾压作业就是正反馈，起到破坏原有状态的作用，使差值越来越大；但如果将密实状态设为既定目标，那么压路机的碾压就变成了负反馈，使压路机的作业趋于设定的压实稳定状态，差值就会越来越小。

3. 压实控制

控制就是对被控对象施加某些作用，使被控对象的行为或变化过程符合或逼近目标，实现其行为或过程的目的性。对于压实控制，就是根据控制准则要求，使路基填筑体的控制指标达到规定要求的操作过程。压实控制的被控对象有压路机和填筑体两部分。压路机需要控制的是振动工艺参数，路基填筑体需要控制的是填料粒径、级配和含水量等，其目的都是使压实质量得到提高。

信息、反馈、控制是压实质量控制不可或缺的要素，无论是常规抽样点的控制还是连续控制，若仔细分析，都是这三者在起作用，只是许多问题我们没有注意到而已，或者说是没有采用控制理论思想来看待压实质量控制这个问题。从控制理论的角度审视压实质量问题，有助于深刻理解压实控制含义，使之更科学化和规范化。

4. 反馈控制基本原理

根据控制理论，对一个系统（对象）进行控制的模式主要有两种——开环控制与闭环控制。开环控制的输出量与输入量之间没有反向联系，只靠输入量对输出量进行单方向的控制。而闭环控制的输出量与输入量之间有反向联系，靠输入量与反馈信号之间的偏差对输出量进行控制。在很多情况下，采用闭环控制方式的居多，各行各业都是如此。

按照实际需求，压实质量控制采用的是闭环控制模式即反馈控制模式。其基本原理为：通过输出量反馈回来的压实质量信息与目标值不断进行比较，根据二者偏差的大小，通过控制器对控制对象进行控制，使实际值与规定的目标值保持在规定误差范围之内，如图 4-17 所示。

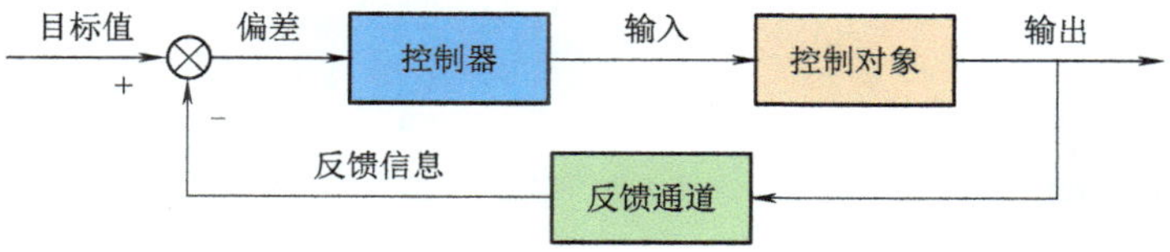

图 4-17　反馈控制基本原理

图 4-17 给出的只是反馈控制的一般表达方式，在进行压实质量控制时，要对其进行具体化分析，要赋予各项具体名称以及如何操作。对于连续与智能压实控制来讲，压实质量控制包括施工管理控制、压实工艺、压实程度、压实稳定性控制、压实均匀性以及验收检验控制等内容，要视具体控制对象进行相关操作。下面对图 4-17 中的有关名词再进行一些说明。

（1）控制对象

控制对象（被控对象）包括路基填筑体和压实机具两部分。从系统观点看，这是一个“压实机具—路基”系统，它们之间存在相互作用。连续控制与抽样点检验控制不同之处在于不但要控制路基填筑体，而且还要控制其压实机具，它对压实效果有很大的影响。而智能压实控制更是突出了对压实机具的控制，通过智能识别正确的压实信息，压实机具能够自动地、智能地调整工艺参数，以达到最优的压实效果。

（2）控制器

控制器是一个广义的概念。对于压实控制而言，控制器既可以是压路机的方向盘、频率和激振力选择参数开关、油门等“硬的控制器”，也可以是路基填料改善等一些“软的控制器”。在一般工业控制中，控制器往往是一个实实在在的设备，而对于管理、经济和社会等领域，控制器更多的是一种调节手段而已。

（3）反馈通道与反馈信息

反馈通道负责量测输出信息并传递给输入端与目标值比较，反馈通道主要包括了量测系统等。反馈信息就是输出的实测值，如压实信息、压路机振动频率、行走速度等。振动压路机在碾压过程中，其动态响应是客观存在的，与量测无关。但是若想知道这种输出信息，必须通过量测才能实现。通过量测系统就能采集、记录和显示这种信息，若再进行一定的信息处理便能得到压实信息，通过显示装置（显示屏）反馈给操作者某种指令。

(4)目标值

目标值就是设定的目标。对于压路机来讲,目标值是其出厂时设定的额定值,如额定激振频率、激振力等;而对于路基填筑体,连续压实控制用的目标值就是目标振动压实值〔VCV〕。

(5)偏差

偏差就是实际值与目标值之间的误差值,即碾压过程中实际输出与设定值之间偏差。原则上偏差为零时停止碾压,但实际应用时都将偏差限定在一定精度范围内就可以,不一定为零。

为便于理解反馈控制基本原理。现以压路机碾压过程中行驶轨迹的控制为例进行具体说明。压路机的压实作业都是按照一定顺序在碾压面上行驶的,其行驶轨迹由驾驶员控制,这与一般开车控制方向是一个道理,如图 4-18 所示。

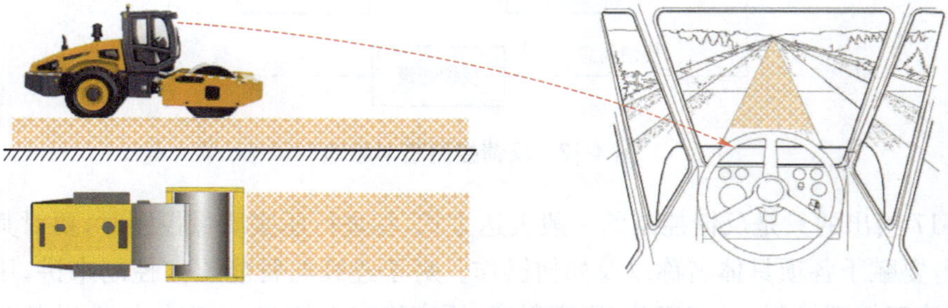

图 4-18　压路机行驶方向的控制

根据反馈控制的基本原理,可以建立压路机行驶轨迹的反馈控制模式,并将图 4-17 中的各项赋予具体含义,如图 4-19 所示。

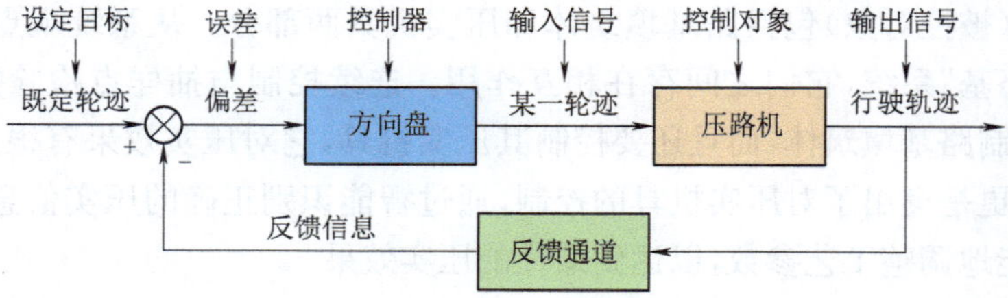

图 4-19　压路机行驶方向的反馈控制原理

驾驶员驾驶压路机在碾压时,是按照轮迹行走的。当压路机偏离正确轮迹时,将这种行驶轨迹信息反馈给驾驶员,经与既定轮迹(目标)比较,产生偏差信息,他就会通过调整方向盘(控制器)使压路机回到原来的行驶路线上,消除了偏离误差,如图 4-19 所示。从这个例子也可看出,反馈、控制以及信息三者是不可分离的,任何系统只有通过反馈才能实现控制。

反馈控制的本质就是被控系统(控制对象)的输出信号经反馈通道(量测与显示单元)再送回到输入端,根据出现的偏差,制约系统状态,使其回到既定目标上来,如压路机行驶问题。

在反馈控制中,既存在由输入到输出的信号前向通路,也包含从输出端到输入端的信号反馈通路，两者组成一个闭合的回路。因此，反馈控制又称为闭环控制。反馈控制是自动控制的主要形式。在工程上常把在运行中使输出量和期望值保持一致的反馈控制系统称为自动调节系统，而把用来精确地跟随或复现某种过程的反馈控制系统称为伺服系统或随动系统。

4.3.2 碾压控制

在建立了反馈控制的基本模式之后，需要结合压实程度、压实稳定性和压实均匀性控制的各自特点，建立具体的控制模式进行压实质量控制工作。首先应该明确影响压实质量（压实程度、压实稳定性和压实均匀性）的主要因素，这是进行反馈控制操作的依据所在。具体如何实施反馈控制，必须结合工程实际情况进行综合考虑。

一般来讲，决定压实质量的因素主要是填料和碾压（压实工艺），这已经在前面多次提及，它们都是被控对象，二者共同决定了压实质量的优劣。所有采取的控制措施，也都是对它们所言的，这是进行反馈控制的源头。

首先是填料问题。这是路基这种产品的材料，是根本所在，没有好的填筑材料，不管怎么碾压，也是不会有好的压实效果的。对于细粒料，关键是控制好含水量，在最优含水量下进行碾压，一般都会得到较好的压实效果的。而对于粗粒料，填料颗粒的形状与级配组成是最关键的要素。如何控制好填料性质，更多是管理控制的任务，涉及诸多方面的利益，还是比较复杂的。

其次是压实机具与压实工艺问题。针对填料性质，选择与之匹配的压路机和压实工艺是很关键的，这也是智能压实的关键所在。在选定好压路机的情况下，更多的是如何调整压实工艺参数，使压实效果更好的问题。这是一个非常复杂的问题，大量试验表明，不同填料、不同级配，达到最佳压实效果的振动压实工艺参数都不相同（文献[1]对此进行了详细研究），但现在的压路机工艺参数供选择的余地很小，并不能完全适应不同填料的碾压需求，给压路机的设计带来了挑战。

1. 压实质量反馈控制架构

在建立具体反馈控制模式之前，有必要了解一下碾压过程中是如何进行压实质量控制的，对连续与智能压实控制的架构有一个全面清晰的认识。这个架构主要由压实机具、路基填筑体、含有量测功能的控制系统三部分构成，如图 4-20 所示。

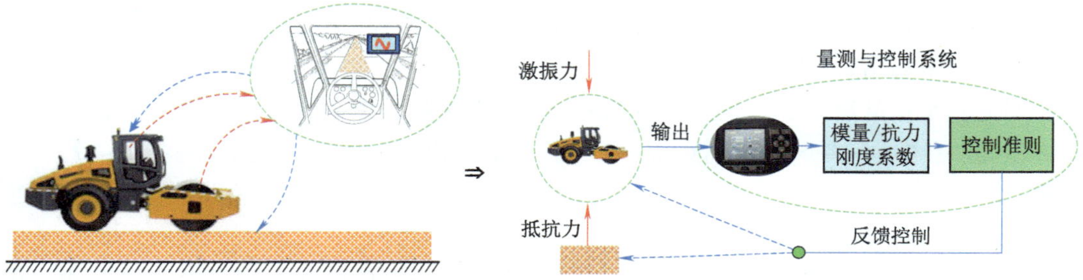

图 4-20 连续与智能压实反馈控制原理与架构

压路机在碾压路基填筑体过程中，钢轮即振动轮受到激振力和来自路基抵抗力的共同作用，其响应输出由驾驶室内的控制系统中的量测设备自动和智能地进行采集和处理，经过智能计算，输出路基结构的模量、抗力和刚度系数等，按照具体项目（压实程度、压实稳定性和压实均匀性）的控制准则，在屏幕上显示出相应的控制指令，以便对填筑体（填料问题）和压路机（压实工艺问题）进行控制，提高压实效果。这种控制分为人工控制（目前的主要形式）、自动控制（目前的所谓智能压路机）和智能控制（未来的高级智能设备），后面将详细讨论这个问题。

下面根据反馈控制的基本原理，针对压实程度、压实稳定性和压实均匀性的控制准则，建立相应的控制模式，以便指导压实控制工作。

2. 具体反馈控制模式

(1)压实程度反馈控制

压实程度控制的目的是控制压实状态达到规定的压实状态，即$VCV_i \geqslant [VCV]$。其控制模式如图 4-21 所示。在碾压过程中，压路机上的控制系统实时地将控制指标 VCV 信息反馈在屏幕上，并不断与目标值〔VCV〕比较，以便指导操作者的操作。如果碾压结果不满足控制准则要求，需要采取反馈控制措施进行补救。

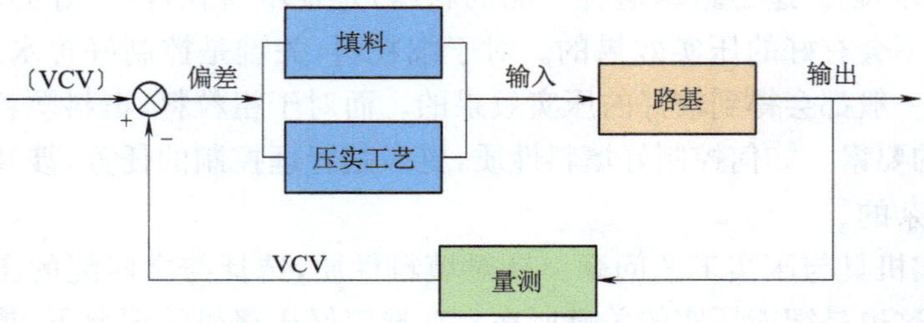

图 4-21 压实程度反馈控制模式

按照控制准则，如果碾压面上的通过率低于规定要求，则要对面积较大的低值区域进行反馈控制。首先，对低值区域调整压实工艺即改变振动参数，换一组压实工艺参数进行碾压，这有一个反复调试的过程，以达到最佳压实效果；其次，若改变压实工艺后的压实效果仍然不好，就需要考虑是否填料出了问题。如果是细粒料，多数出现在含水量方面。若是粗粒料，则要从改善级配组成入手，如增加一些细粒料以调整级配组成，形成嵌挤结构，达到提高结构体抵抗能力的目的。总之，一旦出现不符合要求的低值区域，都要进行综合分析，找到原因所在，这样才能对症下药。目前的控制系统还不具有过多的智能判断能力，这将是今后的发展方向，即具有智能识别和诊断压实控制中出现的各种问题，需要与人工智能的密切结合，道路仍然漫长。

以上只是正常情况下的操作，实际情况远不止这些。经常会出现实测值总是达不到目标值，或者碾压一两遍就达到目标值，或者总是变化不大等各种情况，将在下一章集中讨论。

(2)压实稳定性反馈控制

对压实稳定性的控制，主要是控制相邻两遍振动压实值的相对误差是否满足规定的精度要求，即$\delta \leqslant [\delta]$，其控制模式如图 4-22 所示。从振动碾压第 2 遍开始，控制系统会不断地将当前碾压遍的数据与前一遍进行比较，并将相关信息通过可视化的屏幕反馈给操作者，以便决定是否继续碾压。

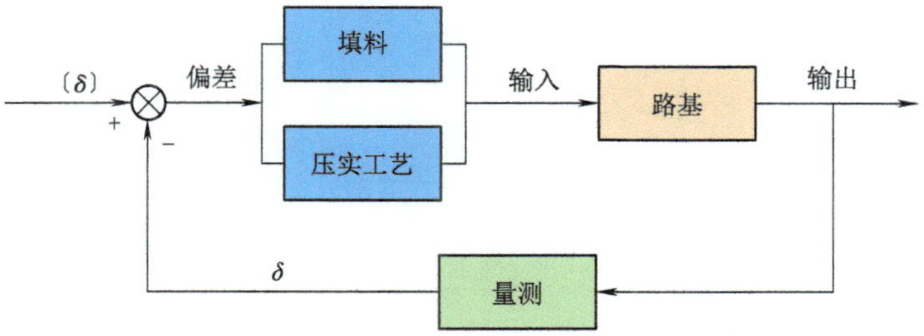

图 4-22 压实稳定性反馈控制模式

图 4-22 中的偏差是指(〔δ〕−δ)。如果偏差很小,则表明压实状态是稳定的,不需要再继续碾压,否则就需要采取反馈控制措施,继续碾压,直到满足要求为止。

压实稳定性的反馈控制措施一般就是增加碾压遍数。除此之外,通过 δ 的变化信息还可以在一定程度上识别填料的性质,如果从碾压初期到末期,其变化幅度都不大,对于粗粒料,则填料级配不合理的可能性极大,而对于黏性细粒料,基本就是含水量的问题。δ 正常的变化规律是"先大后小",如图 4-14 所示。

(3)压实均匀性反馈控制

目前压实均匀性控制采用"0.8 倍均值线"控制准则,其控制模式如图 4-23 所示。主要控制的是不发生过大的压实状态低值区域的出现,以防止不均匀沉降的发生。

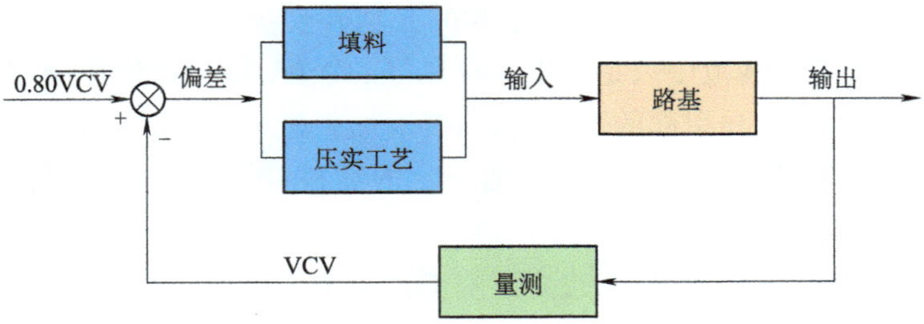

图 4-23 压实均匀性反馈控制模式

根据工程中的实际经验,如果出现不均匀现象,以填料出现问题的居多,个别情况可能是压实工艺参数波动过大引起的(不均匀压实),还有下卧层的问题等。综合归纳起来,引起当前填筑层振动压实曲线异常波动的原因主要有三方面。

①填料本身变异引起的;

②压路机不均匀压实引起的;

③压路机影响深度范围内下卧层刚度变异引起的。

其中原因①即填料本身(颗粒大小、级配、含水量等)引起的振动压实曲线变异是关注的重点,涉及因素复杂,是最需要控制的,但也是最不好掌控的,这也是不便对均匀性提出更高要求的原因之一。原因②引起的振动压实曲线变异可以通过控制压路机的振动压实工艺参数予以控制。原因③引起的振动压实曲线变异属于正常变异,一般填筑层超过一定厚度后即可消除。但在影响深度范围内,不可忽视这个问题。由于下卧层的局部变异而造成当前填筑层振动压实曲线不均匀的假象时有发生,如图 4-24所示。

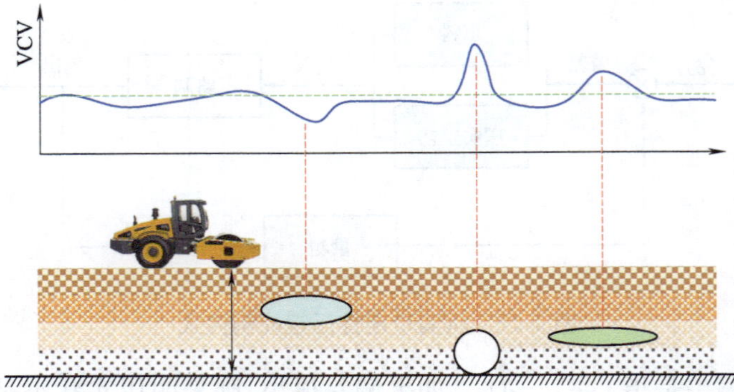

图 4-24 下卧层对 VCV 的影响

在图 4-24 中，下卧层中有涵洞、其他软夹层和硬夹层，都位于当前碾压层的影响深度范围内，对当前层的 VCV 曲线就会造成较大的影响，但这种情况是不属于不均匀范畴的，不应参加 VCV 平均值的计算，应该予以剔除。但剔除方法需要研究，涉及如何分层问题。

在碾压时如果出现不均匀的低值区域，要针对具体情况进行处理。填料性质不同，其处理措施也不完全相同。对于黏性细粒料，压实的均匀性主要受含水量的控制，需要控制填料的最优含水量及其分布状况，做到各处含水量基本都处于最优含水量下；对于粗粒料，均匀性除了受含水量一定影响外，更主要的是填料变异，粒径的大小及其分布即受级配好坏的影响，目前有关规范中只是要求具有良好的级配，但是如何控制好级配仍是一个棘手的问题。对于填料变异引起的不均匀，需要对填料进行一定处理，改善级配是最常见的处理方法。一般都是缺少细料，适当增加一定的细料，再洒一些水进行碾压，往往会得到很好的压实效果，这部分内容在文献[1]中有详细的讨论。

除了改善级配外，另外就是采用改变压实工艺或增加碾压遍数的办法，将物理力学性质本来就不同的区域强行碾压成均匀状态（很多时候再碾压也做不到）。但是，这样做到底好不好没有定论。为了说明这个问题，举一个在工程中经常遇到的例子，如图 4-25 所示。

在图 4-25 中，路段由级配 A 和级配 B 两部分填料组成，二者性质不完全相同。在相同压实工艺以及碾压遍数情况下，二者所能达到的力学性能一般是不相同的。如果采取增加碾压遍数的反馈措施，也是可以达到相同压实状态。如级配 A 碾压 5 遍和级配 B 碾压 7 遍的压实状态是一样的，此时看似均匀了（模量都一样），但是其本质上还是不均匀的，因为各自所达到的极限状态一般是不相同的，将来还是有可能出现刚度不均匀问题，可能会对行车造成一定影响，这要通过轮轨动力学仿真才能清楚。可见单纯地改变压实工艺或增加碾压遍数的处理方法是否一定合适，也是一个需要思考的问题。

路基填料是影响路基均匀性的关键要素，如果路基填料本身存在很大的变异性，则无论采取什么后续措施，都很难进行补救。因此，若想从根本上提高路基填筑的均匀性，首先应该从改善填料本身入手。但这又是最难办到的，岩土材料在自然界的空间分布原本就是变异的。施工时如果仅是要求级配良好，没有具体指标恐怕还是不行的，不均匀是必然的。

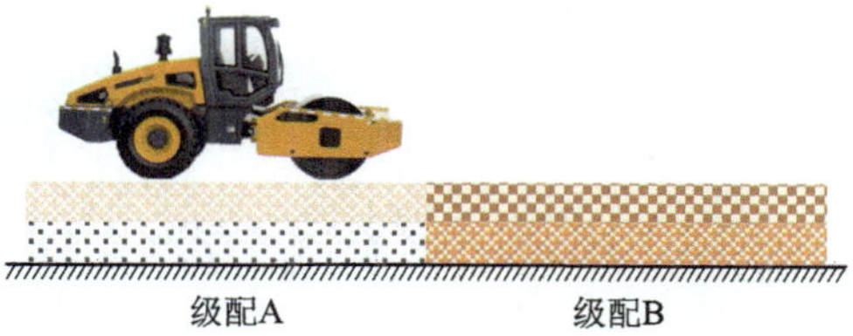

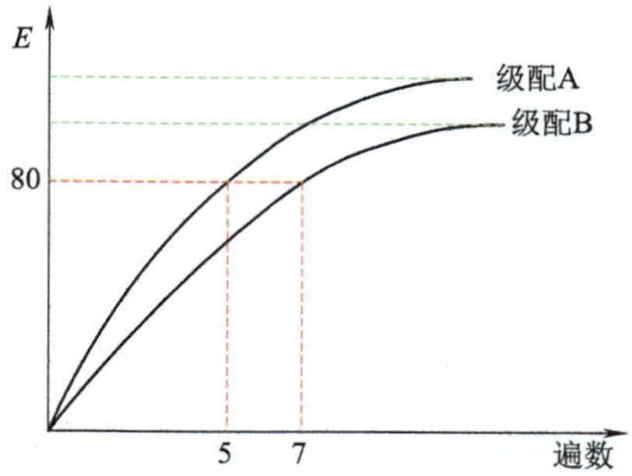

图 4-25 不同级配结构与碾压遍数

4.3.3 控制方式分级

无论是连续压实控制还是智能压实控制，都是控制的一种方式。目前仅是称呼的不同而已，实质内容并没有过多的区别。但是，如果从控制理论本身来区分控制方式，它们之间是有很大区别的。按照控制理论的分级，目前控制主要分三种方式，即人工控制、自动控制和智能控制，压实质量控制也可按照这个分级对号入座。下面结合压实质量控制，讨论这项技术在控制理论中所处的级别。

1. 人工控制——连续压实控制

所谓人工控制，是指由人工直接或间接操作执行装置的控制方式。这里强调的只是对控制行为的操作，没有涉及信息的量测和反馈，它们可以是自动的。从这个定义看，目前实施的压实质量控制技术(连续压实控制)还是以人工控制方式为主。主要体现在以下两方面。

其一，对路基填料的各种控制，包括粒径大小、级配、含水量等，无一不是采用人工作业方式进行，根本谈不上什么自动化控制，智能控制更是无从谈起。

其二，对绝大部分压路机来讲，其碾压作业、行走轨迹和速度、振动工艺参数等，都由驾驶员人工操作，没有实现自动化操作，无人驾驶、智能碾压作业还只是概念而已。

目前路基碾压控制的现状如图 4-26 所示，这是普遍采用的方式。如果说有一点自动化和智能化控制的影子，也是主要体现在有些量测与控制系统上。当然，目前还有一类所谓的“智能压路机”，请见下面的论述。

2. 自动控制——“智能压路机”/自动压路机

自动控制是指在没有人直接参与的情况下，利用外加的设备或装置(称之为控制装置或控制器)，使机器、设备或生产过程(广义地称作被控对象)的某个工作状态或参数(即被控制量)自动地按照预定的规律运行。对被控对象的工作状态能够进行自动控制的系统称为自动控制系统，一般由控制器和被控对象组成。

自动控制是相对人工控制概念而言的。目前自动控制是控制领域的主流，在工业领域尤其突出。归纳起来，自动控制主要有三个特点。

(1)用自动化仪表代替人的感觉器官；

(2)调节器代替人的大脑；

(3)执行机构代替人的操作。

图 4-26　人工控制填料与压路机压实工艺

如果按照上述要求审视现在的所谓“智能压路机”，只不过具有某些自动控制功能（主要是自动调频调幅）而已，称之为自动压路机也许更合适一些。能够自动调频调幅是这类压路机的主要特点，即压路机遇到比较软的地方会自动加大激振力或振幅，而遇到比较硬的地方会自动减小激振力或振幅，驾驶员无需参与操作，这些特征符合(2)和(3)的要求。如果压路机（实际是嵌入其中的量测控制仪表）能够自动地正确识别压实质量，则符合(1)的要求，这是称作自动压路机的原因。

是否能够自动地正确识别压实质量是这类自动压路机的最核心技术之一。从目前工程机械制造水平看，通过机构自动调节振动压实工艺 $U=U(m,e,f,M)$ 中的一些参数已经不存在太多的问题了，关键是调节正确与否。如果采用类似压实计“谐波比”原理的技术去做自动压路机，在很大程度上不会得到理想的效果。即使采用正确的技术，也存在一个如何自动调节压实工艺的问题。填料与压实工艺之间的关系是很复杂的，我们曾经做过大量的室内外试验，结果表明，不同填料达到最佳密实状态的振动压实工艺 U_i 都不相同，即使同一填料，级配不同，其达到最佳密实状态的振动压实工艺 U_i 也都不相同，文献[1]对此有详细论述。

上述试验结果对目前的自动压路机设计是一个挑战，如何实现对不同填料能够自动选用不同的振动压实工艺参数组合使其达到最佳压实效果，这是一个难度很大的问题，原因有以下两点。

其一，目前的振动压路机一般只有少量的几种参数组合，如高频低幅、低频高幅等，如何实现多组工艺(至少几十种)还是一个问题，需要设计上的创新。

其二，由于实际存在的填料类型千变万化，如何确定每一种填料达到最佳密实状态的振动压实工艺参数是一个很大的问题，事先对每一种填料都进行振动压实工艺试验是不可能的，必须改变思路另想办法。

综合以上，目前自动压路机存在工艺选择上的欠缺。如果还存在根据振动压路机响应无法正确识别填筑体参数的问题，那么这类压路机就只能是概念了，没有什么实际用途。真正的“智能压路机”也许不完全是现在这个设计思路，需要去探索。

3. 智能控制——高级智能压实技术

目前对智能控制存在多种定义。总体来讲，智能控制是由智能机器自主地实现其目标的过程，而智能机器则被定义为在结构化或非结构化的、熟悉的或陌生的环境中，自主地或与人交互地执行人类规定的任务的一种机器。现在的自调节控制、自适应控制就是智能控制的低级表现。

智能控制实际上就是在无人干预的情况下，能自主地驱动智能机器实现控制目标的自动控制技术。智能控制的核心在高层控制。高层控制是对实际环境或过程进行组织、决策和规划，以实现对问题的求解。为了完成这些任务，需要采用符号信息处理、启发式程序设计、知识表示、自动推理和决策等有关技术。这些问题求解过程与人脑的思维过程有一定的相似性，即具有一定程度的“智能”。可见智能控制技术是在向人脑学习的过程中不断发展起来的，人脑是一个超级智能控制系统，具有实时推理、决策、学习和记忆等功能，能适应各种复杂的控制环境。

通过以上分析可知，智能控制是在自动控制基础上，结合人工智能发展起来的。具体落实到压实控制上，就是高级智能压实技术，以示区别于现在的智能压实技术。目前在压实机具、控制系统和被控对象中，只有控制系统具备了自动化和一定的智能化功能，主要表现在自动采集数据、自动处理、自动显示和存储以及智能计算等方面，但距离真正的智能压实还有一段路程要走。

图 4-27 显示了目前压路机、路基填筑体和控制系统三者之间的相互关系和所处的现状。高级智能压实控制技术应该是压路机与控制系统的进一步融合、整合，成为真正的一体，使之具有“智慧”。

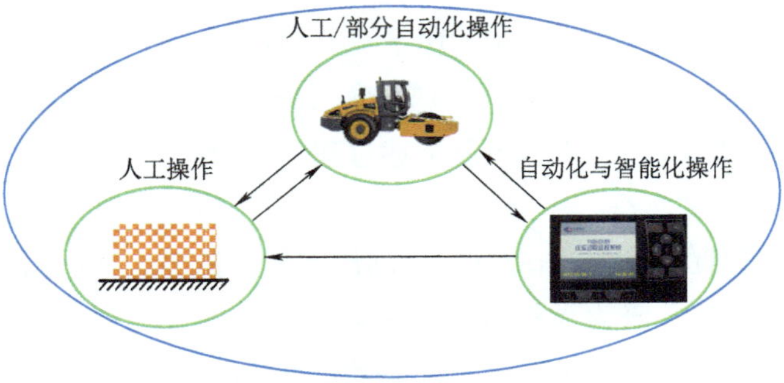

图 4-27 压路机、填筑体和控制系统

4.4 压实工艺调控

前面研究了压实程度、压实稳定性和压实均匀性控制问题。在碾压过程中完成这些控制项目的主要技术措施就是利用压路机进行的碾压作业，其中压路机的压实工艺参数如何调控是最关键的。对于同一种填料，不同的压实工艺对应着不同的压实效果，如何优化压实工艺，使碾压得到最好的压实效果是一件非常重要的事情，涉及多个专业领域，也是高级智能压实技术的核心内容之一。

4.4.1 压实工艺与压实质量

对于一定的填料而言，压实工艺与压实质量的关系同工业领域中的生产工艺与产品质量的关系一样，二者相辅相成。振动压实机械（机具）的压实工艺 $U=U(m,e,f,M)$ 已在上一章进行了阐述，理论上激振力、激振频率、振动质量三者之间可以有多种组合方式，每一种填料可能都存在一个最佳振动压实工艺参数的组合，该压实工艺下的压实效果最好。但最佳压实工艺无法通过理论分析和计算得到，只能通过试验方法确定。鉴于振动压路机的振动参数可调节的范围有限（一般压路机就是高频低幅和低频高幅两个工艺），我们在自行研制的室内振动压实试验系统上进行了模拟压实工艺试验，来研究压实工艺与压实质量（效果）的关系，这部分内容可参文献[1]，这里只是简要地进行介绍。

对于某一种填料，事先并不知道哪一种压实工艺达到什么样的压实效果，需要进行大量试验才能确定，但参数组合形式太多，试验不可能对每一种组合形式都进行操作。根据以往大量的试验经验，事先确定了每一个参数的变化范围。对于振动压实试验系统的压实工艺 $U=U(m,e,f,M)=U(P,f,M)$，其参数范围如下：

激振频率：f=(30 Hz,35 Hz,40 Hz)；

激振力：P=(6.37 kN,6.81 kN,7.00 kN,8.09 kN,9.14 kN,9.68 kN)；

配重质量：M_n=(10 kg,30 kg,40 kg,50 kg,70 kg,90 kg,100 kg,110 kg,130 kg,150 kg)；

其中振动质量 M=固定部分 M_0+可调部分 M_n（配重）。将 P、M、f 进行不同的组合，便是模拟压实试验的所有振动工艺 U。

试验方法如下：先固定一个激振频率如 f=30 Hz，然后分别变动激振力和振动质量，形成一组工况，进行振动压实试验，比较该频率下的试验结果，找到最大密度对应的工艺 U_1；然后改变激振频率如 f=35 Hz，重复上述过程，再得到这个频率下最大密度对应的工艺 U_2，直到做完所有工艺组合。

选定两种典型填料山皮土与石渣进行振动压实工艺试验。其中山皮土为天然级配和天然含水量（4%～5%），石渣为天然级配和天然含水量（2%～3%）。将每一激振频率下的工艺组合进行排序，找到最大干密度对应的压实工艺，再将它们进行组合排序，可以得到工艺试验结果，如图 4-28 所示。

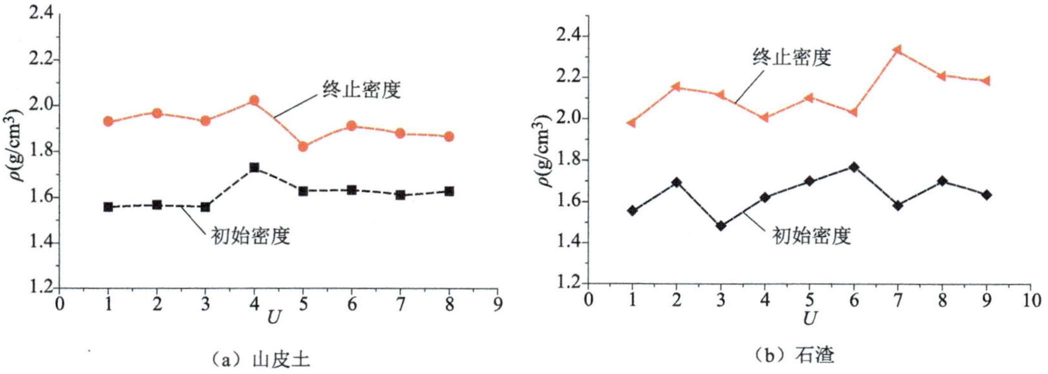

图 4-28　山皮土与石渣的压实效果与振动压实工艺关系

在图 4-28 中，显示了每一工况下最佳工艺与最佳压实效果的关系，这里的压实质量或效果以干密度的大小表示。图中给出了每一工况最佳工艺对应的初始密度和终止密度。再从这些排序中得到适合山皮土和石渣的最佳振动压实工艺。

山皮土：U_4：$P=8.00$ kN，$f=35$ Hz，$M_n=10$ kg，$\rho=2.026$ g/cm^3；

石渣：U_7：$P=6.37$ kN，$f=40$ Hz，$M_n=10$ kg，$\rho=2.342$ g/cm^3。

由图 4-28 可以看出，压实工艺对填料的压实质量影响是非常大的。现场情况也是如此，只是由于目前振动压路机的压实工艺一般只有两个，无法进行大规模压实工艺试验而已。

大量试验表明，每一种填料的最佳振动压实工艺一般都不完全相同。如果按照这个结论来要求压路机，则需要设置很多组工艺参数才能适合不同填料的碾压，但现在的压路机设计方法可能很难实现，需要改换思路进行创新。首先在硬件上要能实现有多种压实工艺参数可供选择，这就涉及如何设计了；其次，即使存在多种工艺，压路机操作者也不一定知道每一种填料到底采用哪种工艺参数组合最好，这就需要压路机本身要具备积累经验和不断学习的能力，这才是智能压路机应该具有的功能之一；其三，根据实际测试结果要能够自动、智能地调节压实工艺参数。

4.4.2　压实工艺实时监控

虽然目前振动压路机压实工艺参数供调解的范围有限，不能像室内振动压实试验系统那样随意变换工艺参数，但还是有必要对压路机碾压作业时的振动工艺进行实时监控的，因为存在一个是否平稳而均匀地运行问题。前面已经提及过，由于压路机机械性能本身以及制造等问题，出厂给出的额定激振频率〔f〕、额定激振力〔P〕等都是不稳定的，经常出现波动现象，这不但人为造成碾压的不均匀性，还会对连续与智能压实监控结果带来影响，因此，必须对这些参数进行实时监控，这也是深入研究智能压实所需要的一些参数。这些参数主要包括频率、激振力和振幅等，如图 4-29 所示。

图 4-29 显示的是通过量测控制系统得到的监视结果。其中激振频率尤其重要，它的波动将引起激振力更大的波动，而实际振幅一般要比名义振幅大 1～2 倍。按照铁路路基连续压实标准规定，其频率变异应控制在$|f-[f]|\leqslant 0.5$ Hz。

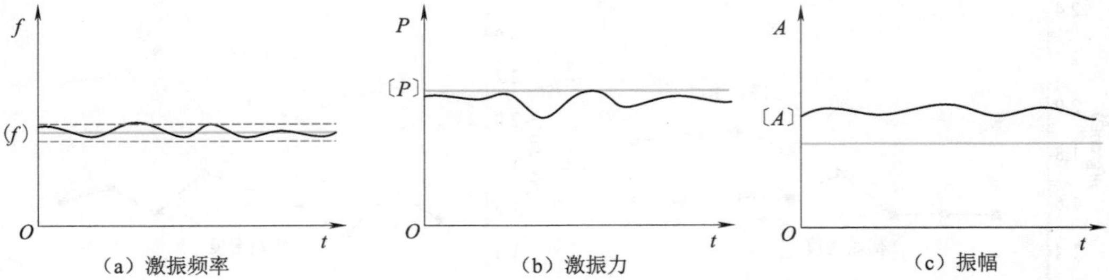

图 4-29 压实工艺监控的显示

压路机振动参数的变化会影响连续测试结果的准确性，其原因与平板载荷试验加载出现波动是一样的，也可以从动力学试验的角度去理解。其具体的监控技术已经在文献[1]中进行了详细阐述，此处不再赘述。

4.4.3 压实工艺智能调控

振动压路机的振动工艺参数对压实质量影响是非常大的，但现在受压路机机械构造的限制，没有办法对工艺参数提过多的要求，而既有压路机设计的压实工艺参数还是存在先天缺陷的，既有填料性质复杂的原因，也有设计上的原因，还有不同领域沟通不够的原因。目前的振动压路机大多数只有高低两个压实工艺组合，显然适合所有填料是不现实的。如何解决这个问题，需要探讨和研究。若想实现压路机适应不同填料的压实，首先需要解决如何使其具有多种压实工艺的问题，其次要解决哪种填料采用什么压实工艺碾压最合适的问题。

1. 多组压实工艺(调频调幅)问题

在一个压路机上实现多组压实工艺参数在原理上是可行的。根据 3.4.2 节，压实工艺参数的调节取决于压路机钢轮(振动轮)，由 $U=U(m,e,f,M)$ 可知，M 一般是不能变化的，能变的有频率(转速) f、偏心质量 m 和偏心距 e。对于土石填筑体碾压来讲，激振频率一般在 25～35 Hz 之间，这是可以调节的范围，剩下的就是调节偏心质量 m 和偏心距 e 了。根据实践经验，各参数之间的调节必须匹配，否则不会得到好的压实效果。现以室内振动压实试验系统为例说明调节方法，以开拓思路。

如果在同一频率条件下想改变激振力的大小，通常的做法是改变偏心质量或偏心距的大小，但在碾压作业时调节偏心质量还是比较困难，而调节偏心距相对容易一些。另外一种做法就是通过多组偏心块之间相对位置的改变来调节激振力和振幅的大小(调幅)，再通过激振频率的改变(调频)，便可以获得多种参数的组合。

钢轮与振动试验系统的压实工艺参数调节示意如图 4-30 所示，两个偏心块的质心到圆心的距离为 e，两个偏心块偏转的角度为 2α，这样两个偏心块的联合质心到圆心的距离为 $e' = e\cos\alpha$，其偏心距就变成了 α 的函数，可以通过改变两个偏心块之间的偏转角度 2α 来改变激振力的大小。如果偏心块的偏角以每 6°为一个挡位变化，那么在 0～180°内就有 30 个挡位可供选择了，由于激振力的幅值为 $P = me\omega^2\cos\alpha$，这样便可以得到多个激振力了，而振幅也随之改变，完成了调幅工作。

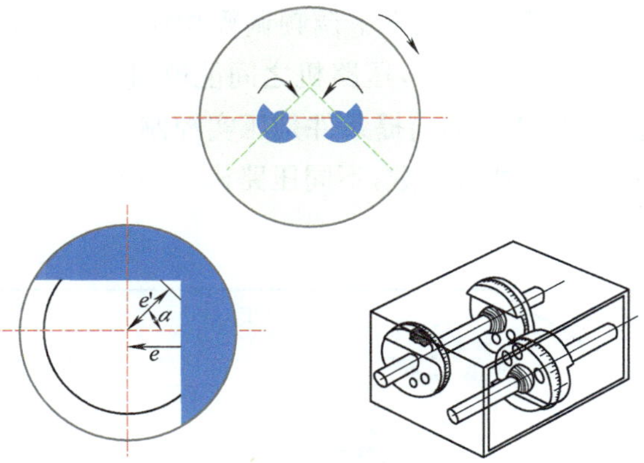

图 4-30 钢轮与振动试验系统的压实工艺参数调节示意

上述设计思路对于振动压路机的设计也有启迪作用，可以通过设置多组偏心块、改变其夹角来进行调幅，如图 4-30 所示。另外，由于液压振动器的出现，可以通过改变液压系统压力和流量的办法来改变其转速，从而改变激振频率，达到改变激振力和幅值即调频调幅的目的，形成多组压实工艺的组合。

如果压路机具有多组压实工艺组合，能够实现调频调幅，那么接下来的工作就是如何利用这些调节功能达到最优压实的目的了。由于岩土填料随着碾压遍数的增加，其刚度也在增加，压实工艺参数也应该随之变化。但怎么变化，变化到什么程度是一个重大问题，需要深入研究。

2. 压实工艺的智能调节与适应

在解决了振动压路机的调频调幅功能（不管是自动调节还是人工操作）后，如何使用变成了关键问题。尽管调频调幅能够改善压实效果，提高压实质量，但不同填料、同一填料不同碾压遍数都有可能需要不同的压实工艺，而事先又无法确定，如何确定压实工艺和操作是关键。从目前的发展趋势看，高级智能压实技术的成熟将是解决这一问题的一条途径。

使压路机具根据被压材料性质自动、智能地进行碾压作业一直是工程机械行业追求的目标。目前既有的“智能压路机”即自动压路机“智慧”不足，只知道被压材料变硬后将振幅或激振力降低一些，但降低多少没有定量指标，并且可调节的工艺参数有限，更重要的是没有“学习”能力。正是由于这些不足，才导致要研究真正的智能压实技术，使对压实工艺的调节具有足够的智慧才行，要走人工智能与压实技术进一步结合的道路。

在目前的压实控制系统中植入人工智能，形成智能控制子系统（模块），再与具有调频调幅功能的振动压路机进一步结合，使压路机具有学习能力，形成一体的智能压实机械设备。这种压路机出厂时可以允许什么也不懂，但它在碾压过程中能够学习，能渐渐地适应填料的特性，应付各种复杂情况。这种设备开始也可能常犯错误，但它能吸取教训，下一次运行时就可能改正，至少不会永远错下去，这实际上就是机器学习，相信会成为一个研究重点方向。其中基础之一还是对填筑体压实状态的正确识别技术，离开这一点，即使再先进的人工智能也无济于事。

如果现场已有的压路机暂时实现不了调频调幅功能，可以采用多台具有不同压实工艺的压路机组合碾压作业的方式进行，压路机之间能够进行压实信息通信，协调作业，如图 4-31 所示。采用这种联机作业的前提条件是压实控制指标应该采用模量指标，这是由于其他指标都严重依赖压路机相关参数，不同压路机之间的压实数据没有什么可比性，相互通信的意义不大。

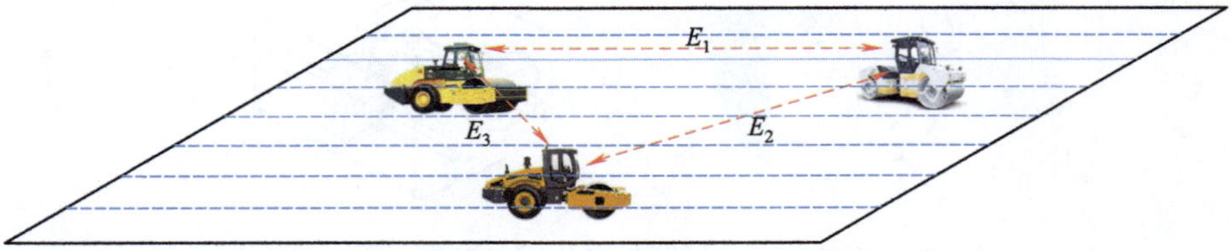

图 4-31　多台具有不同压实工艺的压路机的联机作业

以上讨论了压实工艺的一些问题，都是非常重要的潜在热点，也是连续与智能压实控制的研究重点。由于目前的施工机械水平还不能完全实现和普及最先进的技术，现在的压实质量控制仍然会以人工控制方式为主，还是要与传统控制方法相结合。

4.5　新验收控制模式

连续与智能压实属于过程控制，目前还不是验收控制。对于压实质量的验收，依然依靠传统的点式抽样检验进行控制。但传统方法属于随机抽样，发现问题的概率也具有一定的随机性和盲目性，这对于重要的基础设施而言是不可接受的，必须改变这种随意抽样检验的验收控制方式。连续与智能压实可以对路基碾压面上的每一个点（检测单元）都进行检测，这就为抽样检验提供了新思路。有针对性地选择一些特征点进行传统检验控制，要比随机抽样的好，更有确定性。至于什么样的点是特征点，又如何选取，便是本节所要研究的内容。

4.5.1　压实状态分布与压实薄弱区

对于一个路基填筑体来讲，如果碾压面上每一点的物理力学性状（压实状态）都是已知的，那么压实质量控制就容易多了，出现问题也会有针对性地进行处理，也就避开了随机抽样的问题。连续与智能压实的控制结果就是覆盖整个碾压面的，每一点都有压实信息，碾压面上各点压实信息的集合就是压实状态分布，关键是如何利用这些信息。

确定压实状态分布主要有两个目的。其一是提供碾压面上不同压实状态区域的大小和分布位置，供有关单位在了解路基压实质量分布状况时使用。其二是确定压实薄弱区域，为压实质量验收控制服务

1. 压实状态分布的可视化

碾压面压实状态分布实际上就是各点压实数据（模量、抗力、刚度系数）的集合，如

图 4-32所示。由于连续测定的压实数据代表了不同的压实状态，只要挑取一些特征点（如低值点）再进行验收检验，便可以确定碾压面的压实质量了。但这张图上分布的全是数据，可读性较差，不利于分析，应该考虑进行可视化处理，使之简单明了，又便于选取特征点。

图 4-32　碾压面上各点的压实数据

如何将压实数据分布图变为可视化的图是需要一定技巧的。不同的处理方法得到的结果不完全一致。例如，前面提到压实程度分布图，就是将所有数据以〔VCV〕为界限分为两类，用不同颜色来表示出来（图 4-10），压实均匀性分布图也是如此，只是依据的划分准则不同而已。这两种图的用途不同，表达的信息也就不完全相同，但都没有将图 4-32 中的数据分布信息完全表达出来。如何表达是需要仔细考虑的。

对碾压面上各点数据最简单的可视化方法就是将不同数据赋予不同颜色，这样就能划分出来，但会分出过多的颜色来，不但影响视觉，在工程上也是不必要的。稳妥的办法就是将数据（代表压实状态）以一定间隔进行分级，相同级别的划分为一类，这样就简单多了。下面具体阐述这种分级与相应的可视化方法。

（1）压实状态分级

由于路基碾压面上每一点的物理力学性状都可能存在差异，表征各点性状的压实状态（压实数据）都有可能不完全相同。为了分析的方便，把性状差别不大的各点归为一类，算作同一种压实状态，这就是压实状态分级的概念。

为了对碾压面上的压实数据进行分级，首先对压实数据按照从低值到高值的顺序进行排序，需满足如下关系式：

$$\mathrm{VCV}_i < \mathrm{VCV}_{i+1}$$

其中，$i=1,2,\cdots,n$ 为碾压面检测单元数量。其次，将排序后的压实数据序列以一定的间隔进行分组，进行数据级别的划分。第 i 级的数据范围为（VCV_i，$\mathrm{VCV}_i+\Delta$），其中，Δ 为分组间距，视具体情况而定，没有统一规定。确定 Δ 大小的原则就是处于同一级别的区域的力学性质变化对上部结构的影响不大。对于压实数据为模量和抗力等而言，可以选择 $\Delta=10$。

（2）可视化处理

按照上述分组原则，将处于同一级别的数据用同一种颜色表示，按照由低值到高值的顺序和相应的位置进行图示和分布，以形成碾压面压实状态分布图，其中每一分组代表一种压实状态，如图 4-33 所示。

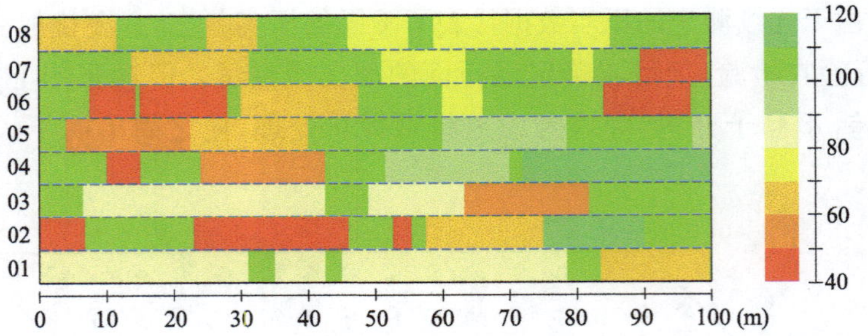

图 4-33 碾压面的压实状态分布

关于分组数据如何赋予不同颜色的问题,没有统一要求,可自行决定。图 4-33 采用的是最低值数据组为红色,其组内各数据的差值均小于 10。差值超过 10 的归为下一组,赋予另一种颜色,如棕色。数据由低到高,最多可分为 8 个级别,对应 8 种颜色,最高值数据组为深绿色。

上述可视化方案主要是考虑了压实状态低值区域,没有过多涉及高值区。因为从压实质量控制的角度看,大家关心的是压实状态相对较低区域的质量。所以,从压实数据低值开始详细划分,分到 8 级就不再划分了。

这里需要区分压实状态分布图与压实程度分布图的不同。二者之间没有什么必然联系。压实程度分布图是按照目标值〔VCV〕人为划分的,是主观图,随〔VCV〕而变化;压实状态分布图则完全是按照压实数据大小划分的,是客观图。如图 4-34 所示,碾压面的压实数据分布范围为 VCV =40~120,从低到高分为 8 个级别,8 种颜色;而〔VCV〕=60,分为 2 个级别,2 种颜色。压实状态分布图与压实均匀性分布图也有类似的区别。

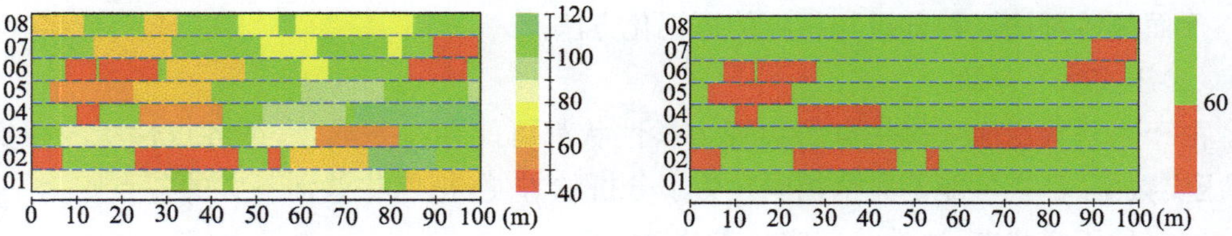

(a) 压实状态分布 (b) 压实程度分布

图 4-34 压实状态分布与压实程度分布的对比 1

另外,如果一个碾压面上的数据全部大于目标值,则只有一种颜色(如绿色),但压实状态仍然可能需要划分几个组,有几种颜色。如图 4-35 所示,碾压面的压实数据分布范围为 VCV =80~120,从低到高分为 4 个级别,有 4 种颜色;而〔VCV〕=70,压实数据全部合格,因此只有一种颜色(绿色)。

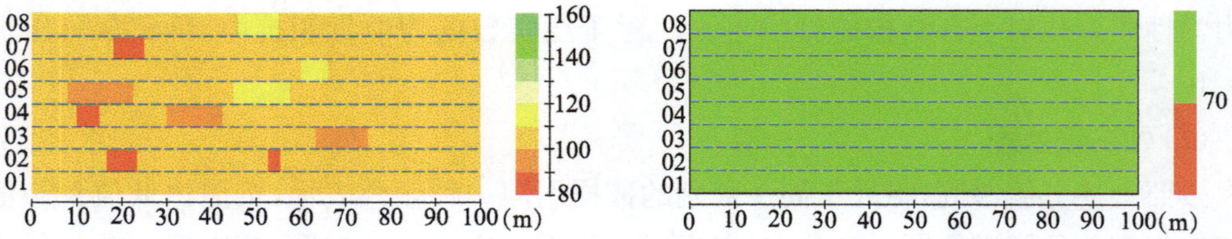

(a) 压实状态分布 (b) 压实程度分布

图 4-35 压实状态分布与压实程度分布的对比 2

对碾压面的不同压实状态区域赋予不同颜色以示区分，方便了分析和质量控制工作，也为直观地识别压实状态较低的区域奠定了基础。

2. 压实薄弱区

所谓压实薄弱区，就是压实状态相对较低的区域，与压实质量是否合格无关。这是一个相对的概念，只要碾压面上的压实数据具有一定的差异，就存在相对数据较小的区域，但不一定不合格。对于一个碾压面的所有压实数据而言，经过适当的分组，其低值区域就是压实质量的相对薄弱区域，从最低值数组开始，可以依次称作压实质量最薄弱区域、次薄弱区域等。

如图 4-36 所示，尽管压实数据 VCV_i > 〔VCV〕= 70，但仍然存在压实薄弱区，图中红色区域为最薄弱区，橙色为次薄弱区。

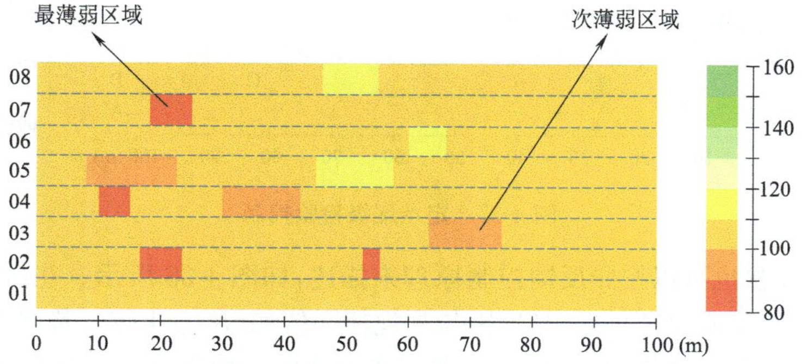

图 4-36　压实状态薄弱区域的划分

有了可视化的压实薄弱区分布，对于确定压实质量相对较差的区域是非常有用的。也为传统的抽样检验控制提供了新思路，改“随机抽样检验”为“定点检验控制”，促进了新验收控制模式的发展。

4.5.2　定点控制与验收

无论是高速铁路还是普速铁路，在传统的路基压实质量验收控制中，都是采用随机抽样的办法进行检验的，其弊端已在 2.2.1 节中进行了一些分析。点式随机抽样检验除了不一定具有足够的代表性外，另外的主要问题就是检验点位置的确定。如何选点，学问很大。现场从事检验工作的人一定深有体会。由于采取一票否决制，如果检验点选择的好，检验合格，则不管该区域压实质量如何，都是通过验收的。客观上，由于抽样点选取的随机性，检验点也不一定正好能够选在压实最差的地方（即使选上质量差的地方，也确定不了分布范围），因此可能会造成漏检现象，这实际上是增加了路基压实质量潜在的不合格风险。上述这些问题就是研究定点控制的原因。

1. 压实薄弱区的定点控制

定点控制也称作薄弱点控制，就是施工方对压实薄弱区实施的自我控制。当碾压完一个碾压面之后，首先应该对压实程度、压实稳定性和压实均匀性控制结果做出判定，应符合相应控制准则的要求，在此基础上再对压实薄弱区进行必要的自我定点控制。其原因有二，其一，压实程度控制的目标值与传统控制值之间是统计关系，不是确定性关系，特别在目标值附近的一些区域，存在“临界点效应”问题，不能保证一定满足传统控制值的要求；其二，保证第三方质量验收的通过。

进行压实薄弱区定点控制时，首先应该在压实状态分布图上找到压实薄弱区，并从最低值开始编号（控制系统一般会自动完成），如图 4-37 所示；然后在最低区（图 4-37 中 A 区）内连通面积不小于 5.0 m^2 的区域内选点进行传统方法检验，如果合格，则表示碾压面全部合格，否则再对连通面积不小于 5.0 m^2 的次薄弱区（B 区）进行传统方法检验，直到合格为止。这样就可以将不合格区域按照传统检验方法再次确认，以便进行工程处理。

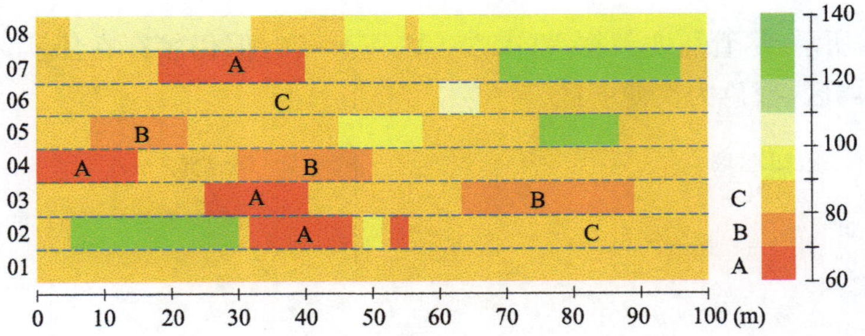

图 4-37 定点逐级检验控制

上述操作步骤也可以按照反馈控制原理来描述，如图 4-38 所示。在压实薄弱区进行定点抽样检验，得到检验结果后，经反馈与常规标准值如〔K_{30}〕比较。若偏差小于规定值，则结束检验工作；若不合格（存在偏差），则应在次薄弱区内继续选点进行常规检验，直到出现合格区域为止。

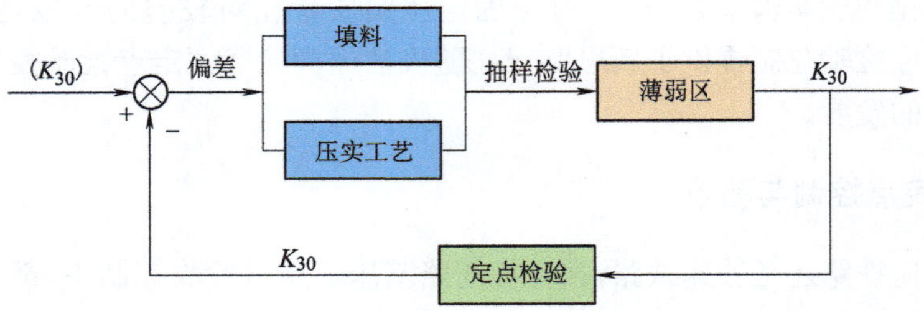

图 4-38 压实薄弱区定点反馈控制

2. 定点验收控制

对于质量验收而言，由于有了碾压面压实状态分布图以及压实薄弱区，也就能改变随机抽样检验控制方式了。在应用了连续与智能压实控制技术之后，可以采用压实薄弱区定点检验的方式进行验收。这种方法的核心就是根据碾压面的压实状态分布图，在压实薄弱区内选取一定数量的点进行传统方法的检验。只要在该区域进行的检验合格便可以判定该路段全部合格。这种做法比普通随机抽样方法更具有针对性，做到了有的放矢，避免了盲目性，这样就提高了验收的准确性，最大程度地降低路基压实质量存在问题的风险，因此这是一种最小风险控制法。其依据就是连续控制指标与传统检验指标之间具有统计学意义上的正相关性，只要最低区域合格，则其他区域也是合格的。检验点如果不合格，则可以知道不合格区域的位置及大小，有针对性地进行工程处理就可以了，而不必将整个碾压面都进行处理，这就是最小风险控制准则。这种控制显然比采用随机抽样检验控制更有针对性，并且能够确定不合格区域的位置和范围，这就将连续压实控制和常规检验控制有机地结合起来了，将是今后压实质量控制的一个发展方向。

我国铁路路基连续压实标准（文献[13]和[14]）中对这一方式进行了如下规定："普通填料区间正线压实系数 6 个抽检点中选取 1 个点在压实质量薄弱区域内，另外 5 个点分别为距路基边线 1 m 处左、右各 2 点，路基中部 1 点；地基系数 4 个抽检点中选取 1 个点在压实质量薄弱区域内，另外 3 个点分别为距路基边线 2 m 处左、右各 1 点，路基中部 1 点"。

5 工程应用

前面主要论述了连续与智能压实控制的动力学理论和反馈控制原理等，如何将这些理论知识应用到实践中，是从事工程技术研究工作的人都应该仔细思考的问题。与基础科学研究不同的是，技术科学的研究成果如果无法应用到工程实践中，不能根植在大地上，应该是没有完成的研究。

本章主要阐述连续与智能压实控制技术在高速铁路建设中的应用问题。首先以工程实例为背景，介绍这项技术在工程中如何应用；然后就遇到的若干问题进行讨论，这些问题都是在高铁建设现场经常遇到的，也是大家比较关心的问题。

5.1 工程实例

为了使读者对连续与智能压实控制技术在高铁建设中应用有一个清晰的了解，根据近几年在高铁路基建设中的应用经验，整理出一个完整的工程应用实例，以此为背景来阐述从开始准备到碾压结束全过程的应用流程和步骤。

5.1.1 设备检查

如果把振动碾压问题看成是一个动力学试验即振动压实试验，那么在试验前对相关设备进行必要的检查是不可或缺的过程。这里所言的设备主要是指振动压路机（加载设备）和控制系统（量测设备）以及它们之间的连接，如图 5-1 所示，图中所示为某高铁路基施工现场。

图 5-1　设备检查

1. 加载设备检查

加载设备即振动压路机需要检查的项目主要是与振动碾压密切相关的参数，如振动特性、行走速度等。由于机械性能原因，有些振动压路机出厂时或使用一段时间后，这些参数会偏离额定值而产生波动，如果波动较大，将会对压实质量产生影响。同时，作为一种加载设备，如果其性能参数不稳定，则动力学试验结果也是不稳定的。因此，必须对振动压路机性能进行检查，不符合规定的产品应淘汰。

首先对待检查的振动压路机出厂时标出的额定参数进行查看，布置振动传感器和量测设备的安装，如图 5-2 所示，然后对相关技术参数进行测试。

图 5-2　振动压路机检查

压路机行走速度的测试比较简单，只要让其行走一段，记录相应的时间和距离便可以获得速度大小，与标识牌上给定的速度对比即可。对于碾压岩土填料的压路机而言，碾压时的速度一般控制在 2.5～3.0 km/h，最大不能超过 4.0 km/h。

压路机振动性能的测试，主要测试振动频率是否波动，是否与额定值偏差过大。让驾驶员以正常速度和振动频率进行碾压行走，利用量测设备或其他振动测试仪器上的频率测试功能进行测试，将实测频率与额定频率进行比较，要求其差值不应大于 0.5 Hz，如图 5-3所示。

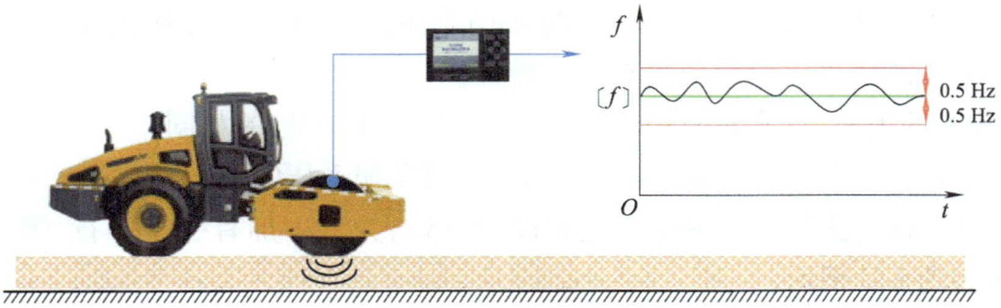

图 5-3　振动压路振动频率测试

2. 量测设备检查

连续与智能压实的量测设备属于振动测试仪器范畴，其性能指标应符合国家有关这类仪器的相关规定，并且每年也应该进行校准校验。平时在使用的过程中也应该进行校准，以防出现过大的漂移等，这部分内容在文献[1]进行了详细论述，一般测试技术的书籍中也介绍的比较详细。这里仅简要介绍一下基本原理和操作步骤。

量测设备校准的目的就是真实地再现被测信号，不能歪曲。其基本原理就是采用标准计量设备给量测设备施加一个已知的标准振动信号，其输出的信号应该与这个标准信号一致，如图 5-4 所示。

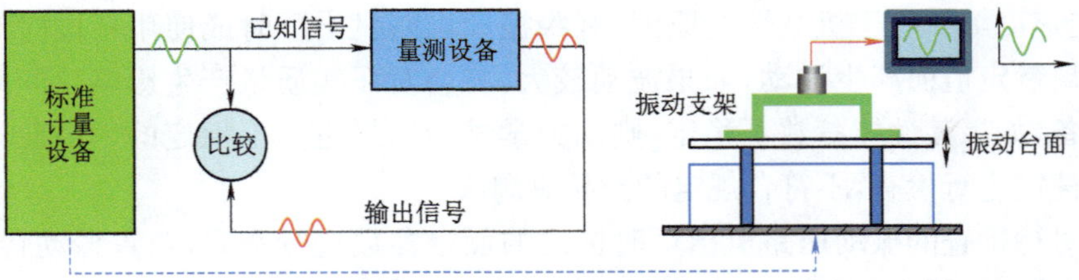

图 5-4　量测设备校准原理

量测设备校准的具体操作步骤如下：准备一个标准振动台，将传感器安装其上并连接量测设备，如图 5-4 所示。然后开启振动台输出标准信号，传感器产生的振动信号被量测设备采集并显示在屏幕上，检查其幅值、频率等是否与已知信号的一致。如果不一致，说明量测设备出现问题，需要专业人员调试或更换设备。

由于连续与智能压实是振动压路机与量测设备一起工作的，所以在分别检查完之后，还要将它们按照 3.5.2 节提及的测试模式连接在一起，进行整体检查，使之处于正常工作状态。

5.1.2　相关校验

相关校验是指采用对比试验方式建立连续控制指标与常规质量验收指标之间相关关系的过程。包括计算连续指标（振动压实值）与常规指标（K_{30}）之间的相关系数，确定相关关系和目标振动压实值等。除了上述这些目的之外，相关校验还可以对压实控制系统进行校验，检验其性能和功能是否满足压实质量控制的相关要求，特别是检验其连续控制指标与传统控制指标如 K_{30}、E_{v2} 等是否具有很好的一致性。相关检验工作一般按照以下步骤进行。

1. 试验段选择与碾压作业

按照高铁路基相关规范要求，在正式施工前，对于不同填料与不同压路机的组合，一般都需要进行填筑工艺性能试验，相关检验就是结合这种试验段进行的。进行相关检验的条件与填筑工艺性试验的条件是一样的，即不同填料与不同压路机的组合，都要进行相关校验试验。一般要求试验段应具有以下特征。

（1）试验段的填料、含水量及填层厚度等应与后续施工段的相同；

（2）试验段应采用与施工段相同的振动压路机及振动压实工艺参数。

图 5-5 为某高铁路基施工现场的试验段，其填料为土中加有少量碎石，施工碾压用的振动压路机如图 5-2 所示。

图 5-5　试验段填料

试验段长度一般可选择 100 m，至少应该不小于 50 m，这是为了使其具有一定的代表性。试验段宽度没有具体要求，一般路幅宽度即可。

为了更好地进行统计分析，一般要求试验段按照轻度、中度和重度三种压实状态进行碾压作业，这样效果会更好一些，可以获得较大的检测数据范围，便于分析相关性和建立统计关系。

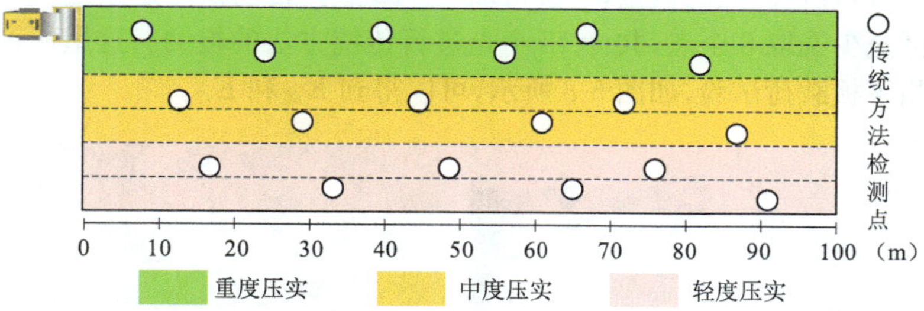

图 5-6　试验段碾压方案

需要说明的是，所谓轻度、中度和重度压实状态，并没有严格的区分标准。一般来讲，压实度小于 70%的属于轻度状态，压实度介于 70%～90%之间的属于中度状态，压实度大于 90%的属于重度状态。根据目前使用的振动压路机普遍都在 20 t 以上，下面给出具体的碾压参考方案。

(1)轻度压实：静压 1 遍＋连续压实检测 1 遍；

(2)中度压实：静压 1 遍＋强振 1 遍＋连续压实检测 1 遍；

(3)重度压实：静压 1 遍＋强振 n 遍＋连续压实检测 1 遍。

其中重度压实的"强振 n 遍"的含义就是不管碾压多少遍，最后该区域必须达到现行标准规定的压实合格标准。这样做的目的就是要得到压实质量的合格区域，以便于对比，确定连续控制的目标值。

2. 连续检测与点式检测

在试验段的振动碾压过程中，安装在振动压路机上的量测设备同时也在进行连续检测，与碾压作业是同步进行的，实时显示压实质量信息。如图 5-7 所示，驾驶室内的显示屏上显示的就是压路机碾压过程中路基结构的模量 E_{est} 的变化情况，直接反映了压实质量。碾压完成后，其连续检测也随之结束。

图 5-7　碾压过程的连续检测

根据规定，需要在轻度、中度和重度压实区域内分别选取一定数量的试验点，按照传统方法进行常规指标的检测，以便建立连续与点式检测结果的相关关系。

关于传统检测的选点，可以采用两种方法选取。其一，分别在三种压实状态区随机选取，如图 5-6 所示；其二，根据连续检测结果，可以得到各个碾压轮迹的振动压实曲线，在曲线上选择不同的特征点（如高、中、低值点）作为常规试验点的位置。

另外，关于传统检测点的数量，一般可取 9～18 点。目前铁路连续压实标准规定在每种压实状态区至少选取 6 个点，共计 18 个点进行传统方法的检测。这里所说的传统检测方法一般是指平板载荷试验，如图 5-8 所示，可以得到 K_{30} 和 E_{v2}。

图 5-8 平板载荷试验

3. 统计分析

在进行完这两种试验后，需要对试验数据进行整理，以便建立连续检测结果与点式检测结果的相关关系。目前一般都是采用最小二乘法进行处理的。

首先需要对数据进行预处理。如果发现异常点，应该仔细甄别，找到发生异常的原因，从而决定数据的取舍。然后对试验数据(x_i, y_i)进行计算，依据以下方法进行。

(1)相关系数与相关方程

对于路基填筑体来讲，不论是连续检测还是常规检测（点式检测），都是度量填筑体某种物理力学特性的，如果都是正确的，那么它们之间的关系应该是一致的，一定有某种内在的联系，尽管很难找到理论上的对应关系。根据数理统计理论，衡量两个量的关系可以采用相关系数来判定。

令 x 为表示常规检测指标的变量，y 为表示连续检测指标的变量。如果对于已有一组常规试验与振动压实试验的对比结果即样本值为(x_i, y_i)，$i=1,2,3,\cdots,n$。则可以按照下列公式进行相关系数 r 的确定。

$$r=\frac{\sum_{i=1}^{n}(x_i-\bar{x})(y_i-\bar{y})}{\sqrt{\sum_{i=1}^{n}(x_i-\bar{x})^2\sum_{i=1}^{n}(y_i-\bar{y})^2}} \tag{5-1}$$

$$\bar{x}=\frac{1}{n}\sum_{i}^{n}x_i,\bar{y}=\frac{1}{n}\sum_{i}^{n}y_i$$

式中 x——常规检测指标，可以为 K_{30}、E_{vd}、E_{v2}、K 等；

y——连续检测指标，即振动压实值 VCV；

x_i, y_i——x 和 y 的样本值，其中，$i=1,2,\cdots,n$，代表常规检测数量；

r——x 和 y 之间的相关系数。

在式(5-1)中，$-1 \leqslant r \leqslant 1$。$r=0$ 表示 x 与 y 之间不相关；$r \geqslant 0$ 表示正相关；$r \leqslant 0$ 表示负相关。r 的绝对值越大，表示两个变量之间的相关性越强。因此通过对相关系数 r 的判定，就可以了解连续指标与常规指标之间是否具有相关性以及相关性的强弱。

如果连续指标与常规指标之间具有较好的相关性（一般要求 $r \geqslant 0.70$），那么就可以利用这种相关性建立两种指标间的定量关系。最常见的应用就是建立二者之间线性回归方程，在统计学意义下由其中一个量求取另一个量。

$$y = a + bx \tag{5-2}$$

$$a = \bar{y} - b\bar{x}\ ,\ b = \frac{\sum_{i=1}^{n}(x_i - \bar{x})(y_i - \bar{y})}{\sum_{i=1}^{n}(x_i - \bar{x})^2}$$

式中 x——常规检测指标，同前；

y——连续检测指标，同前；

x_i，y_i——x 和 y 的样本值，其中，$i=1,2,\cdots,n$，代表常规检测数量；

a，b——回归系数。

式(5-2)是根据常规检测结果求取连续检测结果的表达式。反之，如果想根据连续检测结果确定常规检测结果，并不能根据式(5-2)得到，应根据下式求取。

$$x = c + dy \tag{5-3}$$

$$c = \bar{x} - d\bar{y}\ ,\ d = \frac{\sum_{i=1}^{n}(y_i - \bar{y})(x_i - \bar{x})}{\sum_{i=1}^{n}(y_i - \bar{y})^2}$$

式中 x——常规检测指标，同前；

y——连续检测指标，同前；

x_i，y_i——x 和 y 的样本值，其中，$i=1,2,\cdots,n$，代表常规检测数量；

c，d——回归系数。

根据上述公式，对本工程实例的试验数据对进行相关系数的计算和相关方程的确定。这种操作很简单，有很多成熟的软件可以利用。经过计算，可以得到相关系数和相关方程，如图 5-9 所示。

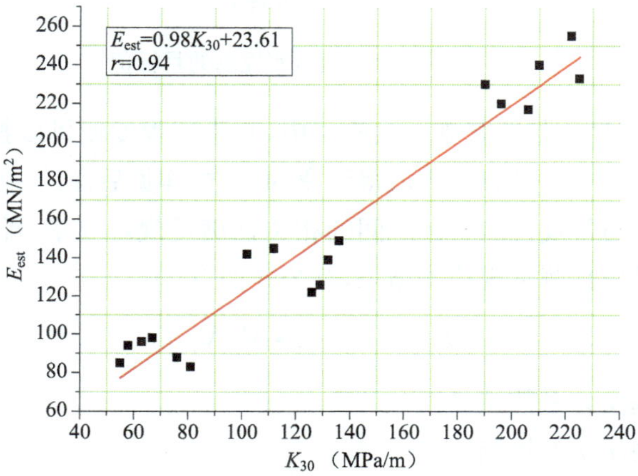

图 5-9 估算模量与地基反力系数之间的相关关系

由图 5-9 可知，本次相关校验试验的相关系数为 $r=0.94$，表示相关性很好，符合规定要求。图中仍然有一些点存在离散性，并非是一一对应的关系，既有岩土填料本身的问题，也有不同方法之间存在差异性的问题，后面会有详细的讨论。

(2)连续控制目标值与常规检测值预测

如果连续检测指标与常规检测指标之间具有很好的相关性，那么就可以根据相关方程，由常规指标控制值得到连续指标的目标值即目标振动压实值，这是确定目标值的前提条件，如果两种检测结果之间没有很好的相关性，确定出来的目标值就毫无意义了。根据式(5-2)，有

$$[\text{VCV}] = a + b \cdot [x] \tag{5-4}$$

式中 $[x]$——按照现行相关标准确定的常规质量验收指标的控制值；

$[\text{VCV}]$——目标振动压实值，简称目标值；

a, b——回归系数。

根据本试验段填料情况和高铁路基相关规范的要求，确定常规检测指标地基系数的控制值为 $[K_{30}]=130$ MPa/m。按照式(5-4)，由本次试验的相关方程便可以得到连续控制的目标值 $[\text{VCV}]=[E_{est}]$，如图 5-10 所示。其确定过程如下：

$$[E_{est}] = 0.98[K_{30}] + 23.61 \Rightarrow [E_{est}] = 151\ (\text{MN/m}^2)$$

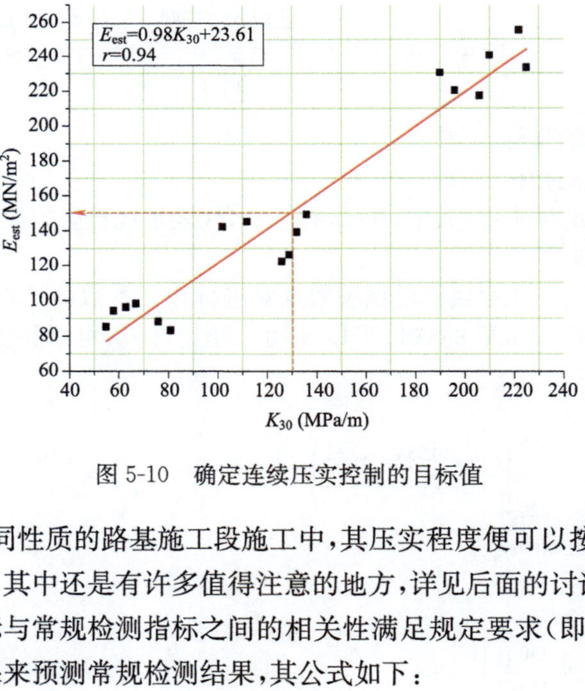

图 5-10 确定连续压实控制的目标值

这样，在后续相同性质的路基施工段施工中，其压实程度便可以按照上述确定的目标值进行连续控制了。其中还是有许多值得注意的地方，详见后面的讨论。

当连续检测指标与常规检测指标之间的相关性满足规定要求（即 $r \geqslant 0.70$）时，也可以采用连续检测结果来预测常规检测结果，其公式如下：

$$\hat{K}_{30} = c + d \cdot \text{VCV}_i \tag{5-5}$$

式中 $\hat{K}_{30}$——地基反力系数预测值；

VCV_i——振动压实值检测结果；

c, d——回归系数。

需要强调的是，在进行以上两个应用时，要注意这些关系都是经过统计回归得到的，是概率意义下的线性关系，并非确定性关系。因此，无论是连续控制目标值还是常规检测的预测值，都是在概率意义下成立的，并不是真正意义上的线性关系，只具有一定的保证率，不能按照确定性关系那样看待和理解，这是很多人都常常忽略的地方，也是容易引起误解的地方。

关于相关校验，目前来讲是必须要做的。甄别这类技术的好坏，防止鱼目混珠现象的发生已经成为它的一个主要任务了。随着技术的发展，伪劣技术的淘汰，相信相关校验工作量会逐步减少，乃至最后取消都是有可能的。

5.1.3 过程控制

过程控制是针对路基填筑体的碾压过程而言的。在碾压过程中需要对压实程度、压实稳定性和均匀性同时进行连续控制，这三者是平等关系，并没有先后之分。

本次施工段的压实程度按照〔E_{est}〕=151 MN/m^2 进行控制，压实稳定性按照〔δ〕=3% 控制，压实均匀性按照“0.8 倍均值”控制，即 $VCV_i \geqslant 0.80\ \overline{VCV}$，其控制结果如图 5-11 所示。

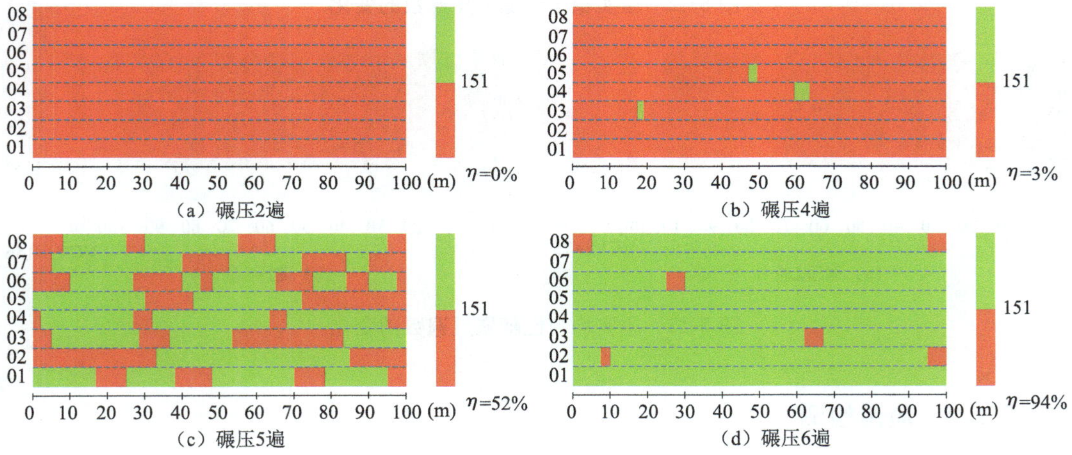

图 5-11 压实程度随碾压遍数的变化

图 5-11 为压实程度随碾压遍数的变化情况。其可视化图形结果显示在压路机驾驶室内的屏幕上，碾压面上每一点的压实信息都一目了然，方便了质量控制。图中第 4 遍已经有一部分区域(绿色部分)的压实值达到了目标值，这实际上是填料局部存在一定的不均匀所致。在碾压完第 6 遍之后，超过 94% 的区域的压实值已经达到了目标控制值，尽管没有满足通过率 95% 的要求，但是由于最后还有一遍质量检测，所以此时可以结束碾压工作。

压实稳定性随碾压遍数的变化情况，如图 5-12 所示。由于填料性质很好，相邻两遍的压实值的相对之差 δ 逐渐减小，直至小于规定的 3%。图中红色代表压实稳定性 δ 大于规定的 3%，绿色代表符合规定的精度要求。

压实均匀性随碾压遍数的变化情况，如图 5-13 所示。可以看出，尽管每一遍数的压实平均值都不相同，但是均没有出现小于0.8倍均值的区域。这说明一个问题，在振动压路机振动压实工艺稳定的条件下，压实均匀性主要取决于填料的性质，并不随碾压遍数而发生太大的变化。因此，对于均匀性而言，控制好填料是关键。

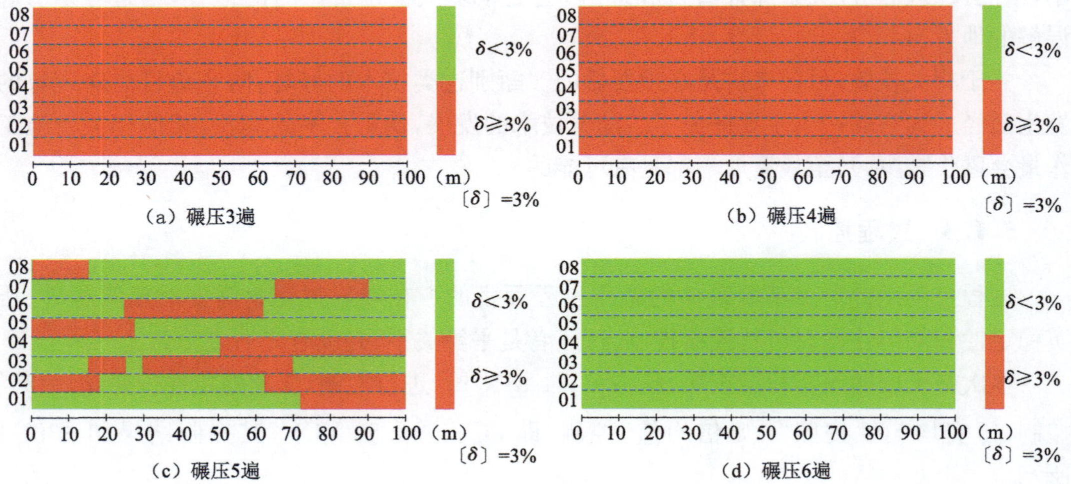

(a) 碾压3遍　(b) 碾压4遍　(c) 碾压5遍　(d) 碾压6遍

图5-12　压实稳定性随碾压遍数的变化

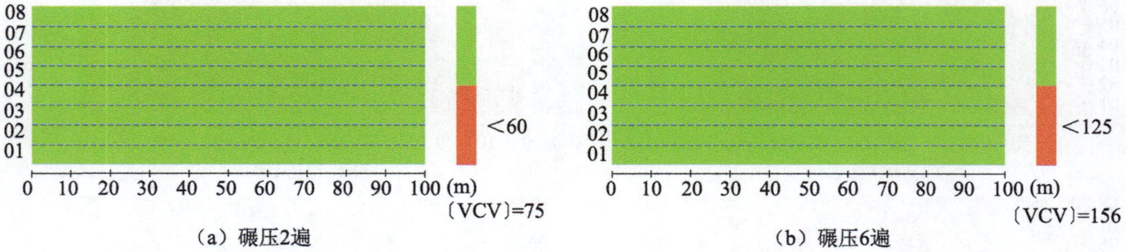

(a) 碾压2遍　(b) 碾压6遍

图5-13　压实均匀性随碾压遍数的变化

5.1.4　质量检测

这里的质量检测有两方面含义。其一是指采用振动压路机对碾压面进行的连续检测，以便确定碾压面的压实状态等；其二是指有针对性的点式抽样检验，这是相对随机抽样检验而提出的。

1. 连续检测

在结束碾压过程控制之后，还需要对整个碾压面做一次全面检测。这是由于在施工碾压时，压路机钢轮碾压时轮迹之间重叠较多(叠碾方式碾压)的缘故。为保证碾压轮迹不重叠，要求连续检测时采用不重叠的平碾方式进行，如图5-14所示。

需要注意的是，对于普通振动压路机来讲，连续检测时要求以前进方式进行，其原因见3.4.2节。主要是由于存在水平力而导致前进和后退时的压实力不一致，会对检测结果造成一定影响。如果是定向振动压路机，则没有此要求。另外，如果采用模量指标进行控制，也可以不要求压路机必须以前进方式行走，其原因读者可自行分析。

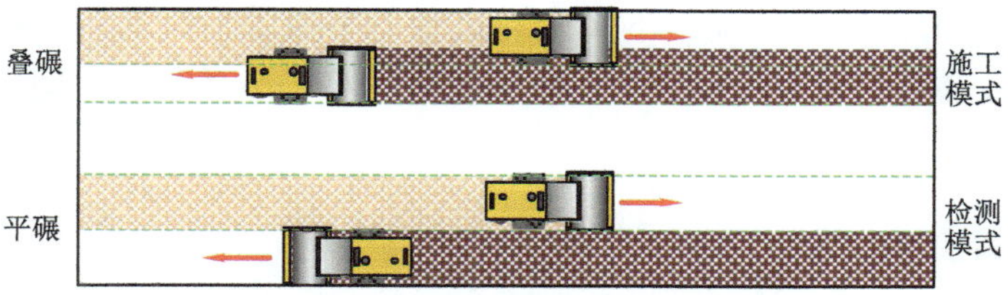

图 5-14 压路机行走的施工模式和检测模式

对碾压面的连续检测结果如图 5-15 所示。可见对于同一碾压面,由于叠碾和平碾方式的不同,其碾压轮迹数是不一样的,但总面积并没有发生变化。

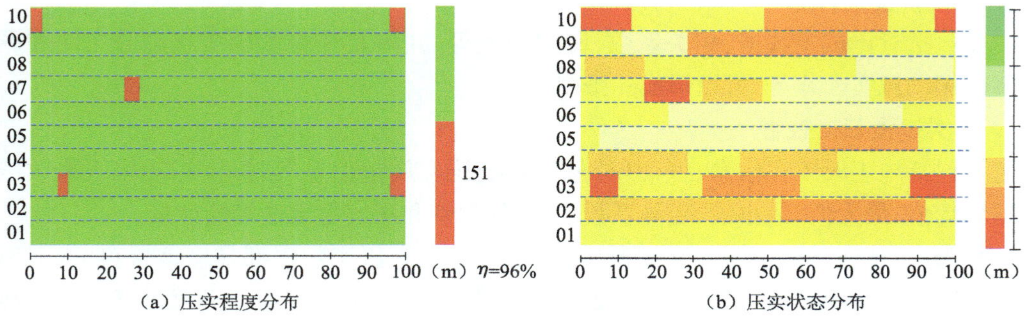

图 5-15 连续质量检测结果

在图 5-15 的压实程度分布图中,压实程度的通过率由过程控制时的 94%上升为 96%,达到了规定的要求,说明了连续检测补充碾压效果。另外,未达到目标值的区域处于分散态,没有聚集在一起,可以不必处理。

在图 5-15 的压实状态分布图中,由于压实状态的划分是从压实值的低值端开始的,间隔为 10 MN/m^2,所以最低值区域包含了压实程度分布图中的未通过区域,但范围有所增大(数据范围增大的缘故)。由于填料相对均匀,各点压实值的差异不是特别大,因此只有 5 级压实状态的划分。

2. 低点常规检测

连续检测完成后,对该施工段的压实工作便结束了。接下来的工作就是进行常规质量验收检验即常规检测。常规检测的选点需要在压实薄弱区(低值区)内进行。一般需要从最低值区域开始,但应该避开压实程度未通过区域,因为那部分是允许存在而不必进行处理的。关于常规检测的选点原则,通常在压实薄弱区内选择 2 个低值点,如图 5-16 所示。

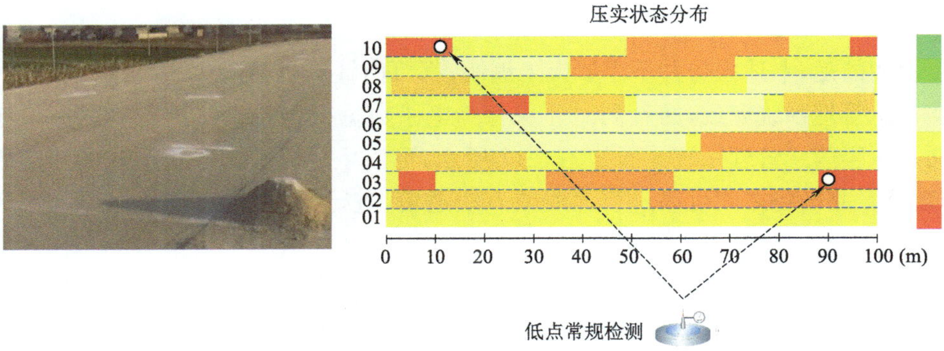

图 5-16 压实薄弱区的低点常规检测

通过对图 5-16 中压实最薄弱区的 2 个点进行的平板载荷试验，计算得到的 K_{30} 值分别为 133 MPa/m 和 137 MPa/m，均大于控制值 130 MPa/m 的要求。因此，该施工段压实质量判定为合格。

5.1.5 压实质量报告

路基施工段完成连续与智能压实控制后，需要编制压实质量报告，作为压实成果材料保存。根据规定，压实质量报告一般由相关校验报告、压实过程归档报告和连续压实质量检测报告组成。

1. 相关校验报告

主要包括对比试验数据、相关系数、回归模型等，并附有试验段压实状态分布图和碾压轮迹的振动压实曲线等，可以形成一张图表。

2. 压实过程归档报告

主要包括施工段工程信息、振动压路机信息、压实质量信息等，提供每一碾压遍数压实数据的均值、最大值、最小值、变异系数、压实均匀性和压实稳定性等统计量。

一般来讲，从振动碾压第 1 遍到最后，每一遍的所有压实数据都是应该保存的，但不一定完全纳入压实质量报告中，只要挑选特征值就行了，这个报告的要求就是基于这方面考虑的，是对碾压过程特征信息的提取，可以形成一张图表。

3. 连续压实质量检测报告

主要包括碾压面的压实状态分布图、压实程度分布图以及薄弱区域的压实质量验收资料等，主要是以图形方式存在。

另外，在上述各报告中，除了应该提供图表形式的压实质量状况信息外，还应该附加以下信息：

(1)工程信息：包括文件编号，施工段起止里程，填筑宽度、填筑厚度、填筑层位，填料类型，碾压面积，碾压遍数，碾压检测日期与时间等。

(2)加载信息：包括振动压路机自重、振动质量(振动轮分配质量)、激振力、振动频率、振幅、行驶速度等。

(3)质量信息：包括常规质量验收检测的合格值及对应的目标振动压实值，检测数据的最大值、最小值、极差、平均值、变异系数，压实均匀性和压实稳定性，振动压路机工作频率的最大值、最小值和平均值，压实程度通过率，压实状态分组数及组间距，统计直方图等。

需要说明的是，上述报告并不需要人工编制，都可由计算机自动生成。这个任务一般都由压实信息管理系统完成，并且同时还保存为电子数据报告，形成“活”的数据，供相关人员调阅。压实信息管理系统界面如图 5-17 所示，可以生成完整的各种形式的压实质量报告，与现场量测设备之间可以进行无线或有线通信，进行数据交换，也是“云平台”的一部分。

以上以一个完整的工程实例为背景，对连续与智能压实控制技术的应用全过程进行了说明。表面看起来，这项技术应用起来很方便、很顺利，但实际情况并非如此，会遇到各种问题，正是这些问题的存在，才促进了这项技术的发展进步。

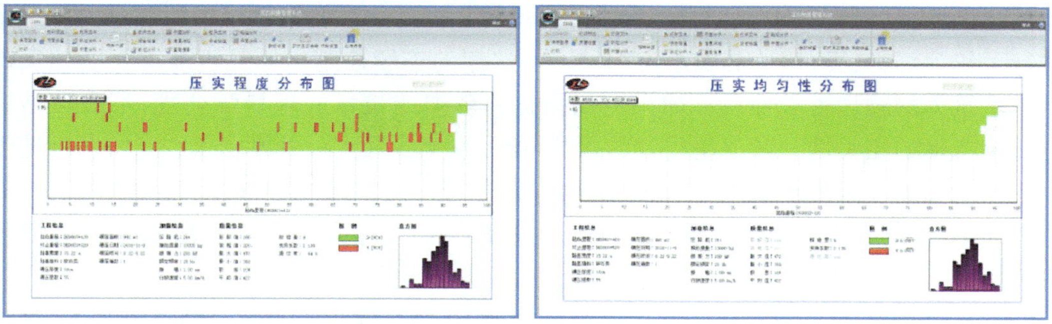

图 5-17 压实信息管理系统

5.2 问题讨论

路基填筑体实施连续与智能压实控制时,如果填料良好,压路机工作正常,则操作起来还是比较简单的,如同上面的实例一样。但是,如果在碾压过程中出现各种问题,那么处理起来相对就要麻烦许多,需要多学科知识的综合运用。

一般来讲,在碾压过程中实施连续与智能压实控制,出现问题的原因来自三方面,即路基填筑体(被测或测试对象即填筑体)、振动压路机(加载设备)和控制系统(方法与量测设备),这三者相互制约,构成综合问题。压路机与路基填筑体是直接相互作用的,其相关信息被量测,并由控制系统进行处理,得到与压实质量直接相关的有用信息,对压路机和路基填筑体发出反馈控制的指令,三者关系如图 5-18 所示。

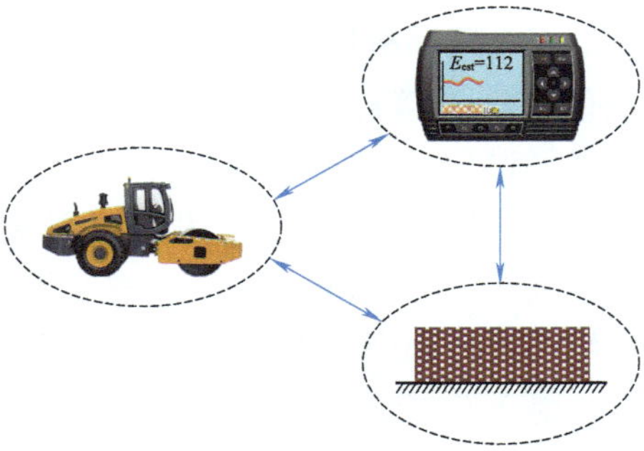

图 5-18 测试对象与加载设备及量测设备之间的关系

5.2.1 相关性问题

一项新技术的应用,若想得到认可,一般在应用初期都需要与对应的传统技术建立某种联系,两种结果取得一致性。连续与智能压实控制技术的应用也是如此。尽管连续指标与传统指标如压实度、模量和地基反力系数等都是独立的,但从路基结构物理力学性质的基本概念出发,它们都具有某种联系,总体上应该是一致的,否则就会出现矛盾。因此,连续指标与传统指标之间是否具有很好的一致性,是衡量和评定这项技术是否可靠的主要依据之一。

1. 影响相关性的因素分析

图 5-18 实际上给出了影响连续指标与传统指标之间相关性的因素——连续控制技术原理、量测设备、加载设备(振动压路机)、测试对象(路基填料),它们单独或者综合地影响着相关性的好坏。下面分别进行分析。

(1)技术原理与量测设备方面

目前连续与智能压实控制技术尚处于发展阶段,还是一类技术的统称,各种具体方法的技术原理(模型与求解)都是不完全相同的,2.3.2节以及第3章中的部分内容对此进行了较为详细的讨论。其核心可归结为所选用的连续控制指标是否能够真实地反映路基填筑体的物理力学性质。如果控制指标所依据的技术原理科学合理,那么该指标与传统指标的相关性一般都是很好的,具有统计学意义下的一致性。反之,如果所选用的连续指标的技术原理模糊不清,以经验性为主,那么该指标就很难正确反映填筑体的物理力学性质,如早期的压实计原理的谐波比指标,无论怎么处理,都没有普遍使用价值。

一般而言,如果所选指标的技术原理可靠,往往都是建立在力学分析基础上的,这是由于碾压过程就是一个动力学试验过程,得到的指标就应该是力学指标。这是选用这类技术的一个判别准则。

至于量测设备,是否可用是由控制指标的技术原理所决定的。如果控制指标本身存在缺陷,那么再先进的量测设备也无济于事,不会得到正确的测试结果。当然,由于测试的是振动过程,设备本身的技术指标是否符合相关标准的规定,是需要另外考虑的,可以在标准计量部门进行检验。

(2)加载设备方面

振动压路机作为加载设备,其振动性能稳定与否是很关键的,涉及压实作用力的随机变化问题,这实际上可以看成是振动压实动力学试验的加载系统不稳定问题,这一点前面已经做过分析。如果其振动性能在碾压过程中出现过大的波动,那么严重依赖振动压路机性能的控制指标都会发生不同程度的变异,导致结果异常,如早期的谐波比即CMV、刚度系数和抗力等,它们的大小都与压路机性能参数有关,不是一个独立量。这也是要求在连续量测过程中必须保持压路机振动性能稳定的原因所在。

对于路基结构模量这个控制指标而言,与上述几个依赖压路机的控制指标的情况有所不同。对于理想线弹性体,根据弹性理论,模量是一个物性参数,反映的是物体本身的属性,并不随外力的变化而变化。这就意味着无论是采用振动压路机进行加载还是承载板加载,其模量都应该是一样的。下式是依据式(3-15b)得到的模量计算公式,分别对应着钢轮加载和承载板加载情况。

$$E=\frac{1}{\beta}\frac{P_1}{w_1}=\frac{(1-\mu^2)}{2a}\frac{P_2}{w_2}$$

式中符号已经在3.2.5节中进行了说明。这种情况所对应的应力—应变关系为线性(直线)关系,如图5-19(a)所示。可见,无论加载如何变化,其模量都是一定的。

对于实际的路基结构,由于岩土填料特性的原因,并不是一个理想的线弹性体,在第1章对此进行了分析。这个特点表现在力学试验上,就是模量会随着荷载的变化而发生变化,不再是一个定值,其变化大小与施加荷载的变化幅度有关,应力—应变关系为非线性关系,如图5-19(b)所示。

在实际的振动碾压过程中,如果压路机的振动性能波动不是很大,那么测试得到的模量相对是稳定的(可以认为路基结构在一定应力范围内是局部线弹性的)。但如果超过一定范围,其模量就会发生较大的变化,特别是在填筑碾压成型的弹塑性阶段,加载方式和大小都会显著影响到测试得到的模量。

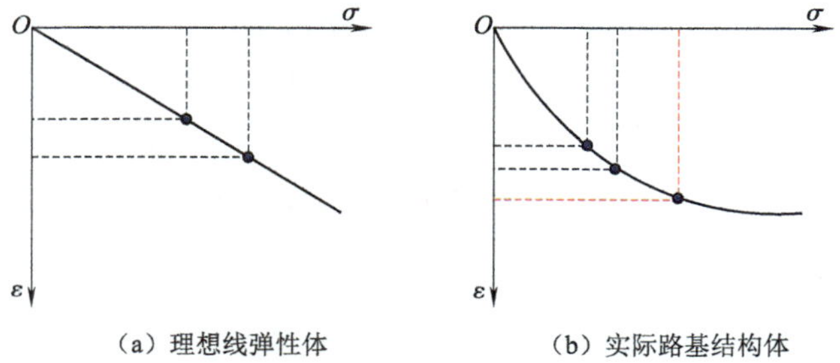

图 5-19　理性弹性体与实际路基结构体的应力—应变特征

当路基填筑体碾压完毕，经检验合格后，一般都是将其看作弹性体的。此时采用不同的振动压路机进行连续测试，所得到的路基结构模量的差异并不是很大，压路机振动性能的差异表现的并不明显，这也是模量指标的优势所在。如果差异很大，则要考虑是否将填筑体碾压到了弹性状态。当然，岩土材料本身的非线性也可能混在其中，但实践证明，这个非线性因素并不是最主要的，关键还是压实的好坏。

(3)填料变异

上述两种因素的影响，原则上都是可以通过设备检查过程，选择正确的技术原理和振动性能稳定的压路机予以纠正。但是，路基填料方面的问题却是不容易解决的，特别是局部的不均匀分布问题。下面以路基结构模量为控制指标，分析路基填料在垂直方向和水平方向上的分布问题。

首先分析垂直方向上的填料分布问题。由于路基结构体是分层填筑构成的，每一层的厚度都在 30～40 cm，且每一层的物理力学性质都不完全相同，如图 5-20 所示，所以路基填筑体在垂直方向上的性能是不完全一样的，只是在计算分析时常常将其等化为半空间体而已。根据弹性力学和土力学理论，振动压路机作用在填筑体上的力要比承载板的作用力大的多，其影响深度也就大许多。如果是弹性半空间体，那么无论怎么测试，得到的模量都是一样的。但如果是层状体(图 5-20)，根据式(3-14)，由压路机测试得到的模量是一个多层的综合模量 $E_0^{(5)}$，而承载板得到的是单层模量 E_5，它们之间具有如下关系：

$$E_0^{(5)} = f(E_0, E_1, h_1, E_2, h_2, E_3, h_3, E_4, h_4, E_5, h_5)$$

如果多层体各层的力学性质差异较大，那么一般 $E_0^{(5)} \neq E_5$，二者之间的相关性就不会很好，这也是提出“分层问题”的主要原因之一。另外一个现象问题更多，那就是下卧层中含有不同性质的填料夹层问题，会造成连续测试结果的异常变化，严重影响到连续指标与传统指标之间的相关性，后面还会涉及这个问题的论述。

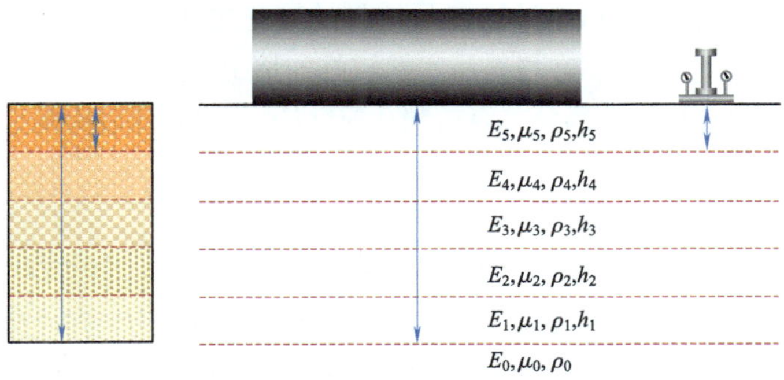

图 5-20　路基结构分层填筑与物性参数

其次分析水平方向上的填料分布问题。由压路机钢轮得到的连续指标在水平方向上也是一个面积上的综合值，这个面积等于钢轮宽度与行走距离的乘积，一般规定为 1.0 m^2，而承载板作用下的面积是一个直径为 30 cm 的圆面积，如图 5-21 所示。如果填料分布不均匀，其测试结果就会有较大的差异，影响二者的相关性。

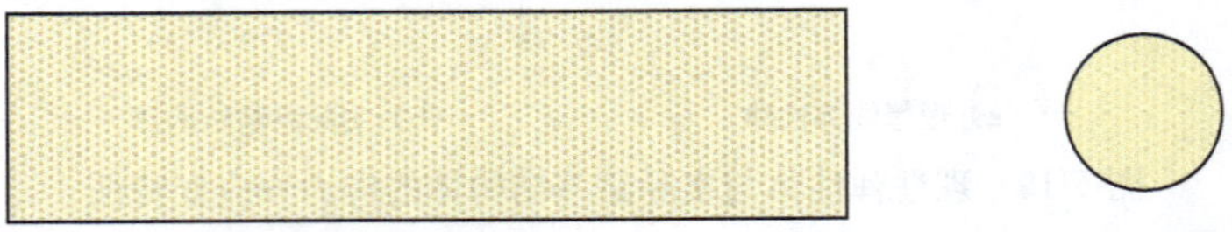

(a) 压路机钢轮　　(b) 承载板

图 5-21　压路机钢轮与承载板的作用范围差异

以上是对连续指标为模量时的分析，对于其他控制指标来讲，也是如此，很多情况下比模量指标的相关性还要差。

2. 相关性判定依据

对于两组数据之间的相关性，一般都是采用相关系数判断其关系的好坏。相关系数是衡量两个变量之间相关程度的一个量，计算方法参见式(5-1)。相关系数大小与相关程度之间并没有严格的划分界限，但在实践中有一个经验判断准则，见表 5-1。

表 5-1　相关程度参考准则

相关系数的绝对值 $\|r\|$	相关程度	附　注
0.90～1.00	相关性非常强	$\|r\|=0.70 \rightarrow r^2 \approx 0.50$
0.70～0.90	相关性强	
0.50～0.70	相关性弱	
<0.50	相关性非常弱	

一般将 $|r|=0.70$ 作为判定相关程度强弱的一个分界点，实际上相当于 $r^2=0.50$，在统计学上也是一个分界点。原铁道部相关科研课题的试验结果表明，通过对哈大客专、京沪高铁、成灌铁路、兰新铁路等现场的路基填筑体的不同位置、不同填料、不同振动压路机的近千组对比试验结果表明，连续指标(抗力 F_r)与传统指标(K_{30}、E_{v2}、E_{vd})之间的相关系数均大于 0.70，满足要求，属于强相关，这也给制定压实标准提供了依据。

近年来在高速铁路建设的实践中发现，在压实技术原理、量测设备、振动压路机性能、填层性质都满足要求的情况下，相关性还与填料的可压实性(与粗粒料的级配、黏性细粒料的含水量有关)有密切关系。在填料压实性较好的情况下，连续指标与传统指标之间的相关系数至少在 0.80 以上，大部分可以达到 0.90 以上。这是今后提高连续压实标准的重要依据之一。

3. 相关性与统计数据分布特征

相关系数的大小代表了二组统计数据之间相关性的强弱。$|r|=0$ 代表二者毫无关系，数据是散状分布的，$|r|=1$ 代表二者相关性非常好，与理论关系一样，如直线关系，抛物线关系等。由此可见，相关系数越大，统计数据之间的相关性也就越好，在统计数据分布特征(离散程度)上也有所反映，如图 5-22 所示。

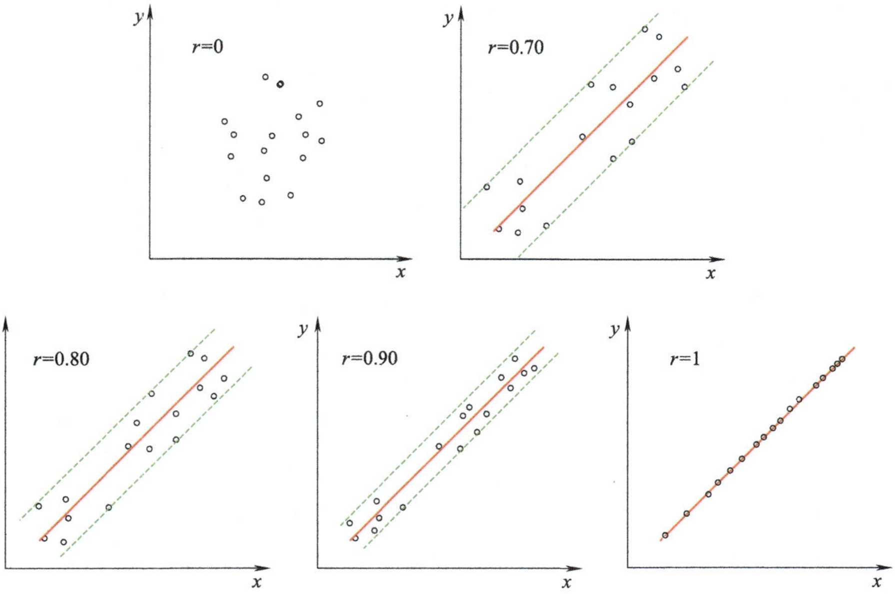

图 5-22 相关系数大小与数据离散程度

图 5-22 反映了相关系数与数据离散程度的关系，随着$|r|$的增大，数据离散程度明显变小。当$|r|=1$时，数据没有离散，实际上代表了一种确定性关系。其他情况下代表的都是统计学意义下的概率关系，这一点务必理解，涉及相关方程的有关问题。

4. 相关方程的含义与正确使用

前面已经给出了连续指标与传统指标之间相关方程的求法以及如何应用。在得到相关方程之后，也就确定了连续指标与传统指标之间的对应关系，但如何正确使用仍然是一个问题，涉及正确理解相关方程的含义问题。

根据数理统计理论，按照最小二乘法原理得到的相关方程也叫回归方程，这是建立在统计概率意义下的方程，是一种统计学方程，具有一定的保证率，与我们习惯中的确定性方程不是一个概念，不能像确定性方程那样使用，这是很多人都常常忽略的地方。在使用时需要注意以下几个方面。

(1)对于统计学的回归方程，其自变量和因变量的系数是根据数据统计计算确定的，不能像确定性方程那样进行变换推导，两个变量之间的关系只能依统计数据计算得到。例如，已知回归方程 $y=a+bx$，可以根据 x 求 y，但不能根据此式由 y 求 x，只能根据试验数据重新计算得到 $x=c+dy$，据此根据 y 求取 x，即

$$\text{确定性方程：}y=a+bx\Leftrightarrow x=(1/b)y-a/b$$

$$\text{统计学方程：}y=a+bx\neq x=(1/b)y-a/b$$

另外需要注意，如果已知 E_{vd}与 K_{30}之间的回归方程，是否可以根据 VCV 与 E_{vd}的回归关系得到 VCV 与 K_{30}之间关系，答案是否定的。这种观点正是犯了将统计学方程看成是确定性方程的错误。确定 VCV 与 K_{30}之间关系的回归方程，只能依靠试验。下面推导出的公式是不成立的。

$$\left.\begin{array}{l}K_{30}=a+b\cdot E_{vd}\\ \mathrm{VCV}=c+d\cdot E_{vd}\end{array}\right\}\Rightarrow \mathrm{VCV}=c+\frac{1}{a}(K_{30}-b)$$

(2)由回归方程即相关方程确定出的结果，并不是100%可靠的，只是一个统计结果，与相关系数的大小有关。当相关系数为1的时候才是100%可靠的，否则都会存在一定的误差。根据实际经验，一般只有相关系数在0.70以上才属于相关性较强，此时确定的相关方程才比较有实际应用价值。

这里需要注意的是，能否确定相关方程和相关方程是否有效是两回事。确定相关方程的方法已经在前面论述过，不管相关系数如何，都可以根据试验数据确定一个相关方程，但是否可用必须依据相关系数来判定。例如：当相关系数 $r=0.10$ 时也可以确定出回归方程，但由于没有什么相关性，也就毫无使用价值了。可见能不能确定回归方程和能不能使用这类方程是不同的概念，应该有一个清晰的概念。

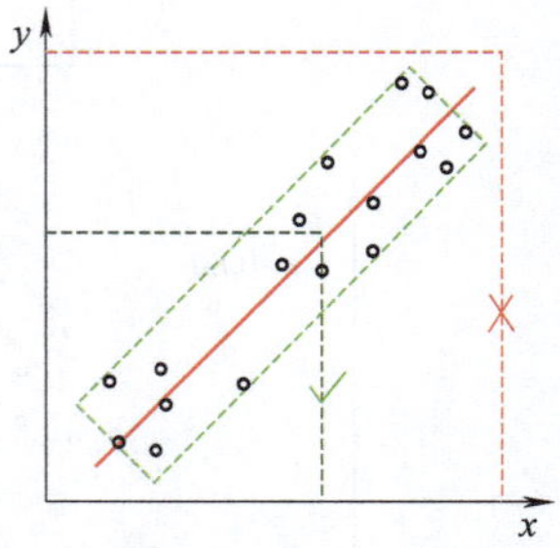

图 5-23 相关方程的内插与外延预测问题

(3)这类回归方程一般只在试验数据范围内有效，超出试验数据范围，尽管也能计算出结果，但是结果的可靠性没有保证。即数据内插可以，但有一定离散性，而将数据外延预测一般是不行的，如图5-23所示。

5.2.2 临界点效应

在进行压实程度控制时，一般需要根据事先确定的目标值〔VCV〕进行连续控制，但是却经常发生这样一种现象，当振动压实值VCV达到目标值〔VCV〕或者位于附近时，采用传统的常规检测方法进行检验却未必合格。我们把这种在目标值附近出现的不确定性现象称之为“临界点效应”。对于数理统计问题而言，这是一个普遍存在的问题，但却困扰着现场人员。因此，有必要进行一些讨论。

1. 引起临界点效应现象的原因

(1)数理统计造成的非一一对应关系

发生临界点效应的直接原因就是连续指标与传统指标之间并不是一一对应的关系，而是一种由对比试验数据进行数理统计而得到的回归关系。根据上面提及的相关性与数据离散程度之间的关系可知，目标值〔VCV〕与常规控制值〔x〕之间的对应程度也与相关系数的大小有关，如图5-24所示。

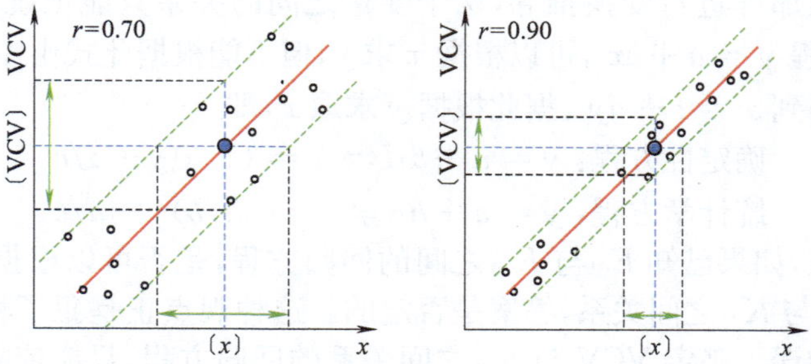

图 5-24 相关系数与离散宽度之间关系

根据回归方程，x 与VCV是一一对应关系，但根据实测数据却不是，与数据离散程度有关。这种现象发生在目标值附近时，就形成了所谓“临界点效应”，实际关系具有一定的不确定性，根本就不存在一一对应的问题，可以看作是不同“离散宽度”的对应问题，即图 5-24中标注的箭头部分的对应宽度问题。随着相关性的变好，离散宽度也在减小，最后 $r=1$时达到一一对应关系。

因此，目标值〔VCV〕与常规控制值〔x〕之间的实际关系并非一一对应的，都有一个波动范围即离散宽度，其范围大小与数据离散程度有关，相关系数越大，其波动范围越小，精度也就越高。但只要相关系数不是 1.0，就一定存在一个波动范围问题。这种临界点效应实际上就是在目标值这个临界点附近的压实程度判定的不确定性问题。

例如，根据图 5-10，〔VCV〕=151 MN/m^2，对应〔K_{30}〕=130 MPa/m，但在实际连续检测时，VCV=151 时不一定对应着 $K_{30}=130$，也可能对应着 $K_{30}=123$ 或 126 即不合格状态，如图 5-25 所示，这就是临界点效应。可见回归出来的直线关系是统计学意义的。

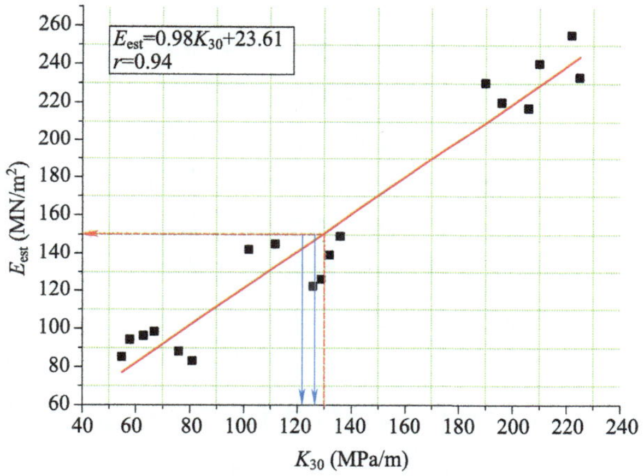

图 5-25 实测目标值与常规控制值的对应性

(2)试验段与施工段差异引起的非一一对应关系

除了上述统计学引起的原因外，试验段与施工段性质不完全相同也会引起 VCV 达到目标值而常规检测不合格这种现象。由于岩土填料等的原因，性质完全相同的路段是不存在的，或多或少都存在一定的变异，这就会导致事先确定的目标值与实际的目标值不完全相同的现象出现，如图 5-26 所示。

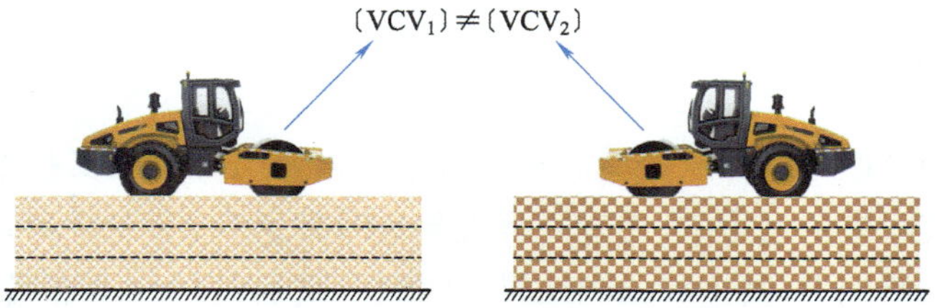

图 5-26 试验段与施工段目标值的差异

当〔VCV_1〕≠〔VCV_2〕时，即使实测的 VCV =〔VCV_1〕，也不能保证常规检测合格，

因为真正的目标值是〔VCV_2〕而非〔VCV_1〕。这个现象并非真正的临界点效应，而主要是由于填料变异引起的。当然，临界点效应也可能混入其中，情况将更为复杂。

2. 处理方法

依据目前高速铁路路基相关技术标准的规定，在采用连续与智能压实控制技术的路段，如果在使用过程中出现连续控制结果与常规控制结果不一致的情况，以常规检测结果为准。这就是总的使用原则和处理方法。

在出现临界点效应时，通常以传统方法的常规检测结果为准。但这并不说常规检测一定是符合要求的，一定就是非常正确的。实际上，常规检测也有其固有的缺陷。但由于常规检测是现有技术标准中规定的最终检验办法，所以目前还是以此作为最终判定的手段，其他类控制结果必须与常规检测结果取得一致性才可使用。

需要说明的是，"临界点效应"只出现在目标值区域附近。当远离目标值时，连续控制结果是准确的。因此，除了临界点附近区域具有一定的不确定性外，其他区域，特别是压实低值区域，尽管连续检测结果与常规检测结果之间存在一定的离散性，但结论还是可靠的，如图 5-27 所示。

压实质量控制的根本目的还是要防止和控制压实状态最低区域（压实薄弱区）的出现，这是路基结构产生不均匀沉降的根源之一，而这种压实低值区域一般都是远离目标值区域的。因此，从这个意义上看，连续控制有其独特之处，临界点效应并不影响"面"的控制结果，对于控制压实薄弱区效果还是很好的。

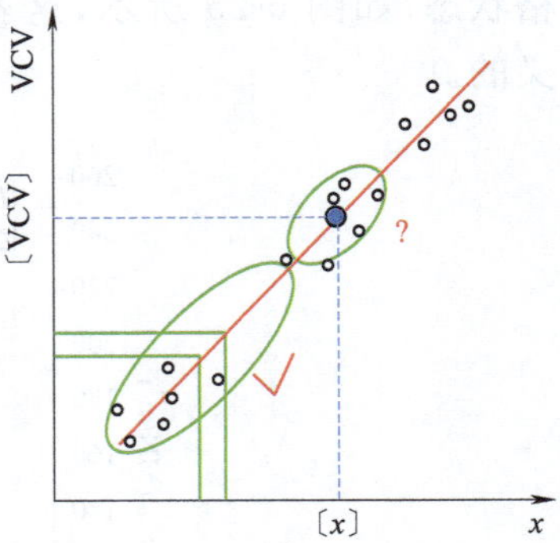

图 5-27 压实低值区内两种检测结果的一致性

如果压实薄弱区域出现在目标值附近时，由于存在不确定性，所以还是以常规检测结果为准。若常规检测不合格，则必须增加常规检测数量，扩大范围进行检测，以保证压实质量控制的可靠性。

关于试验段与施工段性质不完全相同引起的目标值差异问题，原则上可以根据实际情况，对目标值进行适当调整予以解决。从道理上将，由试验段得到的连续压实控制目标值在后续施工段的使用过程中应该是固定不变的。但是，正如前面提及的，由于岩土材料的复杂性，很少存在与试验段性质完全相同的施工段落，或多或少会有一些变化。因此，在实际应用连续压实控制目标值时，是允许进行适当调整的。至于如何调整，没有一个统一的模式，需要根据现场实际情况做出合理的选择。

5.2.3 测不准现象

以上分别从相关性和临界点效应的角度讨论了连续与智能压实技术应用过程中遇到的一些问题。在实际应用过程中，还有一类现象也时常遇到，即在量测系统的控制指标与技术性能都良好的情况下，其连续检测结果有时也会莫名其妙地不准确，我们将这类现象称作"测不准"现象。这也是众多研究者和量测设备开发商都有可能遇到的棘手问题。实践证明，对于这类问题仅仅依靠改变评定与控制方法或者改进量测设备精度都是很难彻底解决的。如果从动力学试验的角度看，这是一个加载设备、量测设备与试验对象三者相互作用的复杂问题，也可以认为是动力学试验系统的稳定性问题。

例如：在碾压的前 6 遍，VCV 与 K_{30} 随碾压遍数的变化规律是相同的，但从第 7 遍开始，VCV 值开始缓慢下降，而 K_{30} 仍在增长，如图 5-28 所示。

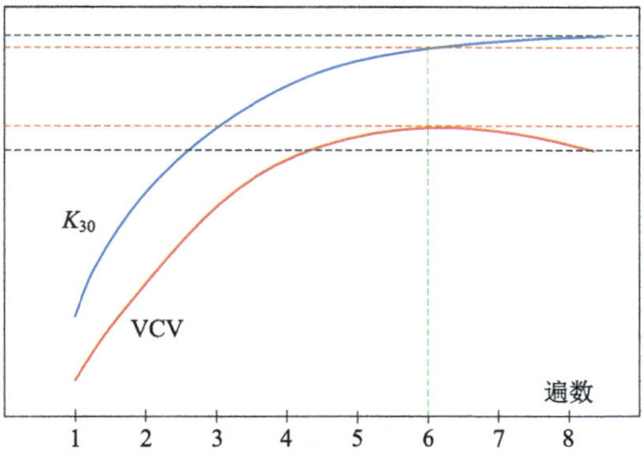

图 5-28　VCV 和 K_{30} 随碾压遍数的变化

在实践中，上述现象偶尔发生。如果控制指标是压实计原理的谐波比（CMV），则很容易解释，是其技术原理本身缺陷性引起的。但是，控制指标如果是力学指标，出现这种现象则显得有些不正常，如何解释是值得研究的问题。

由于技术原理和量测设备的差异，这个问题没有统一的答案。但解决的途径可以遵循下面给出的思路和技术路线，如图 5-29 所示。

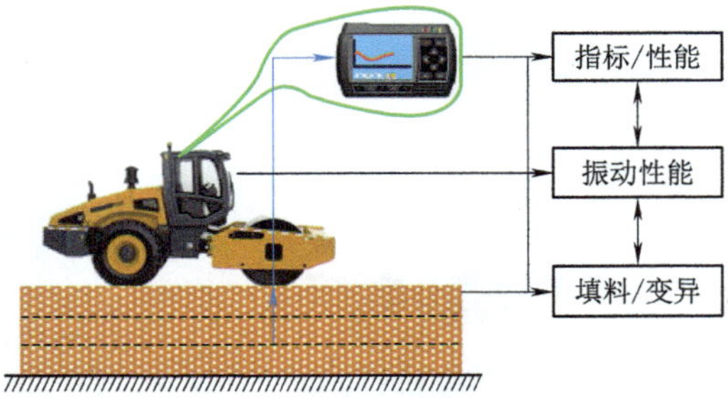

图 5-29　研究测不准现象的技术路线

经过多年的实践，发现这类问题可以从理论和实践两方面入手解决。在理论上，要时刻把握这是一个动力学试验，出现问题时要首先分析是否遵循了动力学的基本原理。在实践上，要从图 5-29 所示的几个方面入手进行综合分析。量测设备重点考虑所采用的控制指标和设备性能；加载设备重点考虑的是压路机振动性能的稳定性；试验对象要考虑填料的特性和是否存在变异等。总之，对这一现象还是要从多方面入手进行研究。

5.2.4　填料级配问题

前面几节主要讨论的是连续与智能压实控制技术本身的一些问题。接下来重点讨论采用这项新技术给“筑路”技术带来的新的革命，这才是应用这项技术的真正意义所在。所带动的科技进步绝不限于路基填筑质量控制，涉及多个行业，下一章将对此进行详细讨论。这里仅论述一些具体问题。

填料级配问题是针对粗粒料而言的。对于粗粒料填料，颗粒形状与级配是决定路基结构性能好坏的先决条件，压实则是必要条件，二者缺一不可。根据现场反馈信息，碾压比较顺利的填料，容易形成稳定的结构，其物理力学性质也都比较好，说明其可压实性好，实际上就是填料级配优良的表现。

对于路基填筑来讲，相关标准中都要求填料的级配良好，但什么是良好级配则没有明确的规定。文献[1]采用室内模拟振动试验方法对这一问题进行了研究，得到了一些有意义的结论，可指导现场的碾压工作。但在施工现场，如果进行级配试验，则需要对填料进行现场筛分，这是比较费时费力的，一般很难大面积进行。因此，级配良好是一个模糊的要求，不好把握。根据现场调查，基本上是有什么料就用什么料，由此带来一系列问题，其中突出的就是能否压实的问题。

在填筑碾压过程中实施连续与智能压实控制，随着压实信息的增多和研究的深入，发现可以根据压实相关信息来间接地来评定填料的级配与可压实性。这一发现对于进行反馈控制以及高级智能压实技术的研究都具有很大的现实意义。

1. 相关系数与填料级配和可压实性关系（试验段阶段）

路基在正式施工前，都需要进行填筑工艺性试验，这样就可以结合试验段进行相关校验工作。实践中发现，在保证加载设备和量测设备都符合要求的情况下，即使采用目前最先进的连续控制指标（例如模量），取得的相关系数也是有很大差异的。经过深入研究，发现主要是填料级配差异引起的。大致存在如下规律：凡是 VCV 随碾压遍数的变化规律较好的填料，其可压实性也都好，对比试验得到的相关系数也较大，它们之间的对应关系如图 5-30 所示。

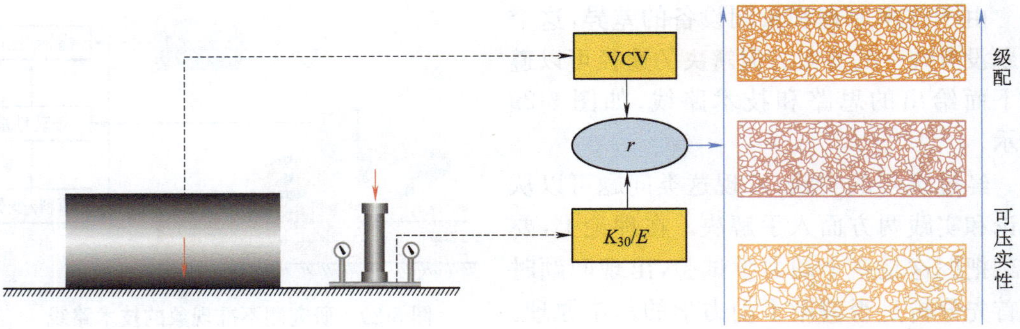

图 5-30　相关系数与填料级配和可压实性关系

下面结合近几年在沪昆高铁贵州段、呼准鄂铁路、沈丹高铁、京沈高铁辽宁段和石济高铁等工程建设中的应用实例进一步阐述这个问题。按照相关系数的大小进行讨论。

(1) $r > 0.80$

如果相关校验得到的 VCV 与 K_{30} 之间的相关系数 $r > 0.80$，说明其连续指标与常规指标之间的一致性是很好的，反映到碾压上，发现都是压实比较容易进行的填料，所形成的结构也都比较稳定，更接近弹性状态。这也从另外的角度验证了前面提及的不同力学指标之间具有一致性的观点。

图 5-31 中的填料是以碎石为主，并且粒径较大且单一，很多都超过 15 cm，甚至更大，致使振动压路机难于压实这种填料，形成不了稳定结构。这是目前施工现场经常遇到的现象。由于是试验路段，将超大粒径石块采用人工打碎的方式进行了处理，并且在填料中掺加了一些细料和土等，粗细料比例保持在 7∶3 左右。这样就明显改善了填料级配，其

碾压也比较顺利，压实效果很好。从相关校验试验的结果来看，也是比较好。相关系数为0.88，并且 VCV 变化幅度可达到 100，K_{30}变化幅度约为 130，二者对应关系较好，并且随碾压遍数的变化规律也很正常。

实践证明，对于粗粒料，其天然级配一般都不符合要求，如果不进行人工处理而直接采用天然级配，一般都很难获得好的压实效果。相关校验结果也会相对差一些，甚至不满足规范要求。

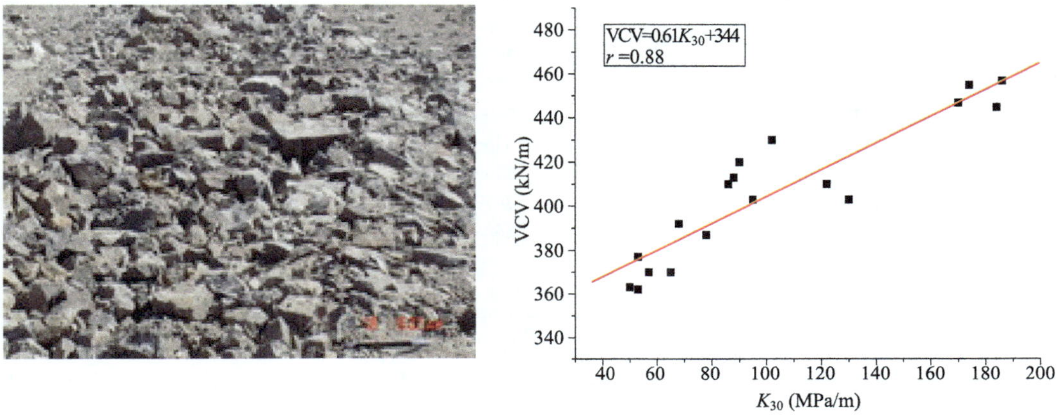

图 5-31 改善级配后的粗粒料的 VCV 与 K_{30}之间的相关性

图 5-32 为土石混合填料。一般这种料都比较容易压实，对级配要求也不是很高。VCV 和 K_{30}随碾压遍数的变化规律也比较正常，得到的压实质量很好，其相关系数为 0.90。

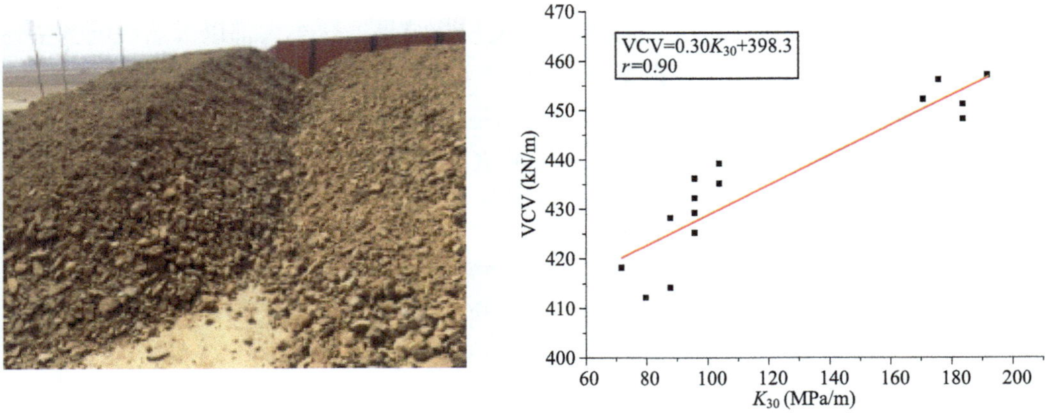

图 5-32 土石混合填料的 VCV 与 K_{30}之间的相关性

上述几个实例都是路基基床表层以下的填料。对于高速铁路而言，由于基床表层为级配碎石填料，其压实质量控制是非常重要的。这种填料对级配要求实际上是非常严格的，稍有不慎就很难压实，这已被高速公路的实践所证实。因此，在高速公路建设中并没有普及推广这种柔性基层，压实质量难于控制是根本原因之一。

铁路有关级配碎石的标准基本上是借鉴了高速公路相关标准的规定。为了弥补级配碎石这种缺陷，高速铁路建设中一般都在级配碎石中掺加少量水泥，起到稳定颗粒的作用，这样压实质量控制很容易通过，K_{30}检测结果都会满足要求。图 5-33 就是级配碎石试验段的对比试验结果，其相关系数为 0.84。

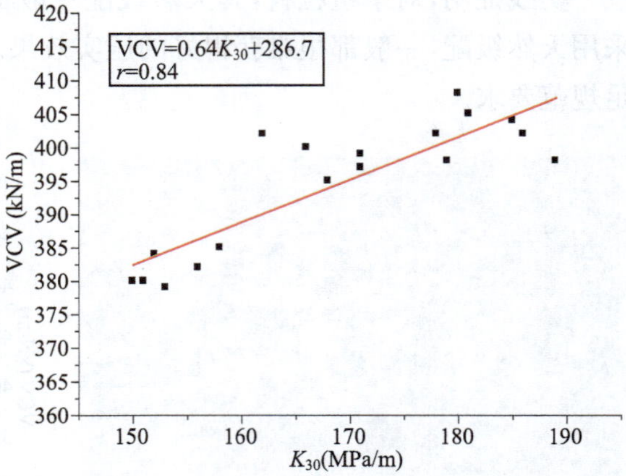

图 5-33 级配碎石的 VCV 与 K_{30}之间的相关性

在级配碎石中掺加少量水泥的做法存在一个隐蔽性问题，那就是这种结构的稳定性到底如何，仍然需要时间的检验。

(2)$0.70 \leqslant r \leqslant 0.80$

从现场试验和调查情况看，VCV 与 K_{30}之间的相关系数位于 0.70～0.80 之间的填料，其级配都相对要差一些，但基本上不需要人工处理便可以保证压实质量，如石渣填料、山皮土填料等就是如此。

图 5-34 为典型的以碎石为主的填料的相关校验结果。这类大都以天然级配为主，经过简单处理便基本可以压实。根据图中 VCV 与 K_{30}之间的相关关系，可以看出其离散性较前面的有所增大，同时 VCV 的变化幅度也不是很大，说明整体压实效果并不是很好，所形成的结构的强度也不是很高。图中有很大的 K_{30}数据，可能是试验结果受到了粒径尺寸影响的缘故。

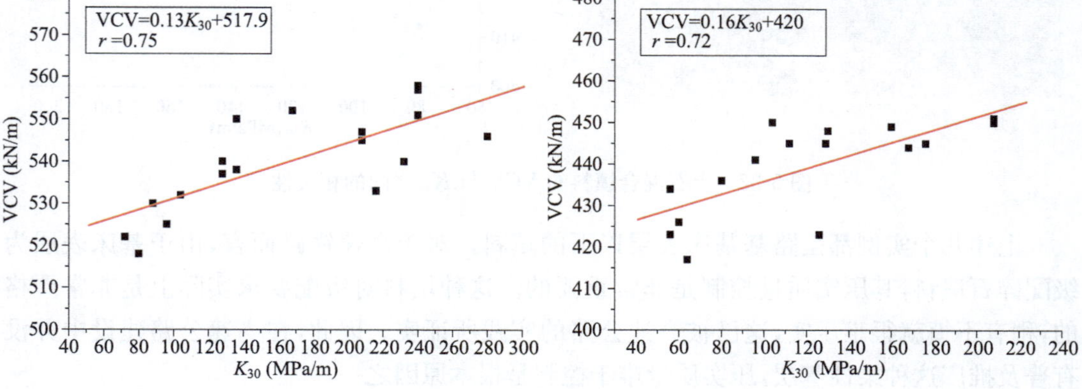

图 5-34 粗粒料的 VCV 与 K_{30}之间的相关性

(3) $r < 0.70$

VCV 与 K_{30}之间的相关系数小于 0.70 时，其填料质量都是比较差的，无论是颗粒形状还是级配方面。这类填料不经过处理都很难压实，如砂砾填料，由于其颗粒形状圆滑，无论怎么碾压都很难形成稳定的结构。

以上是依据试验路段的相关校验结果进行分析得到的初步结论，实际情况可能更为复杂。如何扩大适用范围，让智能控制系统能够自主学习这些知识将是高级智能压实技术研究的主要任务。

关于填料，在试验路段上可以对那些不易压实的填料进行工程处理，但在大面积施工时，受各种条件限制，有时候是不容易处理的或者故意不处理，随便碾压几遍便结束压实工作，这种例子是很多的，由此可能给工程质量安全带来隐患，对高速铁路运行安全造成威胁，应该引起有关管理部门的重视。

连续指标与常规指标之间相关性的大小在一定程度上可以反映了填料的性质与填筑质量，特别是碾压的难易程度，还可以分析所形成结构的好坏。这一点在试验段阶段是很有用处的，对于指导后序施工段的碾压是很有帮助的，但也有其局限性。其一，这种方法并不是实时处理的方式，是事先确定的；其二，实际的填料情况复杂，如果缺少试验段资料就无法判定和控制了。

2. 根据压实信息评定填料级配与可压实性(施工阶段)

在试验段阶段可以根据相关校验的试验结果来评定粗粒料的一些性质，特别是可压实性，对于施工阶段的填料选择是很有帮助的。但是，根据现场调查，在正式施工阶段，由于岩土填料的复杂性和多变性，很多情况下并没有对每一种变异的填料都进行填筑工艺性试验，尽管标准上有此要求，但实际中很难做到，这是客观存在的事实。因此，完全依赖相关校验结果来控制填料也是不现实的，应做到根据现场填料的变化情况及时做出相应调整。研究表明，在碾压过程中利用压实信息来控制填料也是可行的方案，可能会更方便一些，并可达到实时监控的目的。

为了根据压实信息来控制填料，首先有必要了解连续控制指标即振动压实值 VCV(模量、抗力或刚度)在碾压过程中的一些变化规律，以便建立标准样本库，这样才能针对不同情况进行相互比较，这也是高级智能压实技术的基础。这种方法在控制理论中称作模式识别，与人工智能相结合将更能发挥其优势。如果配置智能控制系统的压路机经过不断学习和训练，那么就有可能掌握智能识别填料性质的技能，实现真正的智能控制。

图 5-35 是根据大量实践测试数据总结出来的几种典型的 VCV 与碾压遍数关系曲线。对于一定的振动压路机而言，从开始碾压到结束，VCV 的变化幅度即变化量一般都是“先大后小”，直至 VCV 达到最大值的，此时的碾压遍数称作最佳碾压遍数。如果超过这个最佳遍数，VCV 值反而下降，其实质是填筑体结构被压松而引起的，也就是所谓“过压”引起的结构破坏。图 5-35 给出的几种典型形式就说明了这一点。我们可以将这组式样当作模式识别的样本放在样本库中。

观察图 5-35 中的(a)、(b)、(c)三种情况，VCV 都随碾压遍数而发生变化，直至达到最大值，但变化的幅度或者说斜率是不同的。对于相同的压路机而言，这种现象反映出填料级配的不同，所形成的结构也不同。对于不同的压路机，不同的压实力（压实功）也会引起上述现象，即使同一种填料，随着压实力的不同，VCV 与碾压遍数关系也是不同的。

上述三种情况不管怎样，经过几遍的碾压，最终都是可以碾压到一定程度的即 VCV 的最大值，但是否达到了规定的要求，还需要另外的检验。路基填筑碾压过程最怕出现图 5-35中的(d)的情况，VCV 不随碾压遍数而发生太大的变化，也就是意味着碾压无效果，也不存在最佳碾压遍数。对于粗粒料来讲，出现这种情况的原因，一般都是级配不合理或者颗粒形状比较圆滑造成的，这已被现场大量实践所证实。

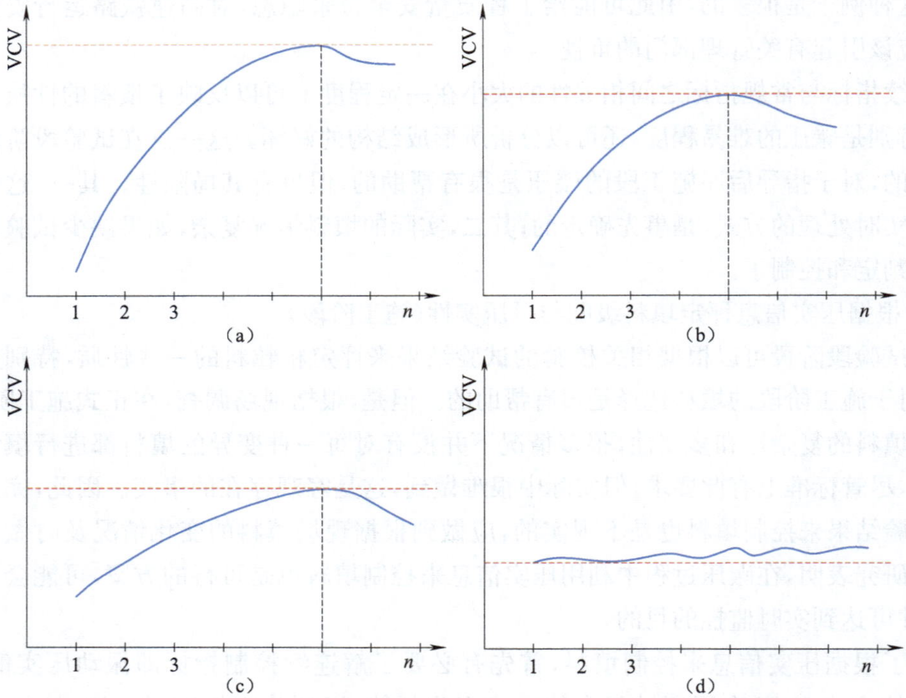

图 5-35 VCV 随碾压遍数变化的几种典型形式

连续量测得到的 VCV 与碾压遍数之间关系的一些特征，在很大程度上反映了粗粒料的可压实性（对于细粒料也是如此，详见下一节的论述），比相关系数更直接，更能从机理上说明问题。不管 VCV 代表的是抗力还是模量或者刚度系数，其变化的实质就是颗粒之间相互作用强弱的宏观表现，也是路基结构体抵抗变形能力变化的具体表现。如果上述曲线与结构体的应力应变关系曲线比较，可以发现有许多共同之处。前者是压实力与碾压遍数（相当于荷载作用时间）的关系，后者实质是（压实）力与变形的关系。

不同的填料颗粒形状与级配形成不同的结构体如图 5-36 所示，(a)的颗粒形状比较圆滑，无论级配优良与否，都很难形成一个稳定的结构。而(b)的颗粒形状尽管棱角分明，但粒径单一，也不容易形成稳定的结构。只有(c)的颗粒形状和粒径分布才有可能形成一个稳定结构。对于(a)与(b)的情况，对应的 VCV 变化规律与图 5-35(d)的情况相仿，而(c) VCV 变化规律与图 5-35(a)、(b)、(c)的情况相似，只是变化幅度不同而已。

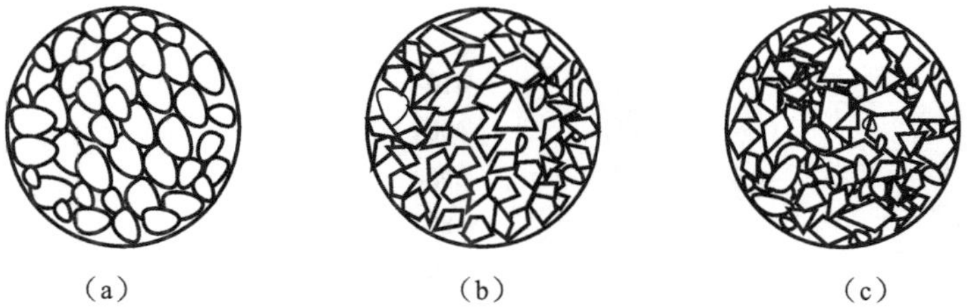

图 5-36 不同的填料颗粒形状与级配形成不同的结构体

由以上讨论可以总结出一般规律。根据 VCV 与碾压遍数的关系曲线，可以采用曲线斜率（或与水平线夹角）的大小来表征填料的可压实性和级配的优劣，如图 5-37 所示。夹角或斜率越大，填料越容易压实，说明其级配越好。这与应力应变关系曲线斜率的含义基本一样。另外，也可以从压实稳定性与碾压遍数关系的角度考虑可压实性。压实性好的填料，其压实稳定性指标 δ 都是随碾压遍数先大后小的，最后 $\delta \leqslant [\delta]$。

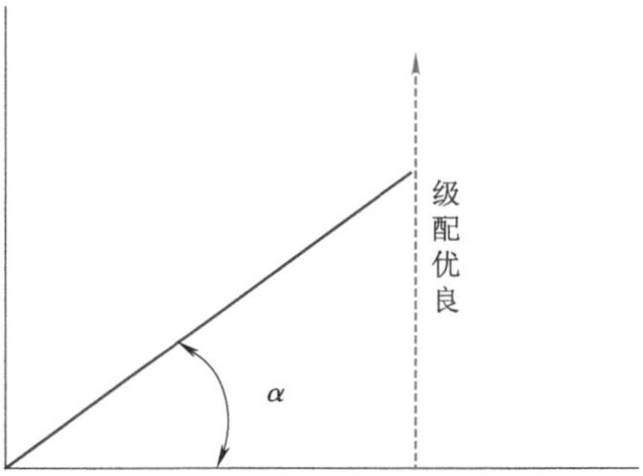

图 5-37 VCV 变化曲线斜率与填料级配的关系示意

粗粒料作为路基填料时，有两个问题值得注意。其一是能否压实的问题，与颗粒形状和级配都有关；其二是所形成结构的物理力学性能是否是最佳的问题，与级配（粗细料比例）有关。在碾压前需要对这些信息有所了解，例如可以通过数字图像技术进行辅助判定填料颗粒形状和级配情况。这样在碾压过程中，就根据连续量测结果，对照上述样本库，便可以有针对性地实时监控填料的好坏了。下面给出几个不同振动压路机碾压不同填料时的工程实例。

图 5-38 是几种典型填料在碾压过程中 VCV 的变化情况，可以看作结构体抵抗变形能力随着荷载作用时间（碾压遍数）的变化曲线。

图 5-38(a)的填料尽管棱角分明，但是其粒径比较单一，缺少粗粒料的组合，因此初步就可以判定这种填料很难形成密实而稳定的结构。根据碾压过程中 VCV 的特征，其变化幅度很小，意味着抵抗变形能力变化不大，也就是结构体的力学性能变化不大，与初始状态基本一样，可以认定压实是无效果的。图中 VCV 随着碾压遍数增加而略有增加，实际上是一些颗粒被压碎，起到细粒料充填作用而导致结构性能有所提高造成的。

图 5-38(b)的填料为砂砾，主要问题是颗粒比较圆滑，不管级配如何以及如何碾压，都很难形成稳定结构，其 VCV 变化特征与(a)的相仿。(c)的填料为石渣，且级配较好，比较容易碾压成稳定结构，碾压过程也比较顺利，其 VCV 的变化特征比较正常，符合一般规律。

另外一类粗颗粒填料就是土石混填类的，视土石比例不同而形成不同的结构体。一般来讲，土与石的比例在 3∶7 左右，所形成的结构体的抵抗变形能力最强。如果是以土为主，则需要考虑含水量问题。图 5-39 为几种典型土石混填料的碾压过程，其压实性一般都是比较好的。

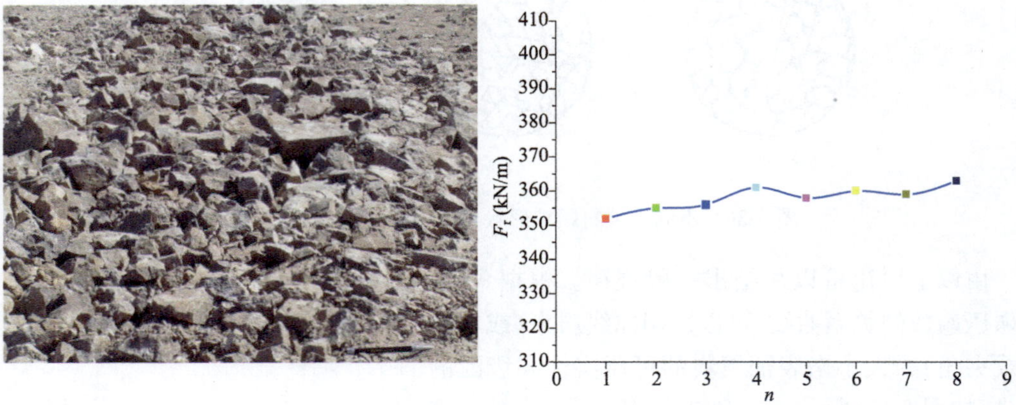

(a) 级配单一型填料

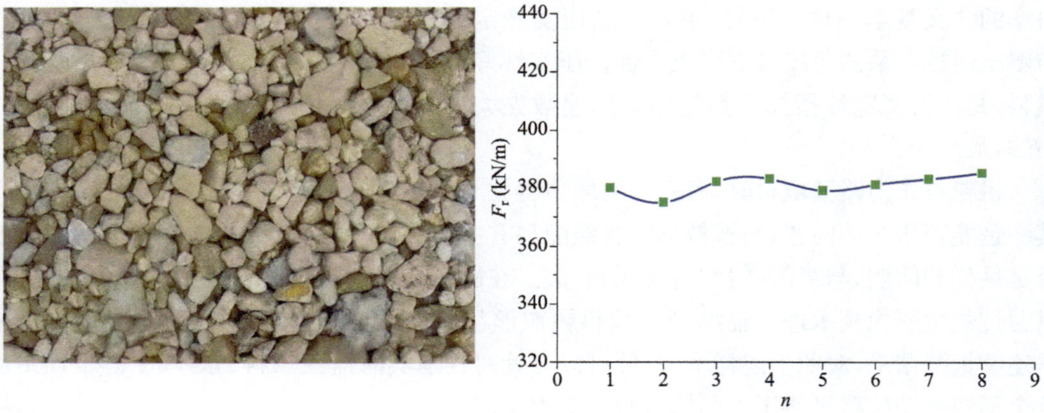

(b) 形状圆滑型填料

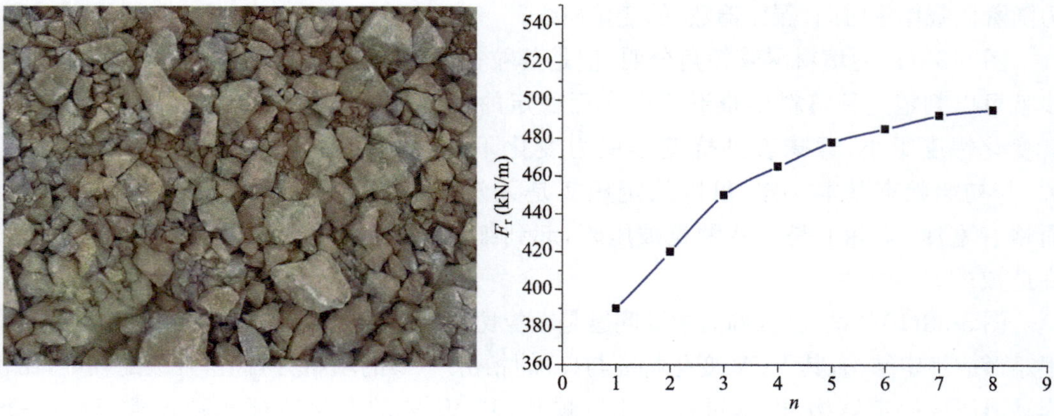

(c) 形状与级配良好型填料

图 5-38　几种典型填料的 VCV 与碾压遍数关系曲线

图 5-39 典型土石填料的碾压过程

以上结合连续量测的压实信息，对粗粒料的碾压问题进行了简单讨论，实际情况远比这些要复杂得多。但只要把握住 VCV 在碾压过程中的变化规律，一般都是可以掌控的，至少可以识别出填料的可压实性，指导选料工作。

5.2.5 填料含水量问题

粗粒料的压实控制主要是颗粒形状与级配问题，含有粉粒和黏粒的细粒料则是含水量问题，特别黏性细粒料即俗称的黏性土、亚黏土等。在高速铁路建设中，这类填料一般都采用双指标进行压实质量控制——物理指标为压实度，力学指标为 K_{30} 或 E_{v2}。关于这两类指标的区别与联系，第 2 章进行了详细讨论，此处不再赘述。这里主要讨论含水量的变化如何影响连续量测结果的问题，目的是通过对碾压过程中压实信息的连续量测，对含水量进行评定和控制，以提高压实质量。

1. 填料含水量与物理力学性能

黏性细粒料与粗粒料不同之处在于影响黏性细粒料物理力学性能的主要因素就是含水量的大小。过小或过大的含水量都会严重影响土体的物理力学性能，同时也影响压实效果。

(1)填料含水量与物理性能(干密度)

根据击实试验结果可以得到击实曲线。对于一定的击实功来讲，土体的干密度与含水量密切相关。在某一含水量下的干密度会达到最大值，这个含水量称作最优含水量或最佳含水量，小于或大于最优含水量时，土体的干密度都会减小，如图 5-40 所示。这个现象可以从微观的角度进行解释，参见土力学书籍。

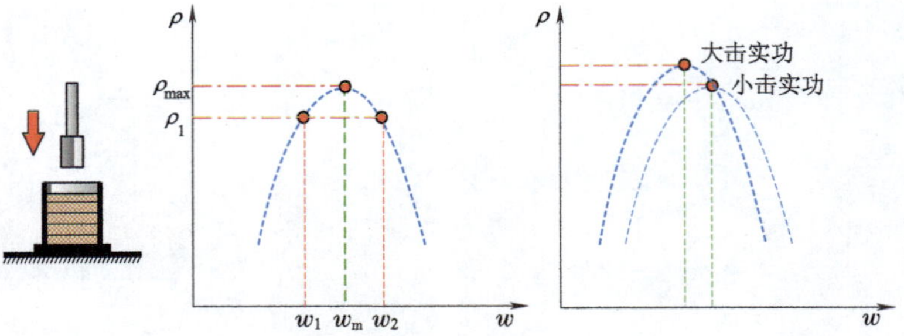

图 5-40 填料的击实曲线

图 5-40 中，$\rho_{max} \rightarrow w_m$。这个最大干密度就是所谓的压实标准，现场碾压的目的就是使现场干密度尽量接近这个最大干密度(压实标准)。当土体达到最大干密度时，其物理力学性能都是最稳定的，受水的扰动最小，即水稳定性最好。这就是采用物理指标控制压实质量的意义所在。

需要注意的是，对于某一种填料来讲，最优含水量与最大干密度并不是一个定值，会随着击实功(现场就是压实功)的变化而变化，即击实功或者压实功越大，土体的最优含水量也就越小，最大干密度变得更大，如图 5-40 所示。

对于不同填料，其最优含水量与最大干密度当然不相同了。一般来讲，细粒料中的粉粒和黏粒含量越多，土的塑性指数越大，其最优含水量也就越大，相应的干密度也就越小。砂性土的最优含水量小于黏性土的，但干密度大于黏性土的。

观察图 5-40，还可以发现一个有意思的现象，当填料不处于最优含水量时，理论上一个干密度(压实度)可以对应两个含水量状态，分别处于最优含水量的两侧，即图中的 $\rho_1 \rightarrow w_1$，$\rho_1 \rightarrow w_2$。由于施工现场的含水量控制并不是十分严格，所以测得的压实度可能对应着两个含水量状态，而这两个状态的力学性能具有很大的不同，这也是压实度指标的弊端，双指标控制的优点也在于此。

(2)填料含水量与力学性能(模量)

黏性细粒料碾压成路基结构体时，其含水量不但影响其干密度和压实效果，还对结构体的力学性能(如模量)产生重大影响。运营期的很多病害都与水的侵蚀有关，最显著的特点就是土体遇水会产生变形，模量会显著降低，特别是路基结构体处于非最大干密度状态时。

根据室内外大量试验结果，路基结构体位于(w_m，ρ_{max})，即最优含水量和最大干密度处的力学性能并不是最大的，而是处于左侧($w_1 \leqslant w \leqslant w_m$，$\rho_1 \leqslant \rho \leqslant \rho_{max}$)，即略小于最优含水量状态时的最大，但这种结构的水稳定性不好，遇水会产生变形。同样，当位于最优含水量右侧时，其力学性能将降低，并且也不稳定。图 5-41 形象地说明了这些，这也是强调最优含水量的主要原因之一。

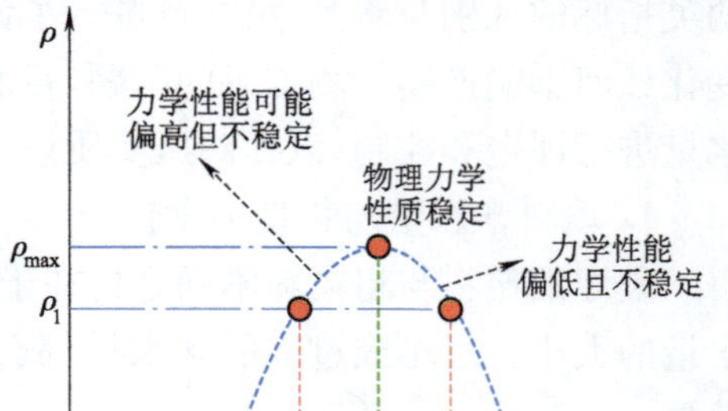

图 5-41 填料含水量与力学性能关系示意

从图 5-41 可以看出，对于黏性细粒料，如果仅以力学指标(如模量)控制压实质量，那么很有可能出现图中“力学性能偏高但不稳定”的情况，即填料的含水量小于最优含水量而力学指标比较高。按照力学指标控制，压实质量很可能是满足要求的。但是，这种结构一旦遇到水的侵蚀，由于没有达到最大密实状态，其力学性能会下降，说明压实状态是不稳定的。而物理指标即压实度能够很好地评定这种填料的密实程度和水稳定性，这就是双指标控制的好处。

(3)击实曲线形状与含水量控制

黏性细粒料的压实效果或可压实性与水分的多少密切相关。有些填料对水很敏感，含水量的微小变化都会对干密度产生影响。对于这样的填料，如果控制不好含水量，那么压实就会很困难。而有些填料则对水不太敏感，即使含水量发生一定的波动，也不会对干密度产生过大的影响，这样的填料即使含水量控制的不严格，其压实效果也是可以的。上述这些特征可以从击实曲线形状上得到体现，如图 5-42 所示。

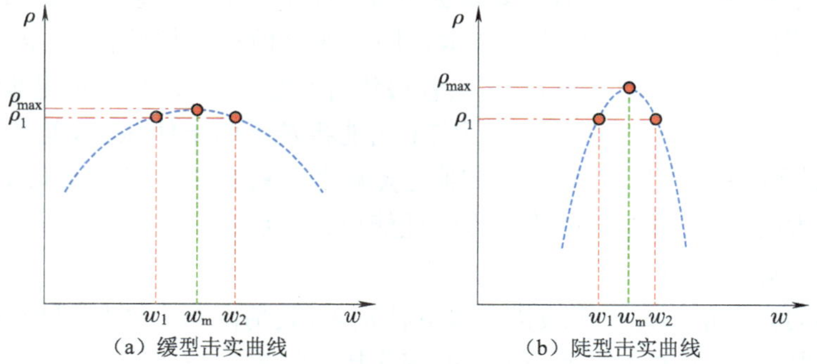

图 5-42　击实曲线形状与含水量控制

图 5-42(a)的击实曲线属于缓慢变化型，含水量的变化对干密度影响不大，碾压这类填料时不需要严格控制含水量，即使含水量有一些变化，也可以得到好的压实效果。而图 5-42(b)的击实曲线变化比较陡，干密度对含水量的变化比较敏感，碾压时就需要严格控制含水量位于最优含水量附近了，否则很难压实。至于哪种填料属于什么类型，只需通过简单的击实试验，确定出击实曲线便可以确定。这类问题如果采用数学方式表示，就是 $(\rho_{max}-\rho_1)/(w_2-w_1)$ 大小的问题。

2. 压实信息与填料可压实性

碾压控制的根本目的是为了得到好的压实效果和压实质量，而填料具有好的可压实性是前提条件。对于那些对水敏感的细粒料而言，如果碾压时能将含水量控制在最优含水量附近，那么得到好的压实效果是有保证的。控制好这类填料的含水量是碾压过程中最重要的任务之一。但是，在施工现场若想控制好含水量，使其保持在最优含水量附近绝非易事，与室内试验时的那种精准控制完全是两回事。此外，现场还有一个含水量是否是均匀分布的问题，更是难于控制。因此，实际的现场情况并非像规范中要求的那样理想化，能将含水量大致控制在最优含水量附近就已经很不容易了，更多情况下都是天然含水量状态，只要能够较顺利碾压就行了，如若不行就对其进行改良处理了。无论出现哪种情况，在碾压过程中及时掌握能够反映填料可压实性的压实信息都是十分必要的。在试验段阶段可以根据连续压实信息指导填料的选择和制订处理方案，在施工阶段可以实时将碾压情况反馈给管理者，以便及时进行反馈控制。根据连续压实信息指导细粒料的碾压工作，与粗粒料的做法是一致的。

对于黏性细粒料的可压实性，总是与含水量联系在一起的。下面按照填料的实际含水量与最优含水量的关系来阐述 VCV 的变化特征以及对应的可压实性。

(1) $w_m \pm \Delta w$

如果填料的含水量处于最优含水量附近(一般 $\Delta w = 2\%$ 左右)，那么碾压工作一般都是比较顺利的，压实效果和压实质量也是最好的。反映在 VCV 的变化上，与图 5-35(a)的特征基本相同。如果做相关校验试验，其相关性也是比较好的，正常情况下相关系数可达到 0.90 以上。

(2) $w < (w_m - \Delta w)$

如果填料的含水量小于最优含水量一些，但不是偏离的特别多(也与击实曲线形状有关)，那么一般还是可以压实的，但需要增大压实功，改变压实工艺或者改变压路机吨位。VCV 的变化与图 5-35(b)、(c)的特征基本相同。如果做相关校验试验，正常情况下相关系数也可达到 0.70 以上。但是，当含水量较最优含水量小许多时，一般是很难压实的。

这里需要注意的是，尽管通过改变压实工艺能将较干的土体压实，但是水稳定性还是差的，一旦遇到水的侵蚀，其结构强度和刚度会减小。只有在最优含水量下，其填筑体的干密度才是最大的，所形成结构的物理力学性能也是最稳定的。

(3) $w > (w_m + \Delta w)$

如果填料的含水量不是大于最优含水量特别多，其情况与上述情况相似。但是，如果含水量很大，则压实是非常困难的，VCV 的变化特征如图 5-43 所示。

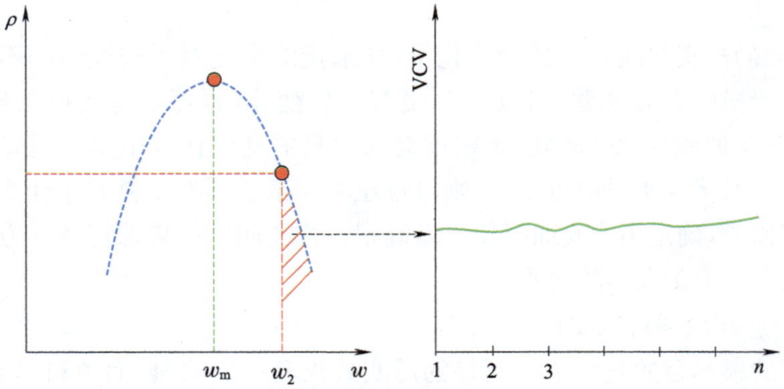

图 5-43　填料含水量过大时 VCV 的变化特征

当含水量超过最优含水量许多时，填料的含水量会很大，容易将其碾压成俗称的“弹簧土或橡皮土”。此时路基结构的抵抗变形能力比较低，表现在 VCV 随碾压遍数的变化幅度很小，VCV 始终处于一种波动状态，常规检测结果也有类似的规律，与前面所述的填料级配单一的例子有某些相似之处。

3. 实例分析

黏性细粒料在高速铁路建设中很少遇到，即使有这类填料，也都进行改良处理了。这里收集的几个实例来源于多个领域，主要是分析和说明一下实际中遇到的情况，以供参考。

一般来讲，对水敏感的细粒料(如黏性土或亚黏土等)，其击实曲线属于陡型。正常情况下都应该将含水量控制在最优含水量附近，一般误差控制在±2%之内，但很多情况下做不到。由于含水量不在最优含水量控制范围内而导致压实效果不佳的例子是非常多的。目前除了填料完全是土的情况外，土石混合填料中也存在类似现象，也有一个控制含水量的问题。虽然含水量是一个对压实效果起决定性作用的控制量，但现场控制起来却不是那么容易，既有客观原因，也有主观原因。这也是不到万不得已不采用这类填料的原因所在。

(1)填料含水量位于最优含水量附近且分布均匀

如果填料的含水量处于最优含水量附近，并且在各点的分布基本一致，那么碾压工作就会很顺利进行。无论是 VCV 与常规指标(地基系数 K_{30} 与压实系数 K)的相关性还是 VCV 与碾压遍数的关系都是非常好的，如图 5-44 和图 5-45 所示。

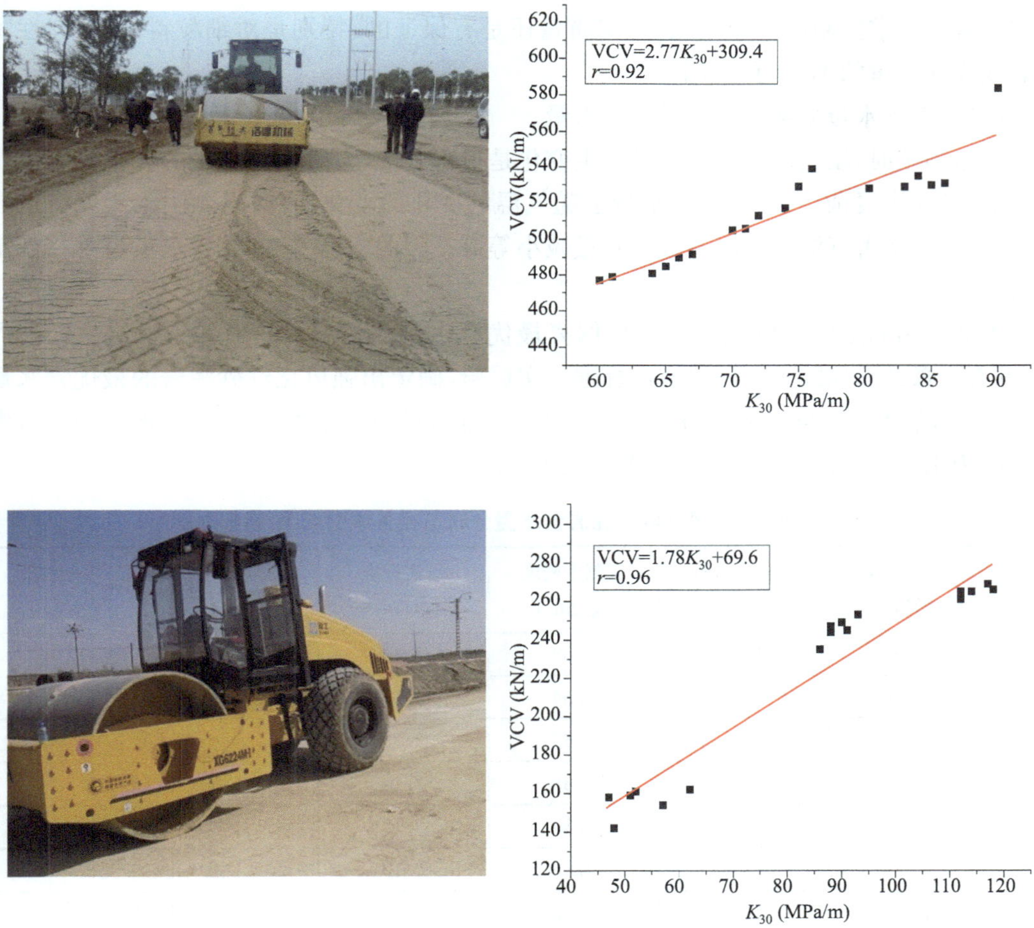

图 5-44 VCV 与 K_{30} 之间的相关性

图 5-44 显示的相关性很好。可见只要控制好含水量，使其在最优含水量附近，不但压实效果很好，其相关试验结果也会很好，近几年的实践证明，这种情况下得到的相关系数大部分都可以达到 0.90 以上。

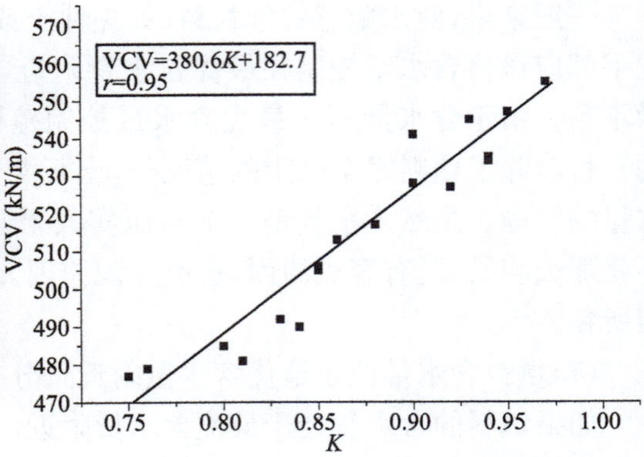

图 5-45　VCV 与压实系数 K 之间的相关性

图 5-45 是 VCV 与压实系数(压实度)K 之间的关系,其相关系数可达 0.95。说明只要按照规范要求控制填料和碾压,压实质量还是有保证的,特别是对细粒料,其均匀性主要表现在含水量的不均匀分布上。

(2)填料含水量偏离和小于最优含水量

路基施工时,填料的含水量经常发生变化是很正常的,有时候含水量的波动范围也是很大的,其原因复杂。如:填料含水量会随气温的变化而变化,有时遇到阴雨天就会造成含水量过大,或者气温很高时造成含水量减小等等。因此,真正控制好含水量也是一件不容易的事。

下面给出的工程实例就是含水量偏离最优含水量的情况。其填料为强风化红砂泥岩,混有少量的粉质黏土。经过室内标准击实试验,确定出强风化红砂泥岩的最优含水量为 11.5%,最大干密度(即压实标准)为 2.10 g/cm³,粉质黏土的最优含水量 9.3%,最大干密度为 1.89 g/cm³,如表 5-2 和图 5-46 所示。

表 5-2　强风化红砂泥岩含水量分布与相关试验结果统计

编号	实测含水量(%)	最优含水量(%)	实测干密度(g/cm³)	压实标准(g/cm³)	填料类型
1	8.98	11.5	1.88	2.10	强风化红砂泥岩
2	12.64	9.3	1.54	1.89	粉质黏土
3	20.87	9.3	1.62	1.89	粉质黏土
4	9.48	11.5	1.88	2.10	强风化红砂泥岩
5	10.66	11.5	1.80	2.10	强风化红砂泥岩
6	8.28	11.5	1.86	2.10	强风化红砂泥岩
7	6.37	11.5	1.88	2.10	强风化红砂泥岩
8	8.64	11.5	1.92	2.10	强风化红砂泥岩
9	8.49	11.5	1.86	2.10	强风化红砂泥岩
10	12.14	11.5	1.86	2.10	强风化红砂泥岩
11	6.21	11.5	1.91	2.10	强风化红砂泥岩

续上表

编号	实测含水量(%)	最优含水量(%)	实测干密度(g/cm^3)	压实标准(g/cm^3)	填料类型
12	6.49	9.3	1.80	1.89	粉质黏土
13	7.47	11.5	1.98	2.10	强风化红砂泥岩
14	11.37	11.5	1.93	2.10	强风化红砂泥岩
15	7.02	11.5	1.96	2.10	强风化红砂泥岩

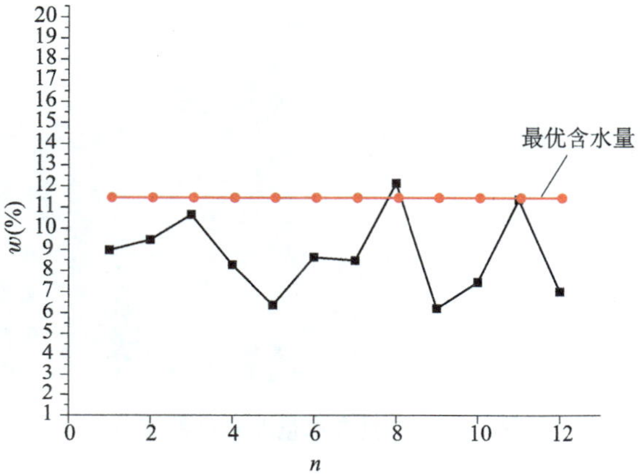

图 5-46 强风化红砂泥岩的实测含水量与最优含水量

图 5-46 给出的是强风化红砂泥岩的含水量分布情况，基本都是小于最优含水量的，有一些还是差距很大的，而少量的粉质黏土的含水量基本都比最优含水量要大许多。在这样的条件下进行碾压作业，其效果不如含水量在最优含水量附近时的效果，但基本可以接受。

根据前面提及的，对于含水量较小的情况，应该增大压实功进行碾压，因此采用了 20 t 振动压路机进行碾压作业。在进行完连续压实检测后进行了压实度检测，各检测点结果见表 5-1。计算得到 VCV 与压实系数 K 之间的相关系数为 0.74，如图 5-47 所示，符合相应要求。另外，在碾压过程中，其压实程度相对也是比较容易控制的。

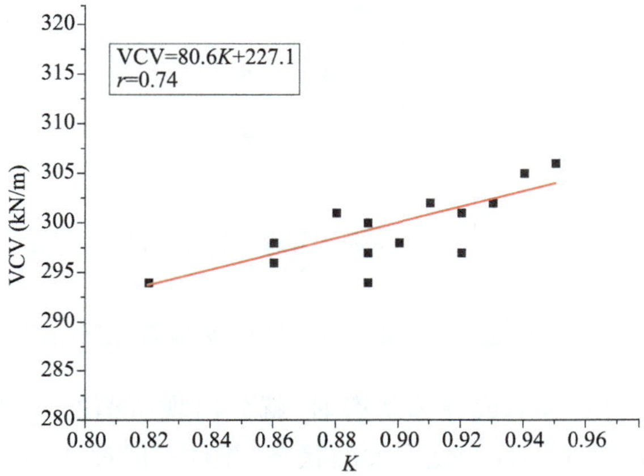

图 5-47 强风化红砂泥岩的 VCV 与 K 之间的相关关系

影响上述相关性的因素可能来自两方面。其一，含水量分布的不均匀导致各点的力学性能（VCV）与物理性能（干密度或压实系数 K）不完全一致；其二，由于下卧层也是这类填料，其压实效果影响到上层 VCV 的数据大小，而压实度检测深度仅为当前碾压层的，这样也会造成二者关系的变弱。

由上述结果中还可以发现一个现象：尽管含水量分布有一些变化的，但是 VCV 与 K 之间还是存在相关性的。分析其原因，可能与含水量总体偏小有关。如果含水量很小，则无论如何也是压不实的，如图 5-48 所示的情况。

图 5-48　填料含水量非常小的实例

(3)填料含水量明显大于最优含水量

填料的含水量很小时不能压实，含水量偏大时也同样是压不实的。例如：粉质黏土（含有强风化红砂泥岩）的含水量分布在 16%～25%之间，平均为 20%左右，与最优含水量（9.3%）相比明显偏大。这种情况下就很难压实填料，其 VCV 与 K 之间的相关性也是非常弱的，如图 5-49 所示。

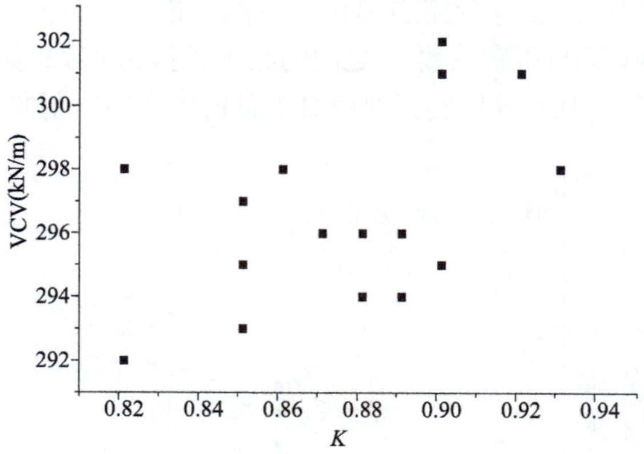

图 5-49　含水量偏大时粉质黏土的 VCV 与 K 之间的相关性

当填料中的含水量很大，形成饱和状态时，就会出现所谓的“橡皮土或弹簧土”现象。此时压实系数（压实度）处于一种变化不大的状态，并且一般都达不到规定要求，碾压没有效果。VCV 随着碾压变化也不发生太大变化，并且其值也维持在较低水平，试验数据“拥挤”在一起，如图 5-50 所示，这与前面介绍的情况是一致的。

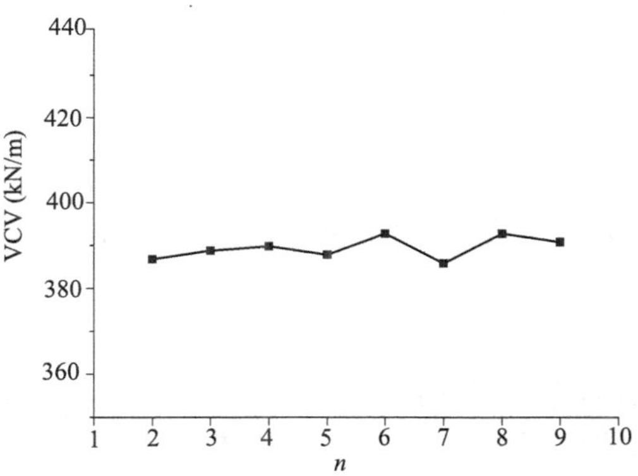

（a）VCV变化

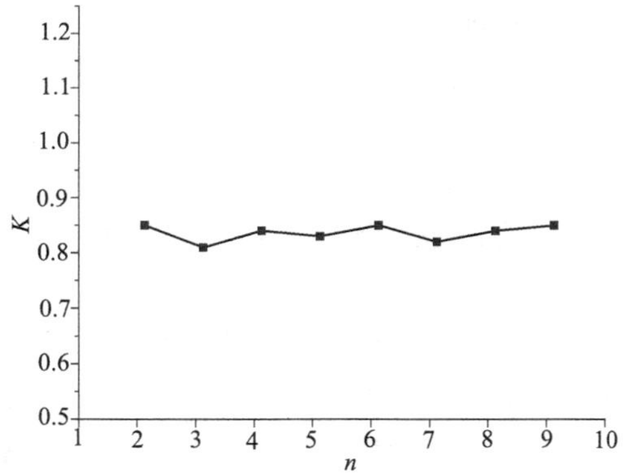

（b）K变化

图 5-50 含水量很大时检测数据随碾压遍数的变化

除了上述情况外，还有一种普遍存在的情况，那就是填料的含水量分布范围很广。例如从 6%到 25%不等，这种情况下 VCV 与 K 之间一般也没有什么相关性，呈散点分布，压实程度也很难控制。

如果在对含水量敏感的填料进行连续压实测试过程中发现 VCV 变化很小，就应该马上想到是填料含水量出了问题（表面观察也可发现）。对于含水量过大的填料，工程上处理这类问题不外乎两种主要方法。其一是进行晾晒，降低含水量至最优含水量附近；其二是掺加如石灰类吸水性强的材料，形成复合土。总之，处理的根本目的就是要降低填料的含水量。对于含水量很小的填料，则只能采用增加含水量的办法了，否则也是难于压实的。

综合上述，对于对含水量敏感的细粒料来讲，若想得到高质量的路基结构体，必须进行最优含水量的控制，这才是压实质量控制的根本。对于填料（含水量）不合格的情况，即使采用再先进的技术也不能提高压实质量。连续与智能压实控制是在填料合格的基础上帮助提高压实质量的，而不能通过采用这项技术就将不合格的填料控制碾压成合格的结构体，但这项技术可以帮助我们识别填料的合格与否。填料不合格，无论在碾压环节采取什么技术措施都是徒劳的。

另外需要注意的是，在粗粒料中并没有最优含水量的说法，最大干密度下的力学性能也不一定最优，但在碾压过程中适当增加一些含水量会有利于压实作用。而在土石混合填料中却有含水量控制问题，许多现象与上述情况相似。

5.2.6 压实信息的深度利用

如果选择了正确的连续与智能压实控制技术，那么得到的压实信息内容应该是很丰富的，信息量也是足够大的，可以理解为交通基础设施建设大数据的一部分。这些信息除了用于现场压实质量控制外，还有更大的用途，但必须基于这些信息都是正确的。那些依据数字化施工技术以及早期连续压实技术得到的数据信息很难有再深度利用的价值，有时候还可能提供错误的指向。

对压实数据信息开展深度挖掘工作，综合地利用这部分数据信息，将会给今后的智能建设提供一些技术支撑。总体来讲，根据连续与智能压实控制得到的压实数据信息可以用在工程管理、路基结构分析与评估以及智能工程机械等方面。

1. 压实信息与路基结构应力应变分析

如果根据振动压路机的动态响应而得到的控制指标是填筑体结构模量，那么连续压实数据信息的用处就很大了。尽管得到的结果与平板载荷试验结果有一些差异，但还是会正确反映路基填筑体结构性状的，只是具体数值上存在一定的差异而已，但这不影响对路基结构性能的分析和评估。

如果路基结构体内每一点的模量都是已知的(泊松比由于变化不大，可以根据填料类型事先确定)，那么无论是半空间体还是层状体，都可以按照第 3 章给出的弹性理论对其进行应力应变的分析。依据列车传递到路基结构顶面的荷载大小(边界条件)，可以计算得到整个路基结构的应力场、应变场和位移场，并且以三维的形式形象地表示出来。这样在碾压完成，形成结构体之后，路基结构体内每一点的力学状态都是已知的，如图 5-51所示，这对于运营期的养护管理是非常有好处的。

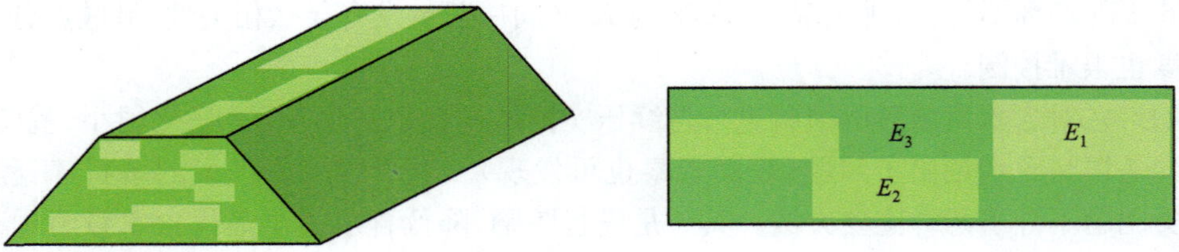

图 5-51 路基结构的状态分布

2. 压实信息与路基运营期的养护维修

高速铁路在运营后，养护管理是非常重要的工作，其中路基结构部分属于隐蔽工程，是最难养护维修的，这一点与有砟轨道结构具有明显的差异。如果能够知道路基结构每一点的初始状态以及演化规律，那么就可以做到心中有数，及时制订养护对策，防患于未然。因此，全面掌握路基结构运营期的初始状态是很重要的，而获取的连续压实信息恰恰能够做到这一点，图 5-51 给出的就是路基结构的状态分布。

一般来讲，对于质量合格的路基结构，运营初期都是处于弹性状态的，但其性能并非是均匀分布的，即尽管数据合格，但也有大小之分。如前所述，根据连续量测信息得到的路基结构模量，经计算就可以知道每一点应力、应变和位移大小，形成路基结构的初始分布状态，但需要满足第 1 章给出的弹性变形控制值要求，这是高速铁路在运营期对路基结构的基本技术要求。由于岩土的特性，随着时间的推移，在列车重复荷载和自然因素综合作用下，路基结构局部会出现性能下降的趋势，严重者可能会出现不均匀沉降现象。由此路基进入养护期，在这个阶段之前就应该对路基结构做出全面评估，并与路基结构初始状态进行对比分析，找到相对变化比较大的路段，以便决定是否需要在这些路段进行及时维修，恢复到运营状态。

图 5-52 给出的是路基结构运营后的状况与时间的关系。目前许多高速铁路处于养护—恢复—运营综合状态。对于路基结构，提前进入养护维修阶段，必然与施工期质量密切相关。这其中可能存在两种情况，其一，施工阶段压实质量控制不严，造成漏检(点式控制)，局部原本就存在压实质量缺陷，一旦受到列车和自然因素的重复作用，很快就暴露出

问题，这类问题通过连续控制是能够避免的；其二，有些填料或者级配控制的不够严格，即使采用连续控制手段，并且检测也是合格的，但局部也存在相对薄弱的地方，在列车和自然因素的重复作用下也会出现早期损坏（疲劳）现象，这也是稳定性不足的表现。

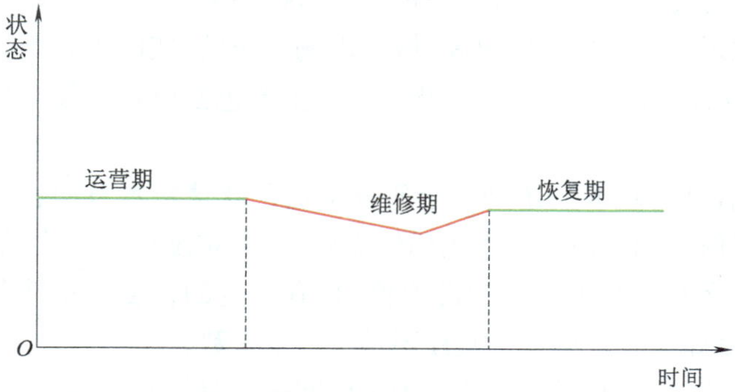

图 5-52　路基结构运营后的状况示意

图 5-53 显示了一个路基结构表面力学状态的演变过程。不同颜色代表不同力学状态，随着运营期的增长，不同力学状态的演化结果是不相同的，模量小的地方可能先进入临界状态，然后出现局部的过大变形。这也再一次说明控制均匀性的重要性。

图 5-53　路基结构面状态的演变

压实信息的深度利用，实际上就是现在流行的大数据应用问题。尽管交通基础设备智能建设大数据的采集、应用等还没全面开始，但已经初显它的价值。

5.2.7　填筑碾压过程信息化

对于压实质量控制来讲，什么是压实信息化，很多人还没有真正理解，以为只要现场采集到的数据信息能够实时或定时通过各种网络传到远端，就是信息化了。更广义地，一些人将桥梁和隧道施工现场装上几个摄像头，其施工过程能够实时传输到业主的指挥部理解为信息化，对于路基施工而言，只要在指挥部里能够实时查看到压路机是否在工作就是信息化了。这实在是对信息化的误解。至于采集到的数据信息能否对工程质量起到监督和促进作用，更是不太关心。实际上这就是一些人追求的“形象工程或面子工程”。不但浪费财力物力，更有可能重蹈以前工业界“两化融合”时只重视信息化而轻视工业化的覆辙。

在 21 世纪初期，我国实施工业化和信息化的“两化融合”战略。但结果是信息化过量，工业化不足。所谓信息化过量是指制造业企业热衷于信息化的提升，投入大量资金对企业进行信息化改造，但企业管理和产品质量并未改善；工业化不足是指工业基础不够扎实，产品品质和质量与国际水准距离较远。类似的问题也许在工程建设中正在发生，工程质量没有得到提高和保证的信息化就是劳民伤财。

所谓的铁路建设中的信息化，是指在具体工程项目建设过程中，以电子设备等信息技术手段为载体，实时了解和掌握项目进展情况，对施工过程进行有效监控和管理的一种活动。按照这个含义理解，目前连续与智能压实控制就是信息化技术，这是毫无疑问的。至于是否是实时或定时传输，那只不过是一种查看监控结果的一种手段而已，没有太多的技术含量。最重要的还是工程质量的提高，做到现场真正的、实时地全面监控，其他都是“浮云”。对于高速铁路路基填筑而言，信息化的内容主要包括填料与碾压两部分。

1. 填料

填料的信息化，目前基本上还是一个研究空白。就填料本身而言，包括粒径大小、级配、含水量等，这些信息如何做到信息化仍然需要研究，难度也是很大的。对于填料，粒径和级配可以通过数字图像技术进行辅助评价，具有一定的精度。这部分是可以实现信息化监控的，但含水量如何实现信息化监控还是一个未知数。

除了填料本身的一些问题外，另外一个主要问题就是填料的运输和摊铺，都是依靠机械化作业完成的。如何采用电子设备掌握运料进度，仍然存在一些问题。目前能做到的是跟踪运料车的行程，但意义不大。因为只能知道运料车是否在行使，但无法确定装没装料，装了多少。稳妥的办法还是需要现场技术人员定时通过网络上传相关信息，能够做到每天定时上传数据，是可以掌握进度的。

2. 碾压

在连续与智能压实控制技术后，碾压全过程已经实现了信息化监控，本书的很多内容也是论述这方面的，无需再多讨论。这里主要就压实信息的远程传输问题进行讨论。

对于路基填筑碾压问题来讲，现阶段的中心任务是提高压实质量。现场获取的连续压实信息，其一是为质量控制服务，需要现场实时地根据反馈信息进行控制，与数据远程传输与否没有什么关联；其二是为以后的养护期提供初始数据，这个更与何时传输数据关联不大。由此可见，现阶段的压实信息化与信息是否进行远程传输没有什么联系。当然，对现场得到的正确压实信息进行存档保留是十分必要的，但手段很多，没有必要强制要求实时传输到相关部门。

从施工管理的角度看，将现场压实信息进行统一管理也是很有必要的，目前连续与智能压实控制系统一般都具备这一功能，配套的压实数据管理软件能够实现全方位的管理。

以上论述并不是否定实时远程传输压实信息。随着技术的进步，下一阶段进行远程实时传输和质量监控以及诊断是非常必要的，这也许是高级智能压实技术重点研究的内容，需要人工智能等技术的参与，但无论如何，提高路基填筑质量是根本，“质量至上”是永远也不会改变的主题。压实质量控制信息化与智能化的进一步结合，将是下一阶段重点研究方向，详见下一章的论述。

5.2.8　其他问题

以上几节讨论和分析了几个工程中遇到的主要问题。除此之外，还有很多问题也是值得讨论的，并且随着应用的增多，新的问题也会不断出现，但只要理解基本概念，把握好基本理论，都是不难解决的。

1. 连续与智能压实控制方法不能检测压实度

连续与智能压实控制方法不能检测压实度，一些仪器设备商打着“压实度检测”或“密实度检测"的招牌来推销一些电子设备。连续压实控制方法能够检测压实度的概念误导了人们几十年,直到现在仍然有许多人还在顽强地追求这种想法。

从本质上讲,振动压实过程是一个不精确的动力学试验,利用压路机响应得到结果一定是一个力学量。压实度检测则是一个物理试验,其结果是物理量即干密度。根据力学试验获取干密度的方法目前还未找到,如同根据平板载荷试验不可能得到干密度是一个道理,如图 5-54 所示。

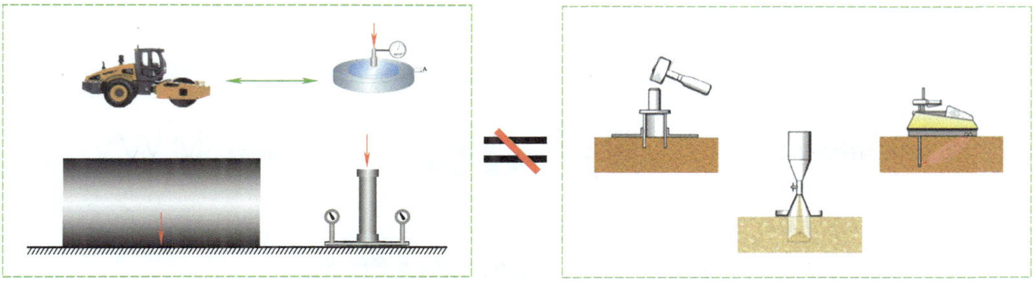

(a) 力学量检测

(b) 物理量检测

图 5-54 力学试验与物理试验

根据压路机响应得到的力学量可以是力、模量、地基系数等,实际都是力的概念的延伸,模量和地基系数都是单位化的力,其中模量是最客观的量。由第 3 章可知,原理上讲,对于路基弹性体,无论是采用压路机还是承载板,试验得到的模量应该都是一样的,振动压实可以看成是移动的平板载荷试验,具有一定的等价性,如图 5-54(a)所示。

虽然利用振动压路机的连续检测不能直接检测到压实度,但可以间接控制压实度。这是由于路基填筑体的力学性能与物理性能之间具有关联性。由第 2 章可知,在理论上,干密度—塑性变形—力具有关联性,并且大量的实践也证明了路基填筑体的抗力和模量等力学量与其干密度之间具有统计学意义下的相关性,前面的实例就说明了这些。这也是人们误以为压路机的连续检测可以得到压实度的原因。

利用振动压路机响应检测得到的力学指标是一个独立的量,与其他指标的关系一般都是统计学意义下的关系。不能由连续检测直接得到压实度是正确的观点,所有根据压路机响应能够检测压实度的说法都是错误的。

2. 目标值问题

在实施连续与智能压实控制时,经常出现试验段确定的连续控制目标值与实际情况不符的问题,也是使用者比较关心的问题。除了 5.2.2 节提到的临界值效应原因外,还有很多因素也影响着目标值的使用,这里再进行一些分析讨论。

连续与智能压实控制的目标值类似于传统的压实标准,但不完全相同。对于传统的压实标准,无论是力学指标还是物理指标,其确定方法都是标准的,每种填料都可以有确定的值(当然也存在变异性,但是另外一回事)。对于连续控制的目标值而言,却具有一定的不确定性。其原因与目标值的确定方法有关。

由 5.1.2 节可知,连续控制的目标值是根据试验段对比试验结果确定出来的,与室内击实试验确定标准干密度的方法显然不同,是将振动碾压视作振动压实试验,但看起来是比较“粗糙”的试验。一般来讲，在选用的控制方法正确的条件下，并且相应的量测设备也都经过校准，那么影响目标值使用的因素主要包括试验对象(填料与填筑体差异)和加载设备(压路机与性能波动)两方面，如图 5-55 所示。

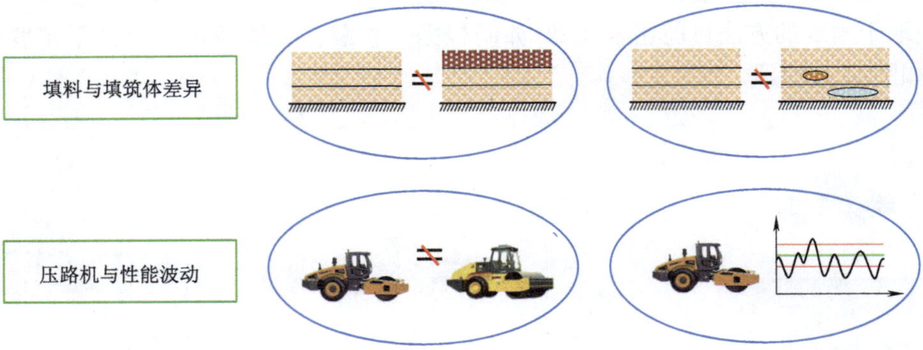

图 5-55 影响目标值使用的主要因素

在试验对象方面，由于岩土填料的复杂性，试验段选用的填料不一定与施工段的填料完全一致，可能存在一定的差异，会造成实际施工段的目标值与试验段不符的现象发生。另外一种情况就是施工段填筑层的下卧层(包括可能影响到的地基)中存在变异(如软硬夹层)，如果它们在振动压路机影响深度范围内，那么也会造成实际施工段的目标值与试验段不符的问题。

在加载设备方面，由于施工使用的压路机有多台，并不能保证每一台压路机都经过试验段的试用。因此，试验段和施工段所采用的压路机不一定完全相同，即使是同一型号的压路机，也可能存在使用时间差异而造成的性能差异。没有经过试验段相关校验的压路机如果套用其他压路机的目标值，会出现盲目使用目标值的问题，会使实际目标值与事前确定的目标值不一致。对于同一台压路机，由于振动性能的随机波动，也可能会使目标值产生不确定性。振动压路机影响目标值，如图 5-56 所示。

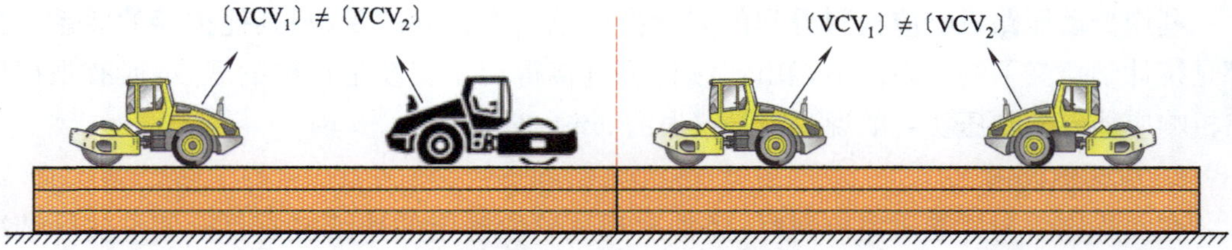

图 5-56 振动压路机影响目标值

除了上述这些影响因素外，选用的连续与智能控制指标的类型也会对目标值的使用造成很大影响，这已经被实践所证实。归纳起来，这些控制指标可以分为严重依赖压路机性能参数的主观性指标和不太依赖压路机性能参数的客观性指标，对应的就是主观目标值和客观目标值，其使用方法有所不同。

(1)主观目标值的使用

由第 3 章可知，主观性指标实际就是抗力和刚度系数这两个指标，与加载设备(力的大小及几何尺寸等)密切相关。如果连续控制时采用这样的指标，那么实际目标值与试验段确定的目标值之间存在差异性的可能性就很大，并且不同压路机在同一试验段上取得的目标值一般也不相同的。这就是上面提及的加载设备的影响问题，为使读者理解这一点，这里再做一些分析。

目前，作为加载设备，各个厂商生产的振动压路机的性能参数都不尽相同，没有一套统一的、标准的参数，也就意味着加载大小和频率是不一致的，这就导致连续与智能压实控制用的加载设备不能标准化，而主观性控制指标严重依赖机载设备，同一试验对象，不同压路机的测试结果都是不同的，这就是根本原因。因此，在同一试验段上，不同振动压路机所确定的目标值可能都不完全相同的。所以，对于采用主观性控制指标的加载设备，原则上每一台振动压路机都需要经过校验，取得目标值后才可以使用。

对于同一厂商生产的同一型号的振动压路机，一般来讲，只有在确认同样振动压实工艺参数下的振动响应相同的情况下，一台压路机取得的目标值才可以在另一台上使用。其他情况下均不能将一台振动压路机取得的目标值盲目应用在其他压路机上。因为即使同一厂商、同一型号的压路机，其性能也是有一些差异的，特别是出厂时间不同时。此外需要注意的是，一般振动压路机都有强振和弱振两种振动压实工艺，这两种情况下取得的目标值也是不相同的，切记不可以盲目套用。

当出现根据预设的目标值不能正确控制压实程度时，需要根据实际施工段情况及时对目标值做出调整。一般可以采用两种方法处理，其一，在已经碾压合格（传统检测合格）的相同路段上进行连续量测，取得一个 VCV 的平均值作为目标值；其二，利用压实稳定性判定原理，当压实稳定性满足一定精度要求时，对应的 VCV 为目标值，如图 5-57 所示。这种方法比第一种方法要方便一些。

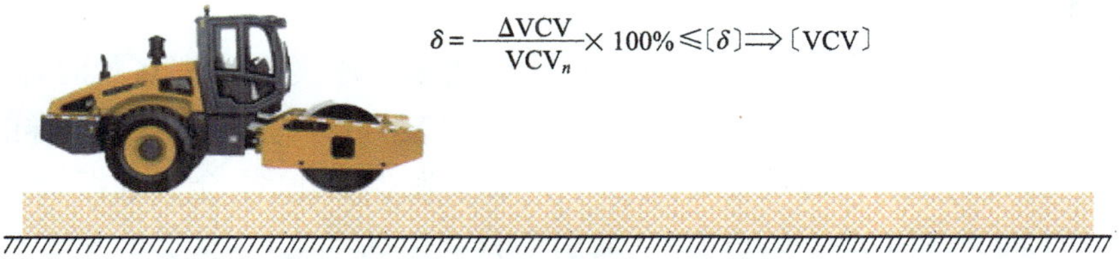

$$\delta=\frac{\Delta \mathrm{VCV}}{\mathrm{VCV}_n}\times 100\%\leqslant[\delta]\Rightarrow[\mathrm{VCV}]$$

图 5-57 根据压实稳定性确定目标值

（2）客观目标值的使用

客观性指标是指弹性模量，这是一个弹性填筑体的物性参数，与外荷载的大小无关。从理论上讲，不管采用哪种试验方法，得到的模量都应该是一样的，因此是客观参数。这也就意味着，如果路基结构体为线弹性体，那么无论采用哪种压路机进行连续量测，得到的模量值都是一样的。如果这种情况成立，那么就可以针对不同填料，事先制定目标值，也就是力学指标的压实标准，将大大简化应用过程。

但是，由于填料的复杂性、非弹性及非线性，采用不同试验方法和不同加载设备得到的路基结构体的模量可能都不是完全相同的。因此，实际使用客观目标值时也存在一些问题，也具有一定的不确定性，但差异不是很大，粗略判定压实程度还是可行的，只要略做修正便可提高控制精度。

综上所述，在使用连续与智能压实控制目标值时，需要根据实际情况做出一定的调整，以适应具体情况，这就是总的使用原则。目标值具有变化性和波动性是目前这类技术的一个显著特点。彻底解决这个问题可能还需要从振动压实动力学试验的角度整体考虑,包括对加载设备的标准化(标准压路机问题),还需要进行大量的研究和试压工作。

3. 使用连续与智能压实控制技术时是否必须进行相关校验

从目前应用情况来看,进行相关校验试验的主要原因有三个。

(1)不同压实质量控制方法之间的结果应具有一致性

从新技术推广的角度看,任何一项新技术在开始使用的时候,人们一般都会将其与既有技术进行比较,本项技术也是如此。尽管连续控制的指标是独立的,但是在人们的脑海里对已有的传统控制指标如压实度、模量等已经根深蒂固,二者必须具有一致性才能被人们所接受(事实也确实是这样,二者必须具有一致性方可使用),这也是新技术应用的前提条件。

(2)确定后序施工段的目标值

如同施工前制定压实标准一样,通过试验段进行的相关校验试验,可以确定连续压实控制所需的目标值问题。尽管存在一定的不确定性,但只要严格按照要求去做,还是对后序施工段具有指导意义的。

(3)识别落后技术和伪劣产品

目前国内外存在许多连续压实控制量测方法和设备,但彼此处理方式不同,导致各自有不同的适用范围。因此,相关校验试验是鉴别该方法和设备是否可用的"试金石",可以防止一些"山寨"技术和设备浑水摸鱼。

综合以上,目前在应用这项技术时,事先进行相关校验试验还是必要的(但不一定是必须的),特别是对一些仿制量测设备来讲,这是识别其技术真伪的有效途径。对于主观性控制指标也是需要的,但要清楚相关校验结果也是需要根据实际情况做出修正的。一般出现下列情况之一就应该进行相关校验试验。

①新开工的项目,或者路基的填料、含水量以及填层厚度等发生变化时,需要进行相关校验试验,这实际上与现行路基施工规范中关于填筑工艺试验的要求是一样的。

②当选用的振动压路机或其振动压实工艺参数发生变化时,会引起振动压实值与常规质量验收指标之间相关关系的改变,从而引起目标值的变化,直接影响压实程度的评定和控制,因此需要重新进行相关试验予以确定。

③当量测设备发生变化时(如更换传感器),一般也需要再进行相关校验试验,重新确定相关关系和目标值等。但如果是经过校准试验,确认量测系统达到归一化时,也可以不进行这种试验。

随着科技的进步和这项技术深入研究,相信相关校验试验最终将变得不再是必须的。如同平板载荷试验一样,可直接用于质量控制和填筑体结构参数的获取。

4. 采用连续与智能压实控制后不能取消点式控制

传统的点式压实质量控制以平板载荷试验和压实度试验为主。平板载荷试验的目的除了现场评定压实质量外,还有一个重要作用,那就是可以获取路基结构体的模量和地基系数等性能参数,这是路基结构分析和轮轨动力学计算与分析必不可少的参数。如果从这个角度看,即使将来全面采用连续与智能压实控制,也会做一些点式试验,毕竟目前根据压路机得到的模量还是比平板载荷试验得到的模量要"粗糙"一些。从压实质量控制的角度来看,如果今后的加载设备即振动压路机性能参数统一且稳定(如标准压路机),那么还是有可能取消点式控制的。因为目前的点式抽样检验控制方法存在很大问题，特别是对填料不均匀的情况，多取几个点检验还是少几个点检验，对路基结构整体影响都不是很大，详见下面的分析。

综合上述，连续与智能压实控制比较侧重于碾压过程控制，还不是质量验收检测，仍然需要采用传统的点式检测手段进行验收检测，目前还不能完全取消点式控制。但可以减少点式检测数量，改变点式抽样方式，如图 5-58 所示。如果能将这两种方法结合起来，无疑是比较完美的。

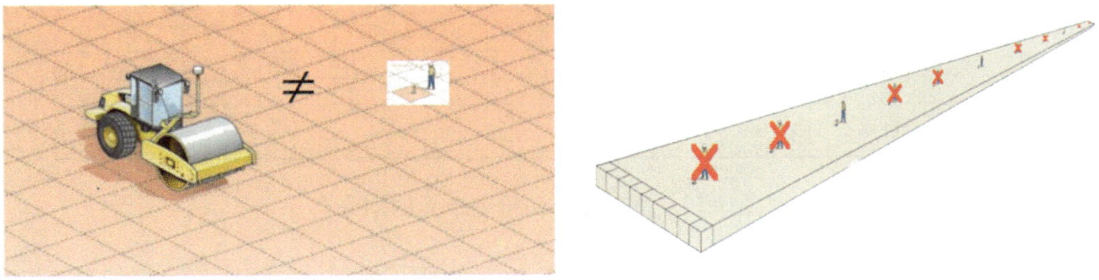

图 5-58 连续压实控制与点式控制

5. 采用连续与智能压实控制后如何进行点式控制

在采用连续与智能压实控制后，如何使用传统的点式抽样检验方法是值得探讨的问题。其中主要涉及两个问题，其一是抽样点数量问题；其二是抽样方式问题。首先讨论第一个问题。

(1)抽样点数量与路基结构性能的均匀性关系

目前尽管不能完全取消点式抽样检验，但还是可以减少一些检验数量的。实际上，抽样检验的数量与路基结构性能的均匀分布程度有密切关系。

目前在路基相关规范中规定了路基压实质量常规检验的数量，如每 100 m 检查 4 个 K_{30}，中间 2 个，边上 2 个。这是从统计学的角度进行的规定，隐含了一个前提条件：路基结构性能分布是比较均匀的，总体应该符合正态分布。只有在这种条件下，随机抽样才变得有意义。如果路基结构性能分布不均匀，那么随机抽样的意义就不是很大。图 5-59 给出了正态分布和非正态分布的示意图。下面再进一步分析。

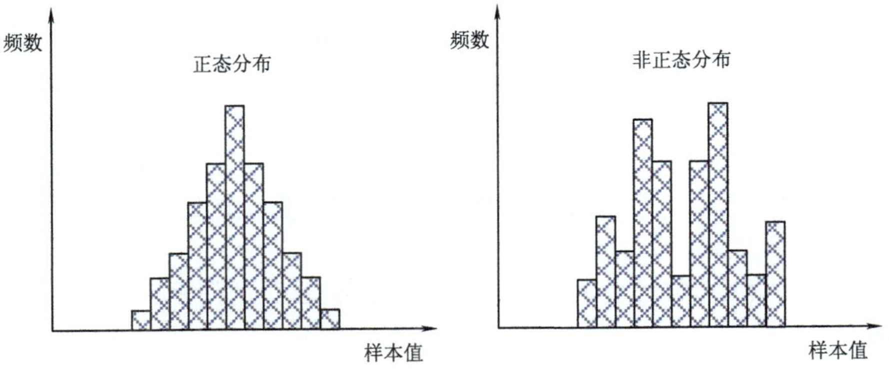

图 5-59 均匀性较好与不好时的样本直方图

首先分析一下抽样的概率问题。假设路基长度为 100 m，宽度为 20 m，则该段路基碾压面的面积为 2 000 m^2。采用振动压路机进行连续测试，如果一个连续检测单元的面积为 1.0 m^2，则这样该路段将被分割成 2 000 个检测单元，同时认为一个检测单元内的性能是均匀的，如图 5-60 所示。

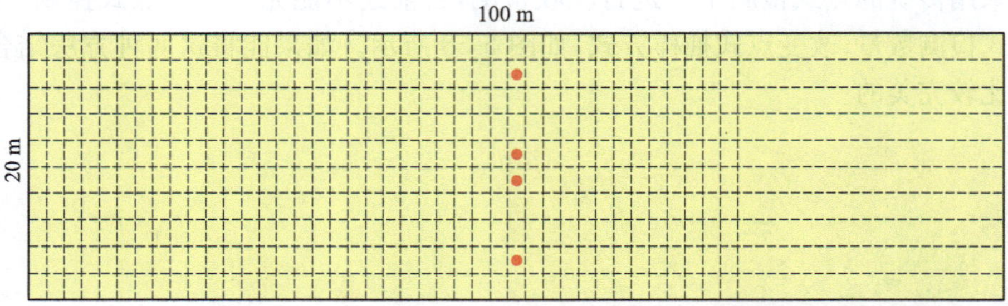

图 5-60　路基碾压面检测单元的划分

按照数理统计理论，该路段样本容量为 2 000，如果按 4 点抽样进行常规检测(其实际面积远小于 1.0 m^2，此处仍按 1.0 m^2 考虑)，则抽样率为 0.2%；若抽样数量为 8 个点，则抽样率为 0.4%；若抽样数量为 2 个点，则抽样率为 0.1%。可见对于容量为 2 000 的样本集合而言，抽样是 4 个、还是 8 个或 2 个，从概率的角度看，影响并不是太大。

如果按照实际情况考虑，那么平板载荷试验的面积为 0.07 m^2，该路段的样本容量则为 28 571，此时 4 个点的抽样率为 0.014%，8 个点的抽样率为 0.028%，2 个点的抽样率为 0.007%，即使增加到 20 个点，其抽样率也只有 0.07%，可见其差别是不大的。

通过上述简单分析可知，常规抽样检测能否控制住压实质量的关键并非是数量问题，关键是抽样点能否具有足够的代表性。如果抽取点具有代表性，则抽样率大一点或者小一点，问题都不大。样本总体符合正态分布是判定抽样点是否具有代表性的前提条件和技术支撑。

如果路基碾压面的性状是不均匀分布的，则该路段实际上就不是一个总体，而是多个总体问题，详见 2.2.1 节。这种条件下的随机抽样就存在很大问题，未必将不同样本的实际情况都反映出来，可能存在“漏检”问题。大量的实践也证明了这一点，这也是路基压实质量检验合格却还是经常出现损坏的原因之一。

如果能将路基结构这种不均匀分布状态的多个总体识别出来，分别进行质量验收，或者有针对性地对性能比较差的样本进行质量验收，那么还是能够控制好压实质量的。关键是如何识别不同的样本总体，这一点依靠常规检测是做不到的，但却是连续检测的擅长之处。可以通过压实状态分布图将不同样本容量和分布位置都识别出来。4.5 节论述的最小风险控制法就是针对性能比较差的样本进行的定点质量验收。

(2)压实薄弱点抽样与数量

路基结构性能不均匀是客观事实，或多或少都存在，只是程度不同而已。因此，压实薄弱区域总是存在的，这是质量控制的关键点，4.5.2 节对此进行了详细分析。连续控制指标与常规质量验收指标之间具有的正相关性，也就意味着最小振动压实值对应着最小常规质量验收指标值，在碾压面上的压实最薄弱区域进行的常规质量验收结果也是最低的，这是将薄弱区域作为常规质量验收区域的主要依据，如图 5-61 所示。

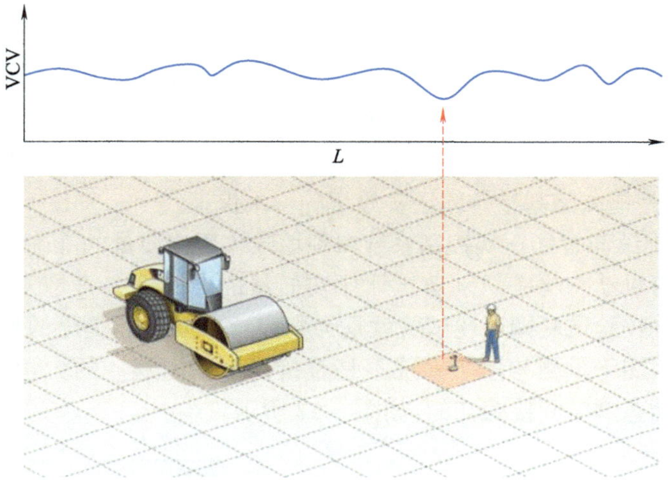

图 5-61 压实薄弱区与定点抽样检验

如果采用在压实薄弱区内进行定点常规检验，那么减少一些常规检测数量完全是可行的。目前我国的技术标准只要求部分常规质量检验点选在压实薄弱区域内，而没有减少常规检测数量，主要原因在于这项新技术还处于刚刚推广应用阶段，但发展趋势肯定是向着减少常规检测数量的方向前进。

德国在铁路规范 Ril 836 中要求尽可能优先采用这项技术（德国有时将 CCC 称作 FDVK）来控制路基压实的均匀性。例如德国在纽伦堡—因格尔斯达特线路基填筑碾压时采用了连续压实控制技术，同时进行了少量的常规点式检验。在连续压实控制结果满足要求的情况下，要求沿线路纵向每 300～500 m，基床顶层和底层部位的每一填筑层抽样检验 1 个 E_{v2} 和 1 个 K，而路基本体每一填筑层抽样检验 1 个 K。高质量的施工水平加上控制压实的薄弱区域，其控制结果会更好。

综合上述，控制路基压实质量的关键并不完全在抽样率上，抽样点是否具有代表性才是问题的关键。由于连续检测能将具有代表性的压实薄弱区识别出来，即将性能最差的总体识别出来并进行关键点的质量控制，所以从长远看，在采用连续与智能压实控制技术后，减少常规检测数量是势在必行的。

6. 路基压实质量与控制和检验的关系

在提及路基施工质量时，经常有人认为只要加强质量检验就能提高其工程质量。这种观点完全是错误的。在质量管理学上有一句名言“产品质量是生产出来的，不是检验出来的”。只有在生产过程中的每个环节，严格按照生产工艺和作业指导书要求进行，才能保证产品的质量。如果忽略过程控制，只靠检验，是不可能保证产品质量的，因为质量检验，只能剔除次品和废品，并不能提高产品质量。质量控制的重点决不能放在事后把关，而必须放在制造阶段，即生产过程阶段。

如第 2 章所述，路基作为一种“产品”，与一般的工业产品有许多相似之处。因此，上述观点也适用于路基的填筑碾压。传统的事后抽样检验，只能把碾压不合格路段检测出来，若要提高质量，必须进行返工处理。路基质量的提高在于加强各个环节过程控制的力度，包括填料的选择、摊铺和碾压等关键环节。

对于一般产品的质量控制而言，质量管理体系的每一环节，都需要进行质量控制，而这些控制显然不是质检部门或质量管理部门能够完全承担的，必须由处于最佳位置的操作人员来实施这些控制。同样，对于高铁路基来讲，生产中的每一个环节，真正起到提高质量作用的人不是管理部门和质检部门，而是施工单位自己，特别是施工操作者自己。如果作业者不主动控制质量，仅仅依靠质检员把关，产品质量就难以从根本上得到保证。由此可见，过程控制是提高路基结构体压实质量的根本保证。

7. 如何判断连续与智能压实控制系统识别填筑体压实质量的准确性

利用振动压路机动态响应识别填筑体压实质量的准确性一直是人们关注的焦点，前面反复提及的相关校验试验即对比试验就是为判定这个问题而提出的技术手段之一。这个问题的主要原因在于量测与控制系统不是直接量测到填筑体的力学性能的，而是通过压路机振动轮的动态响应间接探知的，如图 5-62 所示。

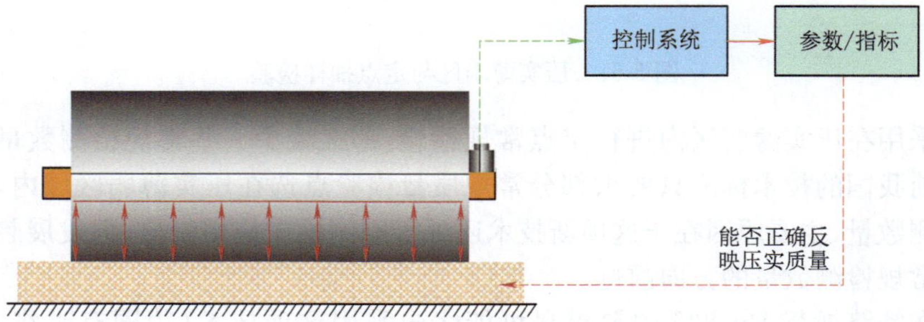

图 5-62 填筑体压实质量的间接识别模式

由第 2 章可知，由于技术原理不同，连续与智能压实控制的指标或参数也是不同的，正确表征填筑体压实质量的程度也就不相同，其准确性也随之不同。一般来讲，采用力学分析原理的方法比较可靠，识别压实质量的准确性是有保证的。如果能将压路机测得的综合模量（影响深度范围内），按照填筑层区分开来，会进一步提高识别的准确性。

8. 连续与智能压实是否需要卫星定位技术的辅助

首先必须明确的就是，连续与智能压实控制技术与卫星定位技术没有什么直接的关联。从这项技术的发展历程看，像路基这种土石方填筑体本来就是分段碾压的，不需要卫星定位技术的辅助，除非路基施工规范中强制要求施工单位必须按照卫星定位坐标进行。因此，卫星定位在路基施工中不是必选项，最多是可选项，但对于高铁这样的国家重要基础设施，存在地理坐标泄密的风险。

有两种情况可能需要定位技术的辅助。第一种情况是高级智能压实技术。当需要无人驾驶的压路机进行碾压作业时，应该采用定位技术进行设定碾压路线。第二种情况是公路沥青路面施工时需要对压路机进行跟踪定位。因为沥青路面的碾压顺序比较混乱，多台压路机并行作业，并且是紧跟摊铺机进行碾压，导致碾压无顺序。

实际上，定位技术并不等同于卫星定位。目前有三种定位技术可供选择，分别是卫星定位系统 、激光定位系统和无线定位系统，不一定非得选择卫星定位系统。

9. 智能压实与数字化施工不是一回事

从目前情况看，数字化施工技术是由于早期瑞典压实计原理即谐波比原理的技术在很多情况下不能正确反映压实质量，与常规检测结果也没有一致性，但有些仪器设备商又将这一技术与高精度卫星定位技术联系起来，弄出一个以监控压路机碾压遍数、碾压速度以及沥青路面表面温度在内的所谓数字化施工技术。只是传统工艺控制法的翻版而已，对压实质量本身控制没有太大帮助，也不被业内人士所看好。实际上，这只是智能压实的本身具有的一些附属信息而已，但却经常打着智能压实的招牌推销产品，需要警惕这种“伪智能压实技术”带来的一些概念上的混乱。

在智能压实中，“压实不均匀、欠压、过压”等概念，是指碾压面物理力学性能分布的问题，“欠压”是没有压实，“过压”是指把填料和结构压坏了。

在数字化施工技术中，也有“压实不均匀、欠压、过压”等概念，但指的却是碾压遍数的不均匀。“欠压”是指碾压遍数没有达到规定遍数，“过压”是指碾压遍数超过规定遍数的要求。

当然，这里并不是完全否定这类技术。质量控制必须回归到压实质量控制本身上来，需要控制的是填筑体性能参数（物理性能与力学性能）。一些工艺参数信息（碾压遍数、行走轨迹、振动频率、速度等）本来就是智能压实的附属信息，不必单独花费很大的代价进行监控。

6 高级智能压实技术

前面叙述的是连续与智能压实控制技术的有关内容，实际上就是连续压实控制技术，与真正的智能压实还有一段距离。为了以示区别，可以将前面的技术称作“初级智能压实技术”，下面论述的技术称作“高级智能压实技术”。

高级智能压实技术是在连续压实控制技术基础上发展的，是多学科、多领域的融合，很多方面目前仍在探讨中，但至少应该包括这样几方面。其一是压实机械（机具）与填筑体的相互作用动力学理论，通过该理论可以识别填筑体的性状，这是压实机械能否发挥作用的关键环节之一；其二是压实机械理论，这是压实机械如何在硬件上实现自动反馈调整压实工艺参数的关键；其三是智能控制系统，这是压实机械的“大脑”，识别填筑体性能和对机械发出调整工艺参数指令都是由它完成的；其四是对填筑体性能的正确认识，由于填料的复杂性，这一部分也是最难把握的。简单地讲，高级智能压实技术应该是“连续压实控制（CCC）＋人工智能（AI）＋压实机械（Roller）”的有机组合，服务对象则是各种填筑体。本章将对高级智能压实技术进行简单的论述，目的是为今后的研究工作提供一些思路。

6.1 理解智能压实

自从20世纪90年提出连续压实控制（CCC）的概念之后，21世纪初又提出了智能压实（IC）的说法，但没有太多实质性进展。近年来，智能压实的概念被曲解，随意将与压实机具结合的，能够采集某些参数的量测设备（实际是信息化或数字化施工设备）统称为智能压实系统，不但误导了建设单位和施工单位等用户，也对智能压实控制系统的研制和开发起到了误导作用，偏离了智能压实的原本发展方向。因此，有必要正确理解什么是智能压实。

6.1.1 智能压实概念的演变

智能压实是于20世纪90年代年末期提出的“智能压路机”的概念，是连续压实控制与压路机进一步结合的产物。自从20世纪70年代瑞典提出压实计方法以来，北欧其他一些国家也按照这一思路展开了研究。随着研究和应用的深入，这项技术由开始单一仿制压实计，逐渐出现了几种具体方法（控制指标的差异是关键），其中德国BOMAG公司的研究后来者居上，也是智能压路机概念的早期提出者之一，他们于1992年在BAUMA会议展出了“智能压实机（ICM）”的首个雏形。

这款所谓的智能压实机（ICM），通过安装位移传感器，可以根据碾压面压实状态的不同来反馈控制压路机的行走速度，即压实状态好的地方可以行驶速度快一点，压实不好地方的行驶速度慢一点，这实际是想改变不同压实区域上的压实作用次数，以改善压实状态，如图 6-1 所示。

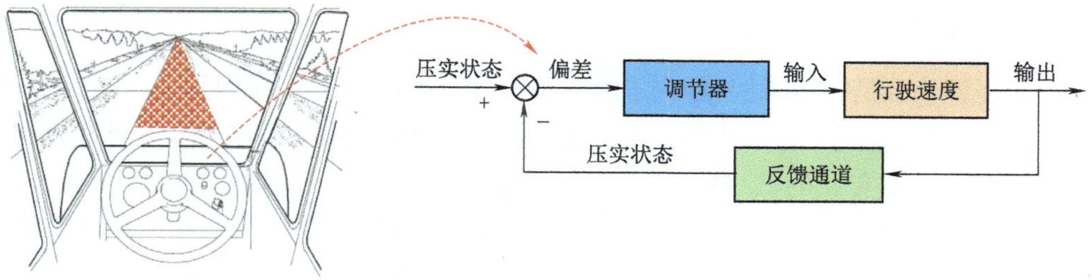

图 6-1　压路机根据压实状态自动调节行驶速度

尽管上述做法很粗浅，但在当时的环境下，无疑使人们对工程机械如何发展有了一个新的认识，感觉压路机第一次有了一些"智能"的含义。在此基础上，1996 年出现了具有自动变幅的双钢轮振动压路机，在沥青面碾压上进行了尝试。1998 年具有自动变幅的单钢轮振动压路机在岩土填料的碾压中进行了尝试。由机械工程和控制理论可知，实现上述自动调整压路机参数并不是很难的事情，难点在于压路机如何正确识别填筑体的压实状态。因为当时都是以压实计的"谐波比"指标为主的。

随着研究和工程应用的深入，连续压实控制指标是否能真实反应填筑体的压实质量已成为关注的焦点，这也是影响智能压路机发展的关键技术之一。2000 年后，随着研究方法向力学分析法方向的发展，采用模量等力学控制指标方法的成熟，为研究具有自动反馈控制的智能压路机提供了基础。当时的智能压实与智能压路机的含义相同，就是连续压实控制与压路机的进一步结合，加上自动控制技术，使之具有一些自动调节功能，见下一节的论述。

2004 年，美国联邦公路局（FHWA）公布了一个"智能压实战略计划"，推进了初期智能压实概念的普及。这一计划主要是通过利用电子信息技术（计算机、模型、软件等）等手段，将岩土和沥青的压实设备智能化，以改善工序，使路面性能更均匀，减少试验人员，提供一个长期的压实质量记录等。这个计划将建立一套系统的方法，鼓励工业和交通部门发展智能压实技术，更新有关建筑标准等。目前仍在深入研究之中。美国提出的智能压实主要是指连续压实控制与 GPS 的结合，以监控碾压遍数、碾压轨迹以及量测沥青路面表面温度为主。

国内也有研制智能压路机的报道，但见到实际应用的报道很少。原因可能是多方面的，但量测结果与实际压实效果之间误差过大而造成反馈控制出现问题恐怕是主要原因之一。

综合上述，初期的智能压实概念并不十分明确，各国有不同的理解和解释。这是一项新技术发展初期出现的正常情况。截至目前，除了智能压路机的概念外，智能压实（控制）等同于连续压实控制，二者并没有本质上的区别。

目前，"智能"一词已被各行各业广泛提及，但大部分还都处于初级阶段，距离人们心目中的智能要求还相差很远。智能压实也不例外，从目前的压实控制技术看，真正的智能压实还没到来，仍然是连续压实控制。严格地讲，智能压实应该是连续压实控制与人工智能紧密的结合，还要有压实机械的参与，也就是 IC＝CCC＋AI＋Roller。当然，即使没有压实机具，也是可以做智能压实的，但很难实现自动反馈控制。

6.1.2 自动压实与智能压实

为了理解什么是智能压实，首先了解一下自动压实的含义。我们知道，压路机在碾压作业时，如何调整压实工艺参数如高频低幅或低频高幅，或强振、弱振等，一般都是由驾驶员操作相应开关来实现的，这些属于人工控制的压实。自动压实则是指在没有人（驾驶员）直接参与的情况下，利用压路机的自动调节控制装置，根据被压填料的压实状态自动地调整压实工艺参数（即通常说的自动调频调幅），达到优化压实质量的目的。自动压实是相对驾驶员人工控制压实工艺而言的，其核心就是压实控制系统（控制器），是实现自动压实的一种装置，由软硬件组成。这些概念已经在第3章进行了一些讨论。

根据以上分析，目前已有的各种"智能压路机"，首先是自动压路机，至于是否称作"智能"压路机，还要依据智能压实的含义来定。鉴于目前智能压实并没有一个明确的定义，这里尝试着就如何理解智能压实进行一些分析工作。智能压实的重点在于"智能"，是核心问题，有必要了解智能的含义。

1. 智能的含义

什么是智能？这是一个至今仍未完全解决的大问题。智能及智能的本质是古今中外许多哲学家、脑科学家一直在努力探索和研究的问题，但至今仍然没有完全了解，以致把智能的发生与物质的本质、宇宙的起源、生命的本质一起被列为自然界四大奥秘。近些年来，随着脑科学、神经心理学等研究的进展，人们对人脑的结构和功能有了初步认识，但对整个神经系统的内部结构和作用机制，特别是脑的功能原理还没有认识清楚，有待进一步的探索。因此，截至目前，很难对智能给出确切的定义。作为应用者，我们也没有必要在概念上做过多纠缠，只要理解其基本意思就可以了，重在应用。

综合国内外多种对智能的定义，初步可以理解为智能就是"学习和理解事物，处理问题并做出决策的能力"。

2. 人工智能(Artificial Intelligence，AI)

所谓人工智能，是使机器（计算机）像人那样用智能做事的一门学科，实际上包含了"人工"与"智能"两部分的组合。人工智能就是要研究如何让机器去完成以往需要人的智力才能胜任的工作，即研究如何应用计算机来模拟人类的某些思维过程和智能行为，如学习、推理、思考、规划等。一般可以理解为如何使计算机具有像人一样的智慧，像人那样去做事情。人工智能研究的主要内容包括知识表示、自动推理和搜索方法、机器学习和知识获取、知识处理系统、自然语言理解、计算机视觉、智能机器人、自动程序设计等诸多方面。研究人工智能的目的就是让计算机这台机器能够像人一样思考。一般来讲，人工智能在计算机上有两种不同的实现方式。

方式一，采用传统的编程技术，使系统呈现智能的效果，而不考虑所用方法是否与人或动物机体所用的方法相同。这种方法叫工程学方法，已在一些领域内做出了成果，如文字识别、电脑下棋等。传统专家系统采用的就是这类方法。

方式二，采用模拟法，它不仅要看效果，还要求实现方法也和人类或生物机体所用的方法相同或相类似。遗传算法（Genetic Algorithm，简称 GA）和人工神经网络（Artificial

Neural Network，简称 ANN)均属于这一类型。遗传算法模拟人类或生物的遗传—进化机制，人工神经网络则是模拟人类或动物大脑中神经细胞的活动方式。目前这两种算法都比较成熟，应用很广。特别是人工神经网络具有的学习能力，使机器学习得到兴起和很好的发展。

采用方式一时，需要人工详细规定程序逻辑，有时候人工编程就非常繁琐，并且容易出错。一旦出错，就必须修改原程序，重新编译、调试，最后为用户提供一个新的版本或提供一个新补丁，非常麻烦。而采用方式二时，编程者要为每一角色设计一个智能系统(一个模块)来进行控制，这个智能系统(模块)开始什么也不懂，就像初生婴儿那样，但它能够学习，能渐渐地适应环境，应付各种复杂情况。这种系统开始也常犯错误，但它能吸取教训，下一次运行时就可能改正，至少不会永远错下去，用不到发布新版本或打补丁，这实际上就是机器学习。利用这种方法来实现人工智能，要求编程者具有生物学的思考方法，入门难度大一点。但一旦入门，就可以得到广泛应用。由于这种方法编程时无需对角色的活动规律做详细规定，应用于复杂问题，通常会更省力。

“人工智能就是研究如何使计算机去做过去只有人才能做的智能工作。”这些说法反映了人工智能学科的基本思想和基本内容。即人工智能是研究人类智能活动的规律，构造具有一定智能的人工系统，研究如何让计算机去完成以往需要人的智力才能胜任的工作，也就是研究如何应用计算机的软硬件来模拟人类某些智能行为的基本理论、方法和技术。人工智能是一门极富挑战性的科学，从事这项工作的人必须懂得计算机知识、心理学、哲学以及相应学科的专业知识。人工智能包括十分广泛的科学，它由不同的领域组成，如机器学习，计算机视觉等。总的说来，人工智能研究的一个主要目标是使机器能够胜任一些通常需要人类智能才能完成的复杂工作。但不同的时代、不同的人对这种“复杂工作”的理解是不同的。压实控制如何与人工智能相结合，目前也是处于刚刚起步阶段，涉及多个领域，特别需要多学科的协同研究。

3. 自动控制与智能控制

前面提及的自动压实是自动压实控制的简称，是自动控制技术与压路机的结合。所谓自动控制，就是指在没有人直接参与的情况下，利用外加的设备或装置，使机器、设备或生产过程的某个工作状态或参数自动地按照预定的规律运行。自动控制是相对人工控制概念而言的。自动控制系统则是实现自动控制的一套设备或装置，是由控制主体、控制客体和控制媒体组成的具有自身目标和功能的管理系统。目前已有的智能压路机实际上就是一种自动控制压路机系统。

智能控制是自动控制与人工智能的结合，是由智能机器自主地实现其目标的过程。其中的智能机器可以定义为，在结构化或非结构化的、熟悉的或陌生的环境中，自主地或与人交互地执行人类规定任务的一种机器。这个机器就是计算机或者植入计算机的某种机械。智能控制是人工智能的一个应用领域，是自动控制领域里的一个新的分支和发展方向。

我们知道，对于现实存在的许多复杂系统而言，大多数情况下都是很难建立有效的数学模型，也很难采用常规的控制理论去进行定量计算和分析，一般都是采用定量方法与定性方法相结合的控制方式。定量方法与定性方法相结合的目的是要由机器用类似于人的智慧和经验来引导求解过程。因此,在研究和设计智能控制系统时,主要注意力不是放在数学公式的表达、计算和处理方面,而是放在对任务和现实模型的描述、符号和环境的识别以及知识库和推理机的开发上,即智能控制的关键问题不是设计常规控制器,而是研究智能机器的模型。

智能控制的核心是高层控制,即组织控制。高层控制是对实际环境或过程进行组织、决策和规划,以实现问题求解。为了完成这些任务,需要采用符号信息处理、启发式程序设计、知识表示、自动推理和决策等有关技术。这些问题的求解过程与人脑的思维过程有一定的相似性,即具有一定程度的"智能"。对于碾压过程控制来讲,就是一个复杂问题,如何根据填筑体的压实状态变化情况来调整压路机的压实工艺参数是非常复杂的,目前还没有满意的模型来描述,如何将智能控制与压实控制相结合是需要深入研究的。

4. 智能压实

理解智能压实可以从初级智能压实和高级智能压实两个方面考虑。按照最初智能压路机的含义,智能压实是通过一个带有控制系统的振动压路机来实现的。该控制系统通过采集到的、能够反映压实质量的信息来持续和调节压路机性能参数,如振动轮的振幅、频率、激振力和压路机的行走速度等,以优化压实并满足所需条件。其中输出参数与填筑体压实质量直接相关的参数,如模量、刚度、抗力等,是根据监测的压路机振动轮振动响应等来识别得到连续分布的物理力学量。

可以看出,初级智能压实的实质就是根据压路机振动响应来连续识别填筑体力学参数,再根据该参数大小和分布自动调节压路机工艺参数进行优化压实作业,以便得到更好的压实效果。其中,连续识别填筑体力学参数就是连续压实控制部分,自动调节压路机工艺参数就是自动控制部分。可见当初人们将这种含义理解为智能压实了,现在看来就是自动压实,或者称作初级智能压实。

根据人工智能和智能控制的含义,智能压实就是智能压实控制的简称,是智能控制与连续压实控制的结合,或者说是人工智能与连续压实控制的结合,一般是通过装载在振动压路机上的智能压实控制系统(软硬件的结合体)实现其功能的。如果按照这种理解,目前还没有真正意义上的智能压实与智能压路机,但这并不妨碍实际应用。研究与应用并存,也许是许多新技术要走的路。

综上所述,目前对智能压实还是一个概念性提法,没有一个完善的定义。现在的智能压实基本上等同于连续压实控制。真正的智能压实还需继续努力。智能压实应体现在智能输出质量参数,智能识别填料,智能控制振动压实工艺参数以及智能进行故障诊断等方面,这也是研究的重点和开发相应控制系统的关键所在。也许将智能压实的确切定义放在今后的实践中去完善更合适一些。

6.1.3 智能压实控制系统的功能

高级智能压实技术作为智能建设领域的一个研究方向,应该能够实现哪些功能是大家比较关心的问题,这实际上也是这项技术的研究目标。我们暂且不考虑如何实现智能压实技术的这些功能,只是提出期望和目标。至于如何实现,正是需要研究的,需要多学科的配合。

作为智能压实的主体和核心——智能压实控制系统，它是由微型计算机和数据采集装置等组成的，由系统控制软件驱动。这个控制系统可以认为就是人工智能中所说的"机器"。现在既有的一些压实量测系统，实际上也是具备一些"机器"含义的，只是它不够"聪明"而已。一种原因是其技术原理存在问题造成的，属于先天不足；另一种原因就是"训练时间"不足或者"训练方法"不当造成的，尽管其技术原理是可靠的。如何使其聪明起来，是我们面临的研究任务。

如果将智能压实控制系统（机器）植入到振动压路机中，那么压路机也具有了人工智能中"机器"的含义了，也可以称作智能压实机械。这样就可以将机器学习，智能控制等技术与压路机和填筑体联系起来，形成一个复杂系统，如图 6-2 所示。

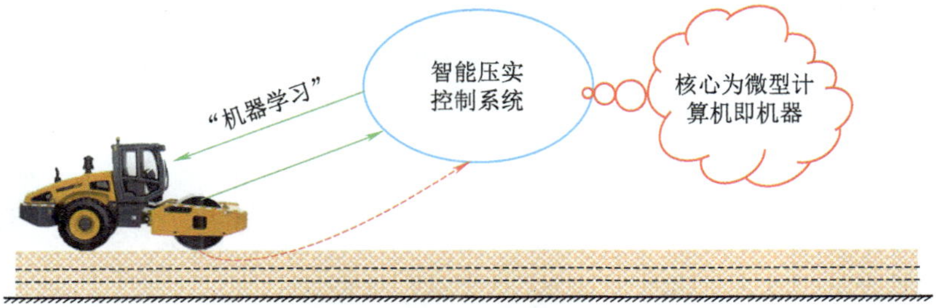

图 6-2　智能压实机械与填筑体

将压路机在硬件上智能化，这是实现高级智能压路机的第一步，实现起来并不困难，难点在于如何使其"聪明"起来，具有一定的智慧。由于控制系统探知填筑体压实质量信息的途径是通过压路机振动轮响应进行的，是间接获取的而非直接采集到填筑体相关性能信息（图 6-2），因此，具有正确识别填筑体性质和调节压实工艺参数的能力应该是智能压实控制系统核心中的核心。下面要阐述的智能压实控制系统功能，也是围绕这个核心展开的。

根据智能压实控制的含义，结合工程实践的需求，一个完整的智能压实控制系统应该具有"感知、学习、决策和反馈控制"功能。

1. 具有一定的智慧，能够在碾压过程进行学习、抽象、推理和决策等。

这个功能是指在碾压过程中，控制系统对碾压过程中出现的各种现象能够不断进行学习，经过抽象和推理，使输出的信息能够正确而全面地反映填筑体的压实状态，并根据反馈信息对压路机的压实工艺参数和填料状况做出综合判定，给出决策。这个决策是施加给压路机和填料的，如何具体实施，视压实机器的自动化程度而定。

这个功能应该是智能压实最重要的技术特征，有两层含义，其一就是上面提及的识别填料和调整压实工艺参数；其二是具有自主学习的能力，能够根据以往的经验数据获得新的技能。不具备上述特征的压实控制，原则上都不是智能压实控制，最多称之为连续压实控制（具有一定的感知功能即识别压实质量的功能）。下面给出的功能都是在此基础上应该具备的，属于锦上添花之事。

2. 具有根据填料特性调控（人工或自动）压实机械的能力。

传统意义上的智能压实主要是由压路机自动调频调幅实现的，但是调整到什么程度仍然需要深入研究。如何根据填料特性调控压实工艺是一个复杂问题，涉及智能识别填料的压实性以及该填料达到最佳压实效果的工艺参数确定等，需要控制系统或压实机械有一个长期学习、积累知识的过程。这个功能目前看只有与人工智能结合才有可能提高有效性，任重而道远，有赖于第一个功能的实现程度。

3. 具有与压实机械结合进行自适应碾压作业的能力。

这个功能要求装配有智能压实控制系统的压路机能够自动对填筑体进行压实作业，满足预设的目标要求。整个碾压过程中最大程度地减少人的参与，最终实现无人操作下的碾压作业。这应该是高级智能压实控制系统应该具有的，也是我们追求的长期目标。

高级智能压实应该是这样的：无人或有人驾驶的一台或多台压实机械，按照设定的碾压作业方案进入施工现场，在碾压过程中，根据实时检测到的填料和填筑体相关信息，协同作业，自动改变和优化压实工艺参数，以最小的代价完成碾压作业，达到规定的压实质量，如图 6-3 所示。

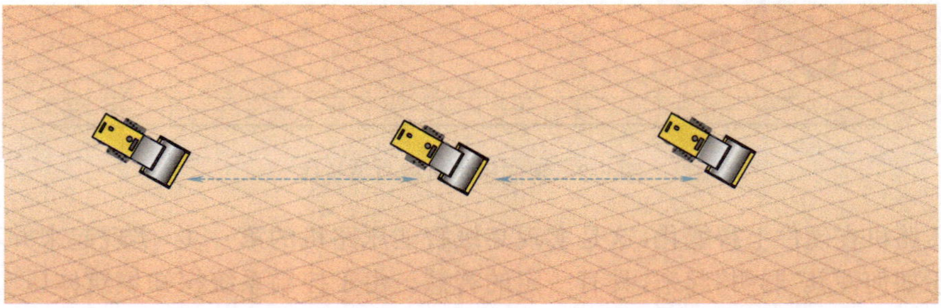

图 6-3 智能压实机械的协同碾压作业

智能压实控制系统具有上述三方面功能是基本要求。除此之外，还应具有很多其他功能。如果与物联网、云技术等现代时髦技术结合起来，也许会繁衍出更多的功能来，这就需要研究者跨领域钻研了。下面针对上述功能要求，重点论述需要研究的关键技术。

6.2 智能压实关键技术

智能压实主要是通过智能压实控制系统（智能压实机械的大脑）实现的，那么构建这样的控制系统的难点即关键技术是什么，这是大家普遍关心的核心问题。所谓的关键技术，与控制系统的功能需求是分不开的，功能决定了需要什么样的关键技术。下面要讨论的几种关键技术并不是智能压实的全部，但却是智能压实控制或智能压实机械最应该具备的、最基础的核心技术。随着科学技术的发展，还会出现新的相关技术与之结合，但其基础是不会变化的。

6.2.1 填筑体压实质量智能识别

智能压实是利用振动压路机这种压实机械进行压实质量控制的，其测试模式决定了对填筑体压实质量识别能力比普通的力学试验要困难许多。由前面几章的论述可知，智能压实控制的第一个难点就在于量测控制系统如何根据振动压路机信息来准确感知填筑体的压实状态信息，这是由于控制系统不能直接量测填筑体性质而只能间接量测振动轮响应的缘故，如图 6-4 所示。如果能像平板载荷试验那样直接量测到填筑体的模量，那么很多问题都能得到解决。正是由于压路机的移动性和连续量测的要求，导致传感器不能放置在填筑体上而只能安装在压路机的振动轮上，实际量测的是振动轮的响应信号（位移、速度、加速度等）。经验法就是根据实测响应信号展开处理，来识别和控制填筑体压实质量，但实践证明效果并不理想，与智能压实也越来越远。

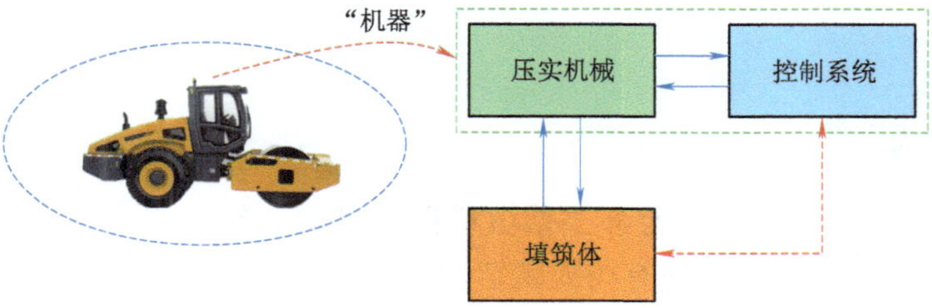

图 6-4　填筑体—压路机械—控制系统相互关系示意

力学法则从压路机与填筑体相互作用基本原理出发，根据振动轮响应信号，经过种种分析处理，得到了几种直接反映填筑体力学性能的参数或指标，这是智能识别和智能控制填筑体压实质量的基础，第 3 章对此进行了详细阐述。实践证明，根据力学法得到的结果，是可以对填筑体的压实状态做出识别的，但如何进一步智能化，仍需研究。

智能压实控制的第二个难点是如何界定填料类型问题。由于填料种类繁多，压路机类型和压实工艺参数也没有统一的规定，这些综合因素导致压实质量的识别与控制的复杂性。对于填料类型问题，这里提出一个初步解决方案，不管填料如何，只要在一定吨位振动压路机作用下，所形成的填筑体结构的力学性能达到一定要求，且具有很好的稳定性，那么这种填料就是满足需求的，如图 6-5 所示。

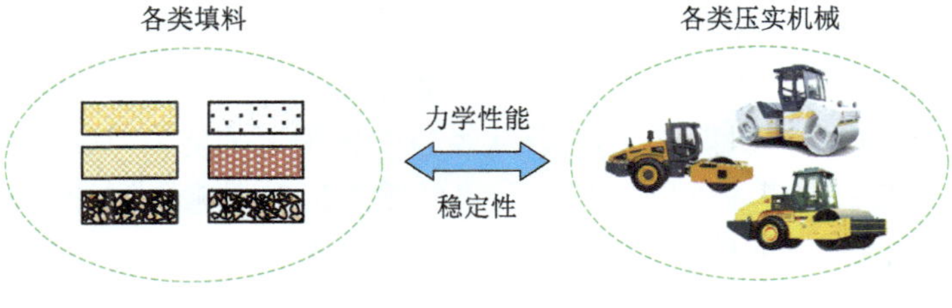

图 6-5　填筑体—压路机械—控制系统相互关系示意

这里需要注意两个问题。第一，所谓一定吨位振动压路机，是指与填料相匹配的压路机。如细粒料，一般采用 14～16 t 振动压路机就可以压实，而粗粒料一般需要 18 t 以上振动压路机才能得到好的压实效果。如果填料颗粒粒径更大，那么就需要更大吨位的压路机压实。第二，所形成的填筑体结构的力学性能和稳定性必须同时满足要求。填筑体结构的力学性能需要根据交通荷载和上部结构予以确定，但即使其力学参数满足要求，如果结构不稳定仍然是不行的。可见对填筑体压实质量的识别与控制，只关注控制指标抵抗变形能力信息(抗力、模量、刚度系数等)是不够的,还要求稳定。另外,除了力学性能要稳定之外,还要求在碾压过程中根据稳定性来识别填料的可压实性。因为选择优良填料尽管是提高压实质量的前提条件,但受各种因素影响,并非所有填料都是优良的(粗粒料的级配控制,细粒料的含水量控制等,参见5.2.4、5.2.5节),那么填料的压实性就会存在问题,很难形成合格的结构体,控制压实稳定性也是为了避免这类情况的出现。

填筑体压实质量的智能识别,采用正确的控制指标(力学性能与稳定性)是关键的第一步。接下来的任务就是让压路机或控制系统通过一定先验知识的学习,能够正确而有效地识别填料的各种特性,以提高和改善质量,这就需要与人工智能的密切结合了,特别是机器学习。

6.2.2 压实专家系统与机器学习

让压实机械具有学习能力,能够根据填料情况自动选择合适的压实工艺完成压实作业是业内追求的一个目标并且只有与人工智能的有效结合才有可能实现这个目标。

首先应该明确,能学习的机械绝不是普通的压路机,应该是植入了控制系统的压路机,其核心是计算机,如图6-6所示。其次应该清楚,即使在硬件方法具备了智能机械特点的压路机,机械开始也不具备智慧,需要采用人工智能方法训练它,使其逐渐变得聪明起来,能够进行智能压实作业。

图6-6 智能压实机械组成

"人工智能"这一术语是在1956年达特茅斯学院组织的一个10人暑期研讨会上提出的。但在以后的近20年内并没有取得预期的进展,直到20世纪70年代专家系统的出现才带来了曙光,重新唤起了人们的关注。但早期的专家系统都是针对某一特定领域而言的,依靠该领域专家们的知识集成,不具备从经验中去学习的能力,后期维护工作量巨大。20世纪80年代具有机器学习功能的神经网络的重生以及后来的进化计算(遗传算法)大大加快了专家系统的开发进程,二者成为互补关系。压实质量控制需要整合这些理论和技术,使之形成真正意义上的智能压实。

根据前面的分析,智能压实控制系统应该是一个具有智慧的专家系统,能够根据填料情况,在碾压过程中自动组合和优化压实工艺,达到最佳的压实效果。下面结合压实质量控制过程,讨论一下专家系统的特征。

1. 专家系统(Expert System)

首先需要清楚什么是专家系统。所谓专家系统,就是一种计算机程序,其内部含有大量的某个领域专家水平的知识与经验,该程序具有相当于专家的水平,能够利用人类专家的知识和解决问题的方法来处理该领域问题。简单地讲,专家系统就是一种模拟人类专家解决领域问题的计算机程序系统。

专家系统是一个具有大量专门知识与经验的程序系统，它应用人工智能技术和计算机技术，根据某领域一个或多个专家提供的知识和经验，进行推理和判断，模拟人类专家的决策过程，以便解决那些需要人类专家处理的复杂问题。专家系统是人工智能中最重要的也是最活跃的一个应用领域，它实现了人工智能从理论研究走向实际应用，从一般推理策略探讨转向运用专门知识的重大突破。专家系统可以看作是一类具有专门知识和经验的计算机智能程序系统，一般采用人工智能中的知识表示和知识推理技术来模拟该领域专家才能解决的复杂问题。

(1)专家与知识的含义与表达

专家指在某特定领域有深厚知识和丰富经验的人，能熟练做别人做不了的事情。专家一般都是针对某特定领域而言的，如铁路工程专家、桥梁专家等。

知识指对主题的理论和实践两方面的理解，是当前所知的总和，也就是人类认识的成果或结晶。这是至今也没有一个统一而明确界定的名词。

知识的表达形式有产生式规则、框架、语义网络、特征向量和一阶逻辑语句等，其中运用得较为普遍的是产生式规则。规则一般采用 IF—THEN 语句表述，IF 后面跟的是条件(前项)，THEN 后面的是结论(后项)。条件与结论均可以通过逻辑运算 AND、OR、NOT 进行复合。产生式规则的理解非常简单：如果前提条件得到满足，就产生相应的行为。为了说明这些概念，后面将结合工程实践，建立一个简单的、基于规则的压实专家系统，以便了解专家系统的工作过程和特点。

(2)专家系统结构

按照专家系统给出的架构，压实专家系统由 5 个部分组成，分别为知识库、数据库、推理引擎(推理机)、解释设备和用户界面，如图 6-7 所示。下面分别阐述这 5 个部分的作用。

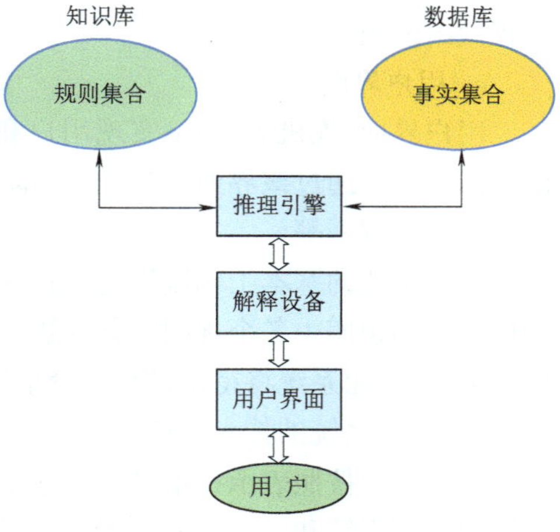

图 6-7　专家系统基本结构

a. 知识库

根据专家系统的要求，知识库包含解决问题相关的领域知识，是一个以规则形式存在的相关知识的集合。为此需要将相关知识转变为若干条规则，以 IF—THEN 结构形式表示，每一条规则表达一个关系、建议、指示、策略等。当某一规则的条件被满足时，将触发该规则并执行相应的行为。知识库是专家系统质量是否优越的关键所在，即知识库中知识的质量和数量决定着专家系统的质量水平。知识获取是专家系统知识库是否优越的关键，也是专家系统设计的“瓶颈”问题。通过知识获取，可以扩充和修改知识库中的内容，也可以实现自动学习功能。

如何将相关知识变为一条条规则，是需要仔细斟酌的，需要一个设计过程。这部分其实是非常难的，涉及如何在给出的信息中提取关键信息的问题，也就是给出什么样的条件，会得出什么样结论的问题。对于压实质量控制来讲，知识库是集成各种压实控制模型的地方，至少包括填料、压实工艺和控制准则等方面的各种信息，并且要以“规则”的方式存储在里面。这里所指的压实控制模型是广义的概念，包括各种好的压实方案、策略等。但是，如何整理这些既有的压实控制模型，并使之成为一条条规则，是一件不容易的事情，特别是情况比较复杂时，后面会有进一步的论述。

b. 数据库

数据库包含一组事实，用来匹配存储在知识库中的IF(条件)部分。这里的事实就是实际发生的事情。如现场的路基填筑碾压施工，施工段的信息就是事实，对应的试验段相当于知识库，二者需要对应起来，才能指导施工。

实际上，数据库就是专门用于存储推理过程中所需的原始数据、中间结果和最终结论，往往是作为暂时的存储区。

c. 推理引擎(推理机)

推理引擎即推理机执行的是推理任务，负责把知识库中的规则和数据库中的事实联系起来，寻找解决方案。针对当前问题的条件或已知信息，反复匹配知识库中的规则，获得新的结论，以得到问题求解结果。其中推理方式可以有正向和反向推理两种。

d. 解释设备(解释器)

解释设备主要负责向用户解释结果是如何推理得到的。一个好的专家系统必须能够解释推理并证明所给出的建议、分析和结论的正确性，能够根据用户的提问，对结论、求解过程做出说明。

e. 用户界面

用户界面(人机界面)是实现用户和专家系统之间交流的途径，是系统与用户进行交流时的界面。通过该界面，用户输入基本信息，回答系统提出的相关问题，并输出推理结果及相关的解释等。

专家系统的基本工作流程是，用户通过人机界面回答系统的提问，推理机将用户输入的信息与知识库中各个规则的条件进行匹配，并把被匹配规则的结论存放到综合数据库中。最后，专家系统将得出最终结论呈现给用户。

(3)专家系统的技术特征

专家系统按照表示技术可分为基于逻辑的专家系统、基于规则的专家系统、基于语义网络的专家系统和基于框架的专家系统。如果按照任务类型，可分为监护型、控制型、解释型、预测型、诊断型、调试型、维修型、规划型、设计型和教育型等。存放知识和运用知识进行问题求解是专家系统的两个最基本的功能。

专家系统是一个基于知识的系统，它利用专家提供的专门知识，模拟人类专家的思维过程，解决对人类专家都相当困难的问题。一般来说，一个高性能的专家系统应具备几个基本功能，即启发性，不仅能使用逻辑知识，也能使用启发性知识，运用规范的专门知识和直觉的评判知识进行判断、推理和联想，实现问题求解；透明性，使用户在对专家系统结构不了解的情况下，可以进行相互交往，并了解知识的内容和推理思路，系统还能回答用户的一些有关系统自身行为的问题；灵活性，专家系统的知识与推理机构的分离，使系统不断接纳新的知识，从而确保系统内的知识不断增长以满足需要。

(4)构建简单的压实专家系统

从上述对专家系统简单的描述中可以看到，如果一个压实专家系统很完善，对于压实工作是有很大帮助的，也可能成为智能压路机压实作业的依据。因此，如何使一个压实专家系统具有很好的适应性对于指导压实工作是很必要的。

需要明确的是，建立压实专家系统的目的是让计算机能够根据填料特性，自动选择合适的压路机和压实工艺来高效地完成压实作业，使压实质量达到优良。当碾压作业中遇到各种问题时，会根据各种信息（控制系统输出的，能够正确反映压实质量的信息为主）做出正确判定，指导压实作业。一个简单的压实专家系统基本构成如图 6-8 所示。

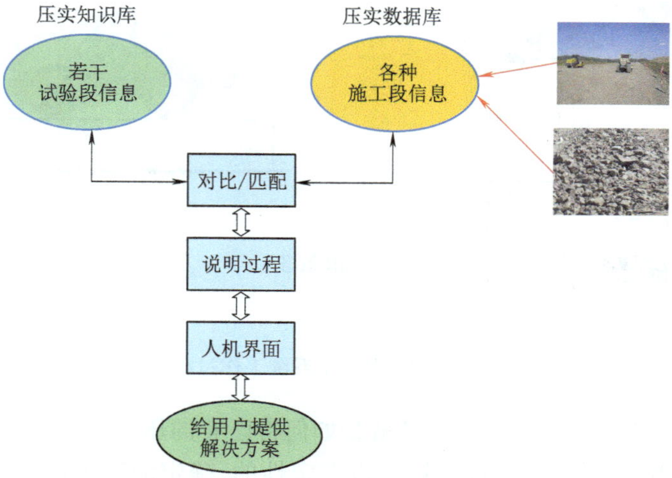

图 6-8　基于试验段信息的压实专家系统

图 6-8 给出的压实专家系统是基于试验段信息而建立的。这里的知识库就是各种试验段信息的集合，包括各种填料、压实工艺和控制准则等信息在内。施工段的相关信息首先存储在数据库中，然后通过推理机，与知识库中的信息进行对比和匹配，寻找解决方案，最后反馈给用户即施工单位。如果是智能压实机械，则有可能直接反馈给控制系统，执行相应操作。

通过上述可知，这种压实专家系统既可以作为计算机软件独立运行，也可以是控制系统的一部分。今后的发展趋势更趋向于后者，控制系统与压实机械将有机结合在一起，形成高级智能压实设备。

对于广大施工人员来讲，完全可以把压实专家系统看成是由若干个压实控制模型（不一定是数学模型）组成的集合，每个模型都至少包含了填料、压实机械与工艺以及控制准则等三方面的信息或者更多的信息，对应着一种具体填料和相应达到最佳压实效果的压实工艺（相当于试验段）。使用者不需要知道内部结构，可以看成是一个黑箱。在实际碾压过程中，可以根据实际填料信息和压路机信息，将这些信息输入到控制模型集合这个黑箱中，系统会自动与其中的模型比较，如果找到匹配的模型，则输出对应的压实策略，以保证压实达到最佳效果，如图 6-9 所示。如果找不到匹配的模型，则说明这个专家系统需要继续完善。

熟悉现场施工的人都清楚，对于一个熟练的压路机驾驶员来讲，一般都具有一定的施工经验，对自己操作的压路机性能也比较了解，在遇到某一种填料时，基本知道采用什么工艺参数能将其压实，也会知道该台压路机是否能将某种填料压实。当然，驾驶员的知识是凭借经验得到的(但也是专家系统所必须收集和掌握的有用信息),只有合格的控制系统才能更精确地定量判定这些情况。这也是专家系统与连续压实控制技术分不开的原因所在。

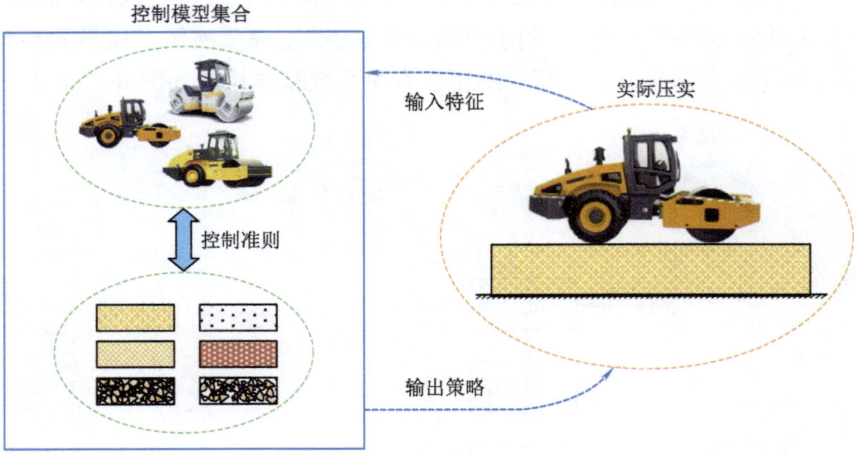

图 6-9　压实专家系统工作过程

构建压实专家系统的一个主要问题就是如何将已有的压实控制模型或信息转变成一条条的规则。因为这些信息既有定量的,也有定性的,确定的和不确定的同时存在,清晰的和模糊的也有许多。下面举例说明。

实例 1　一台振动压路机碾压作业情况

路基填料为碎石土,含细料较多,填筑层厚为 35 cm,常规控制值〔K_{30}〕=130 MPa/m,对应的〔VCV〕=387 kN/m。压实机械为一台 LT220B 型振动压路机,其参数见表 6-1。

表 6-1　LT220B 型振动压路机参数

工作质量(kg)	20 000	振动轮宽(mm)	2 130
振动质量(kg)	10 000	名义振幅(mm)	1. 9/0. 90
激振力(kN)	350/220	静荷载(N/cm)	460
振动频率(Hz)	30	行驶速度(km/h)	2、4、10. 5

经过实际测试,该压路机的振动频率 f=30 Hz,Ⅰ、Ⅱ挡的行驶速度分别为 1. 8 km/h 和 3. 6 km/h。因此,在碾压时,采用的压实工艺为 $U_1=U(P,f,M,v)$=(220 kN,30 Hz,10 000 kg,3. 6 km/h)。经过 7 遍碾压达到合格要求,满足规定的 K_{30} 的要求。

在这个实例中,填料类型—填筑厚度—压实机械—压实工艺—碾压合格,其关系相对还是比较简单的,可以看成是一个控制模型。但下面的工程实例中却没有那么简单,压实工艺相对比较复杂,涉及多台压路机。

实例 2　多台振动压路机碾压作业情况

填料为山皮土和石渣。山皮土按照三层填筑,每层厚度为 20 cm;石渣按二层填筑,每层厚度 30 cm。为了试验多种压实工艺,采用两台振动压路机进行碾压组合作业,其组合方式都可以达到规定的质量要求。两台振动压路机的主要性能参数见表 6-2。

表 6-2 振动压路机性能参数

参数＼型号	YZ18JC	YZ16B
工作质量(kg)	18 000	16 000
振动轮质量(kg)	8 500	7 800
驱动轮质量(kg)	9 300	8 200
激振力(kN)	190/330	290
名义振幅(mm)	2.1/1.1	1.1
振动频率(Hz)	28	30
振动轮宽(mm)	2 178	2 380
行走速度(km/h)	2.9、5.3、9.7	2.0、3.3、9.3

关于压实工艺的制定，一般是根据施工经验事先确定一套压实工艺，然后在实际操作时再根据具体情况做出适当的调整，以适应现场实际情况。根据现有振动压路机的情况，结合现场施工等条件，在实际碾压中进行了碾压工艺的优化和完善，最后得到的不同填料的压实工艺见表 6-3。

表 6-3 山皮土与石渣的压实工艺

填料	山皮土 1	山皮土 2	山皮土 3	石渣 1	石渣 2
工艺	组合 1	组合 2	组合 3	组合 4	组合 5
施工步骤	18 t 静压 1 遍 18 t 强振 5 遍 16 t 强振 4 遍 18 t 强振 1 遍	16 t 静压 1 遍 16 t 强振 1 遍 (洒水) 16 t 强振 4 遍 18 t 强振 1 遍	16 t 静压 1 遍 18 t 强振 3 遍 18 t 弱振 1 遍 18 t 强振 2 遍 (局部强夯) (碾压测试)	18 t 静压 1 遍 18 t 强振 4 遍 16 t 弱振 1 遍 18 t 强振 3 遍 18 t 强振 2 遍	18 t 静压 1 遍 18 t 强振 4 遍 16 t 强振 2 遍 18 t 强振 3 遍 (加细料，胶轮碾压) 16 t 弱振 2 遍 18 t 强振 1 遍 (局部强夯) (碾压测试)

注：18 t 指振动压路机 YZ18JC，16 t 指振动压路机 YZ16B，遍数按照叠碾规定计数。表中涂有阴影部分表示进行了连续测试。

表 6-3 中的强振和弱振，根据表 6-2 很容易表示出来，选取的碾压速度为 2.9 km/h 和 3.3 km/h。根据现场实际情况，填料并不是很均匀，每一层的山皮土和石渣都不完全相同的。这也就是导致碾压过程中出现洒水、强夯、加细料、胶轮碾压等措施。像这些压实工艺比较复杂的情况，又如何在知识库中表达出来(即如何提炼规则)，都是值得研究的。

上述两个实例表明，对于同一种填料，采用不同的碾压方案和压实工艺，都可以将其压实；不同填料，也可能采用同样的碾压方案和压实工艺进行压实。可见填料与压实工艺交织在一起，形成一个比较复杂的问题，这已被实践所证实。用数学语言描述就是压实工艺选择问题具有“多解性”。如何寻优是值得研究的，涉及工程机械的性能问题，也许会促进工程机械的技术进步。

在知识库中，需要将上述这些压实相关信息以适当形式——标准的 IF(条件)—THEN(结论)结构进行表述。构建知识库时，开始时可以暂不必过于考虑细节，先构造压实控制用的基本知识库，然后根据需要和实际积累的经验，再逐步往里增加知识，充实和完善知识库。

构建知识库时，需要收集与压实质量控制有关的各种信息，并将它们分类归纳，提炼有用的精确信息形成规则。一般来讲，需要收集的信息来自三方面，即填料方面、压实工艺和控制准则，既有：

压实质量控制所需信息集合＝{填料方面，压实工艺，控制准则}

其中，填料方面主要包括填料类型，填筑厚度，级配情况，含水量分布等；压实工艺包括不同压路机和不同压实工艺参数组合等，通常可以采用振动压实工艺表示，即 $U=U(P,f,M,v)=U(m,e,f,M,v)$；控制准则就是判定压实质量的标准，包括连续控制的目标值、压实程度、压实稳定性、压实均匀性控制准则和通过率等。

在上述信息中，填料方面信息是最为复杂的，表达起来也比较不容易，涉及许多不确定因素和模糊信息。初步可以将填料信息用以下三方面的集合形式表达，然后再逐步细化。

填料类型＝{黏性土，砂性土，碎石，碎石土，石块，改良土，杂填土，
特殊土，级配碎石，其他土}

级配情况＝{优，良，一般，差}

含水量＝{最优含水量及其分布状况}

在填料类型方面，不同行业就有不同的分类方法，但也都是粗略的区分，仔细区分起来就会出现更多种。即使是同类土，里面还会分许多亚类。例如黏性土，就有很多不同性质的亚类型，甚至不同最优含水量的黏性土，其压实性都有可能是不同的。

黏性土是指含黏土粒较多，透水性较小的土。工程上按塑性指数(液限与塑限之差)细分。黏性土的力学性质随含水量大小而发生很大变化。一般按黏粒(粒径小于0.005 mm)含量多少分为三亚类：黏土-黏粒含量大于30％，塑性指数大于17；亚黏土(亦称“粉质黏土”)-黏粒含量在10％～30％之间，塑性指数大于10，且小于等于17的土；亚砂土-黏粒含量3％～10％，塑性指数为3～10。可见，对于黏性土，就可以划分出许多亚类，这还不包括由于最优含水量不同而带来性质上的差异问题。上述黏性土的详细划分由于有定量指标，还是比较清晰的，表达也较方便。对于其他土类可能就没有这么简单了。

除了填料类型不好掌控外，对于粗粒料，如何定量表示颗粒级配好坏也是一个难点。所谓级配优、良、一般、差的划分，并没有什么界定标准，完全是模糊语言表述。并且对于路基填料的级配问题，规范中既没有明确具体级配要求，现场也没有筛分设备进行筛分，完全是一笔糊涂账。目前都是依靠肉眼粗略估计，但不同人的估计结果会有很大的差异。是否可以利用级配与可压实性之间的关系来(5.2.4节)描述级配的好坏，值得思考。

再来看含水量，其表述看似简单，其实也很麻烦。存在两个问题，其一，尽管要求控制填料的含水量在最优含水量附近，但大面积情况下如何做到很难；其二，每一点的含水量都不完全一致，其波动性如何表述也需要研究。

除了填料方面外，压实工艺和压实控制准则的表述相对要好一些，可以按照下面给出的方法进行。

压实工艺＝{各种振动压实工艺参数组合}＝$\{U_i\}$

压实控制＝{〔VCV〕，$VCV_i \geqslant$〔VCV〕，$\delta \leqslant [\delta]$，$VCV_i \geqslant 0.8\,\overline{VCV}$，$\eta \geqslant [\eta]$}

以上只是粗略地将填筑、工艺和控制三方面信息进行了说明。实际情况还要复杂许多，涉及许多的不确定性和模糊性，需要采用概率统计（如贝叶斯规则）和模糊逻辑等工具进行处理，这些都是今后研究的内容。下面尝试着建立一些规则。

原则上讲，每一种具体填料，都对应一种压实工艺和控制准则，形成一种控制模型，这也是路基施工规范中的要求，即每一种填料都必须进行填筑工艺性试验。先建立工程实例 1 所对应的规则。规则对应的基本语法为

Rule1：

if　填料为碎石土
and　含细料较多
and　填筑厚度为 35 cm
then　压实机械采用振动压路机 LT220B

Rule2：

if　振动压路机型号为 LT220B
then　压实工艺 U_1＝(220 kN，30 Hz，10 000 kg，3.6 km/h)
　　　压实工艺 U_2＝(350 kN，30 Hz，10 000 kg，3.6 km/h)

Rule3：

if　压实工艺是 U_1
and　〔VCV〕＝387 kN/m
then　$VCV_i \geqslant$〔VCV〕

以上建立了三个规则。规则中有对象和值，通过操作符识别对象并赋值。如填料是对象，碎石土是值，这里的操作符就是"为"（对应英文 IS）。

如果在压实知识库中存在这三个规则，那么遇到类似的压实控制项目就可以使用了。当填料为碎石土时，这个信息作为一个事实存储在数据库中，通过推理机与知识库中的规则进行匹配，会激活规则 1(Rule1)，得到可以采用振动压路机 LT220B 的结论，随后规则 2(Rule2)被激活，得到两个工艺参数，进而激活规则 3(Rule3)，最后可以得到压实控制满足目标值要求的结论。

上述只是制定了几个比较粗糙的规则，其中许多问题还需要细化。例如，碎石土是一个广泛分类，其中含石量为多少，粒径大小等等都需要细化才行。对于工程实例 2，涉及多个压实工艺组合，需要制定多个规则，其过程与实例 1 的相同，只不过更复杂一些，感兴趣的读者可以尝试着写出这些规则。

从以上操作可以看出，基于规则的专家系统具有很多优点，如自然化的知识表达，统

一形式的结构(IF—THEN),知识与处理相隔离等。但其缺点也是很明显的,各规则之间的关系不清晰,搜索策略低效,没有学习的能力等是其主要缺点。

对于压实专家系统而言,随着试验数据的增加,制定的规则也会越来越多。一般认为超过100条规则,系统速度就会很慢,在知识库中搜索效率会明显降低很多。一个较为完整的压实专家系统,其规则应该有上千条(依据实例1和实例2就可以制定出十几条规则),这样其效率就会很低。另外更重要的是,由于系统不具备从经验中学习的能力,为了使压实专家系统的适用范围更广,只能不断地积累成功的试验数据,添加到知识库中来适应新情况。这样的知识库实际变成了"经验库",维护成本会越来越大,遇到新情况不能自动处理,智能化程度不会很高。

2. 机器学习(Machine Learning)

传统的专家系统既不能通过经验学习,也不能通过经验自我完善,需要多人开发,后续发展也需要巨大投入。机器学习则大大加速了专家系统的开发进程,通过加入新规则或校正已有规则,也提高了知识的质量。但机器学习并不限于开发专家系统,而是有更广的用途。

如前所述,机器学习实质就是"计算机学习"。所谓机器学习,就是让计算机具有人类学习和思考技术的总称,是人工智能的核心之一。其核心思想就是让计算机程序随着数据样本的积累,自动获得精确归纳和判断的能力。对于智能压实来讲,缺少的正是这种技术。随着压实试验数据的积累,其知识库会越来越庞大,如何使知识库中的规则变得越来越精炼,并且具有产生新规则的能力就变得十分重要了。引入机器学习就是要解决这个问题。目前有关机器学习的参考书籍很多,这里不准备进行系统介绍,仅结合压实问题阐述其基本思想,为今后的深入研究提供一些思路。

为了说明机器学习的基本思想,现以简单的学习,人类学习测试技术和压路机学习(控制系统学习)压实技术为例进行对比说明,这是一个"机械学习"的例子,如图6-10所示。

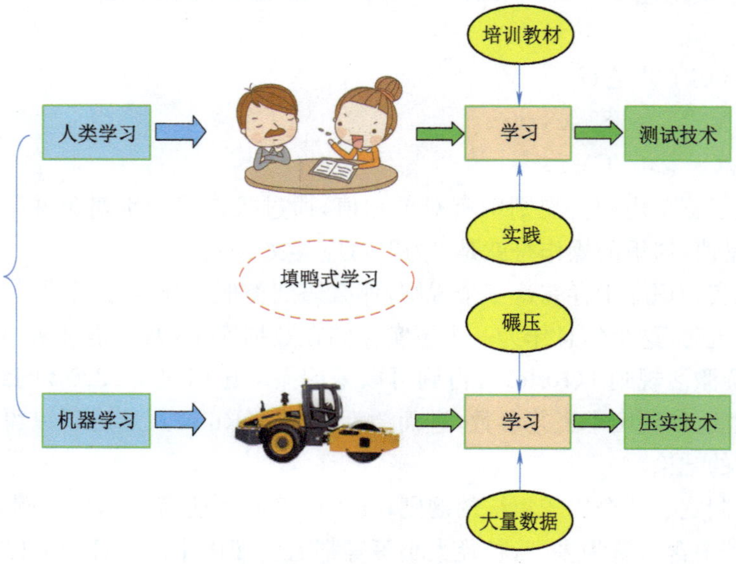

图6-10 人类学习与机器学习对比

首先了解一下人类是如何学习的,这是非常关键的一点,但也是很难的,涉及哲学、心理学等众多学科。学习方式(人工智能中称作学习策略)有多种,图6-10是一种简单的学习方式，显示的是学习测试技术(例如平板载荷试验)的过程。现场技术人员如果要掌握平板载荷试验，首先需要通过一些培训教材学习基本知识，包括地基系数 K_{30}、变形模量 E_{v2} 的基本概念，试验测试中的一些规定、试验数据处理方法等，然后再进行现场操作培训，学员在操作过程中一般都会出现各种错误，需要教师不断地进行纠正，这样经过一段的学习之后便可以熟练掌握这种测试技能了。这种学习方式(策略)属于“机械学习”，学习者无需推理或其他知识的转换，直接吸收外部提供的信息(知识)，严格按照步骤操作即可掌握测试技能，不需额外思考其他的(如创造新的测试方法)。同理，具有智能控制系统的振动压路机(机器)通过大量数据(既有的压实试验数据)输入来积累知识(相当于“填鸭式”教学)，加上在碾压实践中的不断纠正错误，经过一段的训练之后，便可以掌握一些压实技术，如果能够运用这些知识完成一个压实控制任务，那么这个机器学习就是成功的。

上述机器学习方式相对简单，与传统的专家系统一样，没有太多的创新性，遇到新问题很难有好的解决办法(但可能有一定的归纳和判断能力)。这种情况如同“填鸭式”学习，培养出来的学生大部分只会死记硬背，尽管也可能掌握比较渊博的知识，但超出书本一定范围的问题就不会解决了，缺少足够的创新能力。这是典型机械学习方式的体现，并不是我们追求的最终目标。当然，压路机如果真的具有了上述功能，也是非常难得的了。

我们希望的机器学习应该是这样的，压路机通过大量的、既有压实试验数据(压实模型)的训练，加上现场碾压实践，可以产生新规则，预测新的压实控制模式，会解决压实控制中的新问题。这如同“启发式”教育，培养出的学生可以通过书本学习举一反三、触类旁通，归纳总结出一般规律，并且可以求解新的问题。图 6-11 显示了学习方式与创新能力的关系。

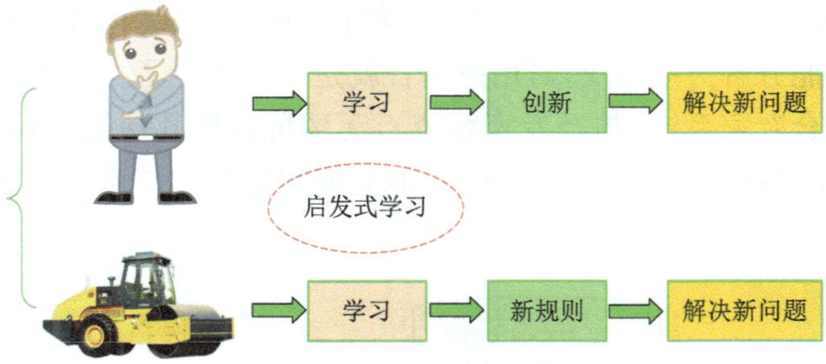

图 6-11　启发式学习与创新能力

学习是人类具有的一种重要智能行为，但究竟什么是学习，长期以来却是众说纷纭，一直没有一个统一的定义。各学科如社会学、哲学、逻辑学和心理学都各有其不同的看法。深刻理解人类的学习方式和过程，可能会对人工智能的发展具有极大的促进作用，典型的就是人工神经网络理论模拟人脑部分功能的初步成功。学习是一项复杂的智能活动，学习过程与推理过程是紧密相连的，具有推理能力才是学习水平的提升。仿照人类学习方式，根据学习中使用推理的多少，机器学习所采用的学习方法(策略)大致可以分为机械学习、示教学习(传授学习)、演绎学习、类比学习、基于解释的学习和归纳学习等。后面几种都是启发式学习。

机器学习的本质就是“重现人类认识世界的过程”，具体到哲学中就是“认识论”讨论的范畴。贯穿 16 世纪到 18 世纪各位哲学大师关于认识论的大讨论，已经解答了一些机器学习的本质问题，但并不一定全面和深入。更深入的讨论也许涉及人类意识问题，此处不便做过多研讨。

机器学习是伴随着人工神经网络的兴起而发展起来的。目前机器学习最常见的算法就是人工神经网络和遗传算法。关于这方面的书籍已经很多了，商业软件也已成熟，如Matlab工具箱中就有很好的软件。这些算法的基本原理并不难掌握，难点在于如何结合自己的专业进行应用。利用机器学习来处理一个实际的问题，不仅是学会怎么使用机器学习算法，更重要的是如何对整个问题建模，或者说是如何把专业领域的问题转化成符合人工智能要求的求解问题。这也是我们下一阶段研究的重点。

开发机器学习程序的步骤分为收集数据、准备输入数据、分析输入数据、训练算法、测试算法、使用算法等。实际上，无论哪种机器学习，都要经历“建立模型”“训练模型”“反馈”“应用”的过程。

3. 混合专家系统

机器学习应用的范围很广，在专家系统、自动推理、自然语言理解、模式识别、计算机视觉和机器人等领域都有很好的应用，尤其是在解决传统专家系统知识获取瓶颈问题时，一直都在努力采用机器学习方法加以克服。考虑将机器学习技术引入到专家系统中无疑是改善其性能的一条有效途径。

由前面的论述可知，传统的专家系统虽然可以通过访问观察者或人类专家，得到IF—THEN产生式规则来表述知识，但不能通过经验学习来改变知识库，只能依靠人力增加、修改或删除其中的规则来改变知识库，其代价是很昂贵的。机器学习中的人工神经网络则避免了上述缺陷，可以在没有人类干预的情况下学习（自学成才），但与专家系统中知识被分解为一条条规则（这样用户可以看到并理解使用的知识块）不同的是，知识不被嵌入到整个网络中，不能分解为单个块，对用户而言就是一个黑匣子。如果能够结合这两种技术的优点，组成混合专家系统（神经专家系统），无疑可以使其功能更强大，效率更高。对于压实控制来讲，将这两种技术结合起来，可能会使智能压实技术得到更好的发展。基于神经网络的智能压实专家系统结构如图6-12所示。

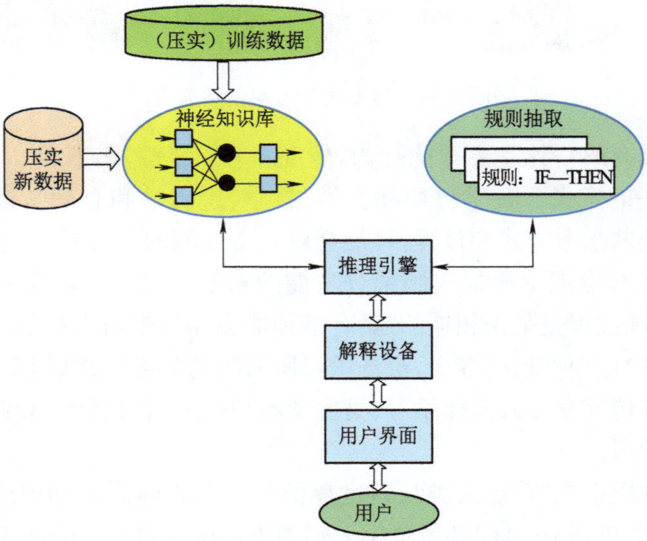

图6-12 智能压实专家系统结构

上述混合专家系统与前面提及的专家系统不同之处在于，其知识库用训练过的神经网络来表示。新的输入数据不一定与网络训练中使用的数据精确匹配，能够处理噪声数据和不完整数据。

根据人工神经网络基本原理，这项技术实际是一组模拟人类大脑构造而设计的算法，能够对原始输入数据进行标记或聚类等操作，但所能识别的模式都是数值形式，如何将实际问题(图像、声音、文字等)数据转换为数值，需要各专业的配合。对于压实专家系统也是如此，首先需要把各种压实信息(定性的、定量的、文字的、图像的等)转变为神经网络所能识别和接受的数据形式，然后才能做进一步的处理。

除了上述混合系统外，还可以与模糊技术、进化算法等混合使用。近年来兴起的深度学习(多层神经网络)也是智能压实领域值得关注的技术。

需要指出的是，尽管混合专家系统在一些领域得到应用，但目前还没有采用神经网络技术构建混合智能压实专家系统的先例(传统的专家系统也没有)。如何构建这样的系统需要多学科的共同努力。

4. 机器学习与工程数据

机器学习界有一句名言，成功的机器学习应用不是拥有最好的算法，而是拥有最多的数据。这句话形象地说明了机器学习与现在时髦词汇“大数据”之间的关系。自 2010 年以后，随着大数据概念的兴起，机器学习大量的应用都与大数据高度耦合，几乎可以认为大数据是机器学习应用的最佳场景。大数据一词以星火燎原之势占据了人们的视野。从学术界、商业界、工业界到政府部门，都纷纷开始重新审视组织内潜在的数据资产，探索大数据与业务模式的契合点，大数据几乎渗入到所有领域。

传统上，数据与数据之间彼此是孤立的，没有建立有效的关联。正是因为大数据集合中所包含数据的丰富度远超过普通数据集的数据，数据的“量变”触发了我们使用数据模式的“质变”，越来越多的、让人耳目一新的知识从数据金矿中挖掘出来，大数据正是以这种方式在改变着人们的生活、研究和经济模式。

大数据的核心是利用数据的价值，机器学习是利用数据价值的关键技术。对大数据而言，机器学习是不可或缺的。而对机器学习而言，数据越多就越可能提升模型的精确性。因此，机器学习的兴盛也离不开大数据的帮助。大数据与机器学习两者是互相促进，相依相存的关系。机器学习与大数据的结合产生了巨大的价值。基于机器学习技术的发展，数据能够“预测”。对人类而言，积累的经验越丰富，阅历越广泛，对未来的判断越准确。“经验丰富”的人比“初出茅庐”的人更有工作上的优势，就在于经验丰富的人获得的规律比他人更准确。机器学习领域著名的实验就有效地证实了机器学习界一个理论，即机器学习模型的数据越多，机器学习的预测效率就越好。此外，培养机器的自学能力，将是今后关注的重点。

在传统的数据分析领域，通常习惯于通过抽样来估计待研究对象的全貌，如传统压实质量控制的抽样检验就是如此。这是因为在很长的一段时期里，用于记录、存储和分析数据工具的处理速度和处理能力等有限，在面对那些超过当前能力的数据时，只能退而求其次，通过科学的抽样方法以较少的样本来进行分析，这些抽样得到的样本就近似作为数据的全貌使用。

随着大数据时代的到来，人们所面对的客观环境和所能利用的工具都发生了巨大的变化，数据收集变得更加便利，可以轻而易举地获得海量的完整数据；使用的数据处理技术水平得到了巨大的提升，分布式存储和运算使得海量数据分析变得可行。通过采集并使用所有的数据，可以发现那些原本可能会由于采样的不完整性而被淹没的重要结论，这些在随机抽样中被作为不重要的细节而被忽略的"异常点"，恰恰可能是带来新发现的关键所在。对于智能压实而言，连续量测到的数据量是整个碾压面的全体，非抽样所能比拟的。可以检测到每一点的压实状态，不会忽略"异常点"，其数据分析也变得与传统方法有所区别，也是机器学习的数据库。

在大数据时代，经常遇到的一个名词就是"数据挖掘"，是指综合使用传统的统计学知识和人工智能中的机器学习、模式识别等方法，从大量的数据中归纳、推断其隐含的有效信息的过程。常见的数据挖掘分析方法有聚类分析、关联分析以及异常分析等，这是大数据发展战略中将数据资源转化为智慧资源的关键环节。数据挖掘如何与智能压实进一步结合起来，也是今后研究的问题。

对于智能压实控制来讲，大数据就是施工过程中的工程数据，包括填料方面、施工机械方面和压实工艺方面等。如果在施工过程中注意采集这些数据，随着积累量的增大，数量和类型会越来越丰富。作为机器学习的培训教材（训练集）是非常合适的，训练出来的机器（智能控制器或智能压路机）也就越来越聪明，压实控制效果也就会越来越好。

图 6-13 形象地给出了工程数据与智能压实之间的关系。采集到不同压路机碾压不同填料的相关信息后，经过数据平台汇集成大数据，可以作为智能压实控制系统（控制器）的学习材料。这样经过大量学习后，智能控制系统就会控制或指导压路机进行碾压作业，更好地完成压实任务。收集到的样本数据越多，控制系统的经验也就越丰富。可见大数据会帮助我们提高智能压实技术的水平。

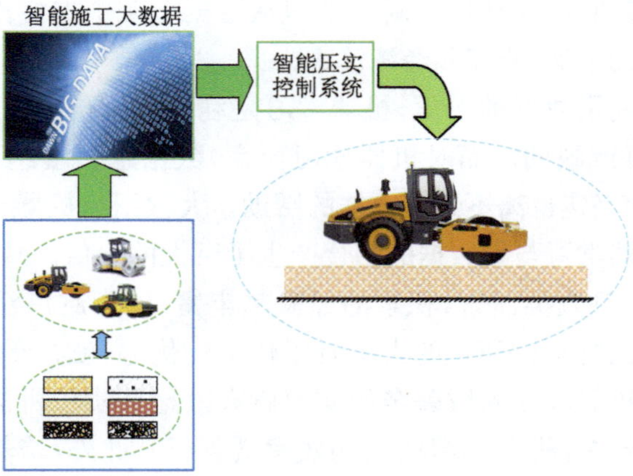

图 6-13 工程数据与智能压实

另外需要注意的是，大数据分析时更关注的是变量之间的关联关系（如压实控制的对比试验所确定的相关关系），而不是传统方式中的因果关系。在传统的科学体系和逻辑体系中，人们认为事出必有因，任何所观察到的现象都有原因的驱使。在这样的模式下，人们习惯于追寻现象之间的因果关系，研究因果关系使得人们不仅知道"是什么"，更了解了背后的"为什么"。然而，人们所面临的世界是十分复杂的，在极少数的情况下，人们可以归纳可能对某个结果发生作用的变量，并在设计的实验中严格控制每一个变量对最终现象的作用，从而探讨因果关系的存在。但是在大多数情况下，因果关系是难以得到证实的。而相关关系的核心是量化两个变量或者是多个变量之间的数值关系，如前面提及的相关校验试验就是如此。当两个变量之间具有很强的相关性时，一个数据值增加时，其他的数据值也可能会增加(正相关)或者减少(负相关)。与因果关系不同，相关关系并不关注为什么，它只需要能够通过相关性确认变量之间的关联，并用来进行数据的预测，寻找相关关系的实现难度明显小于因果关系，特别是在掌握了大量数据的情况下。其中智能计算又是寻找相关关系的一种很好的方法。

6.2.3 控制器与压实工艺调节

智能压实的核心部件是压实控制系统中的控制器(实际是软件系统)。这种智能压实控制器是以自动控制技术和计算机技术为核心，集成微电子技术、信息传感技术、显示与界面技术、通信技术等诸多技术而形成的高科技装备，一般与量测装置融为一体。作为工程机械的核心和关键部件，智能控制器一般内置于压路机之中，扮演"神经中枢"和"大脑"的角色，可以形象地称之为"施工脑"，如图 6-14 所示。

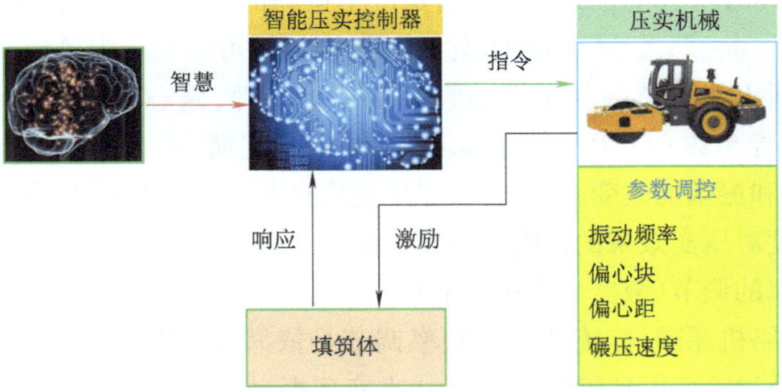

图 6-14 智能压实控制器

以控制器为核心的压实控制系统担负着量测和处理碾压过程中来自压路机振动轮的响应信号以及相关信号的使命，更重要的是要有正确识别压实质量参数的功能(其基础就是本书第三章论述的动力学理论)。对于连续压实控制而言，能够正确识别压实质量就算圆满完成了任务。但对智能压实来讲是不够的，控制器还要根据识别结果给出智能调控压实工艺参数的技术方案，并进行实施(自动或人工)。

对于智能压实，控制器需要根据压实反馈信息对压路机振动参数发出调控指令，压路机根据指令进行自动调节相关参数，以适应压实状态的变化。这就要求压路机应该具有自动调控振动参数的能力，但并非普通振动压路机所能实现的，需要新型的振动压路机方可实现。从目前发展趋势看，定向振动压路机最有希望与无级调控技术相结合，实现高级智能压实的愿望。

智能压实需要实时地根据反馈信息来智能调整压实工艺参数以优化压实效果。目前涉及两方面内容需要考虑。其一是如何实现压实工艺参数的调控；其二是振动压实工艺参数调节的幅度。

1. 压实工艺调控

对于多台压路机的组合工艺问题，前面已经有所涉及。目前这方面主要还是依据经验而定。随着经验的积累，可以在专家系统中增加相应的规则，以扩大适用范围。从目前的实际调查结果来看，采用多台压路机组合碾压的情况并不多见，大都采用一台振动压路机进行碾压作业，工期要求急迫时可能会有两台压路机并行作业。

对于一台压路机来讲，压实工艺问题主要是参数调节。但目前的振动压路机一般只有2～4种工艺可供选择。常见的是1个频率、2个激振力（大、小）、2个振幅（高、低）组合，或者2个频率、2个激振力、2个振幅组合。一般组合成高频（大激振力）低幅或低频（小激振力）高幅，实际上就是2种压实工艺。这种情况下可供选择的压实工艺有限，也就谈不上智能调控了。随着现代交通的发展，施工工艺的变化，气候和地区的不同，传统的压实工艺已经不能充分适应现在的要求，只有多振幅、多频率的振动装置才能够适应高标准的施工要求，当然最理想的就是无级调控。振动压路机只有实现了无级调幅调频技术，才有可能对压实工艺进行智能选择和调控。如何实现无级调控，与振动轮构造密切相关，涉及压路机的设计，是压路机行业解决的问题。

无级调节实际上就是连续调节的意思，就是可以连续调节振动频率和振幅，而不是分几档调节。根据3.1.1节，压路机振动轮是产生振动的主体，根据其结构特点，激振力幅值可以表示为$P=me\omega^2$；若M为振动（轮）质量，则振幅可以表示为$A=me/M$。由于振动质量是不变的，所以能调节的就是振动频率ω（$\omega=2\pi f$）、偏心块m和偏心距e。这就是图6-14给出的调控参数——振动频率ω、偏心块m、偏心距e。调节这几个参数的结果主要表现在激振力和振幅的改变上。此外，碾压速度也是可以调控的参数，无级调速不存在问题，但碾压速度对压实效果的影响程度没有前几个参数大。

（1）振动频率的调节（激振力大小调节）

根据振动压路机原理，传统的振动频率调节是依靠安装在振动轴上的一组偏心块高速旋转引起的，通过改变振动轴旋转速度n来实现振动频率大小改变的（$f=n/60$），受传统机械构造限制，一般只产生一个振动频率。另外就是通过先进的液压技术进行调节，例如：由一个变量泵定量马达系统来改变定量马达进出油口的排量比来调节马达转速，进而改变振动轴转速。如果为闭式液压系统时，则可以实现两个振动频率的调节，进一步可以实现多频或无级的连续调节。

根据激振力公式$P=me\omega^2$，振动频率主要影响激振力的大小，调节频率就是在调节激振力。但调节幅度为多少是需要深入研究的，过大的激振力不但容易压碎填料颗粒，还会产生弹跳现象，影响机械寿命。因此，振动压路机的激振力要与其位移即振幅相匹配才行。

（2）振幅的调节

由振幅的表达式可知，振幅的调节是通过改变偏心块和偏心距实现的。目前大部分振动压路机具有高、低2种振幅，一般依靠振动轴的正反转使固定偏心块与活动偏心块相叠加（高振幅）或相抵消（低振幅）来实现。尽管出现了多振幅结构（可以调节5～8挡振幅），但几乎都是由人工直接操作调幅机构来实现的，无法实现自动控制，并且更为棘手的是，尽管是多振幅，但在什么情况下使用哪一挡振幅，用户不清楚，只能依靠实践摸索。因此，多振幅技术在实际应用时还存在一些问题。

无级调幅是近年来发展起来的新技术，其特点是振幅调节的大小是连续变化，并且是由机械自动实现的，无需人工调节。这就给不同填料需要不同压实工艺的调控提供了便利，但使用前提是必须有智能压实控制器的配合，否则与多幅调节一样不方便用户使用，不知道如何调节大小。

(3)激振力方向调节

激振力的调节有改变大小和方向之分。普通振动压路机只能调节激振力大小，无法改变方向。定向振动压路机不但可以改变大小，还可以改变其作用方向，从垂直振动($\alpha=0°$)到水平振动($\alpha=90°$，振荡)，如图 6-15 所示。定向振动压路机的这种功能为不同压实状态需要不同压实工艺参数提供了便利，做到了“一机多用”。

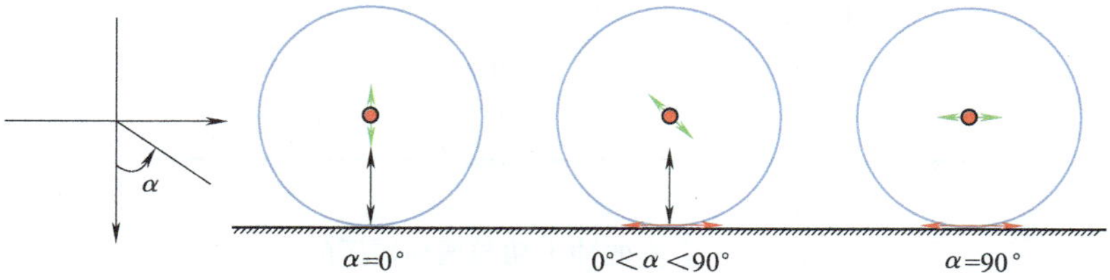

图 6-15　钢轮定向振动与方向

值得注意的是，对于利用压路机响应信息进行压实控制来讲，定向振动压路机调节振动方向的功能对连续与智能压实连续监控提出了新的要求。因为目前既有的基础都是基于填筑体仅受垂直力作用下的响应解答和监控，理论上并不适用于其他受力情况，必须另外求解，因此需要研究填筑体在钢轮不同受力作用模式下的响应与监控问题。

2. 压实工艺参数如何调控与调控幅度

现代机械工程和控制技术的发展已经在硬件上解决了压路机振动参数的自动无级调节问题，为真正的智能压实控制打下了基础。振动参数的无级调控技术得到应用的前提条件是压路机的控制系统必须明确调节什么参数，调节幅度是多少。由于压路机的振动参数有多个，所以调控时必须明确先调节哪个参数，怎么调节才更有利于压实，这涉及振动参数之间的相互依赖关系。在确定了调控参数之后，调节的幅度多大更是一个需要研究的问题，与填料性质密切相关。

(1)振动参数与压实效果

在碾压工作中，一般提及压实工艺参数，不外乎激振力、激振频率和振幅等。为了智能压实控制的需要，有必要从物理学或力学的基本概念出发，对这些振动参数再做一些分析，明确它们之间的依赖关系以及对压实起的作用。这些涉及如何评定振动压路机的压实效果问题，也是智能压实调控工艺参数的关键之一。

分析压路机的振动参数，主要看这个参数对压实效果起的作用如何。为了说明振动压实效果问题，先考虑冲击夯实作用的效果，以便进行对比。根据 3.4.2 节，夯实作用起决定作用的是落锤的重量和冲程(落距)的大小(冲击次数也起重要作用)，其夯实效果用冲击功表示比较合适，如图 6-16 所示。对于一次冲击作用，同一冲程下，落锤质量越大，夯实效果越好;同一落锤时,冲程越大,夯实效果越好。这些都是冲击功大的表现。对于不同落锤、不同冲程的情况,其夯实效果要依据冲击功的大小才能判定。对于多次冲击,需要将冲击功积累起来评定夯实效果。

同理,对于振动碾压,可以看成是短距离的冲击夯实作用,冲击力是压实力 F,冲击距离(冲程)就是振幅 A,频率就是单位时间内的冲击次数。在保证不过压(表面压松或填料颗粒压碎)的条件下,压实功越大,其压实的效果也就越好。图 6-16 给出了冲击功与压实功的示意。

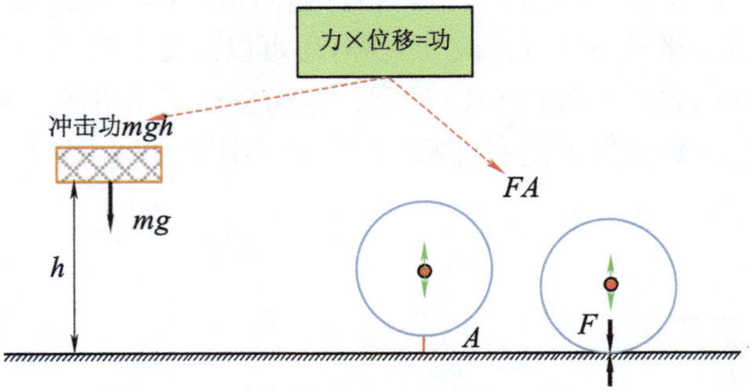

图 6-16　冲击夯实的冲击功与振动碾压的压实功

根据功能原理($W=FA$),对于振动碾压,振动频率相同时,压实力越大,振幅越大,则压实效果越明显(但要注意不要将表层压坏)。在压实力相同情况下,振幅越大,压实效果越好;振幅相同时,压实力越大,压实效果越好。如果考虑单位时间内振动频率(即作用次数)的影响,可以采用 FAf 来表征总的压实效果。

根据上述方法看似解决了振动压实评定问题。实际上并没有得到很好地解决,问题出现在压实力 F 上。这与激振力不是一个概念,是一个未知量,事先无法确定,在第 3 章对此已经进行过说明。压实力是钢轮与填筑体相互作用时的接触力,其大小与压实机械和填筑体性质有关,只有在碾压时才表现出来。由于压实力无法事先确定,因此也就不能事先根据压实功来评定振动压路机的压实效果了。正因为如此,才有了对激振力、振幅和频率关系的分析。这些关系实质就是偏心块 m、偏心距 e、振动频率 f 和振动质量 M 之间的关系。振动压路机压实效果评定的复杂性如图 6-17 所示。

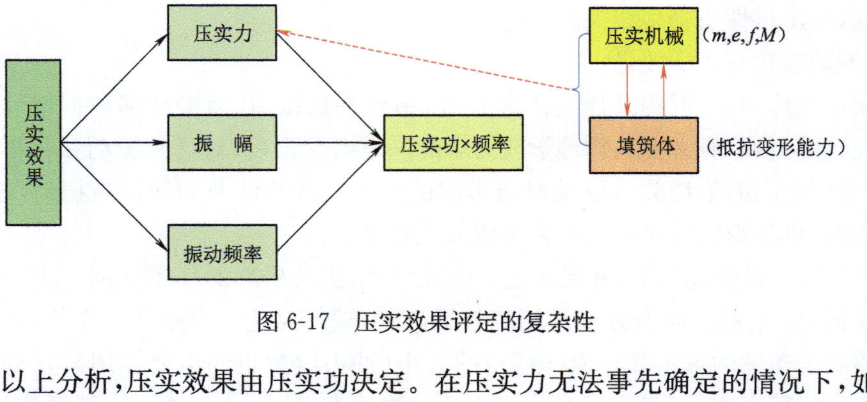

图 6-17　压实效果评定的复杂性

根据以上分析,压实效果由压实功决定。在压实力无法事先确定的情况下,如何评定压路机的压实性能，一直没有得到很好地解决。常见的错误方法是采用($P+Mg$)来评定，其根本原因在于误认为压实力是($P+Mg$)。实践和理论都证明，即使($P+Mg$)很大，也未必得到好的压实效果，还要看激振力 P 与振动质量 M 之间的相互关系。研究表明，当 $P>3Mg$ 时，如果填筑体很硬，钢轮容易发生弹跳现象。当 $P<Mg$ 时，不能保证带动钢轮振动，与静力压路机效果类似。可见激振力的大小在一定程度上决定了钢轮的运动形态。

上述现象还可以从 $P=me\omega^2$ 与 $A=me/M$ 之间的定性关系角度分析。对于岩土填料，压路机激振频率一般都在 28～30 Hz 之间，不会变化很大，能变化的只有(me)和 M。对于一定吨位的压路机(M 是一定的)来讲，如果 P 很小，意味着(me)较小，钢轮的位移量(冲程)A 就会很小，钢轮几乎处于不动的状态，压实效果会很差；如果 P 很大，意味着(me)很大，钢轮的位移量 A 也会变得很大，类似于弹跳状态(与碾压面软硬程度有关)，容易造成表面压坏。可见相同吨位的振动压路机，激振力的大小决定了对压实效果起到主导作用，也决定着振幅的大小，而振幅的大小(冲程大小)决定了钢轮运动的大小。但很难依据 PA 来评定压实效果，而 FA 可以。其原因读者可自行分析，与压实力构成有关。

对不同吨位的振动压路机(M 是变化的)，不能单纯依据激振力的大小来评定压路机的压实效果。一般来讲，激振力相同时，振幅大的压实效果好一些；振幅相同时，激振力大的压实效果好一些。如 16 t 振动压路机(XS162J)：$P=290$ kN/145 kN，$A=1.9$ mm/0.95 mm，$f=28$ Hz；18 t 振动压路机(XS182J)：$P=320$ kN/160 kN，$A=1.9$ mm/0.95 mm，$f=28$ Hz。在同样振幅下(如 1.9 mm)，激振力大的压实效果会更好一些。但是，18 t 压路机弱振($P=160$ kN，$A=0.95$ mm)的压实效果可能没有 16 t 的强振($P=290$ kN，$A=1.9$ mm)效果好。需要注意的是，上述结论也不是绝对的正确，需要根据填筑体性质和压实状态情况才能真正确定其压实效果。

另外，对于一定吨位的振动压路机而言，M 是一定的，可以推出 $P=MA\omega^2$。P 大意味着 A 也大，但振幅大到一定程度便容易弹跳和压松表层。这是很多人主张控制振幅的原因所在。在振幅一定的情况，激振力的调整幅度受制于激振频率的大小；在激振力一定的情况下，若想改变振幅，只能通过调整振动质量(钢轮大小)进行，钢轮变小，振幅增大，反之亦然。

通过以上分析可知，激振力(可计算)的大小决定了钢轮的运动形态，名义振幅(可计算)的大小则决定了钢轮向下运动的距离(冲程)，二者共同决定了钢轮的振动特性，但并不能据此完全评定压实效果，还与填筑体性质密切相关。

根据动力学分析，钢轮与填筑体之间相互作用的压实力(事先无法计算)才是填筑体产生变形(压实)的根本原因，是由激振力、振幅、钢轮质量和填筑体性状等共同决定的。在碾压过程控制时，可以根据智能压实控制系统识别出来的质量参数来评定压实效果。当需要根据填筑体压实状态信息进行智能调控振动参数时，可以尝试着先调节偏心块或偏心距，改变振幅，一般激振力也随之改变，此时如果想保持激振力不变，可以调整频率来进行控制。至于调整的幅度，可以采取先小幅度调整，再根据智能压实控制结果逐步调整其幅度即可。对于高级智能压实来讲，智能控制器在进行一段学习之后，自己便会找到最佳调控方案，前提是控制器要有足够的智慧，高级智能压实的重点就是要发展这样的技术。

6.3 智能建设展望

经济要发展，交通需先行。陆地交通的主要形式是铁路和公路。传统上，将建造道路与铁路等的技术统称为筑路技术，其中的施工机械又称作筑路机械。如何将现代科学技术与传统的筑路技术结合起来，以提升筑路工程的品质，是大家比较关心的话题，也是道路与铁道工程学科、工程机械学科等所要考虑的问题。

从产品的角度看，交通基础设施是一种“产品”，施工过程就是其产品的制造过程即生产过程。当前，制造业正在实施和倡导智能制造，对应着交通基础设施就应该是智能建设。尽管目前智能建设(IC：Intelligent Construction)的概念才刚刚提出，还没有形成完整的定义(初期可以理解为智能压实(IC：Intelligent Compaction)的拓展)，但并不妨碍我们进行展望，为今后的系统研究提供一点启迪。

6.3.1 现代筑路技术与智能建设

所谓建造(或者建设)，广义地讲就是把各种原材料变成道路和铁路这种交通基础设施的全过程，包括道路与铁道工程的设计、材料选择、施工(生产)、质量保证、管理和养护等的一系列有内在联系的运作和活动。如果狭义地理解，建造就是道路与铁道工程的施工过程，主要指从原材料到道路与铁路结构体(成品)的生产过程中的部分工作内容，包括原材料的加工、运输、摊铺、碾压、检验等具体环节。

如前所述，建造道路和铁路的技术称作筑路技术，其中压实是传统筑路技术的核心之一，是形成道路和铁路这种产品的关键所在。纵观筑路技术的发展历史，不难看出，每一次技术革命都与压实技术的变革密切相关。第一次筑路技术革命由人工夯实变为机械压实(静力压路机)，第二次筑路技术革命由静力压实变为振动压实(振动压路机)，第三次筑路技术革命是工程机械与连续压实控制技术的结合(自动压路机)，压实的自动化程度和工程质量得到了显著提高。当前，人工智能技术与压实技术的进一步结合促进了现代筑路技术的发展，将形成筑路技术的第四次革命(智能压路机)，可以形象地称作“筑路 4.0”，如图 6-18 所示。

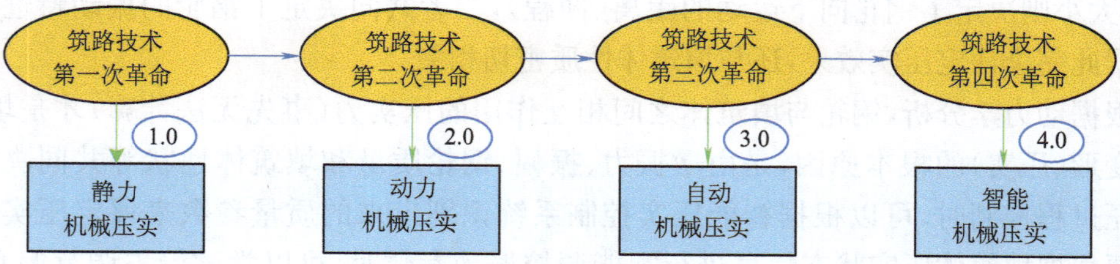

图 6-18 筑路技术的几个阶段与特征

图 6-18 显示了筑路技术的几个发展阶段与技术特征。目前普遍采用的动力压实(包括振动压实和冲击压实等)属于“筑路 2.0”阶段。随着连续压实控制技术的普及应用，现在已经进入了“筑路 3.0”阶段。正在兴起的智能压实不但是现代筑路技术的主要特征之

一，同时也是交通基础设施智能建设的核心技术之一。根据智能压实而适时提出智能建设的理念符合现代科技发展的潮流（并非赶时髦）。智能压实技术的发展，促进了智能建设概念的提出。

1. 智能建设的含义与特征

虽然交通基础设施的智能建设没有统一的定义，但是可以大致理解为智能建设就是现代智能技术与道路和铁路建造技术高度结合的产物。当然，其中也包括数字技术、信息技术等，但应该是在打好工程质量基础的条件下包括的，而不是空中楼阁式的包含。

一般来讲，智能建设是在集成了现代传感与测试技术、网络技术、自动化与控制技术、智能技术等先进技术的基础上，通过与交通基础设施建造技术的密切结合，利用智能化的感知、人机交互、决策和执行技术等，实现在其关键环节或过程中（不一定是全部），具有一定自主性的感知、学习、分析、决策、通信与协调控制能力，能够智能地、动态地适应环境的变化，从而实现某些目标的优化，以提高工程质量和效益。

这里所谓的关键环节或过程，主要是指建造不同阶段中的一些关键要素，如设计、施工、检测、管理和养护阶段中的一些关键技术等，如图 6-19(a)所示。理想的智能建设就是要实现设计过程智能化、施工过程智能化、检测和控制过程智能化以及管理技术智能化。另外，运营期的智能问题主要是智能交通(ITS)，已经热度不减很多年了，这里不准备涉及这个问题。

智能建设除了上述涉及的那些技术之外，也给传统领域的相关技术的革新带来了希望。目前来看，智能建设至少涉及交通基础设施（道路和铁路）、仪器仪表（检测与控制）和工程机械等领域的智能化问题，如图 6-19(b)所示。其中仪器仪表领域的智能化已经不是问题，难点在于如何实现工程机械和交通基础设施的智能化，后面两节将专门探讨。

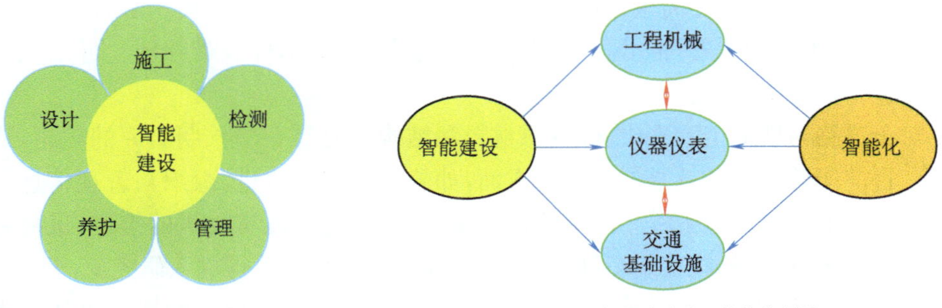

(a) 智能建设的不同阶段　　(b) 智能建设涉及的传统领域

图 6-19　交通基础设施智能建设框图

智能建设包含很多方面的内容，图 6-19 中给出的还不是全部，随着研究的深入，可能还要有所增加。当然，开始研究时，不一定面面俱到，抓住其中几个重点就可以了。例如，对于道路与铁道工程的智能施工来讲，其中最重要的过程和内容可能就是智能压实了。只要抓住这一关键点，就有可能带动相关技术如工程机械、检测与控制、信息管理等技术的进步。尽管智能建设内容丰富多彩，但总体来讲，其应具有的基本特征和功能可以概括为以下几个方面。

(1)具有信息感知能力

智能建设需要大量的数据信息作为支持，通过现代传感与测试技术进行相关信息采集和自动识别，正确感知相关信息并将信息传输到分析决策系统中，为决策提供依据。

(2)具有优化决策能力

根据感知的相关信息，采用智能技术等进行信息挖掘提炼、计算分析和推理预测，形成优化建设过程的决策指令，为反馈控制提供依据。

(3)具有执行控制能力

智能建设的目的是要进行建造。根据上面得到的决策指令，通过执行系统来控制建造过程的状态，实现设定的目标。

2. 智能建设的关键技术

智能建设可以看作是一种广义的智能机器(计算机、工程机械、管理系统等)与人一体化的智能系统，它扩大、延伸和部分取代人类专家在建设过程中的脑力劳动。以互联网、大数据、云计算为代表的新一代信息技术为发展智能建设创造了新的环境和更宽广的发展空间，推动着建造业的数字化、网络化、智能化的发展。

我们知道，将信息技术、现代管理技术与传统的筑路技术相结合，形成了先进的建造技术，但还不是智能建设技术。为了构建智能建设(系统)，需要一些关键技术的支撑。结合目前交通基础设施建设现状，以下几方面应该是其关键所在。

(1)建造技术方面

开展交通基础设施的智能建设，首先要在道路和铁路这一传统领域更新知识，改变多年不变的局面。例如，目前路基已经成为高速铁路和高速公路最薄弱的环节了，但无论在其填料、结构、施工工艺以及管理等方面，几十年都没有大的改变，没有适应轨道结构和路面结构的变革，值得深思。因此，传统的建造技术必须与现代多学科知识融合，更新知识体系，才能适应智能建设的需求。但传统建造技术如何与现代先进技术融合，知识体系如何更新，是一个很大的课题，需要多学科的共同努力，单一学科很难胜任。可以先行在以下几方面进行关注、探讨与研究。

①对于道路与铁道工程来讲，改变原材料和结构需要有一个长期研究的积累，这里暂不涉及。目前能够做到的就是施工技术方面，如施工工艺的改进，组织与管理信息系统的开发等。对于道路与铁道工程中的填筑部分来讲，随着智能压实技术的推进，最终将改变传统的压实工艺，相应的施工组织和管理技术也将有所改变，值得深入研究。

②计算机数字仿真技术已成为众多行业必不可少的手段，仿真的层次也从宏观逐步递进到介观、微观等多个层次的物理现象。采用数字仿真技术对道路和铁路的结构体、工艺、资源等进行建模，实现将数字模型贯穿于工程设计、工程分析、施工工艺、建造过程、质量检测和养护等生命周期全过程中，用于计算、分析、仿真和可视化。实际上，广泛运用的CAD就是数字化技术，在整个建造过程中如何实现数字化是需要考虑的问题，原来用于工业与民用建筑方面的BIM技术是否可以真正运用到道路和铁路填筑结构体上(不包括桥梁、车站等结构体)还是一个未知数，也许需要研究新的数字化技术。

③综合运用多学科的专门知识和技术，结合工程分析和设计的原理与方法，对交通基础设施中的人、物料、设备、能源和信息等所组成的集成建造系统进行设计、改善、实施、预测和评价等。

④实施先进的建造理念、方法与系统，借鉴其他行业的一些新方法，如并行工程、协同

设计、云建造、可持续建造、精益生产、全生命周期管理、企业资源规划等，建设环境友好型，资源节约型的绿色交通基础设施。

(2)信息技术方面

新一代信息技术正在为传统交通基础设施建造的创新提供新动力，通过信息获取、处理、传输、融合等各方面的先进技术手段，为人、机、物的互联互通提供基础，实现多方位的信息化，为智能化打下基础。下列技术正在或有可能在交通基础设施建造中得到很好的应用。

①智能感知技术可以改变目前传统的检测、控制和管理等技术。如各种类型的传感器会将以前不能采集到的各种信息轻松地采集到，图像识别技术可以辅助填料级配的评定与控制，各种掌上终端会实现施工现场的信息化管控等等。这些信息技术将为建设过程中的各种信息管理系统提供数据源。

②在智能感知技术的基础上，应用物联网技术可以对各类信息进行传输、集成和融合，实现人、机、物的互联互通。

③采用云技术如分布式存储、虚拟化、云平台等，不但可以实现现场与远程的资源共享，还可以建立统一的管理与控制系统。如建设方，可以以××～××铁路或公路建设项目为基础，综合运用信息技术进行统筹管理，资源共享和利用。对于施工方，可以建立全国各地施工项目的综合管理系统。

④目前虚拟现实(VR，Virtual Reality)和增强现实(AR，Augmented Reality)技术已经开始在其他行业得到应用。根据报道，构建三维模拟空间或虚实融合空间，在视觉、听觉、触觉等感官上让人们沉浸式体验虚拟世界，可以广泛应用于产品体验、设计与工艺验证、工厂规划、生产监控、维修服务等环节。VR和AR技术是否可以在交通基础设施建设中得到应用，值得思考和研究。

(3)人工智能技术方面

关于人工智能的基本情况已经在前面进行了阐述。除了在智能压实中可以应用外，在交通基础设施建造中的其他环节也有用武之地，如道路与铁道工程智能设计、智能施工工艺设计、施工机器人、施工过程智能控制、智能检测与诊断、智能优化、智能管理系统等。

以优化为例。传统的优化技术以运筹学为代表，由于交通基础设施建设过程中的许多优化决策问题的性质极其复杂，解决十分困难，很难运用传统优化方法进行精确求解，因此采用智能优化是一种新的尝试。智能优化是人工智能的组成部分，在人工神经网络的基础上，通过模拟自然界中生物、物理过程和人类行为，提出了许多具有约束处理机制、自组织自学习机制、动态机制、并行机制、免疫机制、协同机制等特点的智能优化算法，如遗传算法、禁忌搜索算法、模拟退火算法、粒子群优化算法、蚁群优化算法、蜂群算法、候鸟算法等，为解决优化问题提供了新的思路和手段。

这些基于生命行为特征的智能算法可以广泛应用于智能建设中各个方面的优化，包括智能工程设计优化、施工工艺智能编制优化、施工过程智能调度优化、智能监测诊断优化、智能质量控制优化和智能决策及管理优化等。例如智能生产动态调度技术，可以根据现场数据和分析结果，针对优化目标，对各种任务、设备、物流和人员进行调度，尽可能在已有约束条件下满足生产需求，并能根据环境变化，快速反应，提出最佳的应对方案。

综上所述，在交通基础设施中应用人工智能的目的，是让机器(如工程机械、检测仪器等)或软件系统具有如同人类一般的智能(目前并不能完全取代人类专家),在建造过程的各个环节进行运用,提高工程建造水平和质量。

(4)数据分析与决策支持技术方面

数据挖掘、知识发现、决策支持等技术在很多行业已经得到了应用。近些年来,大数据概念的发展进一步拓展了这方面的研究与应用。这些技术在交通基础设施建设中的应用刚刚起步,需要进一步的整合。如果交通基础设施建设能够实现各种信息的智能采集,那么将各种施工设备实时监控、施工数据采集、质量在线检测、远程监控与管理等环节的大数据,与设计、施工、工艺、管理乃至养护等常规数据集合在一起,便可以构建工程大数据。对获取的这些工程大数据进行实时处理、分析和挖掘,并以可视化的方式展示其结果,可以为不同用户提供个性化的数据分析结果,可以提前发现建造过程中的异常趋势,分析质量问题产生的根源,发现制约生产效率的瓶颈,从而为施工工艺优化、质量改善、预防性养护以及改进设计和工程机械的革新等提供科学的决策支持。

需要指出的是,上述给出的这些技术可能只是智能建设关键技术中的一部分,随着研究和应用的深入,还会有更多新技术融合进来。智能建设目前还只是概念性地提出,在研究和应用过程中可不受此干扰,也不必提前设置条条框框,应采取百花齐放、百家争鸣的态度进行探讨和研究。

3. 研究和实施智能建设的意义

如前所述,作为传统筑路技术,交通基础设施建设技术的现代化水平相对其他行业还是有一些落后的。如何采用现代科学技术来改造和革新这一传统建造技术,或许智能建设是一条新途径。因此,研究和实施智能建设对整个行业和相关技术都具有很大的实际意义。

(1)对行业的影响巨大

①智能建设使传统的筑路行业向着数字化、网络化、智能化方向发展,可以构建智能型企业,全面提升工程设计、施工和管理水平。

②智能建设技术将从根本上改变了建造企业的生产运营模式,实现从工程设计、施工组织、施工过程和运营养护的全生命周期的高效运行,以最小的资源消耗获取最高的效率。

③智能建设技术的应用可实现道路与铁道工程全寿命周期各环节、各业务、各要素的协同规划与决策优化管理,不仅可以有效提高企业的应变反应速度,还可以大幅度提高效益、降低成本和资源消耗,有效提高企业竞争力。

以上几点是从宏观上阐述了智能建设给筑路行业带来的益处。落实到技术层面,智能建设将在工程设计、施工和管理等方面起到创新作用。

(2)传统的建造技术得到创新

①工程设计技术得到创新。智能建设技术可以采用面向全寿命周期,具有丰富设计知识库和模拟仿真技术支持的数字化、智能化设计系统,在虚拟现实、计算机网络、大数据等技术支持下,可在虚拟的数字环境里并行、协同地实现道路与铁道工程的全数字化设计,结构、性能、功能的模拟与仿真优化,极大地提高设计质量。

②施工技术得到创新。智能建设技术使施工过程有传统模式向数字化、网络化、智能化方向发展。对于智能施工来讲,要求相应的工程机械要实现智能化,特别是功能的智能化,这将促进工程机械行业的技术进步。另外,施工工艺数据的积累、施工过程的仿真与

优化、智能检测与智能控制等数字化、智能化技术的全面应用,将使生产工艺得到优化,提高建造精度和效率,大幅度提升施工工艺水平。

③管理技术得到创新。智能施工过程的管理与优化,可大幅度提升生产系统的功能、性能与自动化程度。例如,在修建过程中,存在很多动态的、变化的环境,从系统角度看,建造系统中的某些要素(工程机械、检测设备、物料输送和存储系统等)必须能动态地、自动地响应系统变化,这也依赖于建造系统的自主智能决策能力。

4. 如何推进智能建设

智能建设的内容是很丰富的,图 6-19 给出总体架构,但需要落实。如何推进智能建设的发展,需要思考。不同部门的出发点可能会有所不同,不必千篇一律。从目前发展情况看,以智能施工为出发点推进智能建设的发展可能是一条可行的路线。因为对于道路与铁道工程而言,无论怎样设计,最后都将落实到施工中,施工是生产过程,是形成结构物这种“产品”的阶段。智能施工方内容也是很丰富的,包括材料、压实、检测(控制)、各种施工信息与施工管理等环节的智能化问题,如图 6-20(a)所示。

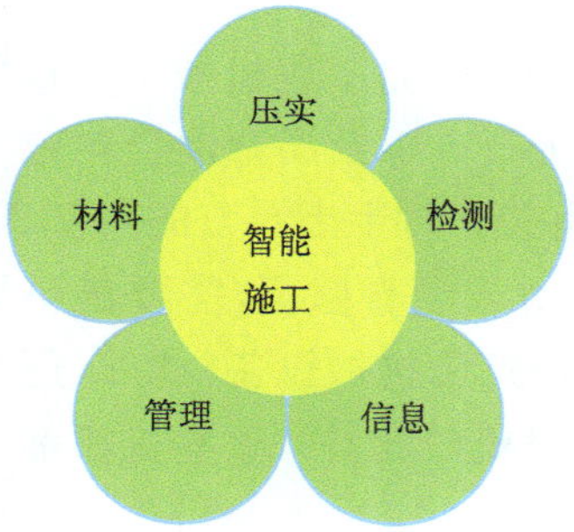

(a) 智能施工包含的内容

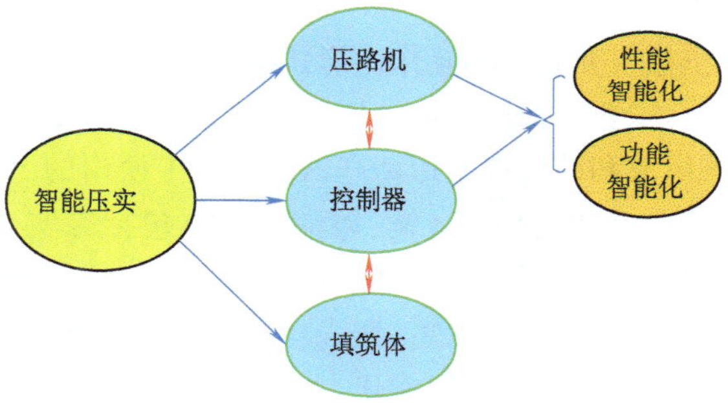

(b) 智能压实的关键技术

图 6-20　智能施工与智能压实

在施工阶段,填筑碾压是最重要的环节,是形成“产品”的最后一道工序,也是大家关注的焦点。因此,推进智能建设的路线可以沿着智能压实—智能施工—智能建设这条技术路线进行。在实施过程中,将会涉及其他各个环节,由点及面,充实智能建设的内容,其关系如图 6-21 所示。

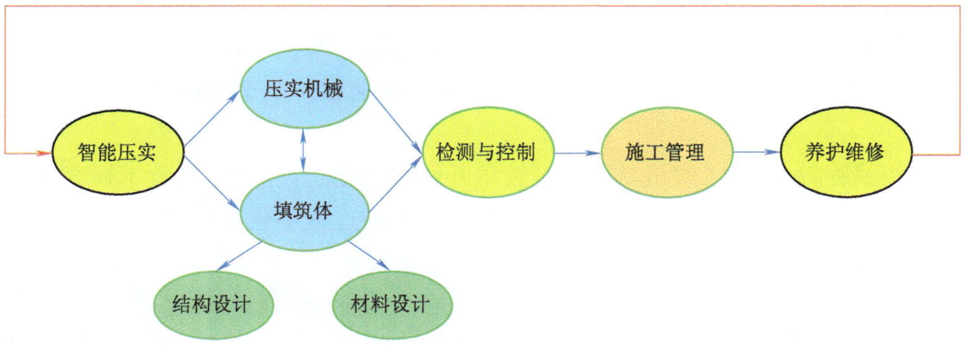

图 6-21　智能压实引出智能建设全过程

对于压实问题，在填料一定的情况下，主要还是压路机与填筑体相互作用的智能控制问题。智能压实目前涉及如何实现压路机和控制器（控制系统）的智能化，具体分为性能智能化和功能智能化，如图 6-20(b)所示。

智能压路机是压路机与控制器的结合，其机械性能的智能化属于智能制造范畴，而功能的智能化则是我们关注的重点，本书主要论述的就是这方面的基础。另外，关于填料，如何智能选料也是研究的问题，还可以扩展到智能结构体问题。

6.3.2 智能工程机械

工程机械的范围很广，是用于工程建设的施工机械的总称。它主要用于交通运输建设、国防建设工程、能源工业建设和生产、矿山等原材料工业建设和生产、农林水利建设、工业与民用建筑、城市建设、环境保护等领域。一般分为起重机械、运输机械、土方机械、石料开采与加工机械、路面机械、铁路线路机械、混凝土机械、隧道与桥梁机械等。如挖掘机、装载机、平地机、摊铺机、压路机、起重机、叉车、混凝土泵、混凝土搅拌车、混凝土泵车以及特殊机械等。

机械与介质的相互作用形式决定了工程机械类型。筑路机械是工程机械中的重要组成部分，主要是指用于修筑道路和铁路的机械设备。分为土石方以及沥青混合料施工机械，其组成和结构都与道路和铁路建设中使用的工艺要求有关。对于土石方的路基，需要石料开采、破碎加工、运输、摊铺、碾压（包括夯实）的机械；对于沥青路面，需要集料的制造、拌和、摊铺、碾压的机械；对于混凝土路面，需要搅拌和铺筑等机械设备；此外，还有路面养护（洒水、清扫、除雪、划线）设备修补、铁路的轨道铺筑等机械设备。这些机械都应该在性能和功能上实现智能化，才能适应智能建设的需求。

所谓工程机械的性能，是指工程机械内部要素相互关联中所表现出来的特性和能力，是其固有的属性，相当于产品的质量。而工程机械所能发挥的作用或效能称作功能，它是由机械行为所引起的，有利于环境的持续发展。功能实际上就是指产品的用途，性能的外化就是功能。工程机械性能与功能的智能化就是产品本身机械各部件的智能化和发挥作用的智能化。

(1)工程机械性能的智能化

如前所述，工程机械性能的智能化问题属于智能制造范畴。智能制造是制造业的发展方向，主要是指采用智能化技术进行产品的设计、生产加工以及服务。智能制造出来的产品可以是智能型的，也可以是非智能型的。所谓智能工程机械，主要是指产品本身是智能的，无论采用智能制造还是普通制造。当然，采用智能技术制造智能工程机械无疑是正确的选择。

根据相关资料介绍，工程机械行业是较早开展数字化、智能化制造技术研究的行业之一。目前已经初步建立了产品设计数字化平台、生产制造数字化平台，以及产品制造管理平台和供应商管理平台等。企业生产装备数控化率较高，数字化仿真平台应用在重点企业中的应用率达到 100%。工程机械行业发展智能化制造具有较好的基础。

电子信息技术在工程机械上的应用可以简化驾驶员的操作程序，提高机器的技术性能。利用控制器可以自动选择机器的作业模式，利用监测设备可以及时发现和排除机器系统的故障，利用传感器，并经过微电脑处理可以自动检测机器的作业质量。这些都是发展智能工程机械的基础。

目前，工程机械行业在产品设计中普遍采用CAD、CAE技术，并开展三维数字化协同设计，关键构件开展了基于有限元的CAE强度分析和功性能仿真分析，以及PDM协同平台建设。智能制造包括智能制造关键技术研究、智能制造装备及数字化智能化车间的建设等三个方面内容。其中关键技术主要是数字化设计技术、工程机械保质设计技术、工程机械后市场服务平台建设技术、工程机械产品远程在线检测技术、工程机械核心部件设计制造数字化技术等。对于远程智能服务，产品内部可以嵌入了传感器、智能分析与控制装置和通信装置，从而实现产品运行状态数据的自动采集、分析和远程传递。

工程机械性能的智能化是工程机械行业比较关心的核心问题，对于用户即施工单位来讲，施工机械性能的智能化肯定是受欢迎的，可以方便操作以及保养等，但他们更关心的可能是其功能的智能化。不久的将来，或许无人驾驶可能是智能工程机械的一个发展趋势，其中包含了性能和功能两方面的智能化问题。

(2)工程机械功能的智能化

工程机械功能在机械与介质相互作用时才表现出来。它的智能化一般是在其性能实现了智能化的基础上进行的。功能的智能化一般需要智能控制器与机械的有机融合，来实现智能化要求的感知、学习、决策和控制功能。从人工智能的角度看，智能工程机械相当于施工机器人。

各种类型的传感器是工程机械的感觉器官，是机械与介质(作业对象)之间的媒介，担负着获取作业对象某种属性的任务；智能机器(微型计算机)是工程机械的大脑和中枢神经，担负着接受传感器输入的各种信息，进行智能运算处理、学习和决策的任务，并在此基础上对机械发出执行相关操作的指令，机械根据指令执行相应的操作。此时功能和性能得到了统一。

智能工程机械应该具有人性化和灵性，具有感觉器官(传感器)、思维头脑(微电脑组成的控制器的一部分，具有机器学习与决策功能)和手足骨骼(工作机构与控制)，以便实现工程机械的自动监测与智能控制的功能。目前很多工程机械智能化的难点并非完全在机械性能本身方面，还在于如何正确感知工程信息和发出正确的控制指令这方面。这方面的技术突破，需要对机械与介质相互作用原理(作业原理或工作原理)进行深入的研究。智能压实机械就是很好的例子。

工程机械的技术进步，都与其作业原理的革新密不可分。例如，传统作业原理包括对土石方的切割、破碎、回填、碾压；对土工材料的筛分、混合与加热，对混合料的摊铺、找平与碾压等。这些作业原理原先都是以仿生学与牛顿力学为基础的，随着科学技术的发展，工程机械作业原理也得到了革新。如机械振动、脉冲、射流、光电效应及热物理学的应用，为工程机械的革命创造了条件，也节省了资源，改善了工程质量，提高了生产效率、工作可靠性、驾驶舒适性与自动化程度，这些也为发展智能机械奠定了基础。

工程机械的种类很多，其性能的智能化具有许多共性的地方，这样便于模块化开发。但其功能一般都是互异的，很少有功能相同的不同种类机械，这是由其作业原理所决定的。因此，针对不同工程机械，研究它与介质相互作用原理，进而提出功能需求，这样就可以促进工程机械产品的创新，带动机械性能的技术进步，以适应不同功能的需求。

以压路机为例。纵观压实机械的发展历史如图 6-18 所示，每一次压实机具的变化，都与其工作原理，即压实技术和压实方法密切相关。压实机械在性能和功能上的突破，都是从压实技术取得突破开始的，这是创造新型压实机械的基础。智能压路机的发展，也将遵循这条技术路线。

以上对智能工程机械进行了一些讨论。概括起来，工程机械的科技进步与功能需求是分不开的，功能的拓展和提高往往会带动工程机械性能和种类的创新。研究智能工程机械，必须是几个专业的结合，是一个庞大的系统工程，任重而道远。

6.3.3 智慧交通基础设施

发展交通基础设施的智能建设，可以实现工程设计、施工、管理、养护全过程的智能化，促进相应领域的技术进步。智能交通基础设施按照性能与功能的区别可以分为性能智能化和功能智能化。交通基础设施性能的智能化大都属于智能结构问题，而功能的智能化则更多地体现在智能运输，实质就是 ITS 问题，这是一个非常庞大的交通系统的智能化问题，已经远超出本书的范畴，此处不作详细讨论。

根据一些资料的描述，目前提出的智慧铁路的概念，基本上是以运输为主的智能化。主要是利用各种传感器、互联网技术和智能化技术等，帮助铁路公司收集各种信息，更好地监控运营状态；铁路公司能够更广泛地进行信息交互，以做出更好更快的决策；可以在安全、可靠的前提下提升铁路效率，有效应对自然灾害和恐怖袭击对铁路的威胁，提高乘客体验和提升乘客满意度。

智慧铁路的感知系统将包括数以百万计的传感器，企业通过以传感器为基础的网络和智能数据分析，能够及时发布信息，调整资源配置，实现优化调度。例如，通过在火车的关键组件上部署传感器和智能装置，及时提供车况信息，对可能出现的危险情况发出警报，防患于未然。而先进的视像识别技术能够把从摄像头所收集到的影像数据进行智能分析和筛选，协助发现潜在危机，从而节省大量的人力资源成本。另外，铁路沿线的固定基础设施通过射频识别电子标签(RFID)，可以帮助识别轨道车辆、检测声音信号、热量和车轮摩擦，并且能够对铁路各个区段的车头、车厢、铁轨、隧道、桥梁和车站进行监控。

关于智慧道路(公路)，目前更是以概念性为主，关注的焦点仍然是智能交通系统即 ITS，但进展缓慢。与铁路不同的是，高等级公路没有行车组织概念，都是车辆自主行驶，比较难于统一管理，仍然是需要研究的课题。其他设施方面的智能化进展也不大，有许多方面都是值得深入研究和开发的。

目前对道路和铁路本身结构体智能化的研究还很少。这实际上是交通基础设施性能智能化问题，并不完全属于智能建设范畴，如同智能制造不一定制造智能机械设备是一个道理。交通基础设施的智能化更多的是其性能的智能化，也就是其结构本身的智能化问题。下面我们来探讨一下这个问题，期望为今后的研究提供一点思路。

我们知道，无论是公路还是铁路，在进行工程设计时，与一般的结构设计一样，需要依据可能出现的环境(交通荷载以及自然环境影响因素)来决定结构体性能的限度，定出结构体来，然后再选择材料性能下限，并且要留有安全系数。在复合结构出现后，材料设计和结构设计变得统一起来了。但无论怎样，传统的道路与铁道工程结构对外部环境的作用，仅是被动响应，属于被动结构。新出现的智能结构不但把结构和材料统一起来设计，而且要求优先考虑结构的自适应性，对所处的环境具有主动感知和主动响应的能力。如果能将智能结构与传统的交通基础设施结合起来，有望形成智慧的道路与铁道结构。

智能结构就是可以根据外部条件和内部条件主动地改变结构特性，以最优地满足任务需要的结构。它是一种仿生结构体系，集主结构、传感器、控制器及驱动器于一体，具有结构健康自诊断、自监控，环境自适应以及损伤自愈合自修复的生命特征的智能特性，在危险发生时具有自我保护的能力。

智能结构的诞生是信息学科与工程及材料学科相互渗透与融合的结果。在20世纪60年代到80年代初，美俄在智能结构领域取得理论与技术上的基础性突破，并逐渐从航天领域渗透到汽车、船舶、土木工程及水利工程领域。由于其名称未完全统一，有的称为智能结构，有的称为自适应结构。智能结构已经在很多领域展现出广阔的应用前景。它是减灾防灾的前沿问题，已在一些重要工程的结构健康监测与控制方面展现出良好的应用前景，但在道路与铁道工程中还很少见到具体应用的报道。

现代科技的发展，使各种具有信息采集及传输功能的材料及元器件正逐渐进入传统的土木工程领域，并开始尝试将传感器和驱动材料植入结构中，同时将各种控制电路、逻辑电路、信号放大器、功率放大器以及微电脑等集成于结构系统中。通过力、热、光、化学、电磁等激励和控制，使结构不仅有承受建筑荷载的能力，还具有感知、分析计算、推理及控制的能力。也就是说，形成的智能结构能够进行参数如应变、损伤、温度、压力等的检测及检测数据的传输，具有一定的数据实时计算处理和人工智能诊断推理能力，和初步改变结构应力分布、强度、刚度、形状位置等能力，即智能结构具有自我诊断、学习、适应和修复的能力。

道路和铁路这种填筑体结构与一般的土木工程中的杆件结构是不一样的，是一种“连续体＋板体”组成的混合结构，并且其组成材料比较复杂。道路结构为“路基＋基层＋面层”；高速铁路结构为“路基＋混凝土底座＋轨道板＋钢轨”；普速铁路结构为“路基＋道床＋轨枕＋钢轨”。同其他结构一样，也是被动结构，一旦设计、建造完成后，其性能及使用状态存在不可预知性和不可控制性，这就给使用和维护带来诸多不便，乃至失去了对结构体的全面控制能力，各种损伤的发生并不以人们的意志为转移，其预测及防范工作都将是十分困难的。如果单纯以传统的保证结构体具有足够的刚度、强度和稳定性的理念进行设计和建造，有时当结构体所处环境因素超越某种程度后，可能就会变得既不经济，又达不到预期的效果。如果能将智能结构的概念引入其中，也许会改变这种状况。问题在于如何具体实施，也就是如何建设。为了建设智慧的交通基础设施，可以先设定目标，然后再想办法建设和实施。一般来讲，按照智能化应该具有的“感知、学习、决策、控制”要求，智慧的交通基础设施至少应该具备以下特征。

(1)道路和铁路结构应该具有感知能力

智慧的交通基础设施首先应该具有感知在交通荷载和自然因素联合作用下结构体内部性能(物理场与力学场)的变化情况。这样就可以清楚道路和铁路结构体在运营期间的演变情况，积累大量的工程数据，为后续工作做好准备。

这个问题的解决目前已经不存在太多问题了。在结构体中植入相应的传感器，便可以起到在线实时监测的作用，为感知传统的道路和铁路结构性能创造了条件。其中关键问题可能是传感器等元器件的成本与失效。在结构体内植入过多的传感器，有一个成本核算问题，还有部分传感器的失效问题，这些都是需要考虑的。

(2)道路和铁路结构应该具有自我诊断能力

在能够感知道路和铁路结构性能的基础上，智能结构需要对检测数据进行智能化处理。这实际上是微电脑植入结构体中，使之具有机器学习的功能。结构体在自学习的基础上，能够对结构体特定的目标参数进行自我诊断，并做出根据结构体自身行为的应对策略。智能结构的这种监测数据的智能处理机制，使得结构具有了自感知、自诊断、自推理的能力。

上述功能的实现，除了在结构体中植入微电脑外，还可以应用云技术，通过物联网实现远程诊断，这在信息时代的今天，已经不是什么困难问题了。难点在于结构体知道了存在问题之后应该怎么办。

(3)使道路和铁路结构具有主动自适应控制的能力

使道路和铁路结构具有自我感知和诊断能力，只要依赖现代传感技术和智能技术都是可以解决的。但是，当结构体出现问题时，其自身是否具有改变某些参数或结构形式的能力来修复或适应外界环境，将是衡量智慧程度的标志。

原理上，只要在结构中引入自适应及自动控制机制，再根据自诊断结果，使结构做出必要的反应，就可以实现智能控制了。如果路基路面或轨道板结构体出现开裂、变形、老化和损伤等行为，都可以运用这种自适应的主动控制机制，对结构进行主动控制和修复，还可以起到保护和维修作用。但这种事情说起来容易做起来难。如何在道路和铁路结构中引进自适应控制机制，这种机制是什么，目前还不是十分清楚，有待于进一步的深化研究。其他领域的成果也可以帮助我们启迪思路。据资料介绍，目前在混凝土结构中已经开始倡导智能结构了，这是道路与铁道工程结构体最接近的结构了，其研究思路具有借鉴意义。

一般来讲，实现道路和铁路结构的智能化，有两种途径可以探索。那就是后装式和原装式，下面分别简单讨论。

①后装植入式

后装植入式的原理比较简单，只要在传统结构体中植入具有传感、动作和控制处理功能的材料或微型仪器仪表，并集成现代计算机硬件软件技术，由传感元件采集和检测结构内部信息，再由微型计算机对这些信息进行加工处理，并将处理结果通知控制处理器，由控制处理器指挥、激励驱动元件执行相应动作。其中的焦点问题是如何设计控制和执行机构。例如，在感知并诊断了高速铁路轨道板出现裂缝后，向轨道板中植入什么样的装置或材料，就使其具有自我修能力；路基结构如果诊断出现不均匀沉降，上部结构怎么做出相应的调整来适应这种塑性变形等等，这些都是需要研究的。

②原装耦合式

原装耦合式是在结构设计和建造阶段就采用智能材料或智能结构，不需要另外配置。

这种方法可能需要改变传统设计和建造技术，并且需要新型材料等的配合。现在科技的发展表明，某些结构和材料本身具有智能功能，它们能够随着自身力学、物理状态的改变而改变自身的一些其他性能。如何采用新型材料和结构来改造传统的道路和铁路，是面临的一个重大课题。

无论是采用后装式还是原装式智能结构，都期望形成的智能结构具有开裂自诊断和自愈合功能，具有工作状态自诊断功能，具有变形、损伤自诊断功能，具有疲劳寿命预报能力等，这是今后努力的目标。

智慧的交通基础设施应该是传感技术、人工智能、控制技术以及材料科学和计算机科学融合的结果。一旦成为现实，必将对基础设施的结构和建造带来重大变革，其意义深远、重大，也将促进其他相关领域的发展。相信在不久的将来，这一理想将逐步得到实现。

智能压实是智能建设中的关键点之一，是多个学科相关技术的融合。本书阐述的基础理论仅是初步的总结，后序的研究工作还很艰巨，期待有更多不同领域的研究者加入这一跨学科、跨领域中来，由点及面地推进交通基础设施智能建设的科技进步。

参 考 文 献

[1] 徐光辉．路基连续压实控制动力学原理与工程应用[M]．北京：科学出版社，2016.

[2] 徐光辉．路基系统形成过程动态监控技术[D]．成都：西南交通大学，2005.

[3] 徐光辉．层状弹性系统识别问题的初步研究[D]．哈尔滨：哈尔滨建筑大学，1996.

[4] 徐光辉．高速铁路路基连续压实控制指标与控制机理研究[R]．北京：国家自然科学基金委员会，2016.

[5] 刘成宇．土力学[M]．北京：中国铁道出版社，2004.

[6] 张世英，陈元基．筑路机械工程[M]．北京：机械工业出版社，1998.

[7] K. L. Johnson. 接触力学[M]．北京：高等教育出版社，1992.

[8] 刘延柱，陈立群．非线性振动[M]．北京：高等教育出版社，2001.

[9] Hunt K H and Grossley F R E. Coefficient of Restitution Interpreted as Damping in Vibro-impact[J]. Journal of Applied Mechanics，1975，5：440-445.

[10] 金栋平，胡海岩．碰撞振动与控制[M]．北京：科学出版社，2005.

[11] 铁道部．高速铁路路基连续压实检验控制技术与装备研究[R]．北京：铁道部科技司，2010.

[12] 中国铁路总公司．铁路路基工程连续压实检测技术和验收标准的研究[R]．北京：中国铁路总公司建设管理部，2015.

[13] 铁道部．铁路路基填筑工程连续压实控制技术规程：TB 10108—2011[S]．北京：中国铁道出版社，2012.

[14] 中国铁路总公司．铁路路基填筑工程连续压实控制技术规程：Q/CR 9210—2015[S]．北京：中国铁道出版社，2015.

[15] Michael Negnevitsky. 人工智能[M]．陈薇译．北京：机械工业出版社，2015.